Österreichische Zeitschrift für Soziologie
Vierteljahresschrift der Österreichischen Gesellschaft für Soziologie

Herausgeber: Vorstand der Österreichischen Gesellschaft für Soziologie: Franz Traxler, Waltraud Finster, Max Preglau, Georg Aichholzer, Andrea Kirschner, Sylvia Stuppäck, Johann Fröhlich, Marco Vanek

Redaktion: Andreas Balog, Gerda Bohmann, Eva Cyba, Hermann Denz, Jörg Flecker, Ulrike Froschauer, Manfred Gabriel, Walburga Gáspár-Ruppert, Peter Gasser-Steiner, Evelyn Gröbl-Steinbach, Wolfgang Holzinger, Herwig Palme, Liselotte Wilk

Redaktionssprecher: Manfred Gabriel (Universität Salzburg, Institut für Kultursoziologie, Rudolfskai 42, A-5020 Salzburg)

Heftredakteur: Evelyn Gröbl-Steinbach

Redaktionelle Zuschriften bitte nur an die Redaktion zu senden. Unverlangt eingesandte Rezensionsexemplare können nicht zurückgeschickt werden.

Verlag: Westdeutscher Verlag GmbH, Postfach 58 29, D-65048 Wiesbaden.
Leserservice: Telefon (0611) 7878-151; Telefax (0611) 7878-423,
Abonnentenservice: Telefon (05241) 80 19 67
Anzeigen/Vertrieb: Telefon (0611) 7878 389.

Der Verlag ist im Internet zu erreichen über die Adresse:
http://www.westdeutschervlg.de

Geschäftliche Zuschriften, Anzeigenaufträge usw. nur an den Verlag.

Bezugsbedingungen: Jährlich erscheinen 4 Hefte, Jahrgangs-Umfang ca. 400 Seiten. Jahresabonnement DM 58,–/öS 429,–/sFr 55,– für Studenten gegen Studienbescheinigung DM 43,–/öS 318,–/sFr 41,–, Einzelheft DM 18,–/öS 133,–/sFr 17,–, jeweils inkl. MwSt zuzüglich Versandkosten. Alle Bezugspreise und Versandkosten unterliegen der Preisbindung. Abbestellungen müssen spätestens 3 Monate vor Ende des Kalenderjahres schriftlich beim Verlag erfolgen.

Die Zeitschrift und alle einzelnen Beiträge und Abbildungen sind urheberrechtlich geschützt. Jede Verwertung außerhalb der engen Grenzen des Urheberrechtsgesetzes ist ohne Zustimmung des Verlages unzulässig und strafbar. Das gilt insbesondere für Vervielfältigungen, Übersetzungen, Mikroverfilmungen und die Einspeicherung und Verarbeitung in elektronischen Systemen.

Der Westdeutsche Verlag ist ein Unternehmen der Bertelsmann Fachinformation.

© 1998 Westdeutscher Verlag GmbH, Opladen

Gefördert durch das Bundesministerium für Wissenschaft und Forschung in Wien.

Satz: Laudenbach, Sigmundsgasse 14, A-1070 Wien
Druck: Rosch-Buch, Scheßlitz

ISSN 1011-0070

ÖZS-Sonderband 4
Soziologische Handlungstheorie

ÖZS-Sonderband 4
Soziologische Handlungstheorie

Andreas Balog/Manfred Gabriel (Hrsg.)

Soziologische Handlungstheorie
Einheit oder Vielfalt

Österreichische Zeitschrift für Soziologie
Sonderband 4
Westdeutscher Verlag

Die Deutsche Bibliothek – CIP-Einheitsaufnahme

[Österreichische Zeitschrift für Soziologie / Sonderband]
Österreichische Zeitschrift für Soziologie : ÖZS. Sonderband. –
Wiesbaden : Westdt. Verl.
   Bis 2 (1993) im VWGÖ-Verl., Wien
   Reihe Sonderband zu: Österreichische Zeitschrift für Soziologie

4. Soziologische Handlungstheorie. – 1998

Soziologische Handlungstheorie : Einheit oder Vielfalt /
Andreas Balog/Manfred Gabriel (Hrsg.). – Opladen : Westdt. Verlag., 1998
   (Österreichische Zeitschrift für Soziologie : Sonderband ; 4)
   ISBN 978-3-531-13270-9   ISBN 978-3-322-97086-2 (eBook)
   DOI 10.1007/978-3-322-97086-2

Gedruckt mit Unterstützung des
Bundesministeriums für Wissenschaft, Verkehr und Kunst, Wien

Alle Rechte vorbehalten
© Westdeutscher Verlag GmbH, Opladen/Wiesbaden, 1998

Der Westdeutsche Verlag ist ein Unternehmen der Bertelsmann Fachinformation GmbH.

Das Werk einschließlich aller seiner Teile ist urheberrechtlich geschützt. Jede Verwertung außerhalb der engen Grenzen des Urheberrechtsgesetzes ist ohne Zustimmung des Verlags unzulässig und strafbar. Das gilt insbesondere für Vervielfältigungen, Übersetzungen, Mikroverfilmungen und die Einspeicherung und Verarbeitung in elektronischen Systemen.

http://www.westdeutschervlg.de

Höchste inhaltliche und technische Qualität unserer Produkte ist unser Ziel. Bei der Produktion und Verbreitung unserer Bücher wollen wir die Umwelt schonen: Dieses Buch ist auf säurefreiem und chlorfrei gebleichtem Papier gedruckt. Die Einschweißfolie besteht aus Polyäthylen und damit aus organischen Grundstoffen, die weder bei der Herstellung noch bei der Verbrennung Schadstoffe freisetzen.

Satz: Laudenbach, Sigmundgasse 14, A-1070 Wien
Umschlaggestaltung: Horst Dieter Bürkle, Darmstadt

ISBN 978-3-531-13270-9

INHALTSVERZEICHNIS

Manfred Gabriel
Einheit oder Vielfalt der soziologischen Handlungstheorie:
Einleitende Vorbemerkungen 7

Andreas Balog
Soziologie und die „Theorie des Handelns" 25

Michael Schmid
Soziologische Handlungstheorie – Probleme der Modellbildung ... 55

Josef Quitterer
Basishandlungen und die Naturalisierung von
Handlungserklärungen 105

Rainer Greshoff
‚Handlung' als Grundlagenkonzept der Sozialwissenschaften? 123

Wolfgang Ludwig Schneider
Handeln, Intentionalität und Intersubjektivität im Kontext des
systemtheoretischen Kommunikationsbegriffs 155

Gerald Mozetič
Wieviel muß die Soziologie über Handlungen wissen? 199

Tamás Meleghy
Verhaltenstheorie und Handlungstheorie. Versuch einer
Abgrenzung 227

Evelyn Gröbl-Steinbach
Handlung oder Kommunikation? 263

Johann August Schülein
Handlungstheorie und Psychoanalyse 285

Autorenverzeichnis 315

Manfred Gabriel

Einheit oder Vielfalt der soziologischen Handlungstheorie: Einleitende Vorbemerkungen

0. Ausgangsthese

Die Sozialwissenschaften und insbesondere die Soziologie werden relativ unstrittig als Handlungswissenschaften begriffen. Einige Gründe hierfür lassen sich exemplarisch anführen: Da ist zum einen vorausgesetzt, daß die „soziale Welt" im Gegensatz zur Natur erst durch menschliche Handlungen hervorgebracht wird (Balog 1989; Nassehi 1994). Weiters bedarf ein einigermaßen erfolgreiches Agieren in dieser sozialen Welt einer angemessenen Interpretation und Typologisierung menschlicher Handlungen und Handlungszusammenhänge, die gleichzeitig auch die wesentlichen Phänomene des Objektbereichs der Soziologie darstellen. Diese Implikationen bedingen eine spezifisch soziologische Sichtweise menschlicher Handlungen, für die sich durchaus Schnittpunkte mit anderen Wissenschaften ergeben können.

1. Weichenstellungen

Ausgangspunkt aller *soziologischen* Überlegungen ist die klassische Definition von Max Weber (1921/1984), der Handeln als ein mit subjektivem Sinn versehenes Verhalten festlegte. Damit grenzt Weber Handeln klar vom (bloß reaktivem) Verhalten ab[1], womit sich von seiten der Soziologie – mit wenigen reduktionistischen Ausnahmen (Homans 1968; Opp 1972; Bühl 1974) – bis in die Gegenwart, eine deutliche Abgrenzung zur Psychologie ergibt[2] (Graumann 1979).

Talcott Parsons (1937/1968) betont im Anschluß an Weber (sowie Durkheim, Marshall u. Pareto) den voluntaristischen Aspekt des Handelns.

Dabei bringt er folgende Komponenten ins Spiel: (a.) Ein Akteur muß einen gewissen energetischen Aufwand in seine Handlungen investieren; (b.) Handlungen sind zielgerichtet; (c.) Handeln findet in konkreten Situationen statt, die bestimmte Mittel erfordern; (d.) Handlungen sind regelgeleitet. Damit stellte sich Parsons einerseits rein utilitaristischen Konzeptionen entgegen, indem er die Abhängigkeit von Regeln (standards) bei der Beurteilung von Zweck-Mittel-Relationen postulierte, andererseits distanzierte er sich von Auffassungen, die Handeln als nur von externen Bedingungen abhängig modelliert sehen wollten und somit dem Eigenbeitrag des Akteurs als auch dem Wahlcharakter des Handelns zu wenig Beachtung schenkten.

Für Alfred Schütz (1932/1974; 1971) ist – im Anschluß an Weber – die Sinnzuschreibung und deren Sozialität ein wesentlicher Aspekt. Er verweist auf die Notwendigkeit des „richtigen" Sinnverstehens bei der interpretativen Eigenleistung von Akteuren im Rahmen der Bewältigung von Situationen als wesentlich für die erfolgreiche Interaktion, worin auch die wesentliche Verbindung des Individuums zu seiner Umwelt gesehen werden kann. Die Sozialwelt wird von Schütz als eine intersubjektiv mit anderen geteilte Welt, bestehend aus sozial geteilten Sinnzuschreibungen und Wissensvorräten, wie u. a. Rezeptwissen oder Routinen, gesehen. Damit sind wesentliche Ausgangspositionen eines *handlungstheoretischen* Zugangs (vgl. auch Parsons/Schütz 1974) zur *Handlungswissenschaft* Soziologie benannt.

2. Struktur und Handlung – System und Handlung

Neben handlungstheoretischen Zugängen beschäftigen sich auch systemtheoretische Entwürfe mit Handlung als Grundbegriff der Soziologie. Charakteristisch ist, daß diese Ansätze die Kategorie der Handlung nicht aus der Perspektive des Akteurs modelliert sehen wollen. Nicht ganz eindeutig ist die Grenze zwischen System- und Handlungstheorie im (späteren) Werk von Parsons zu ziehen, der bei der Entwicklung seines Allgemeinen Handlungssystems das Persönlichkeitssystem nur mehr als eine Komponente neben sozialem System, Kultursystem und Verhaltensorganismus betrachtet und den individuell-intentionalen Aspekt des Handelns nur mehr als eine Komponente des allgemeinen Handlungssystems (Nassehi 1994; Staubmann 1995). Der handlungstheoretische Zugang zum Gegen-

standsbereich der Soziologie kann aber außer im Werk von Luhmann in allen Paradigmen der Soziologie identifiziert werden.

Für eine vorläufige Begriffsverständigung kann daher festgehalten werden: Handlungen werden zurechnungsfähigen, voluntaristischen Akteuren *zugeschrieben* (zugerechnet), die mit einem („in der Praxis" üblicherweise ausreichenden) Wissen über die Mittel zur Erreichung ihres Zieles verfügen. Soziologie kann aber nicht auf der Ebene individueller Handlungen verbleiben, sondern muß vielmehr ein Licht auf kollektive Phänomene werfen. In theoretischer Absicht bedeutet dies die Beziehung von Handlung und Struktur, von Mikro zu Makro zu klären (Schmid 1994; i. d. B.).

Man kann einen Großteil der soziologischen Paradigmen nun in Hinblick auf das Mikro-Makro Problem (mit der Zwischenstufe Meso) klassifizieren (ambitiös: Collins 1988). Entweder werden soziale Phänomene aus der Handlungsperspektive betrachtet, also Struktur als handlungsabhängig oder sogar als – intendiertes oder nichtintendiertes – Resultat von Handlungen begriffen, oder man betrachtet Handlungen als strukturbestimmt bzw. strukturgeleitet. Dies berührt auch das in der Soziologie immer wieder thematisierte Individualismus-Kollektivismus-Problem (Vanberg 1975; rein aus handlungstheoretischer Sicht: Miebach 1991).

Zudem impliziert der Strukturbegriff zwei unterschiedliche Bedeutungen: einmal Regeln (Normen, Werte, Rollen etc., aber auch kulturell bzw. sozial vorgegebene Wissensbestände) oder nicht-sinnhafte Konstanten oder Muster (Verteilungen), die man auch als Ressourcen bezeichnen könnte (Reckwitz 1997).

3. Klassifikationen

Unter diesem Aspekt betrachtet, kann man soziologische Theorien in vier Paradigmen(-familien) klassifizie ren.

a. Interpretative Theorien

Eine Paradigmenfamilie besteht aus den sogenannten interpretativen Theorien der Soziologie. Diese sind durchaus nicht von absoluter Konvergenz gekennzeichnet. Gemeinsam ist ihnen aber die Betonung der Fähigkeit von Akteuren zur Interpretation (Definition) und Bewältigung von Situationen vor dem Hintergrund von mehr oder weniger impliziten sozial-kulturellen Regeln. Im Vordergrund der Fragestellung stehen Methoden des Handelns im Alltag, auch Alltagswelt oder Lebenswelt (Abels 1997; Helle 1992). Aus wissenschaftssoziologischer Sicht interessant ist, daß innerhalb diese Paradigmenfamilie eine starke Divergenz zwischen programmatischer Eigenetikettierung, wie etwa bei der Ethnomethodologie (Mullins 1981), und zum Teil stark abgelehnter Fremdetikettierung (Phänomenologische Soziologie)[3] zu beobachten ist. Diese Paradigmenfamilie weist eine starke methodologische Äquivalenz zur interpretativen (grober skizziert: qualitativen) Sozialforschung auf.

b. Rational-Choice

Eine zweite Paradigmenfamilie ist in den Theorien des rationalen Handelns zu identifizieren. Daß auch hier keine einheitliche Theorie vorliegt, wird durch den Umstand verschleiert, daß nur von *der* RC-Theorie gesprochen wird. Im deutschen Sprachraum wird denn auch die RC-Theorie vorwiegend mit den Namen von Hartmut Esser, Siegwart Lindenberg und Reinhard Wippler assoziiert (Schmid 1996). Die beiden Kernstücke der RC-Handlungstheorie dieser Provenienz sind das RREEMM-Menschenbild (restricted, resourceful, expecting, evaluating, maximizing man) und die SEU-Theorie (subjective expected utility). (Mozetič i. d. B.)

Mit diesen beiden Theorie-Elementen erkauft sich die RC-Theorie mit dem Preis einer relativen Unkonturiertheit eine nahezu universelle Anwendungsweise. So ist es auch kaum verwunderlich, daß Esser (1991) postuliert, interpretative Theorien der Soziologie (speziell Schütz) wären in der RC-Theorie bereits logisch impliziert. Weniger die Tatsache, daß diese theorieimperialistische Verkündigung zu Widerspruch geführt hat (etwa Srubar 1992), als vielmehr die Tatsache, wie[4], zeigt ganz deutlich auf, daß es nicht immer theorieimmanente Umstände sind, die eine integrale soziologische Theoriebildung behindern (Gabriel 1998).

Anspruchsvollstes Problem dieses Paradigmas ist die Mikrofundierung sozialer Strukturen, der Versuch das sogenannte Transformationsproblem zu lösen. Hier sind vor allem die Bemühungen von James Coleman zu benennen (1991–1994; Schmid i. d. B.).

c. Strukturfunktionalismus und Strukturalismus

Talcott Parsons und seine voluntaristische Handlungstheorie als eine von zwei Radikalisierungen der Weberschen Soziologie wurde bereits erwähnt. Als dominantes Paradigma der Nachkriegssoziologie wird aber Parsons Strukturfunktionalismus identifiziert, der schließlich in eine „Theorie des allgemeinen Handlungssystems" mündet. Inwiefern zwischen den einzelnen Werkphasen klare Grenzen oder fließende Übergänge zu beobachten sind, sei an dieser Stelle dahingestellt. Wesentlich interessanter ist die Widersprüchlichkeit dieser „handlungstheoretischen Systemtheorie" bzw. „Systemtheoretischen Handlungstheorie". Die Pointe des Strukturfunktionalismus liegt in der Modellierung des Sozialen als normativer Ordnung: als eine Struktur von Sollensregeln. Anders als im interpretativen Paradigma sind Akteure hier Strukturreproduzenten. Das Normensystem ist eher Voraussetzung als Ergebnis des Handelns. Gerade dieses Postulat hat zu massiver Kritik völlig unterschiedlicher Paradigmen geführt (Balog; Schmid i. d. B.).

Parsons Systemhierarchie und das damit in Zusammenhang stehende Vier-Funktionen Paradigma (AGIL) sind soziologisches Allgemeingut: Das Handlungssystem mit seinen beiden Umwelten (physikalische Umwelt, Letzte Realität) und seinen Subsystemen mit den jeweiligen Funktionen (kulturelles System/Law Attainment, Sozialsystem/Integration, Persönlichkeit/Goal-attainment und Verhaltensorganismus/Adaption). Gesellschaft wäre dann ein Sozialsystem, welches die höchste Selbständigkeit in bezug auf seine Milieus (die anderen Subsysteme des Handelns) erreicht. Kernstück der Gesellschaft ist eine normative Ordnung, die Werte, differenzierte und partikularisierte Normen und Regeln enthält, die kulturell legitimiert sind. Strukturelle Kategorien von Gesellschaften sind Werte (L im AGIL-Schema), Normen (I), Kollektive (G) und Rollen (A). Parsons elaboriertes Schema kommt letztlich aber ohne Kern-Theoreme der akteurstheoretischen Modellierung nicht aus: Menschen entwickeln sinnvolle Intentionen (1975, 14), das Sozialsystem entsteht durch die Interaktion von Individuen, jedes Mitglied ist Handelnder als auch Objekt der Orientierung für andere Handelnde (1975, 17).

Der Vollständigkeit halber sei noch ein weiteres strukturperspektivisches Paradigma benannt: der sozialwissenschaftliche Strukturalismus. Der Strukturalismus differenziert zwischen einer Praxis des Handelns und einer darunter (dahinter) liegenden Regelstruktur, analog zur sprachtheoretischen Unterscheidung von langue und parole. Anders als den Strukturfunktionalismus muß man den Strukturalismus (Boudon 1973; Boudon/Bourricaud 1992; Meleghy 1995) als „kulturalistisch" bezeichnen. Weniger der Zusammenhang von Norm und Handlung als vielmehr der von kulturellen Denkprinzipien und Handlungen steht im Vordergrund. Insofern ist Durkheim mit seiner Idee der „conscience collective" als Vorläufer anzusehen. Wichtigster Vertreter dieser Richtung ist der Ethnologe Claude Lévi-Strauss (1967; 1975), was wohl ein wesentlicher Grund ist, warum der Strukturalismus nur in vermittelter Form Einfluß auf die Soziologie – und hier vor allem in Frankreich – hatte.

d. Structural Sociology

Als eigenständiger Paradigmen-Typus kann die sogenannte „structural sociology" besprochen werden. Die structural sociology wird vor allem mit dem Namen Peter M. Blau (1977) verknüpft. Blaus Theorie wurde im deutschen Sprachraum bislang wenig rezipiert. Erst neuere Theoriediskurse über soziale Ungleichheit und Lebensstilforschung schenkten der Theorie von Blau wieder mehr Beachtung (Müller 1992). Blaus Soziologie unterteilt sich in der Werkabfolge von einer Tauschtheorie zu einer makrosoziologischen Strukturtheorie. Er konzeptualisiert Struktur dabei rein quantitativ als Verteilung von sozialen Positionen, die Einfluß auf Interaktion und Rollenbeziehungen (Rollenhandeln) von Menschen haben. Sozialstruktur ist ein multidimensionaler Raum sozialer Positionen. Strukturen sind Ressourcenverteilungen, wie Einkommen, Bildung, Beruf, aber auch Geschlecht oder Alter. Blau wendet sich einerseits gänzlich gegen den psychologischen Reduktionismus eines Homans und befindet sich andererseits in Gegnerschaft zum „Kulturalismus" eines Talcott Parsons. Erwartungen und Wertorientierungen von Akteuren, subjektive Präferenzen und Strategien von Akteuren werden letztendlich gänzlich ausgeblendet. (Schmid i. d. B.)

4. Syntheseversuche

Die Polarisierung Handlung vs. Struktur bzw. Mikro vs. Makro ist an sich längst der Einsicht gewichen, daß es sich um ein Problem unterschiedlicher Betrachtungsweisen, also eine Frage von perspektivischer Komplementarität handelt. Sieht man vom Modell des James Coleman ab, der sozialtheoretische Erklärungen in eine Makro-Mikro-Komponente, eine Komponente individueller Handlungen und eine Mikro-Makro-Komponente zerlegt, um so eine „Mikrofundierung" kollektiver Phänomene zu erreichen, sind es vor allem Synthesemodelle, die das Handlung-Struktur-Problem einer Lösung zuführen wollen.

a. Habermas: System und Lebenswelt

Habermas versucht Mikro- und Makrotheorien miteinander zu verbinden. Er stellt nach einer kritischen Auseinandersetzung mit Marx, Max Weber, Durkheim, Mead dem Lebensweltkonzept und dem Strukturfunktionalismus das Konstrukt Lebenswelt dem Konstrukt System gegenüber. Dieses Begriffspaar betont die Komplementarität der Mikro- und der Makrosichtweise und verweist (a.) auf unterschiedliche Handlungsfelder und (b.) auf unterschiedliche Handlungstypen: kommunikatives Handeln als Typus des Handelns in der Lebenswelt sowie strategisches und instrumentelles Handeln als Typus des Handelns im System (Gröbl-Steinbach i. d. B.) sowie (c.) auf einen zweifachen Strukturbegriff: (1.) Lebenswelt als soziale Normen, kulturelle Traditionen; (2.) System durch un-intendierte Handlungsfolgen generiert. (Habermas 1981; Reckwitz 1997)

b. Bourdieu: Habitus, Feld, Kapital

Eine Herausforderung für entscheidungstheoretisch (voluntaristisch) orientierte soziologische Theorien stellt die vor allem im kultur- und kunstsoziologischen Bereich sowie in der Lebensstilforschung relativ erfolgreiche Theorie von Pierre Bourdieu dar. Handlungen und Handelnde werden bei Bourdieu mittels dreier wechselseitig verwobener Kategorien modelliert: Habitus, Feld und Kapital.

Der Habitus – von Bourdieu aus einer breiten sozialphilosophischen Tradition herausdestilliert – meint ein Ensemble von Schemata, die als Denk-, Wahrnehmungs- und Handlungsmatrix fungieren. Akteure sind mit sowohl sozial als auch biographisch erworbenen Dispositionen ausgestattet[5], innerhalb derer sie ihre Strategien für individuelles Handeln wählen. Anders als bei Theorien, die den Wahlcharakter[6] betonen, steht

bei Bourdieu somit der gesellschaftlich prädeterminierte Akteur im Vordergrund, für dessen Denken und Handeln der Habitus konstitutiv ist. Daß sich damit eine Opposition zu Theorien des rationalen Handelns, aber auch zu interpretativen Theorien ergibt, liegt auf der Hand.[7]
Feld und Kapital sind mit den handlungskonstituierenden Komponenten Regeln und Ressourcen gleichzusetzen. Felder sind der strukturierte Rahmen sozialer Praxisformen: Akteure werden hier in ihren Handlungsmöglichkeiten eingeschränkt. In Feldern existieren konstitutive Regeln, die festlegen, was ein Akteur tun darf, aber nicht, was ein Akteur tun muß. Legt also der Habitus die verinnerlichten Grenzen des Handelns klar, so definiert das Feld eine Form externer Grenzen (Zwänge). Die zweite Form der Grenzziehung ergibt sich aus der Knappheit der Ressourcen. Diese – von Bourdieu als Kapital bezeichnet – strukturieren aufgrund von Verteilungsmerkmalen das soziale Feld, da bestimmte Kapitalsorten die Profitchancen in bestimmten sozialen Feldern erhöhen. Jeweils die Kapitalform, die als Einsatz (enjeux) auf dem Spiel steht, trägt somit wesentlich zur Strukturierung eines Feldes bei. Die wichtigsten Kapitalformen sind das ökonomische, das kulturelle und das soziale Kapital.[8]

Mag dieser kurze Abriß des Bourdieuschen Denkens auch kursorisch sein, muß die Frage, ob trotz des postulierten Syntheseanspruchs die strukturalistischen Wurzeln Bourdieus nicht überdeutlich zu beobachten sind, gestellt werden.

c. Alexander: Multidimensionale Sozialtheorie

Der Neo-Funktionalist Jeffrey Alexander (1993) will eine Synthetisierung mittels einer „multidimensionalen Sozialtheorie" erreichen. Alexander geht dabei davon aus, daß sich die Auseinandersetzungen in der Sozialtheorie weniger auf empirische Tatsachen als vielmehr auf sogenannte „presuppositions", die am Ende eines wissenschaftlichen Kontinuums stehen und sich durch den höchsten Grad der Allgemeinheit von wissenschaftlichen Aussagen kennzeichnen, beziehen. Als grundlegende Präsuppositionen formuliert er Handeln und Ordnung, die in jeder Sozialtheorie konzeptualisiert werden müssen. Multidimensionalität wird dann gewährleistet, wenn Handeln sich in zwei Grunddimensionen bewegt: Interpretation und Strategisierung, die beide (zeitlich) ständig in Gang sind. Interpretation meint Typisierung und Erfindung. Strategisierung meint Intentionen in die

Praxis umzusetzen, auf die Welt einzuwirken. Dazu bedarf es strategischer Erwägungen bezüglich geringster Kosten bei höchstem Nutzen (1993, 211). Dies setzt Wissen (Typisierung und Erfindung) voraus, womit sich der Kreis schließt. Strategisierung bedingt immer auch Interpretation.

Eine Orientierungs- bzw. Bestimmungsleistung für Handeln erfolgt durch seine Umwelten. Diese sind die Persönlichkeit, die Gesellschaft und die Kultur. Anders als bei Parsons werden diese Umwelten jedoch nicht als eigenständige Analyseelemente des Handelns begriffen, sondern gehen in konkretes Handeln als mehr oder weniger geordnete Systeme ein.

Das soziale System konfrontiert Akteure mit realen Objekten, physischer oder natürlicher Art. Sozial bedeutsam sind Fälle, in denen diese Objekte aus Menschen bestehen. Arbeitsteilung, politische Herrschaftsinstitutionen oder Solidarität sind wichtige Umwelteffekte des Sozialsystems, die als Rahmenbedingungen individueller Interpretation und Strategisierung fungieren. Positionen in sozialen Systemen werden durch soziale Rollen definiert. Diese bestehen aus Normen und Sanktionen. Dadurch werden Typisierungen ausgelöst, Impulse für Strategisierungen gegeben und Erfindungen bewirkt.

Das Kultursystem konstruiert und bewertet Realität, womit über den „Umweg" der Symbolisierung interpretatives und strategisches Handeln inspiriert als auch beschränkt wird. Dies gilt auch für die Persönlichkeit. Typisierung, Erfindung und Strategisierung sind Fähigkeiten der Persönlichkeit, die historischer Entwicklung unterliegen.

Die Vorwürfe, mit denen sich Alexanders Theorie konfrontiert sieht, betreffen einerseits seine Präsuppositionen Handeln und Ordnung, die er wenig plausibel macht (Wenzel 1993). Wesentlich gewichtiger ist der Umstand, daß Alexander die Umwelten zwar vom Handeln produziert und das Handeln als Resultat von Umwelten betrachtet (Alexander 1993: 213), die Art und Weise des Zusammenhangs, der diesen Dualismus konstituiert, aber unklar bleibt. (Reckwitz 1997)

d. Giddens: Dualität von Struktur

Kaum ein soziologischer Theoretiker sieht sich ähnlich massiven Vorwürfen des Eklektizismus und der „Vielschreiberei" ausgesetzt wie Anthony Giddens (1988).[9] Die Handlungstheorie von Giddens ist im wesentlichen weberianisch, wobei die in den interpretativen Ansätzen stärker akzentuierte Idee der Alltagsroutinen auch ihre Beachtung findet. Handeln ist intentional, wenngleich sehr oft nur vom „praktischen Bewußtsein" der Akteure begleitet. Entscheidend für das Vorliegen einer Handlung ist, daß ein Individuum in jeder Phase einer gegebenen Verhaltenssequenz anders hätte handeln können. Damit stellt er auch eine Beziehung zwischen Handeln und Macht her: Handeln schließt Macht im Sinne eines umgestaltenden Vermögens logisch mit ein.

Strukturen bestehen bei Giddens explizit aus Regeln und Ressourcen. Regeln sind sowohl sinnkonstituierend als auch sanktionierend. Regeln sind Verfahrensweisen des Handelns. Sie betreffen Aspekte der Praxis. Regeln des gesellschaftlichen Lebens sind Techniken oder verallgemeinerbare Verfahren bei der Ausführung sozialer Praktiken. Ressourcen sind an der Generierung von Macht beteiligt: Er differenziert in (a.) allokative (materielle) Ressourcen einschließlich der natürlichen Umwelt und physischer Artefakte. Diese leiten sich aus der Herrschaft des Menschen über die Natur her. (b.) Autoritative Ressourcen, die sich aus der Fähigkeit ableiten, sich die Aktivitäten menschlicher Wesen verfügbar zu machen, also die Herrschaft von Akteuren über andere Akteure. Programmatisch postuliert Giddens eine „Dualität von Struktur": Struktur als Medium und Resultat von Verhalten, das Struktur rekursiv organisiert. Struktur ist den Individuen nicht äußerlich, sie existiert in Form von Erinnerungsspuren und „als in sozialen Praktiken" verwirklicht. Struktur schränkt Handeln nicht nur ein, ist also nicht mit Zwang gleichzusetzen, Struktur ermöglicht Handeln auch. Struktur besitzt keine Existenz außerhalb der Wissensvorräte, die Akteure von ihrem Handeln haben. Damit wird aber keineswegs das Phänomen der nicht-intendierten Handlungsfolgen geleugnet: „Die menschliche Geschichte wird durch intentionale Handlungen geschaffen, sie ist aber kein beabsichtigter Entwurf" (1988, 79).

Die Vermittlung zwischen Handeln und Struktur bezieht sich hier aber augenscheinlich auf einen regelorientierten Strukturbegriff. Dies würde aber keinerlei Fortschritt gegenüber kulturalistischen und normativen Paradigmen bedeuten. Um dem zu entgehen, führt Giddens das zweite Element von Struktur, die Ressourcen, ein, nämlich Macht bzw. Fähigkeit, um überhaupt soziale Praktiken umzusetzen. Handlungskompetenz bedeutet Regelkompetenz, für die reale Umsetzung sind aber Ressourcen vonnöten. Hier wäre allerdings die Frage zu stellen, inwieweit Ressourcen tatsächlich keine „externe Konstituente" für menschliches Handeln sind.

Während es gut nachvollziehbar ist, daß sich Regeln und deren Anwendung durch Reflexion in Kontexten ändern, ist dies bei Ressourcenverteilung nicht so ohne weiteres nachvollziehbar. (Archer 1996; Kießling 1987; Reckwitz 1997; Schönbauer 1994)

5. Zu diesem Band

Es zeigt sich also deutlich, daß das Kuhnsche Ablaufmodell von Paradigmen für den Bereich der Soziologie so nicht aufrechterhalten werden kann[10]. Gerade in der Soziologie läßt sich eine hohe Kompatibilität von koexistierenden Paradigmen einerseits sowie eine perspektivische Komplementarität andererseits feststellen. Dazu kommt, daß man trotz dieser Theorienvielfalt ein mehr oder weniger homogenes Repertoire von soziologischen Konstrukten (Grundbegriffen), die den soziologischen Objektbereich festlegen, beobachten kann.

Vor dem Hintergrund dieser Überlegungen wurde der vorliegende Band konzipiert. Der erste Teil des Bandes ist grundsätzlich angelegt und thematisiert den Zusammenhang von Soziologie und Handlungstheorie, Modellbildung in der soziologischen Theorie sowie Probleme der Handlungserklärung.

Balog stellt hierbei den Zusammenhang von Soziologie und der „Theorie des Handelns" auf drei Ebenen dar. Erstens wird die Rolle von Handlungen bei der *Beschreibung* sozialer Phänomene thematisiert. Hier wird an die Soziologie Max Webers angeknüpft. Zweitens wird die Rolle von Handlungen für die *Erklärung* sozialer Phänomene erörtert, wobei der zur Zeit sehr prosperierende Rational-Choice-Ansatz besondere Beachtung erfährt. Drittens wird die Bedeutung des „Handlungsbegriffs" und der „Handlungstheorie" als *konstitutives Element* des „theoretischen Bezugsrahmens" der Soziologie diskutiert, wobei auf die Soziologie von Talcott Parsons zurückverwiesen wird, die die theoretische Soziologie bis heute geprägt hat.

Schmid argumentiert dahingehend, daß die Soziologie ein Licht auf die zwischenmenschlichen *Verkehrsformen* und die damit verbundenen *Prozesse* und *Struktureffekte* werfen muß. Der handlungstheoretische Kern soziologischer Erklärungen kann daher nicht losgelöst vom sogenannten *Mikro-Makro-Problem* betrachtet werden. Da die Auffassung von diesem

Problem wesentlich von der favorisierten Handlungstheorie abhängt, müssen zwei Problembereiche gelöst werden. Zum einen muß die Logik der „inter-theoretischen Relationen" zwischen den einzelnen Handlungstheorien beleuchtet werden, zum anderen muß der Streit um das Mikro-Makro-Problem dadurch geschlichtet werden, daß nur jene Handlungstheorien Beachtung finden, die geeignet sind, eine Vielzahl heterogener *Mechanismen der Verhaltensabstimmung* zu modellieren.

Quitterer diskutiert die Möglichkeiten von Handlungserklärungen aus philosophischer Sicht, wobei auch Anforderungen an soziologische Handlungserklärungen thematisiert werden. Dabei befaßt er sich mit der Tendenz des *Naturalismus* in der zeitgenössischen analytischen Philosophie. Hierbei soll die Einordnung von Handlungen vor dem Hintergrund des Verstehenszusammenhangs, in welchem auf (Handlungs-)*Gründe* zurückgegriffen wird, durch Handlungserklärungen, in denen auf physikalisch bestimmbare Ursachen zurückgegriffen wird, ersetzt werden. Über die Sinnhaftigkeit der Anwendung des nomologischen Erklärungsschemas mit der Basishandlung als Explanandum wird anhand verschiedener Positionen der analytischen Philosophie diskutiert, wobei sich letztendlich eine derartige Bestimmung von Handlungen als zu eng erweist.

Im zweiten Abschnitt des Bandes werden die soziologischen Superparadigmen der Handlungstheorie und der Systemtheorie mit Bezug auf die Kategorie Handlung gegenübergestellt.

Greshoff zeigt in seinem Beitrag, was Luhmann in seiner allgemeinen Theorie mit „Handlung" meint und welchen Stellenwert diese in seiner allgemeinen Theorie des Sozialen hat. Schließlich wird erörtert, in welcher Weise Luhmann dabei an Max Weber anknüpft und wie Luhmann seinen Überlegenheitsanspruch und die Charakterisierung seines Ansatzes als „nicht-handlungstheoretisch" durchargumentiert.

Schneider reformuliert nach einer Skizzierung der begrifflichen Grundentscheidungen der Systemtheorie und dem daraus folgenden Zuschnitt des Kommunikationsbegriffs, was eine fundamentale Neubestimmung zwischen Psychischem und Sozialem sowie zwischen Handlung und Kommunikation nach sich zieht, zentrale Konzepte des Handlungsbegriffs wie Intentionalität und Intersubjektivität. Intentionalität wird schließlich als kommunikative Reduktionsform subjektiven Sinns bestimmt, um schließlich nachzuweisen, wie Intersubjektivität unter den Bedingungen direkter und massenmedialer Interaktion erzeugt werden kann.

Mit dem nächsten Abschnitt wird der gegenwärtig zu beobachtenden Theoriendynamik in der Soziologie Rechnung getragen. Sowohl Mozetič als auch Meleghy setzen sich kritisch mit dem theoriepolitisch äußerst erfolgreichem Paradigma der RC-Theorie auseinander.

Mozetič geht dabei der Frage nach: Wieviel muß die Soziologie über Handlungen wissen? Dabei wird der Reduktionismus des RC-Ansatzes aufgezeigt, dem es vor allem nicht gelingt, institutionelle Vorgaben, die die Motive gesellschaftlich strukturieren, zu analysieren. Nicht Einzelhandlungen, sondern Handlungsketten, Handlungssequenzen, Interaktionen interessieren die Soziologie. Zudem gibt es eminente Schwierigkeiten, Handlungen analytisch festzumachen. Die Kategorie Handlung muß sich den Kategorien Strukturen, Systeme, Konflikte, Figurationen stellen.

Meleghy diskutiert die Frage, ob man in der RC-Theorie verhaltenstheoretische Elemente identifizieren kann. Es wird dahingehend argumentiert, daß in der Rational-Choice-Theorie sowohl verhaltens- als auch handlungstheoretische Komponenten miteinfließen, obwohl diese Theorie von exponierten Vertretern dieses Paradigmas als explizit handlungstheoretisch angesehen wird. Auf der Grundlage der Drei-Welten-Theorie von Popper sowie dessen Konzept einer Situationslogik wird eine Abgrenzung beider Theorien vorgenommen, wobei Handlungs- und Verhaltenstheorien als ergänzende Konzeptionen betrachtet werden.

Gröbl-Steinbach untersucht Habermas' Modell des kommunikativen Handelns unter dem Aspekt, auf welcher Ebene der Theoriekonstruktion dieses für die theoretische Arbeit der Soziologie brauchbar ist. Es wird dahingehend argumentiert, daß sprachliche Kommunikation konstitutiv für soziale Interaktion ist und das Modell des kommunikativen Handelns daher als Grundbegriff der Soziologie angesehen werden kann. Für die Analysen empirischer Phänomene ist das Modell kommunikativen Handelns dagegen entbehrlich. Für deskriptive oder explanatorische Zwecke sind Modelle der rationalen Wahl des symbolischen Interaktionismus oder der normativen Handlungsorientierung weiterhin vorzuziehen.

Schülein untersucht Möglichkeiten, ausgewählte psychoanalytische Konzepte mit eher subjekttheoretischen, mikrosoziologischen Ansätzen zu verbinden. Vor allem die Phasen des Handelns könnten so einer eingehenderen, weniger reduktionistischen Betrachtung zugeführt werden und als intrapsychischer Prozeß modelliert werden: Handlungsgleichgewicht und Handlungsaufforderung; Intrapsychische Konstitution und intrapsychische Verarbeitung; Entwicklung eines Handlungsentwurfs; Umsetzung des Handlungsentwurfs in Aktion. Wichtige subjektorientierte Ansätze, wie die von Schütz, Mead, Goffmann u. a. würden so eine wesentliche Erweiterung erfahren.

Anmerkungen

1 Wesentlich interessanter ist die Auffassung von Kamlah (1972), der Handeln und Verhalten als zwei unterschiedliche Kategorien begreift. Die terminologischen Grundbestimmungen kann man mittels einer methodischen Rekonstruktion im Sinne einer „logischen Propädeutik" (Kamlah/Lorenzen 1973) vornehmen. Dazu gilt es, exemplarische Bestimmungen von Prädikatoren zu finden. Plausible Beispiele für Handlungen wären dann eben laufen, einen Brief schreiben, grüßen. Gegenbeispiele wären dann eben niesen, stolpern, verdauen.
In der Alltagssprache werden für Handeln zahlreiche Synonyma verwendet und somit auch Verhalten für Handlungen. Günstiger wäre es daher für die wissenschaftliche Diskussion, als Gegenbeispiel zu Handlung den Begriff „Widerfahrnis" (Kamlah 1972: 34–40) anzuwenden.
Als weiteren Schritt zur Unterscheidung kann man noch Prädikatorenregeln benennen: Zu Handlungen kann man auffordern, zu Verhalten (Widerfahrnis) nicht. Handlungen kann man unterlassen, Verhalten (Widerfahrnis) nicht. Handlungen können gelingen oder mißlingen, Verhalten (Widerfahrnis) nicht. Zum Handeln kann ich mich entschließen, zum Verhalten nicht. (Vgl. auch Janich 1993)
2 Ausgesprochen instruktiv hierzu die Diskussion in EuS zum Artikel von Rausch (1998) zur Abgrenzung von Handlung als sozialwissenschaftlichem Grundbegriff, der die Frontlinien von Psychologie und Soziologie klar zutage treten ließ.
3 Luckmann (1979) besteht darauf, daß es keine phänomenologische Soziologie gibt. Phänomenologie hellt Prozesse auf, „durch die die Welt als eine spezifisch menschliche aufgebaut wird". Sie ist jene Philosophie, die die menschliche Erfahrung als Grundlage der Gesellschaftstheorie wiederentdeckt. Die Phänomenologie der invarianten Strukturen des Alltagslebens könne eine *Proto-Soziologie* konstituieren.
Allgemein wird aber von phänomenologischer Soziologie gesprochen, so daß es sich aus pragmatischen Gründen empfiehlt, diese *Etikettierung* beizubehalten.
4 An der Argumentation von Srubar in diesem Artikel kann man gut nachvollziehen, daß Theorie und Exegese sehr oft nahe beieinander liegen. Srubar meint Essers Argumentation insofern etwas entgegen setzen zu können, als er den Ansatz vorstellt, der eine hohe Konvergenz mit dem von Esser aufweist. Da Schütz den Utilitarismus der „Wiener Ökonomischen Schule" aber kritisiert, schließt Srubar, Schütz hatte auch jene Momente innerhalb des Misesschen Theoriegebäudes in seiner Theorie einkalkuliert, die denen des Esserschen Modells ähneln. Dies ist ein gutes Beispiel einer Art Fundamentalhermeneutik.

5 Man kann klar nachvollziehen, daß Bourdieu klassenspezifische Verteilungen von materiellen und kulturellen Existenzbedingungen bei der Genese des Habitus im Auge hat, der bei gesellschaftlicher Prägung individuelle Variationen von Handeln zuläßt (Bohn 1991; Janning 1991; Schingel 1995). Inwieweit es sich dabei um einen verleugneten Marxismus (Herz 1996) handelt, sei an dieser Stelle dahingestellt.

6 Es ist bezeichnend, daß Bourdieu-Apologeten wie etwa Schwingel (1995, 69) bei Nichtakzeptanz des Habitus-Konzepts sofort den Teufel einer „voluntaristischen Metaphysik der Freiheit", die soziologisch inakzeptabel sei, an die Wand malen. Biographische Eigenheiten, Sozialisation, Normen, bounded rationality werden heute auch von Vertretern „rationalster" Theorien mitberücksichtigt.

7 Verschiedene Anhänger der Sozialtheorie Bourdieus sehen in der Habitustheorie vor allem einen geglückten Versuch, den Dualismus von „Subjektivismus" und „Objektivismus" zu überwinden. Diese These wäre aber nur dann haltbar, wenn die handlungsperspektivisch vorgehenden Theorien der Soziologie tatsächlich von im luftleeren Raum agierenden Subjekten ausgehen würden. Doch selbst die in dieser Richtung immer wieder stark kritisierte RC-Theorie berücksichtigt, daß es Wissensstrukturen gibt, die Wahrnehmungen ordnen (Schemata und Skripts), und standardisierte Routinen, die die Logik der Selektion erleichtern. Normen, Rollen, aber auch Institutionen werden dann als stark objektivierte Anhaltspunkte für (soziales) Handeln gesehen (Esser 1991).

8 Über das ökonomische Kapital braucht man nicht viel zu sagen, das kulturelle Kapital existiert bei Bourdieu in einmal materieller Form. Interessanter ist die Kategorie des kulturellen Kapital in inkorporiertem Zustand, also kulturelle Fähigkeiten und Wissensformen in weitestem Sinn. Als soziales Kapital bezeichnet er dauerhafte Netze von institutionalisierten Beziehungen des wechselseitigen Kennens und der wechselseitigen Anerkennung, auf die man zurückgreifen kann. (Bourdieu 1992) Die Wertschätzung (Anerkennung) durch andere Akteure wird mitunter auch als symbolisches Kapital bezeichnet.
Es ist wohl unschwer nachzuvollziehen, daß es vor allem der Kapitalbegriff ist, der Bourdieu für Lebensstilforschung und die Kultursoziologie so attraktiv macht.

9 Die Polemik, mit der man Giddens begegnet, ist bei Craib (1992) nachzuvollziehen. Das Kapitel 2 dieses Buches (S. 13–32) trägt die Überschrift „The theoretical omlette". Darin unterteilt er die Zutaten von Giddens Theorie in Bad Eggs, die Giddens ablehnt, unerwartete neue Zutaten und alte Zutaten, die auf eine neue Art und Weise zubereitet werden. Positivismus, Funktionalismus und Evolutionstheorien werden dabei als „bad eggs" identifiziert, Sprachphilosophie, Phänomenologische Soziologie, Ethnomethodologie, Goffman, Psychoanalyse, Hermeneutik, Strukturalismus und Poststrukturalismus, Marxismus, Heidegger und Zeitgeographie als neue oder ungewohnt zubereitete Zutaten.

10 Es stellt sich natürlich die Frage, ob Kuhn das überhaupt wollte. Allerdings zeigen auch Beispiele aus den Naturwissenschaften, daß Kuhns Theorie insgesamt auf zu wenigen Beispielen beruht. (Schurz 1998)

Manfred Gabriel

Literatur

Abels, Heinz (1998): Interaktion, Identität, Präsentation. Kleine Einführung in interpretative Theorien der Soziologie. Opladen/Wiesbaden

Alexander, Jeffrey (1993): Soziale Differenzierung und sozialer Wandel. Frankfurt a. Main

Archer, Margaret S. (1996): Culture and Agency. The place of culture in social theory

Balog, Andreas (1989): Rekonstruktion von Handlungen. Alltagsintuitionen und soziologische Begriffsbildung. Opladen

Blau, Peter M. (1977): Inequality and Heterogeneity. A primitive Theory of Social Structure. New York/London

Bohn, Cornelia (1991): Habitus und Kontext. Ein kritischer Beitrag zur Sozialtheorie Bourdieus. Opladen

Boudon, Raymond (1973): Strukturalismus – Methode und Kritik. Düsseldorf

Boudon, Raymond/Bourricaud, François (1992): Soziologische Stichworte: Strukturalismus. Opladen, S. 558–565

Bourdieu, Pierre (1979): Entwurf einer Theorie der Praxis. Frankfurt a. Main

Bourdieu, Pierre (1987): Sozialer Sinn. Kritik der theoretischen Vernunft. Frankfurt a. M.

Bourdieu, Pierre (1992): Die verborgenen Mechanismen der Macht. Hamburg

Bühl, Walter L. (Hrsg./1974): Reduktionistische Soziologie. Soziologie als Naturwissenschaft? München

Bühl, Walter L. (Hrsg./1975): Funktion und Struktur. Soziologie vor der Geschichte. München

Coleman, James: (1991–1994) Grundlagen der Sozialtheorie. Bd. 1–3. München

Collins, Randall (1988): Theoretical Sociology. San Diego u. a.

Coser, Lewis (1965): Theorie sozialer Konflikte. Darmstadt/Neuwied

Craib, Ian (1992): Anthony Giddens. London

Esser, Hartmut (1991): Alltagshandeln und Verstehen. Zum Verhältnis von erklärender und verstehender Soziologie am Beispiel von Alfred Schütz und Rational Choice. Tübingen

Gabriel, Manfred (1993): Alfred Schütz und die Theorie des Handelns als rationale Wahl. In: Österreichische Zeitschrift für Soziologie, 18, S. 70–79

Gabriel, Manfred (1998): Paradigmenrivalitäten kompatibler Handlungstheorien im Bereich individualistischer Sozialtheorie. In: Schurz, Gerhard/Weingartner, Paul (Hrsg.): Koexistenz rivalisierender Paradigmen. Eine post-kuhnsche Bestandsaufnahme zur Struktur gegenwärtiger Wissenschaft. Opladen/Wiesbaden 1998, S. 153–163

Giddens, Anthony (1988): Die Konstitution der Gesellschaft. Frankfurt/New York

Habermas, Jürgen (1981): Theorie des kommunikativen Handelns. 2. Bde. Frankfurt a. Main

Helle, Hans-Jürgen: Verstehende Soziologie und Theorie der Symbolischen Interaktion. Stuttgart

Herz, Martin (1996): Disposition und Kapital. Ein Beitrag zur Bourdieu-Debatte. Wien

Homans, George C. (1968): Elementarformen sozialen Verhaltens. Köln/Opladen

Janich, Peter (1993): Erkennen als Handeln. Von der konstruktiven Wissenschaftstheorie zur Erkenntnistheorie. Erlangen/Jena

Janning, Frank (1991): Pierre Bourdieus Theorie der Praxis. Opladen

Kamlah, Wilhelm (1972): Philosophische Anthropologie. Sprachkritische Grundlegung und Kritik. Zürich

Kamlah, Wilhelm/Lorenzen, Paul: Logische Propädeutik. Vorschule des vernünftigen Redens. Mannheim/Wien/Zürich

Kießling, Bernd (1987): Kritik der Giddenschen Sozialtheorie. Frankfurt a. Main

Lévi-Strauss, Claude (1967; 1975): Strukturale Anthropologie I und II. Frankfurt a. Main

Luckmann, Thomas (1979): Phänomenologie und Soziologie. In: Sprondel, Walter/Grathoff, Richard (Hrsg.): Alfred Schütz und die Theorie des Alltags. Stuttgart, S. 196–206

Meleghy, Tamás (1995): Der Strukturalismus: Claude Lévi-Strauss. In: Morel, Julius u. a.(Hrsg.): Soziologische Theorie. Ansätze ihrer Hauptvertreter. München/Wien, S. 116–146

Merton, Robert K. (1995) Soziologische Theorie und soziale Struktur. Berlin/New York

Miebach, Bernhard (1991): Soziologische Handlungstheorie. Opladen

Müller, Hans-Peter (1992): Sozialstruktur und Lebensstile. Der neue theoretische Diskurs über soziale Ungleichheit. Frankfurt a. Main

Mullins, Nicolas C. (1981): Ethnomethodologie: Das Spezialgebiet, das aus der Kälte kam. In: Lepenies, Wolf (Hrsg.): Geschichte der Soziologie. Studien zur kognitiven, sozialen und historischen Identität einer Disziplin. Bd. 2, Frankfurt a. Main, S. 97–136

Nassehi, Armin (1994): Systemtheoretische Soziologie. Erkundung eines Paradigmas. In: Kneer, Georg/Kraemer, Klaus/Nassehi, Armin (Hrsg.): Soziologie. Zugänge zur Gesellschaft. Münster/Hamburg, S. 145–168

Opp, Karl-Dieter (1972): Verhaltenstheoretische Soziologie. Reinbek b. Hamburg

Parsons, Talcott (1937/1968): The Structure of Social Action. 2 Bde. New York

Rausch, Adly (1998): Probleme der Bestimmung und Abgrenzung von ‚Handlung' als sozialwissenschaftlicher Grundbegriff. Hauptartikel und Repliken. In: Ethik und Sozialwissenschaften, 9, Heft 1

Reckwitz, Andreas (1997): Struktur. Zur sozialwissenschaftlichen Analyse von Regeln und Regelmäßigkeiten. Opladen

Schmid, Michael (1994): Entscheiden, Handeln und Institutionen. Neuere Arbeiten zur soziologischen Handlungstheorie. In: Berliner Journal für Soziologie, (4), S. 571–580

Schmid, Michael (1996): Rationales Handeln und Gesellschaftstheorie. Bemerkungen zur forschungslogischen und ideologiekritischen Bedeutung der Rational-Choice-Theorie. In: Salamun, Kurt (Hrsg.): Geistige Tendenzen der Zeit. Frankfurt a. Main, S. 217–245

Schönbauer, Günther (1994): Handlung und Struktur in Anthony Giddens „social theory". Regensburg

Schütz, Alfred (1932/1974): Der sinnhafte Aufbau der sozialen Welt. Eine Einleitung in die verstehende Soziologie. Frankfurt a. Main

Schütz, Alfred (1971): Gesammelte Aufsätze. Bd 1: Das Problem der sozialen Wirklichkeit. Den Haag

Schütz, Alfred/Parsons, Talcott (1974): Zur Theorie sozialen Handelns. Ein Briefwechsel. Frankfurt a. Main

Schurz, Gerhard (1988): Koexistenzweisen rivalisierender Paradigmen. Eine begriffsklärende und problemtypologisierende Studie. In: Schurz, Gerhard/Weingartner, Paul (Hrsg.): Koexistenz rivalisierender Paradigmen. Eine post-kuhnsche Bestandsaufnahme zur Struktur gegenwärtiger Wissenschaft. Opladen/Wiesbaden 1998, S. 2–51

Schwingel, Markus (1995): Bourdieu zur Einführung. Hamburg

Staubmann, Helmut (1995): Handlungstheoretische Systemtheorie: Talcott Parsons. In: Morel, Julius u. a. (Hrsg.): Soziologische Theorie. Ansätze ihrer Hauptvertreter. München/Wien, S. 147 –170

Vanberg, Viktor (1975): Die zwei Soziologien. Individualismus und Kollektivismus in der Sozialtheorie. Tübingen

Weber, Max (1921/1984): Soziologische Grundbegriffe. Tübingen

Wenzel, Harald (1993): Einleitung: Neofunktionalismus und theoretisches Dilemma. In: Alexander, Jeffrey: Soziale Differenzierung und sozialer Wandel. Frankfurt a. Main, S. 7–30

Wiesenthal, Helmut (1987): Rational Choice. Ein Überblick über Grundlinien, Theorienfelder und neuere Themenaquisition eines sozialwissenschaftlichen Paradigmas. In: Zeitschrift für Soziologie, 16, H. 6, S. 434–449

Andreas Balog

Soziologie und die „Theorie des Handelns"

Ich habe im Titel des Aufsatzes die Theorie des Handelns bewußt in Anführungszeichen gesetzt. Der Grund ist, daß zwar – wenn auch nur bedingt – Konsens darüber besteht, was die Soziologie ist, aber innerhalb der Soziologie es keine Einigkeit darüber gibt, was die „Theorie des Handelns" oder „Handlungstheorie" ist und welcher Stellenwert ihr in der Soziologie zukommt. Ich möchte einen Beitrag zur Beantwortung dieser Frage leisten, indem ich drei Ebenen der Problematisierung unterscheide, für die die Beschäftigung mit Handlungen und Handeln zentral ist. (Ich werde diese Begriffe synonym verwenden).

Auf der *ersten* Ebene geht es um die Rolle von Handlungen für die Beschreibung sozialer Phänomene. Der Anknüpfungspunkt ist hier die Soziologie Max Webers. Auf der *zweiten* Ebene stellt sich die Frage nach der Rolle von Handlungen für die Erklärung sozialer Phänomene, eine Fragestellung, die gegenwärtig besonders im Rahmen des RC-(Rational-Choice-)Ansatzes betont wird, in ihrer Tragweite aber nicht auf ihn beschränkt ist. Auf der *dritten* Ebene diskutiere ich die Bedeutung des Handlungsbegriffs oder der „Handlungstheorie" als ein konstitutives Element des „theoretischen Bezugsrahmens", also der Perspektive, die für die Soziologie spezifisch ist. Jede Beschäftigung mit diesem Problemzusammenhang ist auf die Soziologie von Talcott Parsons zurückverwiesen, dessen Arbeiten die theoretische Soziologie bis heute geprägt haben.

Während die erste und die zweite Ebene logisch miteinander verknüpft sind, ist die Verbindung zur soziologischen Theorie im engeren Sinn nicht ohne weiteres offensichtlich. Darin drückt sich auch die zunehmende – und wie ich zeigen möchte, problematische – Verselbständigung der theoretischen Soziologie von den konkreten Aufgaben aus, mit denen Soziologen und Soziologinnen in der Praxis zu tun haben.

1. Probleme der Begriffsbildung

Man kann auf die Idee der handlungsbegrifflichen Definition sozialer Phänomene nicht eingehen, ohne auf Webers methodische Arbeiten zu verweisen. Liest man etwa die „Soziologischen Grundbegriffe" oder auch den „Kategorienaufsatz", wird es nicht ohne weiteres klar, warum Weber Soziologie als Wissenschaft vom sozialen Handeln und daher Handeln als *den* fundamentalen Grundbegriff der Soziologie bestimmt und alle anderen Phänomene als spezifische Formen des Handelns bestimmt. Was auf den ersten Blick als eine dogmatische Festlegung erscheint, ist aber ohne weiteres auf Grund anderer Arbeiten (v. a. „Objektivitätsaufsatz" und „Roscher und Knies") argumentierbar. Ich möchte das hier nicht tun, sondern nur auf die zentrale Intuition Bezug nehmen (ohne den neukantianischen Hintergrund zu erläutern, der für diese Intuition konstitutiv ist) also Weber aus einer heutigen Perspektive rekonstruieren.[1]

Weber ging es einfach darum, eine Form der Beschreibung sozialer Phänomene zu finden, die ihre intersubjektive Nachvollziehbarkeit gewährleistet. Diese Problematik läßt sich am Beispiel von „Gesellschaft" aufzeigen, einem Begriff, der bei Weber praktisch keine Rolle spielt. Was „Gesellschaft" ist, ist erläuterungsbedürftig – es ist nicht ohne weitere eingrenzende Bestimmungen klar, was damit gemeint ist und wie Alltagsphänomene als Teile von „Gesellschaft" zu verstehen sind und woran ihre Identität als Teile von Gesellschaft festzumachen wäre. Das hängt damit zusammen, daß „Gesellschaft" kein Alltagsphänomen ist, dessen Bedeutung aufgrund einer intuitiv nachvollziehbaren und intersubjektiv verbindlichen Analyse der umgangssprachlichen Verwendung des Wortes zu entnehmen wäre. „Gesellschaft" muß immer in Hinblick auf weitere Phänomene präzisiert werden, aus denen sie besteht und die ihrerseits in einer intersubjektiv nachvollziehbaren Weise identifiziert werden müssen.

Mit der Entscheidung für den Begriff des Handelns als Grundbegriff verbindet Weber zwei Intuitionen. *Erstens* können Handlungen in einer verbindlichen Weise aus unterschiedlichen Perspektiven identifiziert werden. Man kann dabei nachvollziehbarerweise von einer mehr oder weniger wahren oder zutreffenden Handlungsbeschreibung sprechen. Es geht dabei nicht primär um den Begriff „Handlung" oder „Handeln", sondern um die Handlungen des Alltagslebens. Zu den prototypischen Beispielen gehören Tätigkeiten wie „Einkaufen-Gehen", „Geschenk-Machen" oder „Brief-Schreiben". Die Analyse von „Handeln" oder „Handlung" bedeutet, die allgemeinen gemeinsamen Züge dieser Handlungen und die Kriterien herauszuarbeiten, die diese Tätigkeiten von solchen abgrenzen, die nicht Handlungen sind. *Zweitens* sind soziale Phänomene nichts anderes als Formen (nicht notwendigerweise Ergebnisse) des aufeinander bezogenen Handelns von Menschen, die aus einzelnen Handlungen bestehen, die identifizierbar und rekonstruierbar sind.

Ad 1) Die Objektivität von Handlungsbeschreibungen besteht für Weber darin, daß sie intersubjektiv stets nachvollziehbar sind. Man kann Handlungen nicht in einer beliebigen Weise vollziehen. Die Beschreibungen von Handlungen beruhen daher auf intersubjektiv verbindlichen Kriterien. Von Handlungen zu sprechen heißt, bestimmte Ziele in einer konsistenten Weise mit dem Einsatz der dafür als geeignet geltenden Mittel zu realisieren. „Jede denkende Besinnung auf die letzten Elemente sinnvollen menschlichen Handelns ist zunächst gebunden an die Kategorien ‚Zweck' und ‚Mittel'" (1968: 149). Das Verstehen, das der Identifikation einer Handlung zugrunde liegt, stellt das Ziel des Tuns mit den Mitteln in Zusammenhang, die zu seinem Erreichen erforderlich sind. Die Beschaffenheit der Ziel-Mittel-Relation entzieht sich der Entscheidung der handelnden Person.

Eine Handlung zu identifizieren, in Webers Worten, „das aktuelle Verstehen des gemeinten Sinnes einer Handlung" (1964: 6), heißt also die Tätigkeit einer Person aus deren eigenen Perspektive zu rekonstruieren, ihre Vorstellungen, Glaubensannahmen und Absichten aufzuzeigen. In diesem Verständnis bestimmen die Akteure darüber, was sie tun und wie ihr Handeln zu identifizieren ist. Die Aktivitäten der Person werden als Mittel zur Erreichung der von ihr beabsichtigten Ziele analysiert.[2] Daraus leiten sich auch eindeutige Kriterien für die Richtigkeit von Handlungsbeschreibungen ab. Der Regentanz eines Zauberers mag aus der Perspektive eines Nicht-Eingeweihten als eigenartige Kombination von Körperbewegungen und sprachlichen Äußerungen erscheinen, als Handlung bzw. eine zusammenhängende Reihe von Handlungen hat man ihn erst identifiziert, wenn man die Vorstellungen und Ziele kennt, deren Realisierung der Zauberer mit seinen Äußerungen bezweckt, und die Mittel, die er dazu einsetzt. Solange Ziele des Zauberers und die dafür verfügbaren Mittel nicht bekannt sind, gibt es keine zutreffende Beschreibung seiner Handlungen.

Eine Kritik, die schon früh gegen Webers Verständnis von Soziologie vorgebracht wurde, betrifft die Enge und Starrheit des Zweck-Mittel-Verhältnisses, das letztlich die „Last" der Objektivität zu tragen hat (Tönnies 1923). Das Zweck-Mittel-Verhältnis kann nämlich auch objektivistisch mißverstanden werden: Dann wäre Webers Vorschlag eine instrumentalistische Variante von Durkheims Verständnis von Soziologie als einer Wissenschaft von Regelungen, die den Akteuren vorgegeben sind. Nicht die normativen Regeln stünden als „Gußformen für Handlungen" (Durkheim) im Mittelpunkt, sondern die Zweck-Mittel-Relationen, die darüber bestimmen, wie Handlungen in effizienter Weise hervorgebracht und Ziele verfolgt werden können.

Gegenüber dieser verkürzten Interpretation muß man betonen, daß Ziele und Mittel nicht starr miteinander verbunden sind, sondern die Verbindung durch das Wissen und die Glaubensannahmen der Person hergestellt wird. Auch wenn bestimmte Ziele nur mit bestimmten Mitteln zu erreichen sind, so muß die Person um diese Beziehung wissen, sofern diese Kombination für ihr Handeln relevant ist. Die Ziele beziehen sich auf Zustände, die eine Person mit ihrem Tun realisieren möchte, die Mittel müssen nicht nach Kriterien eines außenstehenden Beobachters, sondern nach jenen der handelnden Person geeignet sein. Es ist eine andere Frage, daß erfolgreiches Handeln sich eher an erprobten Handlungsverläufen und daher häufig an standardisierten Zweck-Mittel-Relationen orientiert, sofern die Bedingungen für ihre Anwendung gegeben sind.

Die Zweck-Mittel-Relation ist nur ein Sonderfall der konstitutiven Struktur jeder Handlung, der Realisierung von Absichten vermittels der Aktivitäten der Person. Die Betonung von Wünschen/Absichten und den dafür aus der Sicht der Person erforderlichen Tätigkeiten bedeutet nur, die allgemeine Struktur des Handelns aufzuzeigen. Instrumentelle Handlungen, bei denen die Trennung von Zwecken und Mitteln eindeutig möglich ist, bilden eine wichtige Untergruppe. Bei Tätigkeiten, die als „Selbstzweck" hervorgebracht werden, ist dies nicht ohne weiteres möglich. Auch lassen sich Unterlassungen (die Weber selber als Handlungen erkannt hat) in einer unproblematischen Weise als Formen von Handlungen identifizieren.

Diese Modifikation ändert aber nichts daran, daß Handlungen in einer konstitutiven Weise intersubjektiv sind. Die Intersubjektivität ist allerdings nicht an die Zweck-Mittel-Relation allein gebunden, sondern hat mehrere Aspekte. Die Absichten/Wünsche sind ihrerseits auf die Herstellung oder Bewahrung sozialer, individueller oder physischer Zustände gerichtet, die vermittels intersubjektiver Kriterien (durch ihre Realisierungsbedingungen) identifiziert werden können. Nicht erst die Mittel zur Erreichung von Zuständen sind intersubjektiv, also „sozial", sondern die Ziele selbst. Auch muß eine Person – sofern sie mit ihrem Handeln eine Veränderung bewirken oder sie verhindern möchte – auf die ihm vorgegebenen Realitäten der Welt eingehen und diese in ihr Handlungskalkül einbeziehen, ob diese nun physische oder soziale Sachverhalte sind. Dazu gehören auch soziale Konventionen, die die Grundlage für soziale Praktiken bilden, und Normen, die vorschreiben, auf welche Art und Weise bestimmte Handlungen realisiert werden können.

Ein weiterer Bereich, der bei der Realisierung von Handlungen als Gegebenheit, also als vorgegebene „Tatsache" berücksichtigt werden muß, sind die Einstellungen, Emotionen und Interessen anderer Personen. Die Formen der Bezugnahme auf vorgegebene Regelungen und „objektive" Realitäten lassen sich nicht von vornherein einschränken und an einer eng definierten Handlung festmachen. Viele Handlungen sind in komplexe und langfristige Handlungspläne (etwa Karrieren oder Realisierung von Lebensplänen) integriert, dann muß die Person auf diese weiteren Aspekte Rücksicht nehmen.

Die Betonung liegt daher auf der Verbindung von Intentionalität und Intersubjektivität. Absichten und ihre Realisierungsbedingungen betonen die intentionale Grundstruktur jeder Handlung. Die Person hat ein Wissen darüber, was sie mit ihrem Tun beabsichtigt und wie sie ihre Absicht erreichen kann oder zumindest wie sie sie zu erreichen versucht. Dieses Verständnis von Handlungen, das ihre intentionale Struktur betont, macht es auch klar, daß das Fundament nicht die Handlung als Körperbewegung ist,[3] sondern das Phänomen der Intentionalität, die auf intersubjektiv definierte Phänomene Bezug nimmt. Intentionalität (das ist der Bezug von äußeren Objekten zu den Wünschen/Absichten der Person) liegt auch Einstellungen, phantasierten Handlungen und Emotionen zugrunde. Ich glaube, ohne daß ich dies im einzelnen argumentieren möchte, daß besonders für die Soziologie das Phänomen der Handlung die Grundlage abgibt, ohne die besondere Rolle zu leugnen, die Einstellungen und Emotionen zukommt (die nicht auf Handlungen zurückführbar sind).

Ad 2) In ihren Handlungen, die immer auf externe und vorgegebene Bedingungen Bezug nehmen, realisieren die Akteure intersubjektiv gültige Phänomene. Weber hat allerdings die konstitutiven Handlungen, die den sozialen Phänomenen zugrunde liegen, enger definiert. Es sind dies Handlungen, die ihrerseits auf das Handeln anderer Personen bezogen sind. Für diese Handlungen sind die Handlungen anderer Personen entweder als Elemente des Zieles oder der Mittel konstitutiv. Es sind damit sowohl die Handlungen konkreter anderer Personen gemeint als auch Regelungen hinsichtlich des Handelns anderer (wie Konventionen). So können nach Weber alle Formen sozialer Regelungen normativer und faktischer Art in den Handlungen der Akteure festgemacht werden, sei es, daß sie in den Realisierungsbedingungen von vornherein schon enthalten sind oder im Verlauf des Handelns berücksichtigt werden müssen.

Die Beschränkung der soziologisch relevanten Handlungen auf „soziales Handeln"[4] bringt einige Restriktionen mit sich. Es fallen dadurch Handlungen, die eine Person an sich selber (etwa im Sinn von Selbstüberzeugung oder Selbstbindung) oder an physikalische Objekte richtet, aus dem Objektbereich der Soziologie heraus. Es würden dadurch aber eindeutig soziale Phänomene als nicht zum Objektbereich der Soziologie gehörig klassifiziert.[5] Da diese Restriktionen sich nicht aus dem Konzept des Handelns rechtfertigen lassen, besteht kein Grund an ihnen festzuhalten.

Insgesamt wurde aber diesem Aspekt von Webers methodischer Arbeit, dem es um die nachvollziehbare Identifikation des Objektbereichs und letztlich um die „ontologische" Frage geht, was soziale Phänomene sind, vergleichsweise nur wenig Aufmerksamkeit gewidmet.[6] Das ist insofern bemerkenswert, als es Weber, meiner Meinung nach, gelungen ist, nachzuweisen, daß die Handlungen der Gesellschaftsangehörigen (durch die Verknüpfung von Intentionalität und Intersubjektivität) die Basis für die verbindliche Identifikation sozialer Sachverhalte (welcher Reichweite immer) bilden. Aus dieser Einsicht leitet sich die Methode her, über die Beschreibung der konstitutiven Handlungen zu einer verbindlichen und nachvollziehbaren Definition sozialer Phänomene zu gelangen.[7]

Die Versuche von Webers Zeitgenossen, den Objektbereich in einer anderen Weise zu erfassen, sind sowohl unklarer als auch enger und führen bei einer genaueren Explikation zum Phänomen der Handlung zurück. Beispiele dafür sind Durkheims normatives Verständnis von „sozialen Tatbeständen" als „gefestigte Arten des Handelns" (1970: 113) oder Simmels (1970: 11 f.) „Gesellschaftsbegriff", den er als „seelische Wechselwirkungen zwischen Individuen" definiert. Diese Bestimmungen sind – so meine These – in einem weiteren Schritt in Handlungen auflösbar oder bilden Metaphern für spezifische Handlungszusammenhänge und die in ihrem Rahmen stattfindenden Prozesse. Auch diese Versuche weisen darauf hin, daß jede sozialwissenschaftliche Begriffsbildung ohne Bezugnahme auf Handlungen in der Luft hängen würde. Es gibt jedoch Gegenentwürfe und Kritiken, die m. E. damit zu tun haben, daß Handlungen als letztlich doch willkürliche, subjektive und zu wenig „tiefe" Phänomene gesehen werden. Verbunden mit dieser Kritik war immer die Suche nach einem „tieferen" Fundament des soziologischen Objektbereichs. In der Geschichte der Soziologie waren zwei Versuche oder Strömungen von Bedeutung.

1. Der Behaviorismus. Ich möchte dazu nichts sagen, weil diese Tendenz in der gegenwärtigen Soziologie eher nur wenig ausgeprägt ist. Eine gewisse Prominenz hat sie durch Arbeiten von Homans (1972) erlangt. Ich halte die Argumente gegen ihn für überzeugend (vgl. Taylor 1964). Ich bin aber auch davon überzeugt, daß es etwa bei Fortschritten in der Forschung über künstliche Intelligenz sofort Soziologen/innen geben wird, die versuchen werden, Handlungen in einer dieser Wissenschaft entsprechenden Weise in subintentionale Strukturen aufzulösen. Die Suche nach einer „objektiven", quasi naturwissenschaftlichen Fundierung ist ein ständiges Motiv der soziologischen Theorie, die mit einem unauslöschlichen Antrieb in Philosophie und Psychologie in Zusammenhang steht.[8]

2. Mehrere Richtungen (Phänomenologie, Systemtheorie) berufen sich auf die Idee, daß Handlungen durch Zuschreibungen fundiert oder verursacht sind. Diese Idee hat mehrere Wurzeln und wird unterschiedlich begründet (Heider 1977, Schütz 1960), ich halte sie letztlich für grundlegend falsch. Es sind dafür zwei Gründe ausschlaggebend:
● Zuschreibung setzt die Differenz zwischen einer Kategorie und einem Phänomen voraus, auf das die Kategorie angewendet wird. Nun kann man das zuzuschreibende Phänomen, falls es eine Handlung ist, nicht ohne die Verwendung von intentionalen Begriffen (Absichten, Wünsche) identifizieren oder abgrenzen. Dafür sorgt die soziale Objektivität von Handlungen, deren Identifikationskriterien auf den Wünschen und Vorstellungen der Person beruhen. Ob der Begriff Handlung auf eine von mir ausgeführte Bewegung in angemessener Weise angewendet werden kann, hängt davon ab, ob ich sie beabsichtigt habe. Natürlich lassen sich Zuckungen, Bewegungsabläufe von Maschinen, Sturmböen oder Zustände, die Ergebnisse von Handlungen sind, als Handlungen bezeichnen. Das

Ergebnis ist aber nur eine verwirrende Sprachverwendung und eine Verfälschung von Phänomenen.[9]
- Zuschreibung ist selber eine Handlung, und zwar eine Klassifikationshandlung, die eigene Erfolgsbedingungen aufweist. Das Ganze führt auf diese Weise zu einem unendlichen Regreß.

Auch wenn die Versuche, Handlungen „aufzulösen", nicht gelungen sind und es meiner Ansicht nach keine Alternativen zu der handlungsbegrifflichen Definition sozialer Phänomene gibt, so bleiben noch genügend Fragen auf dieser Ebene offen. Es geht dabei nicht primär um die Analyse des Handlungsbegriffs, sondern um die Analyse der Phänomene, die vermittels Handlungen realisiert werden, also um die Verbindung der Handlungen zu den Phänomenen, die in ihnen zum Ausdruck kommen oder in ihnen realisiert werden. Das Interesse der Soziologie bezieht sich nicht auf einzelne Handlungen, sondern auf Phänomene, die aus Verknüpfungen von Handlungen bestehen. Weber hat gezeigt, wie komplexe soziale Phänomene als Handlungen zu definieren sind (z. B. für „Anstalt", „Verband" oder „Kampf"). Es ist dies eine Pionierleistung, jedoch kaum ausreichend, da sie letztlich auf einem zu einfachen Modell, dem der additiven Zusammenstellung von Handlungen, die sich aufeinander beziehen, beruht. Die Struktur wichtiger sozialer Phänomene (etwa sozialer Ungleichheit, die eine Bezugnahme auf Handlungsmöglichkeiten voraussetzt) bleibt auf diese Weise ungeklärt.[10]

Für die Praxis der empirischen Analyse bringt der Mangel an Thematisierung des handlungsbegrifflichen Verständnisses sozialer Phänomene keinen großen Schaden. Die handlungsbegriffliche Identifikation ergibt sich in intuitiver Weise aus dem Material, d. h. den zu analysierenden sozialen Phänomenen, die in den Handlung und Einstellungen von Gesellschaftsangehörigen zum Ausdruck kommen. Wenn man zu Präzisierungen gezwungen ist, um sich verständlich zu machen, so führt dies in der Regel zur Nennung jener Handlungen, aus denen das Phänomen besteht und in denen es erkannt werden kann. Analysiert man etwa industrielle Arbeitsbeziehungen, so ist dabei vorausgesetzt, aus welchen Handlungen die Gewerkschaft oder der Arbeitgeberverband „besteht" und wie die sie konstituierenden Interessen der Akteure und die typischen Situationen beschaffen sind, auf die sich diese Interessen beziehen.

Eine Gewerkschaft ist eine strukturierte Organisation, in der Vertreter der Arbeitnehmer die Interessen der von ihnen Vertretenen artikulieren, koordinieren und nach außen vertreten. Über dieses Verständnis kann man nicht

hinausgehen, auch wenn man Begriffe verwendet, wie Organisation oder System, die der eigenen Tradition der Soziologie entstammen. Entweder beziehen sie sich aus einer bestimmten Perspektive auf diesen Handlungszusammenhang (und stimmen damit mit den Sichtweisen und Interpretationen der Akteure hinsichtlich ihre Handelns überein) oder sie verfehlen den Gegenstand. Es ist natürlich legitim, nur bestimmte Aspekte des Objektes zu analysieren und damit über andere Aspekte von Handlungen hinwegzusehen. Das Phänomen selbst ist aber immer als Realisierung von Handlungen vorausgesetzt, die sich nicht auf partielle Aspekte einschränken lassen. Eine Organisationstheorie, die auf die Klientel „vergißt" und Organisationen ausschließlich vermittels der Handlungen von Mitgliedern definiert, ist in wichtigen Hinsichten unvollständig. Das handlungsbegriffliche Verständnis bildet die Grundlage, vor dessen Hintergrund es möglich ist, die Identität sozialer Phänomene in einer nachvollziehbaren Weise zu definieren. Die Ablehnung der handlungsbegrifflichen Grundlegung bildet eher ein Problem auf der Ebene der Metatheorie und der Ebene der Erklärung, für die Identifikation von Phänomenen ist sie praktisch irrelevant.

2. Probleme der Erklärung

In diesem Abschnitt setze ich voraus, daß alle sozialen Phänomene in Handlungen realisiert und darum in Handlungsbegriffen definiert werden können. Was hat das für eine Folge für die Erklärung der Phänomene? Kann man die sozialen Phänomene dadurch erklären, daß man die Handlungen erklärt, aus deren Verknüpfung sie bestehen oder zusammengesetzt sind? Zur Beantwortung dieser Fragen ist es erforderlich, darauf einzugehen, was eine Handlungserklärung ist.

Eine Handlung zu erklären bedeutet den Grund dafür anzugeben, warum eine Person so und so gehandelt hat. Diese in unseren Alltagsintuitionen verankerte Form der Handlungserklärung muß von der konstitutiven Absicht der Person unterschieden werden. Der Grund gibt an, *warum* eine Person etwas tut, die Absicht, *was* sie tut, d. h. welchen Zustand sie mit ihrem Tun erreichen möchte. (Die Absicht erklärt nicht die Handlung, sondern die Teilhandlungen und Körperbewegungen.) Diese wichtige Unterscheidung ist von Weber nicht beachtet worden, der Absicht und Grund in der Kategorie des „subjektiv gemeinten Sinnes" unentwirrbar zusammengelegt hat.[11]

Andreas Balog

Die Absichten betreffen den zu erreichenden Zustand, die Gründe die Motive, die eine Person veranlassen, diese Absichten zu realisieren. Der Absicht und dem Grund ist es gemeinsam, daß sie Formen des performativen Wissens sind, also eines Wissen, das einen Willensakt zum Ausdruck bringt und das nur aus der Perspektive der handelnden Person erfaßt werden kann. Die Gleichsetzung hat dennoch problematische Konsequenzen, indem die innere Rationalität jeder Handlung (das Abstimmen der Wünsche und der Aktivitäten, die konsistente Verbindung von Zwecken und Mitteln in Webers Sprache), die ihr konstitutiver Bestandteil ist und ihr per definitionem zukommt, zugleich als ein besonderer Handlungstypus erscheint. Es gibt aber keine Handlung, die in einem elementaren Sinn nicht „zweckrational" wäre, also sich auf einen Handlungszweck beziehen würde.

Ein Beispiel soll diese falsche Identifikation von Absicht und Grund aufzeigen. Die Handlung ist der Besuch einer Messe in einer Kirche. Insofern ich mit der festen Absicht, eine Messe zu besuchen, zur rechten Zeit die richtige Kirche betrete, realisiere ich diese Handlung. Dieser Akt ist die Verwirklichung einer Absicht oder eines Zwecks, ist also per definitionem „zweckrational". Sie kann aber nach Weber zusätzlich

- zweckrational i. S. von Nutzenorientierung (falls ich die Messe besuche, um einer religiösen Erbtante zu gefallen),
- wertrational i. S. einer inneren Überzeugung (weil ich an den religiösen Wert des Kirchenbesuchs glaube),
- traditional (bestimmt durch Gewohnheiten und überlieferte Verhaltensvorschriften) oder
- affektuell (durch emotionale Bindung) bestimmt sein.

Diese vier Kategorien sind demnach Versuche, Motive zu typisieren. Zweckrationalität im engeren Sinn bildet jedoch einen konstitutiven Bestandteil jeder Handlung, unabhängig davon, von welchen Motiven sie angetrieben ist. Für die Identität der Handlung ist aber nur diese Ebene von Bedeutung. Die Identifikation eines Kirchenbesuchs erfolgt unabhängig von den Motiven, die Leute dazu antreiben.[12] Die Motive bilden weitergehende Erklärungen der Handlung selbst. „Zweckrationales Handeln" bildet einen eigenen Handlungstypus in diesem Sinn nur unter der Bedingung, daß zusätzlich zur konstitutiven Absicht noch weitergehende Orientierungen und Wünsche (wie es die Nutzenorientierung ist) berücksichtigt werden.

Webers Typisierung der Motive (ob sie trennscharf und erschöpfend ist, möchte ich nicht diskutieren) nimmt in einer offenen Form das Hauptinteresse der Sozialwissenschaften vorweg, die Vielfalt von Gründen auf wenige Grundtypen zu reduzieren, um mit deren Hilfe die Entstehung, das Bestehen oder die Veränderung sozialer Phänomene zu erklären. Einen radikaleren Standpunkt nimmt hier der RC-Ansatz ein, der von der Voraussetzung ausgeht, alle Handlungen würden durch das Motiv des Eigennutzes angetrieben und alle anderen Motive ließen sich darauf reduzieren.

Meiner Ansicht nach ist diese Annahme von keinem Vertreter und keiner Vertreterin dieses Ansatzes zureichend argumentiert, eher postuliert und (etwa aufgrund anthropologisch-biologischer Annahmen oder überhaupt stillschweigend) vorausgesetzt worden. Es gibt hier zwei Möglichkeiten der Interpretation: Erstens versteht man unter Nutzenorientierung die konstitutive Rationalität jeder Handlung (das Abstimmen der Absicht und des Tuns), dann ist diese Behauptung inhaltsleer, weil sie für jede Handlung definitorisch gültig ist. Oder man hat eine inhaltliche Interpretation von „Nutzen", dann muß diese Deutung aber einer empirischen Überprüfung standhalten. Ich denke dabei als ein Beispiel an Lindenbergs (1990) vier Sub-Motive, nämlich körperliches Wohlbefinden, soziale Anerkennung, Vermeidung von Verlust und Einkommen, die als inhaltliche Präzisierung des Nutzenmotivs vorgestellt werden.[13] Meiner Ansicht nach – die ich hier nicht weiter diskutieren möchte – ist diese Auflistung absurd und birgt die Gefahr in sich, die Gründe der handelnden Person aus theoretischen Überzeugungen zu verfälschen. Es ist eigenartig, wenn die Theoretiker es besser wissen, warum die Leute etwas tun, als die Leute selbst.[14] Gleichwohl handelt es sich hier um eine Tendenz, die in unterschiedlichen Formen in der Soziologie vorkommt und einer tiefliegenden Tendenz entspricht, die Gründe als solche gegenüber den „wahren" und „tiefen" Motiven als sekundär zu beurteilen.[15] Dahinter steckt häufig unausgesprochen das Programm der Zurückführung von Handlungen auf Ursachen.

Wie dem auch sei, ich halte daran fest, daß es die Gründe sind, die Leute zu Handlungen motivieren. Allgemeine Motive, wie Nutzenmaximierung, Lustgewinn, Einsatz für das Interesse der eigenen Klasse, Wertkonformität oder die Behauptung der eigenen Identität, bilden Interpretationen dieser Gründe vor dem Hintergrund bestimmter theoretischer Annahmen darüber, was Personen generell zu Handlungen motiviert bzw. welche Motive notwendig sind, damit ein Handlungszusammenhang bestehen kann. Solche Interpretationen müssen jeweils begründet, inhaltlich präzisiert und empirisch nachgewiesen werden, sie sind nicht aufgrund theoretischer Wesenseinsichten vorauszusetzen.

Wenn man den Objektbereich der Soziologie betrachtet, wird man sehen, daß es nur selten Fälle gibt, in denen eine solche Erklärung aufgrund der Motivation allein ausreicht. Im Grunde genommen sind es zwei Klassen von Phänomenen, auf die dies zutrifft. 1. Die Entstehung/das Bestehen von Handlungsdispositionen aufgrund anderer Motive und kognitiver Einstellungen.[16] 2. Ergebnisse von Interaktionen, die direkt auf die Motive der Beteiligten zurückgeführt werden können. Weber (1968: 461) hat solche transparenten Situationen als „Vergesellschaftungshandeln" bezeichnet, paradigmatisch dafür ist etwa die Gründung eines Vereins („Zweckverein"). Eine Soziologie, die sich allein auf Handlungserklärungen als Erklärungsinstrument stützt, kann daher nur sehr beschränkte Fragestellungen behandeln.

Von der Handlungserklärung möchte ich die externe Erklärung unterschieden. Der Unterschied zwischen Handlungserklärung und externer Erklärung verweist auf die Rolle des Handlungsgrundes. Soweit der Handlungsgrund für die Erklärung des sozialen Phänomens, das aus Handlungen besteht, ausreichend ist, besteht keine Veranlassung dafür, zusätzliche Ursachen oder Mechanismen für die Erklärung heranzuziehen. Als externe Erklärung bezeichne ich eine Erklärung, die Ursachen einbezieht, die den Akteuren nicht bekannt sind. Diese Ursachen können auf die Handlung selbst oder ihre Konsequenzen und Verknüpfungen wirken.

Das performative Handlungswissen der Akteure ist nach mehreren Richtungen beschränkt. Sie wissen nur bis zu einem gewissen Punkt (der von Person zu Person und von Handlung zu Handlung variiert), warum sie das tun, was sie tun. Es ist möglich, daß Handlungen aus Gründen unternommen werden, die ihrerseits durch weiterreichende Gründe erklärbar sind. Man kann zu einer Prüfung etwa antreten, weil man eine bestimmte berufliche Position anstrebt, und man strebt diese Position an, weil man dies als Erfüllung eines Lebensplanes ansieht. Die Kette der Gründe kann noch weitergehen, sie bricht aber irgendwann einmal ab, und die Frage nach dem Warum muß auf eine andere Weise beantwortet werden. Eine Möglichkeit besteht darin, auf Sozialisationsprozesse hinzuweisen, denen die Person ausgesetzt war. Ein ähnliches Problem ergibt sich beim Vorhandensein mehrerer Gründe für eine Handlung. Auch wenn die einzelnen Gründe der Person bekannt sind, trifft dies nicht unbedingt auf das Gewicht der Gründe zu. Die Aggregation und Verknüpfung der einzelnen

Gründe kann durch weitere Gründe oder aber durch Mechanismen bedingt sein, die der Person nicht bekannt sind. Weiters hat das Handlungswissen in der Regel auch Voraussetzungen, die für die Handlung konstitutive Bedeutung haben, als solche aber den Akteuren nicht bekannt sind. Dazu gehören etwa Routinen und Hintergrundannahmen bezüglich der Wahrnehmung von und des Umgangs mit Objekten und Situationen, wie dies die Ethnomethodologie aufgezeigt hat.

Die zweite Grenze des performativen Handlungswissens betrifft die Folgen der Handlung. Von jeder Handlung gehen Wirkungen in mehrere Richtungen aus, die von den Akteuren nicht beabsichtigt, ihnen nicht bekannt und für sie möglicherweise auch völlig irrelevant sind. Es können dies Folgen, Neben- oder Folgefolgen sein, die sich aus einer einzelnen Handlung, oder solche, die durch Verflechtung oder Aggregation mit anderen Handlungen der gleichen Person oder Handlungen anderer Personen ergeben.[17] Der Rückgang auf die Motive ist für die Rekonstruktion der Ursachen von Phänomenen kaum ausreichend, die als ungeplante Ergebnisse von Handlungen entstanden sind.

Was soll aber in der Soziologie erklärt werden? Hier muß man vier Fragestellungen unterscheiden, nämlich 1. nach den Ursachen und Bedingungen des Bestehens sozialer Phänomene und ihrer Verknüpfung mit anderen Phänomenen, 2. nach ihrer Entstehung, 3. den Veränderungen, denen sie unterworfen sind, und 4. den Konsequenzen, die ihr Bestehen für andere Phänomene hat. Die Unterscheidung zwischen diesen Fragen ist wichtig, weil (auch wenn es jeweils um ein Phänomen geht, also seine Konstanz vorausgesetzt ist) mit jeder Frage unterschiedliche Akteure und Ursachen in das Blickfeld treten. Auch wenn sich konkrete Forschungsprobleme meist gleichzeitig auf mehrere dieser Fragen beziehen, so müssen diese jeweils auf unterschiedliche Weise beantwortet werden.

Ich möchte dazu die These aufstellen, daß es keine Erklärung sozialer Phänomene (also Antworten auf diese vier Fragen) gibt, die nicht Handlungserklärungen beinhalten würde. Gleichwohl reichen diese Erklärungen nur in seltenen Fällen für die Beantwortung der kausalen Fragen aus, die sich auf Phänomene beziehen, deren Elemente sie bilden. M. a. W., jede soziologische Erklärung (hinsichtlich des Bestehens, der Entstehung, der Veränderung sozialer Sachverhalte) ist in der Regel eine Verbindung von Handlungserklärung und externer Erklärung, wobei die Bedeutung dieser Komponenten je nach der Fragestellung und dem Forschungsinteresse variiert. Im Normalfall sind beide Erklärungsweisen in unterschiedlicher Intensität in der Rekonstruktion von Ursachen beteiligt. Handlungserklärungen sind etwa für die Erklärung des Bestehens sozialer Phänomene immer notwendig. Soziale Phänomene (wie z. B. formale Organisationen; soziale Ungleichheit) haben ihre Realität in den Handlungen (den Restriktionen von Handlungsmöglichkeiten) der Beteiligten/Betroffenen. Die Gründe, warum die Leute so handeln, wie sie es tun, sind daher konstitutiv dafür, daß das Phänomen existiert.

Die Frage, warum das Phänomen, das durch die konformen Handlungen von Akteuren besteht, entstanden ist, führt zu anderen Handlungen, deren Nebenfolgen und unbeabsichtigten Konsequenzen, sowie den Prozessen, die diese Folgen erzeugt hatten. Das gleiche gilt nicht nur für Einzelphänomene, sondern für umfassende strukturelle Veränderungen wie etwa die Bürokratisierung sozialer Lebensbereiche oder auch für Aushandlungsprozesse, in denen zwar die einzelnen Schritte den Leuten bewußt sind und im Kontext einer Strategie verfolgt werden, ihr Zusammentreffen jedoch zu unerwarteten oder paradoxen Konsequenzen führen kann, die von keinem der Beteiligten je gewollt waren.[18] Das bedeutet aber nicht, daß den Motive jener, die an der Entstehung eines Phänomens beteiligt waren, keine Bedeutung zukäme. Erstens besteht die Möglichkeit für die geglückte Realisierung von Intentionen, und zweitens setzen die externen Erklärungen die Aggregation von Handlungen und damit die darin enthaltenen Absichten und Handlungsgründe Motive voraus.

An einem einfachen Beispiel, der Frage nach den Ursachen der Entscheidungen eines Vereins, läßt sich die Rolle von Handlungserklärungen und externen Erklärungen aufzeigen. Wenn die Mitglieder eines Vereins keine Motive mehr hätten, einem Verein anzugehören, würde er aufhören zu bestehen. Es ist natürlich offen, worin die Motive bestehen, etwa in bloßer Gewohnheit, in der Sympathie zueinander oder in der Hoffnung, einen kollektiven Vorteil zu erreichen, oder aus anderen Gründen. Es ist auch nicht gesagt, daß es einen einzelnen Grund geben muß, warum der Verein fortbesteht. Diese können zwischen den Beteiligten variieren, und eine Person kann auch mehrere Gründe für ihr Tun haben. In der Regel wird es wohl eine gewisse Konvergenz der Gründe geben, das ist aber nicht vorauszusetzen, und einzelne Vereine werden sich in dieser Hinsicht unterscheiden.[19] Wenn man aber konkrete Entscheidungen des Vereins (d. h. jene, die im Namen des Vereins getroffen werden) analysiert, so wird der Rekurs auf die Motive in der Regel nur dann ausreichen, wenn alle Beteiligten mit der Entscheidung den gleichen Zweck verfolgen, ihre Inter-

essen gleichsinnig interpretieren und die gleiche Sicht der Dinge haben. Ansonsten treten Mechanismen in Wirksamkeit, die sich aus dem Zusammentreffen der Interessen, Deutungen und Wertvorstellungen ergeben und das Ergebnis der Aushandlungsprozesse zwischen Akteuren sind. Daraus können Resultate entstehen, die von keiner und keinem der Beteiligten erwünscht waren oder ihnen als vorstellbar erschienen sind. Eine Erklärung des Ergebnisses und des Prozeßverlaufs muß daher sowohl die Gründe der relevanten Akteure wie auch die Mechanismen anführen, die bei gegebener Ausgangssituation zum Endergebnis geführt haben.

Während etwa ein Verein nur aufgrund der Motive seiner Mitglieder bestehen kann, muß man bei einer Firma bereits unterschiedliche Gruppen von Teilnehmern und Teilnehmerinnen heranziehen. Kunden und Lieferanten, Kreditgeber und Aktionäre tragen genauso zu ihrem Bestehen bei wie Arbeitnehmer und Arbeitgeber. Wenn man die Homogenität der Motive nicht mehr voraussetzt, entsteht schon daraus die Frage nach den Wirkungen ihres Zusammenwirkens für das Phänomen selbst. Darüber hinaus können staatliche Subventionen, die Steuergesetzgebung, neue technologische Entwicklungen und politische Zustände in Ländern, die von ihr beliefert werden, eine wesentliche Rolle für die aktuelle Geschäftspolitik spielen. Die durch die einzelnen Akteursgruppen bestimmte Firmenpolitik ist schon aus dem Grund nicht allein aus einer additiven Zusammenfügung der Motive von Beteiligten erklärbar, weil diese über unterschiedliche Ressourcen verfügen, um ihre Interessen durchzusetzen. Das Zusammentreffen der Motive kann Wirkungen erzeugen, die durch das Aufzeigen der einzelnen Motive allein nicht zu erklären und im Wissen der einzelnen Akteure nicht kognitiv repräsentiert sind. Die Frage nach Ursachen führt in einer nach Fragestellung differenzierten Weise über die Motive der Akteure hinaus. Gleichwohl wird man bei der Erklärung auf die Motive der Beteiligten nicht verzichten können – die durch sie bestimmten Handlungen lösen jene Mechanismen und Prozesse aus, die dann das Ergebnis der Handlungen wesentlich bestimmen.

Welche Handlungsabläufe den Charakter undurchschauter Mechanismen haben, läßt sich nicht von vornherein sagen. Auch kann sich ihre Bedeutung und ihre Rolle im Lauf der Zeit ändern. Es ist möglich, daß die unpersönlichen Abläufe und Mechanismen von Beteiligten zunehmend in ihrer Wirksamkeit erkannt und damit zu einem Element des Handlungswissens werden, das strategisch eingesetzt werden kann. Vorstellbar ist es auch, daß die Mechanismen nur von bestimmten Teilnehmern und Teilnehmergruppen erkannt werden – damit kann eine weitere Diskrepanz zwischen den Perspektiven der einzelnen Gruppen entstehen, die das Ergebnis der Aushandlungen mitbestimmt. In allen diesen Fällen hat sich die Struktur des Mechanismus (zumindest für einzelne Teilnehmer/innen) verändert, es kann dadurch möglicherweise an Bedeutung verlieren. Damit ist es allerdings nicht gesagt, daß nicht neue Mechanismen entstehen oder andere in ihrer Wirksamkeit verändert werden.

Auch in Fällen, in denen das zu analysierende Phänomen aus der Realisierung von Gründen erklärbar ist, können weitere Fragen auftreten, die eine Einbeziehung externer Gesichtspunkte mit sich bringen. Die soziologische Fragestellung kann ein größeres Phänomen umfassen als jenes, das die Person durch ihr Tun realisiert und durch die Angabe ihrer Motive erklärt werden kann. So ist aus der Sicht der Soziologie möglicherweise nicht die Gründung von Vereinen von Interesse, sondern etwa die Tatsache, daß gemeinnützige Funktionen auf einmal im Rahmen von freiwilligen Vereinen ausgeübt werden. Die Gründung des einzelnen Vereins (und das Bestehen der dazu führenden Motive) ist damit Teil eines umfassenderen Phänomens, das man etwa als „Transformation der Sozialpolitik" bezeichnen könnte. Die einzelnen Handlungen und Interaktionen dienen dann dazu, dieses umfassendere Phänomen überhaupt zu identifizieren, dessen Entstehung durch die Motive der einzelnen Gründer nicht erklärt werden kann, da es den vorgegebenen Kontext ihres Handelns bildet. Die Gründung von Vereinen mag damit zusammenhängen, daß sich der Staat von bestimmten sozialen Funktionen zurückgezogen hat (z. B. der Fürsorge für sozial Schwache) und dafür die Gründung privater Vereine subventioniert. Es gilt dann zwei Sachverhalte zu erklären:
(1) Warum gründen Leute diese Vereine? Welche Ziele verfolgen sie damit und welche Bedeutung hat das für sie?
(2) Worauf ist der Rückzug des Staates zurückzuführen?

Die erste Frage ist durch die Gründe der Akteure zureichend erklärt. Die Handlungen stehen nicht isoliert da, sondern verweisen auf den sozialen Kontext, der die Gründe für diese Handlungen erst sinnvoll macht. Für die Erklärung des Kontexts selbst (2) ist es notwendig, auf die Handlungen anderer Akteure und Gruppen einzugehen und deren Verknüpfungen aufzuzeigen. Zum Kreis der Akteure gehören in diesem Fall je nachdem Interessenvertretungen, politische und moralische Unternehmer, soziale Bewegungen, Verwaltungsbehörden, Kommunalverwaltungen, Wohlfahrtsvereine und Massenmedien. Die neue sozialpolitische Orientierung wird durch die Absichten und Motive dieser Akteure wie durch Mechanismen des Zusammentreffens und Aushandelns bestimmt sein, die ihrerseits durch politische, rechtliche und institutionelle Rahmenbedingungen beeinflußt sind.

Dieses Beispiel zeigt, daß (entgegen der RC-Theorie) aus der Struktur der Erklärung keine konkreten Motive oder Mechanismen der Verknüpfung von Handlungen und Handlungsfolgen abgeleitet werden können. Welche Gruppen, welche Motive, welche Formen der Interaktion und Mechanismen der Aggregation von Handlungen eine Rolle spielen, wieweit das Ergebnis durch Zufälle und zeitliche Koinzidenzen bestimmt war, läßt sich nur an Hand des empirischen Materials erfassen. Da in den Handlungsketten, die zur entsprechenden Politik geführt haben, immer wieder Motive der Beteiligten (und Annahmen über die Motive von anderen) eine wesentliche Rolle spielen, müssen diese ebenso rekonstruiert und in den Ablauf des Geschehens eingefügt werden, wie ihre Aggregation und die Wirkungen ihres Handelns.

Die Einsicht, daß Phänomene aus Handlungen bestehen, hat daher eine Differenzierung von Phänomenen und Fragestellungen zur Folge, wie auch die Einsicht, daß soziologische Erklärung in der Regel aus Handlungserklärungen und externen Erklärungen zusammengesetzt ist. Es wird auch deutlich, daß es jeweils unterschiedliche Akteure sind, deren Handlungen zur Erklärung der einzelnen Fragestellungen herangezogen werden müssen.

3. Handeln als „allgemeiner Bezugsrahmen"

In der soziologischen Theorie wurde dem Phänomen des Handelns große Aufmerksamkeit zuteil, jedoch weniger in Zusammenhang mit Fragen der Beschreibung und Erklärung sozialer Phänomene, sondern als Ausgangspunkt der Entwicklung eines eigenen soziologischen „Bezugsrahmens".

Die zentrale Rolle dabei kommt nach wie vor Talcott Parsons und vor allem dem Buch „Structure of Social Action" zu, in dem die Existenz einer eigenständigen Wissenschaft an das Vorhandensein eines „Bezugsrahmens" gebunden wird, von dem aus Phänomene konzeptualisiert werden. Der Bezugsrahmen artikuliert nach Parsons eine spezifische Perspektive, die sich auf eine spezifische Fragestellung bezieht, die den Gegenstand der jeweiligen Wissenschaft bildet. Die Soziologie hat die Bedingungen sozialer Ordnung zum Inhalt, die Möglichkeit, daß Handlungen von Personen mit unterschiedlichen und gegensätzlichen Interessen in gleichsinniger Weise koordiniert werden (das Hobbes'sche Problem). Charles Camic (1989) hat die wissenschaftspolitischen Hintergründe sehr plausibel aufgezeigt und auf die Abgrenzungsstrategie vor allem gegenüber der Biologie hingewiesen, die das Buch von Parsons wie ein Leitmotiv durchzieht. Ihr gegenüber dient der Bezugsrahmen des Handelns als Rechtfertigung einer eigenständigen Wissenschaft der Soziologie, die die vorhin skizzierten Problemstellungen bearbeiten soll.

Um die Rolle des Bezugsrahmens deutlich zu machen, muß man auf einen weiteren Aspekt der Parsons'schen Theorie hinweisen, auf das Programm der „General Theory". Die Fragestellung und die Perspektive, die konstitutiv für den Objektbereich sind, bilden demnach die Grundlage für ein theoretisches System, in dem das Verhältnis der relevanten theoretisch explizierten Variablen zueinander festgelegt ist. Das Muster eines solchen theoretischen Systems ist die klassische Mechanik, in der die Beziehungen der einzelnen Variablen zueinander in der Form eines Gleichungssystems bestimmt sind.

Wie ist nun das Verhältnis zwischen dem Bezugsrahmen (dem theoretischen System) und den empirischen Phänomenen bestimmt? Die theoretisch entwickelten Begriffe des Handlungsbezugsrahmens beziehen sich auf die faktische Organisation der Welt. Dabei wird von Parsons ausdrücklich betont, daß es sich dabei um einen selektiven Ausschnitt, nicht um eine erschöpfende Beschreibung handelt. Die Tatsache, daß die Begriffe der Theorie auf die Welt angewendet werden können, ist für Parsons ein Beweis für das Bestehen *einer* faktischen Ordnung der Phänomene und schließt ihre zufällig-chaotische Verknüpfung aus („analytischer Realismus"). Die im Bezugsrahmen entwickelten Grundbegriffe sind – gemäß dem Programm der „General Theory" – zugleich als Variable aufzufassen, zwischen denen systematische kausale Beziehungen bestehen.

Vor diesem Hintergrund skizziert Parsons die Grundbegriffe des Bezugsrahmens. Handeln ist das zentrale Phänomen, das die Grundlage der Soziologie bildet, ähnlich wie es das Phänomen „Anpassung" für die Biologie ist. Handeln besteht seinerseits aus vier Elementen (Akteur, Zweck des Handelns, die Situation, die zugleich die vom Akteur nicht veränderbaren Bedingungen und die verfügbaren Mittel umfaßt und die „normative" Orientierung). Parsons hat besonders die Rolle des normativen Elements hervorgehoben und meiner Ansicht nach auch im Rahmen der Kritik des „utilitaristischen Dilemmas" definitiv gezeigt, daß Handlungen ohne normative Orientierung letztlich keine Handlungen sind, weil dadurch die Freiheit des Akteurs geleugnet wird. Der Handlungsbegriff ist aber konstitutiv an die Freiheit des Akteurs gebunden. Dieser Beweis dreht sich um eine Definition von normativer Orientierung als eines Zustandes, dessen Herbeiführung dem Akteur wünschenswert erscheint.[20] Damit ist es ausgesprochen, daß das Handlungswissen nicht ein „objektives", wissenschaftliches Wissen aus der Perspektive einer dritten Person, sondern performativ ist, da es Wünsche und Absichten der Person zum Ausdruck bringt. Der Beweis hinsichtlich der konstitutiven Rolle von Normen bedeutet nichts anderes als die Bestätigung des Handelns als eines intentionalen Aktes. Intentionalität ist nicht möglich, sofern nur ein „objektives" und externes Wissen denkbar erscheint, das keinen Bezug zu Wünschen/Absichten hat, d. h. unabhängig von ihnen besteht.

Daher ist das weitergehende Verständnis von Werten und Normen als Orientierungsmuster „which are by actor and other members of the same collectivity deemed desirable" (1968: I 76) durch die plausible Kritik am „Utilitarismus" nicht gedeckt. Parsons gelingt zwar der Beweis, daß „bloß" wissenschaftlich-objektives Wissen kein voluntaristisches Handeln begründet. Es ist dadurch aber nicht bewiesen, daß jenes Wissen, das der Utilitarismus nicht beachtet, sich auf Werte bezieht, die zugleich auch von den anderen Gesellschaftsangehörigen als wünschenswert angesehen werden. Welchen normativen Mustern gegenüber strebe ich etwa Konformität an, wenn ich Zigaretten kaufe? Das einzige, was man dazu sagen kann, ist die Tatsache, daß der erfolgreiche Kaufakt an zahlreiche, mir vorgegebene externe Bedingungen geknüpft ist (wie das Vorhandensein entsprechender Geschäfte, die Verfügung über Geld, Beachtung der Öffnungszeiten, das Äußern entsprechender Sprechakte).

Die Umdeutung der normativen Handlungskomponente in eine kausal wirksame Motivationsvariable, die Parsons in der Folge vornimmt, ist durch die begrifflichen Explikationen ebenfalls nicht begründet. Am Ende von „Structure of Social Action" findet eine Neubestimmung des Handelns statt, das nicht mehr aufgrund begrifflicher Komponenten erfolgt, sondern das zugleich festlegt, warum Personen zu Handlungen motiviert sind. „As process, action is, in fact, the process of alteration of the conditional elements in the direction of conformity with norms" (1968: II 732). Eine solche Aussage läßt sich aufgrund begrifflicher Analysen nicht treffen. Die

Plausibilität der Neuinterpretation der begrifflichen Analyse als Rekonstruktion der wirksamen Motivationen beruht auf der „General Theory", in der begriffliche Explikation in kausal wirksamer Variable transformiert wird. Eine begriffliche Erörterung gewinnt damit den Stellenwert einer kausalen Aussage, für die es nicht notwendig ist, eigene Belege anzuführen. Die Zuschreibung der wirksamen Motive an Akteure beruht demnach auf einem nicht weiter diskutierten Postulat über die Funktion begrifflicher Erörterungen. Die Folge davon ist, daß auf empirisch entscheidbare Fragen, warum Leute so und so handeln, theoretisch abgeleitete Antworten gegeben werden. Dieser konsequenzenreiche Schritt wird durch begriffliche Erörterungen gerechtfertigt und wird damit zum Teil des begrifflichen Bezugsrahmens.

Diese Umdeutung begrifflicher Analysen in Aussagen über kausale Einflüsse stellt den ersten Schritt eines Vorgehens dar, das auf die Konstruktion sozialer Prozesse durch die Theorie hinausläuft und die weitere Entwicklung der Parsons'schen Theorie bestimmt. Die Begriffsanalyse wie auch das Programm der General Theory verlieren bei Parsons ihre Bedeutung und werden durch funktionalistische Argumente abgelöst. Das „Funktionalistische System" erscheint dann als das realisierbare Äquivalent für die Simultangleichungen der klassischen Mechanik im Rahmen der Soziologie (Parsons 1973/1945). Parsons' Vorgehen ist durch das Zurückgehen auf die funktionalen Bedingungen der Phänomene bedingt. Damit Handlungen in koordinierter Weise hervorgebracht werden können, ist ein integriertes System von Normen und Werten vorausgesetzt, das Bestehen eines integrierten Wertsystems setzt wieder andere Systemleistungen voraus. Soziale Phänomene und Prozesse werden unter dem Gesichtspunkt ihres Beitrages zum Bestehen des sozialen Systems analysiert, das soziale System und dessen konstitutive Elemente werden über theorie-immanente Argumentationszusammenhänge identifiziert und konstituiert. Die Theorie bringt es mit sich, daß alle Phänomene unter dem Gesichtspunkt ihres funktionalen Beitrages zum Bestehen des Gesamtsystems analysiert werden. Ein frühes Beispiel: „The social system is in a sense composed of a variety of roles or role expectations: each of these assures that some need of the social system will be met" (Parsons/Shils 1951: 92).

Es ist in diesem Rahmen unmöglich, auf die Vielfalt und Reichhaltigkeit der Aussagen einzugehen, die Parsons aufgrund immanenter Entwicklungen und Umdeutungen der Theorie entwickelt. Auf der Grundlage begrifflicher Erörterungen und funktionaler Zuschreibungen wird ein theo-

Unterschiede in den Handlungen rekonstruierbar sind, ist geradezu der Beweis dafür, daß es sich um unterschiedliche Wirtschaftsordnungen handelt. Eine vergleichende Analyse arbeitet diese unterschiedlichen Formen des Handelns heraus und versucht dann die Ursachen zu identifizieren, die auf sie gewirkt haben oder wirken. Wenn theoretisch postulierte „Strukturen" oder deren Wirkungen in den Handlungen nicht nachweisbar sind, handelt es sich dabei um fiktive Phänomene.[25]

Der Rekurs auf Handlungen begründet daher keinen eigenen Zweig der Soziologie, sondern er führt dazu, sich über den Objektbereich, über die Formen der jeweils angemessenen Erklärung und auch die Rolle der Theorie Klarheit zu verschaffen. Aus dieser Sicht stellt die „Theorie des Handelns" keinen von der praktischen Arbeit der Soziologie abgehobenen autonomen Bereich dar, sondern expliziert die Kriterien für die Beschreibung und die Erklärung sozialer Phänomene. Dieses Verständnis von Theorie ist auch ein Korrektiv gegenüber theoretischen Aussagen (etwa in der Nachfolge von Parsons), die sich gegenüber dem Objektbereich verselbständigt haben.

Anmerkungen

1 Ein Beispiel für relevante neuere Literatur ist Oakes (1990). Interessante Aspekte zu diesem Themenkomplex finden sich auch bei Burger (1994).
2 Im Alltagsleben geht man von der stillschweigenden Annahme aus, daß Handlungen in der kohärenten Abstimmung von Zielen und Mittel bestehen. Die unkonventionelle Verwendung von Mitteln ist stets auffallend und häufig rechtfertigungsbedürftig.
3 Weber hat unter „Verhalten" wohl körperliche Äußerungen gemeint, mit denen keine Intention der Person verbunden ist.
4 In der früheren Fassung (im „Kategorienaufsatz") bezeichnet Weber „soziales Handeln" als „Gemeinschaftshandeln".
5 Beispiele sind die Herbeiführung von Rollendistanz oder der Entwurf und die Realisierung eines Lebensplanes für die eigene Person (Balog 1997a). Auch ist der Umgang mit „natürlichen" Objekten durch soziale Regelungen und kulturelle Vorstellungen bestimmt.
6 Etwa verglichen mit den Themen der idealtypischen Begriffsbildung und der Wertfreiheit.
7 Weber selbst hat sich in „Wirtschaft und Gesellschaft" an diese Methode gehalten. Alle dort behandelten Phänomene und Prozesse werden als Handlungen rekonstruiert und definiert. „Wirtschaft" oder „Politik" erscheinen als „wirtschaftliches" oder „politisches" Handeln.

gewährleistet die intersubjektive Nachvollziehbarkeit von Definitionen und Beschreibungen sowie die Identifikation der Umstände, die auf die konstitutiven Handlungen von Einfluß waren und sind. Damit ist keine inhaltliche Festlegung darüber verbunden, welchen Formen der Handlungsorientierung oder welchen anderen Faktoren für die Erklärung sozialer Sachverhalte ein besonderes Gewicht zukommt. Der Rückgang auf die konstitutiven Handlungen hat vielmehr den Sinn, die Einflußfaktoren unterschiedlicher Art, die auf die Handlungen gewirkt haben, möglichst umfassend zu analysieren.

Ein kurzer Vergleich mit dem RC-Ansatz soll dies veranschaulichen. Die dort artikulierte Perspektive geht davon aus, daß Handlungen nutzenorientiert sind, daher die Entstehung, das Bestehen oder die Veränderungen einzelner Sachverhalte oder Konstellationen von Sachverhalten auf nutzenmaximierende Motive zurückzuführen sind. Die „letzten" Erklärungsfaktoren stehen aufgrund der Theorie schon fest, die Kontextbedingungen werden als Auslösersituationen verstanden, die die theoretisch identifizierten Motive „in Bewegung setzen". Diese Sichtweise ist mit dem hier artikulierten Verständnis von Soziologie völlig unvereinbar, die darauf gründet, daß soziale Sachverhalte (welcher Größenordnung immer) in Handlungen identifiziert werden können und daß Handlungserklärungen bei der Erklärung dieser Sachverhalte immer eine Rolle spielen. Es mag schon sein, daß RC-Erklärungen bei bestimmten Sachverhalten angemessen sind – dies muß sich jedoch immer neu erweisen und bildet daher ein mögliches Ergebnis, jedoch nicht den Ausgangspunkt der Analyse.

Ein Vorwurf, der „handlungstheoretischen Ansätzen" immer wieder gemacht wird, besteht darin, daß sie soziale Strukturen zu wenig berücksichtigen und die Eigendynamik sozialer Prozesse nicht erfassen können, die den Handlungen vorgegeben sind.[24] Nun ist es nicht eindeutig, was mit „Struktur" gemeint ist – sofern es sich dabei um soziale Phänomene handelt, die konstitutive Elemente der Handlungen bilden, ihnen vorgegeben sind oder ihre Hervorbringung und Ablauf beeinflussen, lassen sie sich in den Handlungen, d. h. den Absichten, den Glaubensannahmen und den Handlungsgründen nachweisen. Kommerziell orientierte Handlungen von Wirtschaftssubjekten unter früh- und spätkapitalistischen Bedingungen werden soweit ganz unterschiedliche Handlungen sein, als sie in unterschiedlichen Kontexten hervorgebracht werden und daher auf unterschiedliche Ziele bezogen sind. Die Tatsache, daß theoretisch relevante

Damit ist auch ein verändertes Verständnis über die Aufgaben der Theorie verbunden: Nicht die theoretische Rechtfertigung bestimmter Ursachen- und Folgekonstellationen steht im Mittelpunkt, sondern das Aufzeigen von Aspekten und Dimensionen der sozialen Phänomene. Der allgemeine Bezugsrahmen wird zu einem Hilfsmittel, um zu einer intersubjektiv nachvollziehbaren Beschreibung sozialer Phänomene zu gelangen und Faktoren ausfindig zu machen, die Einfluß auf die Entstehung, das Bestehen und die Veränderungen des Phänomens ausgeübt hatten. Auf der einen Seite geht es um die Identifikation der Handlungen, d. h. der Absichten, Wünsche und Vorstellungen der Akteure, auf der anderen Seite um die Rekonstruktion der Motive und von Bedingungen, die von Einfluß auf die Motive sind bzw. waren. Die Bedeutung, die externen Erklärungen zukommt, macht es deutlich, daß die Rekonstruktion der Motive in der überwiegenden Mehrzahl der Fälle keine zureichende Erklärung bietet – sie stellt aber die Voraussetzung für sie dar.

Eine ähnliche Position wird von mehreren neueren Theoretikern und Theoretikerinnen eingenommen, die sich aus unterschiedlichen Perspektiven von der Konstruktion und Zuschreibung von Erklärungen aufgrund von Theorien distanzieren. Die Theorie hat für sie die Funktion, Begriffe zur Verfügung zu stellen und relevante Dimensionen der Phänomene aufzuzeigen, um Prozesse und Verläufe in ihrem Entstehungs- und Entwicklungszusammenhang zu analysieren. Es sind dies TheoretikerInnen wie A. Giddens (1985), J. Alexander (1993), M. Archer (1996) und J. Elster (1989). So unterschiedlich (und zum Teil problematisch) die von ihnen vertretenen Perspektiven sind, ihnen allen ist es gemeinsam, daß sie diese vermittels der Analyse von Handlungen und Handlungssituationen entwickelt haben, die – zumindest vom Anspruch her – nicht von vornherein durch restriktive theoretische Vorannahmen bestimmt war.

4. Schlußfolgerung

Vor dem Hintergrund der Diskussion der drei Problembereiche kann man m. E. folgende Schlußfolgerung ziehen: Es gibt keine besondere „handlungstheoretische" Soziologie, die „Handlungstheorie" ist daher kein spezifischer Ansatz, der von anderen „Ansätzen" unterschieden werden könnte. Die Rekonstruktion sozialer Phänomene aus Handlungen

Interaktionen. Die Zuschreibung von kausaler Priorität an eines dieser Elemente hat die Leugnung oder Abwertung der anderen Elemente zur Folge. Diese dogmatische Verwendung des Handlungsbezugsrahmens ist nicht notwendigerweise der letzte Schritt. Man kann den Bezugsrahmen auch offen definieren, indem man die thematisierten sozialen Sachverhalte vor dem Hintergrund der vielfältigen Dimensionen analysiert, die im Handlungsbegriff enthalten sind und daher für Phänomene Geltung haben, die aus Handlungen bestehen. Diese Analyse weist den Phänomenen nicht von vornherein schon bestimmte Ursachen zu, die für ihr Bestehen oder ihre Entstehung notwendig wären, sie besagt nur, welche Bedingungen erfüllt sein müssen, damit man das Phänomen als ein solches in den Handlungen der Beteiligten und Betroffenen identifizieren kann. Damit werden auch die Angriffspunkte für kausale Einflüsse erkennbar, nicht aber deren Richtung präjudiziert.

Ich möchte dieses Herangehen an einem Beispiel illustrieren, das von Weber (1968: 467 ff.) stammt. Zwei wesentliche Punkte seiner Anstaltsdefinition (damit ist der Staat gemeint) besagen, daß es einen Stab von Menschen geben muß, die befugt sind, die Regeln der Anstalt gegenüber jenen durchzusetzen, die unter ihre Herrschaftsgewalt fallen, und von dieser Befugnis auch Gebrauch machen. Damit man überhaupt von einer Anstalt reden kann, ist eine herrschaftsmäßige Schichtung der Angehörigen vorausgesetzt. Zweitens behandeln die der Anstalt Unterworfenen die Satzungen der Anstalt (d. h. die Gesetze und Verordnungen) als gültig und richten ihr Handeln danach aus. Die Definition macht keine Aussagen über die Zusammensetzung und die Befugnisse des Erzwingungsstabes und über den Inhalt der konformen Motive. Beide Merkmale können völlig unterschiedliche Ausprägungen annehmen, die z. T. aufeinander verweisen, z. B. im Fall einer Anstalt, die durch „Pietät" gegen einen Herrscher bestimmt ist. Staaten unterscheiden sich voneinander je nach der Struktur des Zwangsapparates und dem Legitimitätsglauben. Diese konstitutiven Merkmale können auch verändert werden – dann würde sich die Struktur des Staates ebenfalls ändern. Wenn aber der Zwangsapparat verschwindet oder aber die Staatsangehörigen die Regeln des Staates nicht mehr beachten, würde der Staat in unserem Verständnis zu existieren aufhören. Der Bezugsrahmen arbeitet diese Elemente heraus, die in den für das Phänomen konstitutiven Handlungen enthalten sind – die Ursachen für die Entstehung und Veränderung der in der Definition enthaltenen Merkmale ist eine Sache empirisch-historischer Untersuchungen.

tungslose" Objekte sein sollen. Diese begriffliche Wahrheit hat aber nichts mit der weitergehenden theoretischen Setzung zu tun, daß Bedeutungen in den jeweiligen Interaktionen erzeugt werden. Es mag nun sein, daß dies manchmal zutrifft, aber auch dann werden Bedeutungen und Konventionen von den Akteuren vorausgesetzt, die die Erzeugung der neuen Bedeutungen erst ermöglichen.

Dieses Muster der Konstruktion des Objektbereichs aufgrund einer Theorie war lange in der Soziologie vorherrschend und hat unterschiedliche Formen angenommen. Die Ermöglichung von Handlungskoordination oder ihre Veränderungen wurden jeweils anderen Faktoren oder Mechanismen zugeschrieben. Konflikttheorie, Theorie des sozialen Austausches, Ethnomethodologie als Theorie der sozialen Konstitution durch Realitätskonstruktionen sind Schulen oder „Ansätze", die unterschiedliche Antworten auf die Frage nach der sozialen Integration (und damit auch der Desintegration und den Ursachen sozialen Wandels) liefern. Begründet werden sie in Hinblick auf die konstitutiven Merkmale von Handlungen, Interaktionen und Handlungszusammenhängen. Solche Erörterungen, die sich auf begriffliche Explikationen oder auch auf anthropologische Setzungen stützen,[22] bilden die theoretische Rechtfertigung dafür, die entsprechenden Mechanismen allen Phänomenen zugrunde zu legen bzw. sie als das zentrale „Bindemittel" der sozialen Integration zu bezeichnen. Diese Ansätze „gehen davon aus", daß sie von vornherein schon über die richtige Sicht der sozialen Welt verfügen und das „Geheimnis" der Koordination, also die zentrale Fragestellung der Soziologie, durch begriffliche und theoretische Anstrengung gelöst haben.[23]

Der Handlungsbezugsrahmen oder auch bestimmte Aspekte von Handlungen haben daher häufig als ein Mittel gedient, um einseitige theoretische Festlegungen zu rechtfertigen. Das Phänomen der Handlung (und in der Folge die auf ihm beruhenden Interaktionen und Handlungszusammenhänge) bietet dazu die Möglichkeit, da es eine Reihe von konstitutiven Elementen enthält, die jeweils verselbständigt werden können und denen Priorität gegenüber anderen Elementen zugeschrieben wird. Die Verwirklichung von Absichten setzt kognitive Orientierung und die Bezugnahme auf Bedeutungen ebenso voraus wie in der Regel auch Nutzenüberlegungen und die Ausrichtung an normativen Vorstellungen. Interaktionen beziehen sich häufig auf Tauschsituationen, die ihrerseits bestimmte Maßstäbe von Angemessenheit voraussetzen. Latente oder manifeste Interessengegensätze und Konflikte bilden häufig den Inhalt von Einzelhandlungen wie retisches Gebäude errichtet, das aus Aussagen über die soziale Welt besteht und den Anspruch erhebt, die Bestandserfordernisse aller sozialen Einheiten, ihr notwendiges Zusammenwirken und die evolutionären Entwicklungsschritte aufzuweisen, die sie durchmachen müssen.[21] Die Entwicklung der Theorie gewinnt gegenüber den zu analysierenden Phänomenen ein hohes Maß an Autonomie, und ihre Aussagen über soziale Realitäten werden durch „theoriestrategische" Entscheidungen bestimmt, nicht durch diese Realitäten selbst. Man muß Max Black (1961) Recht geben, der die Frage stellt: Woher weiß Parsons das alles, was er zu wissen vorgibt? Die Antwort kann nur lauten: Sein Wissen bezieht sich nicht auf die soziale Welt, sondern auf begriffliche Explikationen und funktionale Zuschreibungen, deren empirischer Status völlig ungeklärt ist. Die Theorie macht letztlich nur Aussagen über die Theorie, nicht aber über die soziale Welt. Die Phänomene der Welt dienen als Exemplifikationen der Theorie, sie können nur im Kontext der kausalen und funktionalen Prozesse identifiziert werden, die im Bezugsrahmen festgeschrieben sind.

Die ganze Tragweite von Parsons' Ansatz und die von ihm ausgehende kognitive Hegemonie wird erst dann deutlich, wenn man sich vor Augen hält, daß auch die Kritiker bei allen inhaltlichen Differenzen seine Vorgehensweise übernommen hatten. Es werden alternative Aspekte von Handlungen zu einem umfassenden Bezugsrahmen verselbständigt und daraus auch die relevanten kausalen Faktoren abgeleitet, die soziale Phänomene und Prozesse erklären sollen. Als Beispiel möchte ich die Version des Symbolischen Interaktionismus anführen, die von Herbert Blumer in eine kanonisierte Form gebracht wurde. Nachdem er den gemeinsamen Bedeutungen eine unentbehrliche Rolle für das Zustandekommen von Handlungen und Handlungszusammenhängen zuschreibt, stellt er fest, daß „the meaning of such things is derived from, or arises out, of the social interaction that one has with his own fellows" (1967, S. 2). So wie bei Parsons geht es um die Antwort auf die Frage, wie koordinierte Handlungszusammenhänge möglich sind, und so wie Parsons antwortet er auf diese Frage durch theoretische Setzungen („Prämissen"), die er aus dem Begriff des Handelns ableitet. Das Phänomen der Bedeutung von Objekten ist im Begriff des Handelns enthalten. Die Absicht selbst nimmt Bezug auf definierte, also bedeutungsvolle Objekte. Auch kann man weder Absichten formulieren noch sie durchzusetzen trachten, wenn man die Bedeutung der Objekte nicht kennt, die von konstitutiver Bedeutung für ihre Realisierung sind. Im Rahmen von Handlungen ist es unverständlich, was „bedeu-

8 Es gibt auch gegenwärtig und laufend Versuche, Soziologie als Wissenschaft von sub-intentionalen Strukturen her zu verstehen. Ein Beispiel dafür ist etwa Wallace (1983). Auch die Sozio-Biologie gehört in diese Tradition, auch wenn mir die grundbegriffliche Struktur nicht klar herausgearbeitet erscheint.

9 In Zusammenhang mit der Idee der Zuschreibung steht die weitere Vorstellung, daß Handlungen durch interpretative Regeln erzeugt werden, die ihrerseits das primäre Phänomen bilden. Es geht dabei um den Zusammenhang der intentionalen Zustände und der Konventionen/Regelungen, die der Realisierung solcher Zustände zugrunde liegen. Nun sind Handlungen in unterschiedlicher Weise an die Realisierung von Regeln gebunden: Konventionelle Handlungen sind in dieser Hinsicht von strategischen Handlungen zu unterscheiden. Grundsätzlich kann man aber sagen, daß aus den Regeln selbst die Handlungen nicht deduzierbar sind – die Handlungen sind „Produkte" der Person, die sich dabei auf die Regeln bezieht, die ihre Handlungsmöglichkeiten in unterschiedlicher Intensität und in unterschiedlicher Hinsicht einschränkten und ermöglichten. Die Person selbst hat (in unterschiedlicher Weise) die Möglichkeit, die Regeln in einer ihren Absichten entsprechenden Weise zu interpretieren.

10 Am ehesten hat eine Debatte über diese „deskriptive" Dimension des Handlungsbegriffs im Rahmen der sog. Mikro-Makro-Diskussion stattgefunden. Vgl. dazu Balog (1993).

11 Weber identifiziert das Verstehen des „verständlichen Sinnzusammenhanges" mit Motivationsverstehen (1964: 6) – hier verweisen Sinn und Sinnzusammenhang auf die Gründe der Person. Als „subjektiv gemeinten Sinn" versteht Weber die für eine Handlung konstitutive Vorstellung, die für eine Handlung konstitutiv ist (1964: 3 f.), die Akteure mit ihrem Tun „verbinden", also die Absicht.

12 Man kann natürlich Phänomene so definieren, daß sie bestimmten normativen Richtigkeitskriterien entsprechen. Neben der Tatsache des Besuchs einer Messe, gibt es auch das Phänomen eines „richtigen" Kirchenbesuchs, das aus einem normativ adäquaten Motiv realisiert wird. Solche Phänomene, in deren Definition auch normative Kriterien einfließen, sind für die Soziologie je nach Fragestellungen durchaus von Interesse.

13 Es gibt auch TheoretikerInnen, die statt von gegebenen Motiven von unterschiedlichen Nutzenfunktionen ausgehen. Ich habe an anderer Stelle zu zeigen versucht (Balog 1997b), daß diese Nutzenfunktionen ebenfalls eine analoge starre Liste von mechanisch wirkenden Motiven voraussetzten.

14 Zur Kritik an der Nutzenmaximierung als universelles Motiv vgl. Balog (1997b). Es scheint mir auch aus ethischen Gründen problematisch zu sein, die Gründe, die eine Person für ihr Tun angibt, von vornherein anzuzweifeln. Die Autonomie der Person wird mißachtet, ähnlich wie bei den Insassen der psychiatrischen Anstalt, die Goffman (1972) beschrieben hat. Es ist nicht schwer, für jede selbstlose Handlung immer egoistische (oder triebhafte) Motive anzunehmen und die Glaubwürdigkeit der Person zu untergraben. Damit wird primär eine Rhetorik der Denunziation in Gang gebracht.

15 Der Marxismus wie der RC-Ansatz bieten dafür repräsentative Beispiele.

16 Solche Fragestellungen werden vor allem im Rahmen der Rational-Choice-Theorie

behandelt. Die Erklärung bezieht sich darauf, daß unter bestimmten Bedingungen die Nutzenorientierung rationaler Egoisten bestimmte Handlungsstrategien hervorbringt. Ein Beispiel dafür ist Hechter (1990).

17 Elster (1983) bezeichnet Erklärungen, die sich auf die den Akteuren nicht bekannten Voraussetzungen von Handlungen beziehen, als subintentionale, jene die sich auf die Aggregation der Handlungsfolgen beziehen als supraintentionale Erklärungen. Beide Formen können für die Erklärung bestimmter Wirkungen zugleich notwendig sein. So haben die stillschweigend vorausgesetzten und nicht-thematisierten Hintergrundannahmen möglicherweise Konsequenzen bezüglich der Wahrnehmung von Objekten und Situationen, denen sich ihrerseits einige nicht vorgestellten und gewollten Folgen verdanken.

18 Bei Boudon (1980) gibt es Beispiele für unterschiedliche Formen solcher Erklärungen.

19 Man denke nur an unterschiedliche Vereine, wie jene, die der Freizeitgestaltung gewidmet sind, deren Zweck es ist, Auskünfte in Steuerangelegenheiten zu geben, oder Wohltätigkeitsvereine.

20 „A norm is a verbal description of the concrete course of action thus regarded as desirable, combined with an injunction to make certain future actions conform to this course." (Parsons 1968/1937: 75).

21 So ist etwa die Ableitung des AGIL-Schemas nur verständlich als eine nach funktionalen Gesichtspunkten erfolgte Umgruppierung und Neufassung der „pattern variable" vor dem Hintergrund eines Verständnisses über die „kybernetisch" bestimmten Strukturmerkmale von Systemen.

22 Ein Beispiel dafür ist Dahrendorfs (1965: 125) Bestimmung der Rolle von Konflikten. „Parlamentarische Debatten und Revolution, Lohnverhandlung und Streik, Machtkämpfe in einem Schachklub, einer Gesellschaft und einem Staat sind sämtlich Erscheinungsformen der einen großen Kraft des sozialen Konflikts, die überall die Aufgabe hat, soziale Beziehungen, Verbände und Institutionen lebendig zu erhalten und voranzutreiben."

23 Damit soll nicht gesagt werden, daß es keiner Begriffe oder Bezugsrahmens bedarf, um Phänomene überhaupt zu identifizieren. Soweit mit einem Bezugsrahmen die Zuschreibung von kausalen Prozessen verbunden ist, also Fragen nach Ursachen und Bedingungen nicht mehr durch empirische Analysen beantwortet werden können, sondern theoretisch entschieden werden, ist der Bereich einer empirischen Wissenschaft zugunsten einer dogmatischen Festlegung von sozialen Prozessen verlassen.

24 Ein solcher Vorwurf läßt sich etwa bei Bourdieu/Wacquant (1996: 157 ff.) herauslesen.

25 Die Geschichte des Marxismus bietet genügend Beispiele dafür.

Literatur

Alexander, Jeffrey C., (1993), Handeln und seine Umwelten. In: ders., Soziale Differenzierung und kultureller Wandel. Frankfurt/M: 196–231.

Archer, Margaret S. (1995), Realist social theory: the morphogenetic approach. Cambridge.

Balog, Andreas (1997a), Inner-directed Actions. Sociological Perspectives. Vol. 40: 33–59.

–, (1997b), Handlungsrationalität und Nutzenkalkül. In: T. Meleghi et al. (Hg.), Soziologie im Konzert der Wissenschaften. Wiesbaden: 91–110.

–, (1993), Formen der ‚Zerlegbarkeit' sozialer Phänomene. Ein Beitrag zum Mikro-Makro-Problem. Analyse und Kritik, 15. Jg: 168–191.

Black, Max (1961), Some Questions about Parsons' Theories. In: Max Black (ed.), The Social Theories of Talcott Parsons. New York: 268–288.

Blumer, Herbert (1969), Symbolic Interactionism. Perspective and Method. Englewood Cliffs, New Jersey.

Boudon, Raymond (1980), Die Logik des gesellschaftlichen Handelns. Neuwied und Darmstadt.

Bourdieu, Pierre/Loic J. D. Wacquant (1996), Die Ziele der reflexiven Soziologie. In: dies., Reflexive Anthropologie, Frankfurt/M: 95–249.

Burger, Thomas (1994), Deutsche Geschichtstheorie und Webersche Soziologie. In: Gerhard Wagner/Heinz Zipprian (Hg.), Max Webers Wissenschaftslehre. Frankfurt/M: 29–104.

Camic, Charles (1989), *Structure* after 50 Years: The Anatomy of a Charter, American Sociological Review, 95: 38–107.

Dahrendorf, Ralph (1965), Die Funktionen sozialer Konflikte. In: ders: Gesellschaft und Freiheit. München: 112–131.

Durkheim, Emile (1970/1894), Die Regeln der soziologischen Methode. Neuwied und Berlin.

Elster, Jon (1989), The Cement of Society. A Study of Social Order. Cambridge.

–, (1983), Explaining Technical Change. A Case Study in the Philosophy of Science. Cambridge.

Giddens, Anthony (1988), Die Konstitution der Gesellschaft. Grundzüge einer Theorie der Strukturierung. Frankfurt/M, New York.

Goffman, Erving (1972), Asyle. Frankfurt/M.

Heider, Fritz (1977), Die Psychologie der interpersonalen Beziehungen. Stuttgart.

Hechter, Michael (1990), The Emergence of Cooperative Social Institutions. In: Michael Hechter et al. (eds.), Social Institutions. Their Emergence, Maintenance and Effects. Berlin – New York: 1–10.

Homans, George Caspar (1972), Grundfragen soziologischer Theorie. Opladen.

Lindenberg, Siegwart (1990), Rationalität und Kultur. Die verhaltenstheoretische Basis des Einflusses von Kultur auf Transaktionen. In: Hans Haferkamp (Hg.), Sozialstruktur und Kultur. Frankfurt/M: 249–286.

Oakes, Guy (1990), Die Grenzen kulturwissenschaftlicher Begriffsbildung. Frankfurt/M.

Parsons, Talcott (1968/1937), The Structure of Social Action. New York.

Parsons, Talcott (1973/1945), Systematische Theorie in der Soziologie. Gegenwärtiger Stand und Ausblick. In: ders., Beiträge zur soziologischen Theorie. Darmstadt und Neuwied: 31–64.

Parsons, Talcott/E. A. Shils (1951), Values, Motives and Systems of Action. In: dies. (eds.), Towards a General Theory of Action, Harvard: 47–243.

Schütz, Alfred (1960/1932), Der sinnhafte Aufbau der sozialen Welt. Wien.

Simmel, Georg (1970/1917), Grundfragen der Soziologie, Berlin.

Taylor, Charles (1964), The Explanation of Behaviour. London.

Tönnies, Ferdinand (1923), Zweck und Mittel im sozialen Leben. In: Melchior Palyi (Hg.), Hauptprobleme der Soziologie. Erinnerungsgabe für Max Weber. München und Leipzig: 233–270.

Wallace, Walter L. (1983), Principles of Scientific Sociology. New York.

Weber, Max (1968), Gesammelte Aufsätze zur Wissenschaftslehre, Tübingen.

Michael Schmid

Soziologische Handlungstheorie – Probleme der Modellbildung

I. Problemstellung

Ich möchte mich einem Problem zuwenden, das durch die folgenden Sachverhalte entsteht: *Zum einen* ist relativ unstrittig, daß die Soziologie als *Handlungstheorie* betrieben werden sollte, was mit der Auffassung gleichzusetzen ist, daß ihr theoretischer Kern in einer *Theorie des individuellen Handelns* zu bestehen habe (vgl. dazu Parsons 1968[3], Münch 1982, Turner 1988, Balog 1989)[1], *zum anderen* aber bietet sich eine ganze Reihe von Handlungstheorien an, die sich zum Teil ganz unversöhnlich gegenüberstehen, wodurch verdunkelt wird, welche der verschiedenartigen Kandidatinnen zu diesem Zweck bevorzugt zu werden verdient. Die Beantwortung dieser Frage wird *zugleich* erschwert durch die Einsicht, daß es nicht Aufgabe der Soziologie sein kann, das Handeln individueller Akteure zu erklären – dies kann jederzeit der Psychologie überlassen bleiben; vielmehr sollte sie sich bemühen, ein Licht auf die Entstehungs- und Reproduktionsbedingungen *zwischenmenschlicher Verkehrsformen* und der damit verbundenen Prozesse und Struktureffekte zu werfen. Die Frage nach dem handlungstheoretischen Kern soziologischer Erklärungen läßt sich demnach nicht unabhängig von dem sogenannten *Mikro-Makro-Problem* lösen, d. h. nicht getrennt von der Frage, wie die angesprochenen Verkehrsformen aus den wechselwirksamen Handlungen individueller Akteure hervorgehen *und* auf diese zurückwirken. Unglücklicherweise wird die Bearbeitung dieses *weiteren* Problems dadurch behindert, daß die Auffassungen über den genaueren Charakter dieses Mikro-Makro-Zusammenhangs durch die Art der Handlungstheorie mitgeprägt wird, auf die man glaubt zurückgreifen zu müssen, um es zu lösen[2].

Ich denke deshalb, daß ich die *Frage, welche Handlungstheorie die soziologische Theoriebildung favorisieren sollte*, nur dann angemessen beantworten kann, wenn ich *zwei getrennte Problemkreise* behandle: *Zum einen* muß ich die Logik der „inter-theoretischen Relationen" durchleuchten, die zwischen den verschiedenartigen handlungstheoretischen Angeboten bestehen. *Zum anderen* möchte ich daran anschließend den Streit um das Mikro-Makro-Problem durch die Stärkung der These schlichten, daß in letzter Instanz nur jene Handlungstheorien Beachtung verdienen, die dazu in der Lage sind, eine Vielzahl ganz heterogener *Mechanismen der Verhaltensabstimmung* zu modellieren, die der Reproduktion zwischenmenschlicher Beziehungsformen zugrunde liegen. Zu diesem Zweck werde ich den Begriff des „Mechanismus" näher bestimmen und kurz die Bedingungen einer erfolgreichen Modellierung solcher Mechanismen besprechen.

II. Die Logik soziologischer Theoriebildung oder die Suche nach einer integralen Handlungstheorie

1. Die Ausgangslage: Die voluntaristische Handlungstheorie

Ich beginne mit einem flüchtigen, vergleichenden Blick auf die soziologische Theorienlandschaft.

Ich glaube, man wird sich ganz unabhängig davon, in welchem Theorielager man sich zu Hause fühlt, darauf einigen können, daß die Ausgangslage der derzeitigen Theoriedebatte durch den Versuch Talcott Parsons' definiert wurde, eine *voluntaristische Handlungstheorie* zu entwerfen (vgl. Parsons 1968[3], S. 43 ff.). Diese Theorie betonte zum einen den energetischen Aufwand, den ein Akteur in sein Handeln investieren muß, sodann dessen Zielgerichtetheit sowie seine Mittel- und Situationsabhängigkeit und hob als besonderes Kennzeichen die Regelgeleitetheit seines Handelns hervor. Damit war der Akteur als Urheber *willentlicher Handlungen* gekennzeichnet, der *Standards* benutzen *muß*, um zwischen Zielen, Ziel-Mittel-Relationen und den unterschiedlichen Reaktionen auf die restriktiven Bedingungen seiner Handlungssituation zu *entscheiden*[3]. Auf diesem Wege hat Parsons zwei Theorieauffassungen widersprochen: *Zum einen* wollte er der überkommenen nutzentheoretischen Tradition entgegentreten, die darauf verzichtet hatte, Handeln als reguliertes Handeln aufzufassen, und sich deshalb genötigt sah, die Zielsetzungen der Akteure als „zufällig" einzustufen, und *zum andern* wollte Parsons jeden Versuch abwehren, Handeln aus seinen externen (situativen oder organischen) Bedingungen zu erklären, was seiner Auffassung nach den Eigenbeitrag des Akteurs bei der Projektion seines Handelns verfehlt. Parsons hat sich in der Folge um die kognitiven, kathektischen, expressiven Bestimmungsgrößen, die diesem *Wahlhandeln* zugrunde liegen (vgl. Parsons 1951, 1959), ebenso intensiv bemüht wie um die Klärung seiner motivationalen Grundlagen (Parsons 1951, S. 30 ff., Parsons/Shils 1951, S. 47 ff., Parsons 1959). Vor diesem Hintergrund entwickelte er eine Konzeption des „sozialen Handelns", das sowohl die Wichtigkeit kulturell vereinheitlichter Zielsetzungen für die Ausbildung tragfähiger sozialer Beziehungen hervorkehrte als auch die Bedeutsamkeit der Komplementarität von internalisierten Rollenerwartungen für deren Stabilität (vgl. Parsons/Bales 1955, Parsons 1961). Auf diesem Weg wollte Parsons mehrerlei erreichen: *Zum einen* war ihm an einer Beendigung des „Kampfes der Schulen" gelegen und der damit verbundenen These, die Sozialtheorie müsse auf eine einheitliche Theoriebildung verzichten (vgl. Parsons 1948); *zum anderen* – davon soll später noch kurz die Rede sein- wollte Parsons' Handlungstheorie eine dem methodologischen Funktionalismus verpflichtete *Gleichgewichtstheorie sozialer Beziehungen* stützen, die die Reproduktions- und Wandlungsbedingungen sozialer Systeme mit Hilfe eines „integrativen Mechanismus" zu thematisieren hatte (vgl. Parsons 1951, S. 132 ff., S. 149 f., S. 168 ff., Parsons 1976, S. 161 ff.).

2. Die Kritik der voluntaristischen Handlungstheorie

a. Ethnomethodologie und Symbolischer Interaktionismus

Früh schon setzte eine mehrschichtige Kritik ein. Autoren, die späterhin als Vertreter eines ethnomethodologischen bzw. symbolisch-interaktionistischen Ansatzes bezeichnet wurden[4], wandten sich gegen Parsons' Auffassung, daß Handeln durch motivationale oder normative Prozesse „bedingt" sei und hielten dem die *interpretativen Eigenleistungen* des Akteurs entgegen (vgl. Garfinkel 1967, Blumer 1969, S. 15 ff.)[5]. Damit war die doppelte These verbunden, daß sich Akteure ihre Handlungssituation auf symbolische Weise als bedeutsam oder sinnvoll entschlüsseln müssen[6] und in diesem Zusammenhang *Entscheidungssouveränität* gegenüber Rollenvorgaben und Konformitätsforderungen beanspruchen dürfen (vgl. paradigmatisch Blumer 1969, Turner 1976, Turner 1990, Garfinkel 1967). Im Gefolge dieses Einwandes veränderten sich die Stabilitätsbedingungen sozialer Beziehungen: Die Komplementarität von Erwartungen mußte als empirisch unwahrscheinlicher Grenzfall eines *wechselseitigen Selektionsprozesses* gelten, der etwas mißverständlich als ein „Aushandlungsprozeß" gekennzeichnet wurde[7] und in dessen Verlauf die Handlungsangebote durch die selektiven Reaktionen von Interaktionspartnern differentiell bestätigt oder verworfen werden[8]. Auf diesem Wege ist die Erreichung eines Gleichgewichts auch dann kaum zu erwarten, wenn die Akteure als rationale Akteure agieren, die sich an die Erfordernisse ihrer Interaktion *anpassen* (vgl. Goffman 1983, S. 51 und passim)[9] und angesichts der dabei zu befürchtenden Unabwägbarkeiten zur Durchsetzung ihrer Absichten auf die ritualisierten Regeln ihrer Gesellschaft zurückgreifen (Goffman 1971, S. 10 ff., Goffman 1981) bzw., wie Garfinkel betont, voraussetzen können, daß die Bedingung wechselseitiger „accountability" gegeben ist, weshalb die Akteure darauf vertrauen können, daß sie die gemeinsame Sicht ihrer Handlungssituation wenigstens stillschweigend als „taken-for-granted" unterstellen dürfen (Garfinkel 1962, S. 689, Garfinkel 1967, S. 9).

b. G. C. Homans' Reduktionismus

Aus einer anderen Richtung formierte sich Widerstand gegen das Parsonssche Theorieprogramm als George Caspar Homans damit begann, gegen die Auffassung zu polemisieren (vgl. Homans 1972, passim), die Soziologie benötige eine eigenständige, „funktionalistische Theorie" sozialer Systeme. Homans wandte sich gegen eine solche Forderung, weil er in ihr einen Versuch sah, „die Gleichgewichtsbedingungen von Gesellschaften und anderen sozialen Gruppen als solche" in den Vordergrund zu rücken, ohne dabei „das Verhalten von Menschen" zu berücksichtigen (ebd., S. 55). Zudem tat sich Homans schwer, im Parsonsschen „Begriffsschema" überprüfbare Hypothesen zu entdecken (ebd., S. 16 ff.). Homans suchte die aus diesen Vorbehalten resultierenden Fragwürdigkeiten durch die Empfehlung zu umgehen, die soziologische Theoriebildung müsse durch *lerntheoretische Gesetzmäßigkeiten* fundiert und damit auf ein *reduktives*

Erklärungsprogramm festgelegt werden. D. h. unter anderem: Die Erklärung der Varianzen des menschlichen Zusammenlebens und deren emergenter sozialer Effekte erfordert *keine eigenständigen makrosozialen Gesetze* und damit „keine neuen Hypothesen", sondern nur das Eingeständnis, daß individuelle Akteure im Rahmen jeweils „neuer Randbedingungen" agieren, die aus ihren wechselnden Interaktionsformen resultieren, welche ihrerseits Art und Umfang ihrer handlungsrelevanten Belohnungen bestimmen (ebd., S. 136). Auf diese Weise, so hoffte Homans, kann die Soziologie darauf eingeschworen werden, einen Katalog „grundlegende(r) soziale(r) Prozesse" (vgl. ebd., S. 59–105) zu erstellen, mit dessen Hilfe sie ihre Beschränkung auf die Beschreibung statischer Rollen zugunsten der Erklärung sozialer Wandlungen überwinden kann (vgl. ebd., S. 99).

c. R. K. Mertons Theorie des Wahlhandelns unter strukturellen Restriktionen

Eine parallele Kritik an Parsons hat auch Robert K. Merton formuliert. Dabei verurteilte er wie Homans die Neigung der Parsonsschen Theorie, auf der Ebene der Begriffsbildung zu verharren (vgl. Merton 1948, Merton 1967, S. 51), geißelte aber darüber hinaus ihren vollmundigen Anspruch, eine *allgemeine Theorie* zu sein (vgl. Merton 1967, S. 48 ff.). Dieses Plädoyer zugunsten einer Theorie *„mittlerer Reichweite"* ist oft mißverstanden worden; es geht Merton nur am Rande um die Frage, welchen Allgemeinheitsgrad eine soziologische Erklärung beanspruchen sollte, sondern *um den Verzicht auf globale Gesellschaftsanalysen* zugunsten einer theoriegeleiteten Behandlung einer Vielzahl ganz „gegenläufige(r) soziale(r) Mechanismen" (Merton 1995, S. 175, vgl. auch Merton 1967, S. 42 ff.), die das erfolgsorientierte Handeln der Akteure miteinander so verknüpfen, daß auch dann reproduzierbare Verhältnisse entstehen, wenn sie sich über die Voraussetzungen und Folgen ihres gemeinsamen Handelns weder verständigen noch informieren können. D. h., Merton verfolgt ein Forschungsprogramm (vgl. dazu Schmid 1998, S. 71–89), das, wie Parsons' Überlegungen vorgezeichnet haben, davon ausgeht, daß Akteure sich für ein Handeln *entscheiden* können, dies aber im Rahmen von *vorgegebenen Verteilungsstrukturen* tun müssen, die ihre *Opportunitäten* kanalisieren und dabei zu kollektiven Strukturfolgen führen, die ihre weiteren Entscheidungen beeinflussen werden. Ähnlich wie Goffman modelliert Merton den Handelnden als einen *rationalen Akteur*, der sich an seine strukturelle Handlungssituation *anpaßt*, die er nur auszugsweise und unter Inkaufnahme paradoxer Effekte und aversiver Handlungsfolgen beeinflussen kann[10]. Damit verändern sich die Gleichgewichtsbedingungen sozialer Beziehungen nachdrücklich. Weder muß Merton unterstellen, daß ein soziales Gleichgewicht mit optimalen Verteilungszuständen zusammenfällt[11], noch traut er sich zu, aus seinem Theorieansatz weitläufige Entwicklungspfade menschlicher Gesellschaften abzuleiten, wie dies Parsons gegen Ende seiner Karriere versuchte (vgl. Parsons 1972, Parsons 1975). Wichtig ist Merton alleine, daß die Akteure infolge der von ihnen produzierten *rekursiven Effekte* jederzeit so weiter handeln können, daß theoretisch beschreibbare Verlaufs*muster* entstehen[12].

d. Strukturdeterminismus und Rational-Choice-Theorie

Mit seiner Betonung der *strukturabhängigen Entscheidung* einzelner Akteure kann Merton durchaus als Wegbereiter ganz verschiedenartiger Theorien gelten. *Zum einen* hat er Theoretiker wie etwa Peter Michael Blau und dessen Anhänger dazu ermuntert, in unbeugsamer Frontstellung gegen Parsons die Erwartungen und Wertorientierungen der Akteure gänzlich beiseite zu lassen und sich ausschließlich der Frage zu widmen, wie sich Strukturen und Strukturverflechtungen auf ihre Assoziationswahrscheinlichkeiten auswirken (vgl. Blau 1977, Blau 1994); *zum anderen* mußte sich auch die Erbin der klassischen Nutzentheorie, die Rational-Choice-Theorie, durch Merton in ihrer Absicht bestärkt fühlen, das Handeln der Akteure als eine rationale Antwort auf situative Restriktionen zu verstehen[13]. Es sei vor allem an das Forschungsprogramm des Merton-Schülers James S. Coleman erinnert[14], der seine Akteure als rationale Inhaber von Rechten und Ressourcen konzipierte, die zur Maximierung ihrer Interessen in *Tauschbeziehungen* zueinander treten, deren undurchsichtigen Struktureffekte auf ihre weiteren Handlungschancen zurückwirken (vgl. Coleman 1986, 1990). Auch Coleman sucht seinem Forschungsprogramm dadurch Konturen zu verleihen, daß er sich gegen Parsons' Gleichgewichtsanalyse sozialer Systeme wendet, in der eigensinnige und entscheidungsfähige Akteure und, daraus resultierend, das Auseinanderfallen von individuellen und gemeinsamen Zielen keine Rolle spielen

(Coleman 1990a, S. 335 f.)[15], und gegen die damit zusammenhängende Unfähigkeit des Parsonsschen Funktionalismus, strukturellen Wandel aus den veränderten Zielsetzungen solcher Akteure zu erklären (vgl. Coleman 1986, S. 1310 f., Coleman 1990a, S. 336)[16].

3. Die Logik der Kritik

Mir geht es an dieser Stelle weder um eine vollständige Beschreibung der *Degeneration des Parsonsschen Theorieprogramms* noch um eine erschöpfende Aufzählung aller Versuche, das Parsonssche Erbe anzutreten[17], sondern um die folgenden Punkte:

a. Alle Wünsche nach einer theoretischen Neuorientierung verstanden sich entweder als *Kritiken* an Parsons' Programm oder als wechselseitige Kritik der Parsons-Kritiker untereinander[18]: So hat Homans die Rational-Choice-Theorie immer als unzulänglich bekämpft (vgl. Homans 1967, Homans 1987, Homans 1990)[19] und diese wiederum das Homanssche Modell als unfruchtbar für die Institutionen- und Prozeßanalyse eingestuft (vgl. Coleman 1986, S. 1311, Lindenberg 1985, S. 108, Esser 1996, S. 164); Strukturtheorien hingegen sahen sich der Kritik des symbolischen Interaktionismus ausgesetzt, der Kommunikation, Situationsdefinitionen und Sinninterpretationen berücksichtigt wissen wollte[20]; einem gleichgelagerten Einwand sah sich auch die Rational-Choice-Theorie ausgesetzt (vgl. Münch 1992, S. 155 ff.)[21]. Zum anderen aber mußte die Theorie symbolischer Interaktion sich vorhalten lassen, kollektive Effekte des Gruppenlebens und transsubjektive Verteilungsstrukturen oft völlig unbeachtet zu lassen (vgl. Skidmore 1975, S. 155 ff., Meltzer, Petras, Reynolds 1975, S. 113 ff.) bzw. ihre Aufmerksamkeit zu Unrecht auf Interaktionen zu beschränken[22]. Demgegenüber trivialisierte die Blausche Strukturtheorie in strikter Ablehnung jedes methodologischen Reduktionismus' Homansscher Prägung (vgl. Blau 1970, Blau 1994, S. 156) die psychologischen Entscheidungsvoraussetzungen individueller Handlungen[23], während die Rational-Choice-Theorie die explikative Bedeutung normativer Strukturen und kultureller Zieldefinitionen, an denen Merton gelegen war, nur bedingt zu sehen vermag (vgl. z. B. Voss 1985)[24]. Zugleich wiederum blieb auch Colemans rationalistischer Theorieversuch nicht unbestritten, wenn etwa Neil Smelser auf die Verengung hinwies, mit der die Theoriebildung zu rechnen hat, wenn Coleman alle Sozialbeziehungen als konfliktfreie Tauschbeziehungen modelliert (vgl. Smelser 1990, S. 780, ähnlich Münch 1992 passim), während etwa Frank und Collins die Berücksichtigung „moralischer Gefühle" vermissen (vgl. Frank 1992, S. 169, Collins 1996) und die Strukturtheorie Peter Blaus die lebensbestimmende Bedeutung von Makrostrukturen näher behandelt sehen möchte (vgl. Blau 1993, S. 6 und passim)[25].

b. Ich halte nun keinesfalls die Tatsache für bedenklich, daß sich die verschiedenen theoretischen Lager mit Kritik überziehen; mißlich ist alleine das *Mißverständnis*, mit dem sie vorgetragen wird. Indem jede parsons-kritische Theorie Parsons einen anderen Vorwurf zu machen hat, verfestigt sich der Eindruck, der ehemals *einheitliche funktionalistische Theorieentwurf* habe einer Unzahl auseinanderstrebender Theorien Platz gemacht und auch die wechselseitige Kritik der Kritik sei nicht länger als Beitrag zu einer integralen sozialwissenschaftlichen Theoriebildung zu betrachten; vielmehr wurde in Übernahme der Kuhnschen Wissenschaftslehre die offensive Idee propagiert, jeder Einwand begründe eine eigenständige Theorietradition und ein autonomes Forschungsprogramm[26]. Daraus resultierte schließlich die Idee, man versäume keine theoretischen Einsichten, wenn man eines der vorhandenen „Paradigmen" in lebenspraktischer Absicht *wählt* (vgl. Matthes 1978, S. 20). In der Folge verbreiteten sich instrumentalistische Theorieauffassungen[27] und das vage Gefühl einer ungezügelten, *multi-paradigmatischen Vielfalt* (vgl. Friedrich 1970, Ritzert 1975), die allenfalls der vagen Hoffnung Raum ließ, daß jede dieser verschiedenen „Perspektiven" wenigstens einen Teilaspekt der menschlichen Gesellschaft auszuleuchten erlaubt (vgl. Wallace/Wolf 1980, S. 6)[28].

c. Tatsächlich ist diese Deutung der soziologischen Theorienentwicklung alles andere als zwingend. Man kann sich dies mit den folgenden Thesen vor Augen führen:

i) Zunächst bleibt zugestanden, daß jede der Kritiken am Theorienentwurf von Parsons ebenso nachvollziehbar ist wie die Kritiken, die die Parsonsgegner untereinander austauschen;

ii) daß die verschiedenen theoretischen Lager sich *reihum* kritisieren können, ist indessen ein deutlicher Hinweis darauf, daß die Kuhnsche Deutung des soziologischen Theoriebestands unrichtig ist. Die Kritiken entstammen *nicht* unvereinbaren, sich im Laufe der Theoriegeschichte ablösenden „Paradigmen", sondern richten sich allgesamt auf *einen ge-*

meinsamen entscheidungstheoretischen Kern, der lerntheoretisch erweitert werden kann[29], wenn es darum geht, die Veränderungen von Zielsetzungen und Erwartungen in die theoretischen Überlegungen miteinzubeziehen und Entscheidungsfolgen als Auslöser dynamischer Adaptionsprozesse zu verstehen[30]. Dies impliziert aber zweierlei: *Zum einen* ist es unrichtig, daß die verschiedenen Theorieangebote inkommensurabel sind, und *zum weiteren* sollte sich *keine* dieser Kritiken dazu berechtigt fühlen, von einer *Widerlegung* der jeweiligen Konkurrenztheorie(n) zu sprechen, die Anlaß sein müsse, sie endgültig und zur Gänze zu verwerfen[31]. Statt wechselseitiger Unverträglichkeiten bzw. Widerlegungen liegen tatsächlich *Faktualisierungen* vor (vgl. Krajewski 1977 und in Anschluß daran Schmid 1996, S. 233 ff., 265 ff.). Damit ist gemeint, daß jede der Theorien ihren verschiedenen Gegnerinnen nachweist, daß sie erklärungswichtige Faktoren übersehen[32]. Das bedeutet zwar, daß sie grundsätzlich *falsch* sind; sie können aus der faktualisierenden Theorie aber dann logisch abgeleitet und damit als eine *Annäherung* verstanden werden, wenn der inkriminierte Faktor einen *Grenzwert*[33] annimmt oder aber aus meßtechnischen Gründen nicht erhoben werden kann bzw. wenn dieser Mangel bei der Lösung praktischer Probleme keine Rolle spielt. Auf diese Weise wird die kritisierte Theorie als ein *ideales Modell* qualifiziert, dessen Erklärungsreichweite offensichtlich *beschränkt* ist.

So mag die soziologische Strukturtheorie von der Betrachtung individueller Wertentscheidungen und „privatisierter Sinnwelten"[34] absehen, um sich darauf zu konzentrieren, welchen Folgen angesichts dessen strukturelle Effekte und verteilungsstrukturelle Gemengelagen auf die Wahrscheinlichkeit besitzen, mit der Akteure sich kontaktieren können; mit gleichem Recht aber werden die Vertreter anderer „Paradigmen" darauf hinweisen, daß zur *vollständigeren Erklärung* des Handlungsgeschehens auf die subjektiven Entscheidungszusammenhänge zumal solange nicht verzichtet werden kann, als der „vital process of interpretation" (Blumer 1969, S. 15) und die daraus resultierenden kulturellen Wert- und Zielvorgaben oder Rollenprägungen dafür verantwortlich gemacht werden müssen, *welche* Verteilungsstrukturen die Akteure infolge ihres Handelns generieren oder *welche* sie als handlungsrelevant einstufen (vgl. Fararo 1989, S. 286 f.)[35]. Der aus diesen gegenläufigen Auffassungen resultierende Theorienstreit läßt sich schlichten, wenn sich die Parteien darauf einigen, daß die Wertüberzeugungen der Akteure *in jedem Fall* ebenso ausschlaggebend für ein Handeln sind wie ihre Erwartungen; ebenso unstrittig aber sollte sein, daß Peter Blau mit seiner „primitiven Theorie der Sozialstruktur"[36] das *methodologische Recht* hat, die Wirkungen von solchen Wertüberzeugungen rechnerisch zu parametrisieren, indem er deren Konstanz unterstellt (vgl. Blau 1987, S. 71 ff.)[37]. Er kann zumindest solange so verfahren, als er nicht an einer empirisch zutreffenden Erklärung, sondern an der Vergegenwärtigung eines „idealisierten" Ereignisablaufs interessiert ist (Weber 1968³, S. 190 ff.)[38].

Oder um ein anderes Beispiel zu nennen: Es ist zulässig, wenn sich die Rational-Choice-Theorie zu zeigen bemüht, daß Parsons' Theorie der komplementären Rollenerwartungen letztlich nur dort zutrifft, wo die Akteure *gewohnheitsmäßig* handeln, und wenn sie zugleich darauf besteht, daß man Gewohnheitsbildung nicht als Entscheidungslosigkeit, sondern als eine Entscheidung verstehen muß, auf Entscheidungen zu verzichten (vgl. Esser 1991, S. 66 ff.); ebenso unverwerflich aber dürfte der Versuch sein, diese Kritik hintan zu stellen und Rollenkomplementarität als gelungen zu *unterstellen*, um sich zu fragen, angesichts welcher empirischer Mechanismen sie idealiter zu erwarten wäre[39]. Umgekehrt hat die Parsonsschule recht, wenn sie darauf insistiert, daß die Rational-Choice-Theorie Schwierigkeiten hat, Handeln als reguliertes Verhalten zu verstehen und sich deshalb ständig dazu gezwungen sieht, Normen als eine situative Restriktion zu deuten (vgl. z. B. Kirchgässner 1991, Weede 1992)[40], ohne deren Genese zu klären, bzw. Ziele als Konstanten behandelt, ohne sich um eine Erklärung deren kultureller Varianz zu kümmern[41]. Indessen sollte es trotz dieser berechtigten Einwände unverdächtig sein, wenn die Rationaltheorie die Implikationen eines *Modells* diskutiert, das die Konstanz von Zielen und Normen als unstrittige Vorgabe behandelt, solange sie dabei die empirische Begrenztheit einer solchen Unterstellung im Gedächtnis behält[42].

d) Zur methodologischen Bewertung dieses kritischen Wechselspiels ist nun wichtig einzusehen, daß wir offensichtlich über *keine Theorie* verfügen, *gegen die ihre Konkurrentinnen keinen Einwand formulieren könnten*; d. h., jede der vorliegenden Handlungstheorien wirft mindestens einer Nachbartheorie *zurecht* vor, erklärungswichtige Faktoren zu *parametrisieren*. Die logische Folge davon ist, *daß kein Theorieentwurf für sich beanspruchen kann, alle übrigen zu idealisieren*. Das ist gleichzusetzen damit, daß es bisher *nicht gelungen* ist, *eine paradigmatisch verpflichtende, integrale Handlungstheorie auszuformulieren*. Zwar kann man sich die Möglichkeit denken, alle angeführten Handlungsfaktoren in einer integralen Theorie zusammenzuführen[43]; allerdings wäre die unkontrollierbare Vielzahl der Variablen und die unhandhabbare Komplexität des Wechselverhältnisses der dabei resultierenden Handlungsfunktionen nur unschwer auszumalen[44], weshalb der folgende Verfahrensvorschlag näher liegt: Jedes der verschiedenen Modelle hat das unstrittige *Recht*, jene Handlungsfaktoren, für die sie sich aus kontingenten Gründen interessiert, aus der Gesamtmenge prinzipiell angebbarer Faktoren herauszuheben und sich auf die Untersuchung jener Zusammenhänge zu spezialisieren, die sie zwischen den selegierten Faktoren zu entdecken und zu prüfen vermag. Und es braucht sich über die offenkundige *Unvollständigkeit* seiner theoretischen Vorgaben keinerlei Gedanken machen, solange seine Befürworter dazu in der Lage sind, jene Anwendungskonstellationen herzustellen oder aufzusuchen, die Überprüfungen zulassen. Einigkeit sollte nur bezüglich zweier Folgen dieses Vorgehens bestehen: *Zum einen* kann sich jede dieser Spezifikationen nur als eine *Teiltheorie* oder als ein *Modell* mit deutlich eingegrenzten Erklärungsleistungen verstehen wollen. Dieser Verzicht auf die Prätention, ein ebenso umfassendes wie eigenständiges Forschungsprogramm darzustellen, muß *zum anderen* aber nicht bedeuten, daß eine *antirealistische Interpretation* dieses eingeschränkten Erklärungsanspruchs nahe läge (vgl. Waters 1994, S. 323)[45]. Obgleich nur theoretisch unvollständige Modelle oder Theorieanteile getestet werden, *bleiben Falsifikationen möglich* und, wie ich denke, wenigstens solange erwünscht, als wir an einem kontrollierten Fortschreiten unserer Theoriebemühungen interessiert bleiben (vgl. zu dieser Auffassung Gadenne 1984, Gadenne 1993)[46].

III. Das Mikro-Makro-Problem und die Theorie des Handelns

Nunmehr läßt sich mein Ausgangsproblem, welche der verschiedenen Handlungstheorien wir bevorzugt einsetzen sollten, reformulieren als die Frage danach, weshalb sich ein Forscher bei der Untersuchung zwischenmenschlicher Beziehungsformen für ein spezielles Partialmodell interessieren sollte bzw. welche Teile einer übergreifenden, wenn auch unausformulierten Handlungstheorie er zur Erklärung heranziehen soll. Eine Antwort werden wir finden, wenn wir uns dem Mikro-Makro-Problem zuwenden. Ich glaube an den Sinn dieser Blickwendung, weil ich die These verteidigen möchte, daß sich die Auswahl der jeweiligen Teiltheorien nach ihren Erklärungsleistungen beurteilen lassen muß und damit nach dem Erfolg, mit dem sie die jeweils zu erklärenden Prozesse behandelt, die zur Entstehung von Strukturen, Organisationen und Aggregats- und Verteilungseffekten führen[47], bzw. umgekehrt, daß der Ausschnitt der makroskopischen Wirklichkeit, der sich dem Theoretiker erschließt, von den handlungstheoretischen Modellvorgaben mitbestimmt ist, die er akzeptiert. Wenn man eine methodologische Bewertung der daraus resultierenden Arbeitsteilung vornehmen möchte, wird man nach Kriterien suchen müssen, die das Wechselverhältnis von Handlungs- und Prozeßtheorie zu kontrollieren erlauben.

Hartmut Esser hat *drei Kriterien* vorgeschlagen (vgl. Esser 1996, S. 164)[48], die ich übernehmen, zugleich aber präzisieren möchte.

a. Zum einen sollte das gewählte Handlungsmodell *einfach* sein; die Anzahl der berücksichtigten Faktoren scheint mir dabei weniger ausschlaggebend zu sein als die Möglichkeit, eine theoretisch hinreichend handhabbare *Handlungsfunktion*[49] zu verwenden, deren Erhebungskontrolle keine untersuchungsaversiven Voraussetzungen hat und die erlaubt, das Handeln des einzelnen Akteurs aus der Situation heraus zu verstehen, deren Eigenheiten der Forscher durchleuchten möchte. Ihren methodologischen Sinn gewinnt diese Regel vor dem Hintergrund der oben getroffenen Feststellung, daß der Soziologe nicht in die Erklärung individueller Handlungsexplananda investieren, sondern die Bedingungen und Folgen der *sozialen Prozesse* erforschen möchte, die sich *zwischen den Akteuren* abspielen[50].

b. Sodann sollte das gewählte Handlungsmodell *flexibel* sein, worunter die Möglichkeit zu verstehen ist, die untersuchten Strukturdaten und Prozeßkategorien mit den Handlungsfaktoren ohne großen theoretischen Aufwand zu *verbinden*[51]. Es nützt wenig, eine ausgefeilte Handlungsdynamik zum Einsatz bringen zu wollen, solange nicht klar wird, wie die Akteure *zusammenwirken, um die gesuchten Prozesse zu generieren*, und wie deren kollektive Resultate auf die Eingangsgrößen des individuellen Handelns *zurückwirken*[52].

c. Um dieses Zusammenwirken zu klären, muß sich das verwendete Handlungsmodell dazu eignen, *strategische Handlungssituationen zu modellieren*, um das Wissen der Akteure darüber berücksichtigen zu können, daß die Existenz von Mitakteuren die Wahrscheinlichkeit beeinflussen wird, mit der der einzelne seine Ziele realisieren kann. D. h., die Handlungstheorie muß plausibel machen, welche *Probleme* sich die Akteure schaffen, wenn sie versuchen, ihr Handeln in *sozialen Situationen* zu organisieren[53].

d. Genau die Art, in der es einer Mehrzahl von Akteuren in einer strategischen Handlungssituation gelingen kann, ihr wechselwirksames Handeln in reproduktionsfähiger Weise, wenn auch mit unsicherem Erfolg und verbunden mit aversiven Folgen, *abzustimmen*, soll nun als *Mechanismen* bezeichnet werden.

Die Handlungstheorie, die man zur Klärung des damit angesprochenen *Abstimmungsproblems* heranziehen möchte, muß m. E. *mehrere Bedingungen* erfüllen (vgl. Wippler/Lindenberg 1987, Fararo 1989, Coleman 1990, Lindenberg 1992, Hedström/Swedberg 1996a).

(1) *Zunächst* muß das verwendete Handlungsmodell erkennen lassen, daß es nicht nur einen *Mechanismus, sondern eine Mehrzahl davon* gibt (etwa Tausch, Verhandlung, Wahlen, Eigentumsrechte, Macht, Vertrauen, kollektives Handeln, Organisation, Kampf und Krieg, Konflikte, Tradition und Imitation, Herrschaft etc.); *zugleich* muß es in der Lage sein, diese Mechanismen als eine substituierbare Lösung *basaler Abstimmungsprobleme* der Akteure zu rekonstruieren, wobei die Einsicht zu stärken ist, daß eine Reihe *verschiedener Abstimmungsprobleme* besteht[54]. Ich denke, daß die bisherige Debatte um diese Fragen sich darauf geeinigt hat, zumindest *drei Arten solcher Probleme* zu unterscheiden: *Zum einen* existiert ein Abstimmungsproblem, das mit der Tatsache zu tun hat, daß zwischenmenschliche *Kooperationen* voraussetzungsreich und mit verschiedenen *Schädigungsgefahren* verbunden sind; *sodann* entstehen dilemmatöse Situationen, wenn Akteure zwar gemeinsame Ziele verfolgen, aber nicht sicher sind, wie sie ihre Anstrengungen *koordinieren* können, und *endlich* sehen sich Akteure wiederholt der Tatsache gegenüber, daß *Ungleichheiten* stabil sein können, obgleich sie sie nicht als optimale Lösungen ihres Verteilungsproblems anerkennen[55]. Man kann also von einer Trias aus Kooperations-, Koordinations- und Ungleichheitsdilemmata sprechen[56].

(2) *Daneben* sollte das eingesetzte Handlungsmodell erlauben, die Funktionsweise der betreffenden Mechanismen aus den *Intentionen* und *Ressourcen* der beteiligten Akteure zu erklären[57], worunter eine doppelte Aufgabe zählt: *Zum einen* sollte es dazu beitragen, die *Genese von Kollektiveffekten* aus ihrem Handeln verständlich zu machen; *zum anderen*

aber auch das Problem zu beleuchten helfen, wie diese Effekte auf die situativen Handlungsvoraussetzungen der Akteure *zurückwirken*[58]. Dabei sollte das gewählte Modell *sowohl* im Auge behalten, wie die Handlungen der Akteure auch dann aufeinander Bezug nehmen können, wenn sie die sich abspielenden Prozesse nicht durchblicken[59], *als auch* in Rechnung stellen, daß sie jene rekursiven kollektiven Struktureffekte nur in Grenzfällen vorherzusehen vermögen[60]. Mechanismen modellieren die Übergänge von der Mikro- zur Makroebene und zurück demnach „aufgrund der Auswirkungen, die die Handlungen verschiedener Akteure auf die Handlungen anderer Akteure haben" (Coleman 1990, S. 501), wobei das Hauptgewicht der Erklärung auf den wechselwirksamen *Opportunitäten* und *Restriktionen* liegt, die sich die Akteure zumuten. Sind die dazu nötigen Bedingungen erfüllt, kann man von erklärungstauglichen, „generativen Mechanismen" sprechen (vgl. Elster 1989, S. 4 ff., Fararo 1989, S. 39 ff., Hedström/Swedberg 1996a, S. 287), die erlauben, Makroanalysen mikrotheoretisch zu fundieren und damit in den Rahmen eines akzeptablen Methodologischen Individualismus zu stellen (vgl. dazu Schmid 1996a, S. 56 ff., 82 ff.).

(3) *Darüber hinaus* sollte das gewählte Partialmodell zu einer *einheitlichen Modellierung solcher generativer Mechanismen* beitragen können. Damit ist die Forderung gemeint, daß Modelle von Abstimmungsmechanismen eine endliche Anzahl von Strukturfaktoren vorsehen sollten, deren Variationen sichtbar machen, wie die verschiedenen Mechanismen (empirisch) zusammenhängen[61] und durch die theoretisch kontrollierte Variation von reproduktionswichtigen Faktoren auseinander heraus entwickelt werden können; die genaue Beurteilung des *heuristischen Potentials* der Modellbildung hängt unmittelbar an dieser Möglichkeit[62].

(4) Dieses Potential *schließlich* wird man allerdings nur dann gezielt ausschöpfen können, wenn sowohl die Handlungs- wie die Prozeßmodelle (hinreichend) *formalisiert* werden können (vgl. Suchanek 1994, S. 25 f., 64 ff.)[63]. Jede heuristisch fruchtbare Formalisierung muß dreierlei berücksichtigen: *Zum ersten* müssen die *Variablen* eindeutig bestimmbar und wenn möglich metrisierbar sein, um deren Schwankungsbreite im Blick zu behalten, und *zum zweiten* müssen die *Funktionen*, die diese Variablen verbinden, eine eindeutige Form besitzen, um die theoretischen Ableitungen kontrollieren zu können, die der Forscher überprüfen möchte; und *endlich* sollten Modelle Hinweise auf externe *Parameter* geben, deren nachweisbare Varianz gegebenenfalls in Anspruch ge-

nommen werden kann, wenn die endogen angelegte Überprüfungsarbeit ins Stocken gerät.

Die modellogisch angeleitete Klärung sozialer Mechanismen stellt den Soziologen vor eine *eigenständige theoretische Problematik*, die er nicht unter ausschließlichem Rekurs auf seine (individualistische) Handlungstheorie lösen kann[64]; gleichwohl bestimmt die verwendete Handlungstheorie die *Richtung*, in der er eine Lösung vermuten wird, und *zugleich* deren Erfolg. Ich hoffe, daß einige Beispiele diese These belegen können.

a. Mechanismen in der Parsonsschen Theorie

Parsons war darauf aus, die Gleichgewichtsbedingungen sozialer Interaktionen zu identifizieren (vgl. Parsons 1951, S. 480 ff.). Dabei sah er deutlich, daß seine voluntaristische Handlungstheorie das Problem definiert, das die Akteure miteinander haben können und das darin besteht, daß wechselwirksame Erwartungen nicht ausgebildet oder nicht auf Dauer gestellt werden können (vgl. Parsons 1986, S. 121 f.)[65]. Da Parsons zurecht glaubt, daß der Mechanismus sozialer Integration nicht auf der personalen Ebene zu suchen sei (vgl. Parsons 1951, S. 206)[66], bemühte er sich, den Gleichgewichtsmechanismus auf der Ebene der Interaktionsformen zu lokalisieren und zu diesem Zweck die Eingangs- oder Ausgangskontrolle wechselwirksamer Erwartungsbildung zu identifizieren (vgl. Parsons 1951, Parsons/Bales 1955)[67]. Diese Problemsicht führt allerdings zwangsläufig dort zu Fehleinschätzungen des Erklärungsanspruchs der Parsonsschen Handlungstheorie, wo der Leistungsaustausch der Akteure keiner angebbaren homöostatischen Gleichgewichtskontrolle unterliegt[68]. Dies gilt insbesondere für das System der gesellschaftlichen Differenzierung[69] und in noch höherem Maße für die Parsonssche Analyse der evolutionsträchtigen Vernetzung des europäischen Staatensystems (vgl. Parsons 1972). Zwar versucht Parsons die Bedingungen, unter denen Differenzierungsprozesse gleichgewichtig verlaufen, mit Hilfe einer Kreuztabellierung handlungstheoretischer und system-definitorischer Begriffe herzuleiten, es bleibt aber nicht nur Thomas Fararo unklar (vgl. Fararo 1976), wie und mit welchen kollektiven Konsequenzen dies geschieht und weshalb Parsons alleine auf der Basis begrifflicher Kombinatoriken darauf hofft, daß das dynamisch-historische Wechselspiel gesellschaftlicher Teilfunktionen die von ihm erwünschte Richtung nehmen sollte. Insbesondere wenn man unterstellen darf, daß die funktionale Differenzierung zwischen gesellschaftlichen Subsystemen und Nationen *antagonistisch* verläuft und die beobachtbaren kollektiven Handlungsfolgen *erwartungswidrig* hinter dem Rücken der Akteure wirksam werden, erfordert es einigen theoretischen Mut, sich die Reproduktionsverläufe umfassender Handlungssysteme gleichgewichtsorientiert vorzustellen. Mit anderen Worten: Ich glaube, daß Parsons' Theoriesystem die erste Bedingung nur teilweise erfüllt hat[70] und daß er die zweite deutlich verfehlt. Zudem wird man konstatieren müssen, daß auch die dritte und damit per inclusionem die vierte Bedingung unerfüllt bleibt, da er seinen Versuch, sein Handlungsmodell zu formalisieren, bereits nach wenigen Schritten aufgegeben hat[71].

b. Mechanismen im Interaktionismus

Einen ähnlichen engen Zusammenhang zwischen Handlungstheorie und dem Modell des zentralen Vermittlungsmechanismus finden wir auch im Interaktionismus, der freilich mit seinen eigenen Schwierigkeiten behaftet ist. Autoren wie Turner und vor allem Goffman haben durchweg darauf insistiert, daß die „synchronisierte Koordination menschlicher Handlungen" darauf angelegt sei, ein „gemeinsames Problem" zu lösen (Goffman 1994, S. 59)[72], und sie sind nie davon abgerückt, daß dessen gleichgewichtige Lösung im Gefolge der wechselseitigen Selektion von Handlungsangeboten nicht zuletzt deshalb wenig wahrscheinlich ist[73], weil das erwartbare Scheitern solcher Bemühungen die Akteure zu durchweg unsicheren, folgebelasteten Ausweichbewegungen, Rückzügen und Umwegen zwingt. Offenbar war die daraus abgeleitete Erfahrung lebensweltlicher Instabilität so nachhaltig, daß die Interaktionisten jene Handlungsfolgen und Handlungszusammenhänge, die sich jenseits der kognitiv kontrollierbaren Interaktionen der Akteure lokalisieren lassen, nicht für theoriefähig hielten[74]. D. h., obgleich die Interaktionstheorie wenigstens partiell dazu in der Lage ist, die Abstimmungsprobleme der Akteure zu identifizieren und die Abstimmungsmechanismen als *Interaktionsprozesse* zu kennzeichnen, versagt sie dort, wo die Akteure nicht interagieren, sondern sich in *Interdependenzsituationen* befinden, in denen sie sich weder greifbar beeinflussen noch direkte Macht ausüben können[75]. Zudem bleibt zu beklagen, daß es dem Interaktionismus zwar gelang, die Wechselselektion als *Austausch* bzw. als *Verhandlung* zu charakterisieren und damit einen modellierungsfähigen Mechanismus anzusprechen (vgl. Zimmermann 1978, S. 86, Strauss 1964), indessen legte insbesondere Goffman sein Aktormodell derart vielschichtig an, daß er mehr als eine lose Ansammlung von Beschreibungen „rasch wechselnder Rahmen" (Goffman 1980, S. 606), mit deren Hilfe die Akteure ihrem Handeln eine geregelte „Orientierung" zu verschaffen suchen (vgl. Goffman 1980, S. 33), nicht vorlegen konnte. Infolgedessen wußte der Interaktionismus einen tragfähigen Algorithmus ebensowenig zu entwickeln wie die Ethnomethodologie[76], sodaß nicht wundert, wenn die austauschtheoretische Modellbildung außerhalb des Interaktionismus vorangetrieben werden mußte, wo man bereit war, mit einfacheren Handlungsannahmen zu operieren[77].

c. Mechanismen in der Ethnomethodologie

Wenn man unterstellen darf, daß Garfinkel den Parsonsschen Voluntarismus gegen dessen Neigung, die Subjektivität der Akteure durch vorgeblich objektive Handlungs- und Wertesysteme zu verdinglichen (vgl. Garfinkel 1952, zitiert nach Mitchell 1978, S. 139), verteidigen wollte, dann sollte man folgern dürfen, daß er auch eine Radikalisierung des Abstimmungsproblems befürchtet hat, dem sich die Akteure infolge ihrer interpretatorischen Eigenmächtigkeiten gegenübersehen; das hätte zu der dringlichen Frage führen müssen, vermittels welcher Abstimmungsmechanismen sich die Akteure aus ihrer mißlichen Lage befreien können. Tatsächlich findet sich zwar eine annähernde Darstellung ihrer Problemlage[78], das theoretische Angebot Garfinkels aber beschränkt sich auf eine Auflistung der allgemeinen „underlying patterns", d. h. der „praxeologischen Regeln" (Garfinkel 1967, S. 78)[79] eines „kommunikativen Austausches" (vgl. Mitchell 1978, S. 148 ff.), dessen inhaltliches Ergebnis *kontingent* bleibt (Garfinkel 1967, S. 33). Diese Suche nach universalistischen Voraussetzungen oder „formalen Strukturen" (vgl. Garfinkel/Sacks 1976) kommunikativer Praktiken erschöpft sich in dem erklärungsuntauglichen Nachweis notwendiger Bedingungen für die „creation of meaning" (Mitchell 1978, S. 148), was zur Ausarbeitung eines generativen Mechanismus der Verhaltensabstimmung insoweit unzureichend ist, als die „Gemeinsamkeit von Bedeutungen" den Abstimmungserfolg keinesfalls sicherstellt[80]. Auch der Hinweis, daß stabile Tauschverhältnisse dort entstehen, wo ein Akteur darauf vertrauen darf, daß seine Mitakteure dieselben interpretativen Voraussetzungen machen wie er selbst (vgl. Garfinkel 1962, S. 689 f., Garfinkel 1963, S. 189 ff., Garfinkel 1967,

S. 9), enthält keine brauchbaren Informationen über die Bedingungen dieses glücklichen Umstands[81], sondern gestattet allenfalls funktionalistische Gleichgewichtsanalysen kommunikativer „Aushandlungen", deren Erklärungskraft die der Parsonsschen Modelle nicht übersteigen dürfte[82]. Entsprechend bleibt die Garfinkelsche Gedankenführung auch dann heuristisch fruchtlos[83], wenn man sieht, daß sich eine Reihe von Autoren um eine Weiterführung der Ethnomethodologie bemüht haben (vgl. Turner [ed.], 1974)[84].

d. Mechanismen in Homans' Lerntheorie

Obgleich man das Gegenteil erwarten könnte, gelang es auch der Homansschen Lerntheorie *nicht*, eine fruchtbringende Modellogik für soziale Mechanismen in Gang zu setzen. Zwar ist es möglich, die Lerntheorie zu formalisieren[85], sie leidet aber auch dann an zwei erheblichen Nachteilen, die um so deutlicher hervortreten, je formaler man argumentiert: *Zum einen* sind die Lernmechanismen selbst zu komplex, um eindeutige Verknüpfungen zwischen den Lernbiographien einer Vielzahl von Akteuren und ihrer gemeinsamen Situation herzustellen (vgl. Turner 1974, S. 246 ff., Esser 1996, S. 164); und *zum zweiten* leidet die Homanssche Theorie an derselben Unfähigkeit, Interdependenzsituationen aufzuschlüsseln, wie der Interaktionismus, d. h., es ist nahezu unmöglich, aus solchen Verknüpfungen soziologisch interessante Prozeßeigenschaften und Struktureffekte herzuleiten, die jenseits interaktiver Gruppen sichtbar werden (vgl. Heath 1976, S. 61 ff.). Das gilt insbesondere für die Regeln, die interdependenten Institutionen zugrunde liegen[86]. Um deren Wirkungsweise hinreichend zu verstehen, müßte die Lerntheorie überdies zeigen können, *welche Probleme* die Akteure lösen können, wenn sie sich an Regeln und Normen halten; zu betonen, daß sie dies tun, wenn sie in der Vergangenheit dafür belohnt wurden (vgl. Homans 1972, S. 73), ist entschieden zu wenig, um einen wechselwirksamen Abstimmungs*mechanismus* zu charakterisieren[87]. Ich lese diesen Tatbestand als einen Beleg dafür, daß die Lerntheorie die Abstimmungsdilemmata *nicht* eindeutig identifizieren kann, was erklärt, daß das Homanssche Forschungsprogramm nach anfänglichem Zulauf[88] an Schwung verlor und derzeit nur mehr von historischem Interesse ist.

e. Mechanismen bei Merton

Fruchtbarer scheinen die Erklärungspraktiken zu sein, die sich bei R. K. Merton finden. Merton legt großen Wert auf die Erklärung von *Verteilungsstrukturen*, die sich infolge der aggregierten Handlungsfolgen einer Vielzahl von Akteuren ergeben, die sich angesichts strukturell präformierter Opportunitäten rational entscheiden, welche Mittel sie zur Erreichung ihrer Ziele nutzen wollen. Allerdings hängt die Eleganz seiner Modellbildung deutlich damit zusammen, daß sich Merton nur wenig um die Intransigenzen von Interaktionsprozessen bemühte, sondern seine Aufmerksamkeit fast ausschließlich der *Logik von Interdependenzsituationen* zuwandte (so deutlich bei Merton 1976, S. 31 ff.). Paradigmatisch für dieses Erklärungsinteresse ist Mertons *Anomietheorie* (Merton 1964, S. 131-194, Merton 1964a, Merton 1995, S. 127 ff., Merton 1995a), in der er zeigt, wie Akteure auf die kulturell verbindlich vorgegebene Zielvorstellung, reich und erfolgreich zu sein, mit teils konformen, teils abweichenden Handlungen reagieren; sie tun dies, weil sie sich infolge der beengten Wege zum Erfolg in einem Wettbewerb mit all jenen befinden, die sich dasselbe Ziel gesetzt haben, und weil in dieser Wettbewerbssituation Anreize zu anomischen Verhaltensweisen wenigstens solange bestehen, als die Akteure nicht damit rechnen müssen, bei ihren zweifelhaften Geschäften beobachtet oder gar verfolgt zu werden, und solange sie im Erfolgsfall genügend Mittel besitzen, um sich hernach als ehrenwerte Mitglieder der Gesellschaft zu präsentieren. Kollektives Ergebnis dieses Mechanismus ist ein *spontaner*, nicht geplanter Prozeß, in dessen Verlauf sich eine Verteilung anomischer und normbeachtender Handlungsstrategien ergibt, die die Bedingungen eines evolutionär stabilen Systems erfüllt[89]. Ich denke, daß Mertons „Ansatz" den genannten Bedingungen einer erfolgversprechenden Bearbeitung sozialer Mechanismen wenigstens auszugsweise genügt: Der Anomiebegriff enthält einen deutlichen Hinweis auf die kritischen Abstimmungsprobleme der Akteure, und das Wettbewerbsmodell erlaubt die Handlungsfolgen zu einem benennbaren kollektiven Effekt zu bündeln; das heuristische Potential seines unformalisierten Modells hat Merton indessen nur zögerlich ausgeschöpft (vgl. Merton 1995, S. 155 ff., Merton 1964) und sich darauf beschränkt, dessen Kernidee, die strukturelle Abhängigkeit des Zugangs zu kulturell definierten Zielen, auf ähnlich gelagerte Verteilungsprozesse zu übertragen (vgl. dazu Merton 1995a).

f. Mechanismen in der Strukturtheorie

Auch Blaus Strukturtheorie (Vgl. Blau 1977, Blau 1994) widmet sich der Frage, wie sich die positionale Verteilung der Population auf die Handlungsopportunitäten der Akteure auswirkt, wobei Heterogenität und Ungleichheit die wichtigsten Verteilungsdimensionen darstellen. Dabei wird axiomatisch unterstellt, daß ähnliche Akteure dahin tendieren, sich zu assoziieren, daß ihnen dies ihrer strukturellen Lage wegen allerdings nur mit ganz unterschiedlicher Wahrscheinlichkeit gelingt. Alle Assoziationen verlaufen in Form eines dyadischen Austausches, den die Akteure in der Erwartung eingehen, Gewinne davon zu tragen, sodaß sich ihre Gewinn- oder Lebenschancen danach bemessen, *mit wem* sie – strukturbedingt – in Kontakt treten können. Blau sieht sehr wohl, daß solche Kontakte nicht zur Zufriedenheit der Akteure verlaufen müssen, er ist aber um eine klare Exposition der möglichen *Problemlagen* und Dilemmata *nicht* bemüht, weshalb auch eine eingehende Analyse der „sozialen Mechanismen" (Blau 1994, S. 66), mit deren Hilfe sie ihre Abstimmungsprobleme lösen können, fehlt. Vielmehr beschränkt sich die Strukturanalyse auf den Nachweis, daß sich die Wahrscheinlichkeit, mit der die Akteure in wechselseitige Kontakte treten, als eine Konsequenz ihrer zufälligen Begegnung (vgl. Blau 1994, S. 55 f., 69) und ihrer solitären, ungeregelten Entscheidungen darüber ergibt, Austauschbeziehungen aufzunehmen oder nicht (vgl. Blau 1994, S, 152 ff.), wobei die dazu notwendigen motivationalen Voraussetzungen und Zielsetzungen unbeachtet bleiben bzw. konstant gesetzt werden (vgl. Blau 1974, S. 95 , Blau 1994, S. 16)[90]. Blau weigert sich insistent, diese Annahmen fallen zu lassen, weshalb er die Vielgestaltigkeit individueller Reaktionen auf Struktur- und Umweltveränderungen nicht thematisieren und den zugestandenen Voluntarismus der Akteure (Blau 1994, S. 169) *heuristisch nicht nutzen* kann[91]. Auf die Beantwortung der ergänzenden Frage, wie sich Strukturen aus den intentionalen Handlungen der Akteure ergeben, glaubt die Strukturtheorie verzichten zu können (vgl. Blau 1994, S. 146 ff.), weshalb sie das Aggregationsproblem unbehandelt läßt. Zwar versucht Blau seine Annahmen axiomatisch zu ordnen und ihre logischen Implikationen offenzulegen (so vor allem in Blau 1977), er nutzt diese Axiomatik aber nicht zur systematischen Variation der strukturellen Umstände, unter denen die Akteure ihre dilemmabehafteten Assoziationsformen organisieren, sondern argumentiert insbesondere dort ad hoc, wo sich die Akteure interaktiv erreichen und dazu übergehen, ihr Handeln durch die Akzeptierung von kulturell vermittelten Regeln zu ordnen (vgl. Blau 1994, S. 78 ff.). Seine Strukturtheorie bleibt somit auf das paarweise Zufallsmatching anonymer Mitglieder einer umfangreichen Population beschränkt (Blau 1994, S. 40, 79)[92]. Selbst wenn man Blaus Beteuerung glaubt, nur einen Aspekt makrosozialer Strukturbildung zu bearbeiten, den seine interaktionistischen und kulturdeterministischen Kollegen vernachlässigen (Blau 1994, S. 16), so fällt doch der Dogmatismus ins Auge, mit dem er die These verteidigt, strukturelle Heterogenität und Ungleichheit seien letztlich durch demographische und berufsstrukturelle „Entwicklungen" bedingt (vgl. Blau 1994, S. 173 ff., S. 205). Damit nähert er sich einer Auffassung, die mit den Erfordernissen einer individualistischen Erklärungspraxis nicht länger vereinbar ist (vgl. Blau 1974, S. 11 ff.).

g. Mechanismen in der Rational-Choice-Theorie

Beachtenswert ist auch die Erklärungsstrategie der Rational-Choice-Theorie, deren Erfolg viele überrascht hat[93]. Ich glaube nicht, daß er sich der Tatsache verdankt, daß diese Theorie wahrer wäre als ihre Konkurrentinnen; ihr Falschheitsgehalt ist erkannt und zugestanden (vgl. Kahneman/Tversky/Slovic [eds], 1982, Frank 1992a, Weede 1992, Thaler 1992, Green/Shapiro 1994, Esser 1996)[94]. Wohl aber eignet sie sich in besonderem Maß dazu, „to explicate mechanisms that make individual action *social*" (Hedström/Swedberg 1996, S. 134). Im Gegensatz zu den bisher behandelten Ansätzen *erfüllt sie alle vier genannten Bedingungen*, die bei erfolgreicher Analyse sozialer Mechanismen zu gewährleisten sind: Zum einen kann sie Art und Umfang der zu untersuchenden Abstimmungsprobleme *sehr genau* benennen; es sind die rational agierenden Akteure selbst, die die Probleme schaffen und die mit Hilfe spezifischer Ziel- und Erwartungskombinationen, die die Theorie rationalen Handelns zur Debatte stellt, beschrieben werden können (vgl. Suchanek 1994, S. 121 f.). Diese Problemeingrenzung verdankt sich vor allem den spieltheoretischen Darstellungsmitteln der Rational-Choice-Theorie (vgl. Ullmann-Margalit 1977, Sugden 1986). Zum anderen kann sie Entstehung und Funktionsweise der untersuchten Mechanismen aus dem situativen Rationalverhalten der Akteure erklären, indem sie ein rekursives Mikro-Makro-Modell anbietet, das es erlaubt, *verschiedenartige Mechanismen* zu unterscheiden[95]; das Gleiche gilt für die dritte Bedingung, wonach man sichtbar machen können muß, wie durch die systematische Varianz der mechanismusspezifischen Bezugsgrößen oder Variablen verschiedenartige Mechanismen auseinander heraus entwickelt werden können (vgl. auch hier Hernes 1995, auch Bicchieri 1993). Daß die Rational-Choice-Theorie eine Formalisierung ihrer Modelle leistet, dürfte unzweifelhaft sein[96].

Als ein mittlerweile vielzitiertes Beispiel möchte ich Mark Granovetters *Schwellenwertmodell* (vgl. Granovetter 1978) anführen, demzufolge sich die Wahrscheinlichkeit einer kollektiven Bewegung, einer Rebellion oder eines Aufstandes aus der durchaus wechselhaften Verteilung der Motivationsstärke der potentiellen Beteiligten erklärt. Das *Problem* besteht für sie in der Unsicherheit, ob andere sich an dem kollektiven Versuch, die soziale Situation zu verändern, beteiligen und mit welchen Sanktionen sie rechnen müssen, wenn die Beteiligung zu gering ist, um Erfolg zu haben. Der soziale Mechanismus, der die Aktionen der Akteure miteinander *verbindet*, sieht keine Absprachen vor, sondern beschränkt sich auf den Tatbestand, daß sich die Beteiligungsbereitschaft eines jeden einzelnen nach der Anzahl jener richtet, die sich ersichtlicherweise der Bewegung bereits angeschlossen haben. Die „Unternehmer" solcher Bewegungen werden bereit sein, sich zu exponieren, ohne daß andere oder doch nur wenige sich beteiligen; während weitere Akteure mit einem höheren Schwellenwert erst dann dazu stoßen wollen, wenn sich eine entscheidungskritische Anzahl von Mitakteuren erkennbar zur Beteiligung entschlossen hat. Vor diesem Hintergrund lassen sich mehrere Extremfälle modellieren:

1) Wenn die Gesamtpopulation durchweg aus Akteuren mit einem Schwellenwert von 1 besteht[97], so wird sich gleichwohl keine kollektive Aktion einstellen, wenn nicht zumindest ein Unternehmer mit dem Schwellenwert von Null die Initiative übernimmt;

2) andererseits kann es zu einer „Kettenreaktion" kommen, wenn einer anfängt sich zu exponieren und es zumindest jeweils einen Akteur in der Population gibt, der bei der jeweiligen Zahl von bis dahin aktiven Mitakteuren einzusteigen bereit ist;

3) teilt sich die Population in eine Minderheit von Akteuren mit hohem und eine Mehrheit mit niedrigem Schwellenwert, dann entsteht eine radikale Minderheit, der es nicht gelingen will, „das Volk zu mobilisieren". Verhält es sich umgekehrt, dann gerät die Minderheit mit hohem Schwellenwert in die Rolle der Zauderer oder Reaktionäre, die in den Augen der aktiven Mehrheit die „Zeichen der Zeit nicht verstehen" usf.

Diese Modellbildung folgt einem einfachen, leicht *formalisierbaren Algorithmus*; sie hat den Vorteil, überkommene theoretische Vorstellungen über die Prozesse kollektiven Handelns zu konkretisieren und damit zu verbessern[98]; überdies ist sie *heuristisch ausbaufähig*: So kann man daran gehen, Absprachen zwischen den Akteuren zuzulassen (Taylor 1987, Coleman 1990, S. 492 ff., Hechter 1990) oder deren gemeinsame Gruppenzugehörigkeit (Granovetter/Soong 1988), die Interventionswirkungen externer Kontrolleure in das Modell einzubauen (vgl. Skocpol 1979, Goldstone 1989, Lindenberg 1989) und überdies die Beteiligungskosten näher zu spezifizieren (vgl. Marwell/Oliver 1993) oder die Anreizwirkungen solcher Bewegungen auf Trittbrettfahrer miteinbeziehen (vgl. Sandler 1992) und vieles mehr. Und nicht zuletzt eignet sich diese Art des Vorgehens, wenn nicht zur Prognose, so doch zur empirisch kontrollierten Rekonstruktion historischer Prozeßverläufe (vgl. Prosch/Abraham 1991, Opp 1991, Hirschman 1992).

Ein weiteres Beispiel dieses rationalistischen Modellierungserfolgs sozialer Mechanismen geben Cohen, March und Olsen (vgl. Cohen/March/Olsen 1972, S. 1–25, March/Olsen 1976, March/Olsen 1989). Für eine kurze Synopse vgl. Neuberger 1995, S. 183 f.). Diese Autoren modellieren das kollektive Entscheidungsverhalten in Organisationen vor dem Hintergrund einer *einfachen* rationalen Entscheidungstheorie, geben aber die Voraussetzung auf, daß die Akteure über problemlos geordnete Präferenzen verfügen, eindeutige Zweck-Mittel-Relationen vor Augen haben und zu allen entscheidungsrelevanten Entscheidungsgremien Zugang besitzen. Damit entsteht für die Organisation, die unter diesen Bedingungen entscheiden muß, ein deutlich konturiertes *Problem*, das die Autoren als „organisierte Anarchie" beschreiben (Cohen/March/Olsen 1972, S. 1). D. h., selbst wenn man die Anzahl der Entscheider, die Menge der Entscheidungsanlässe und der dort getroffenen Entscheidungen ebenso konstant hält wie den Umfang der zu lösenden Probleme und den Aufwand an Zeit und Energie, den eine erfolgreiche Problemlösung erfordert, ergeben sich als *kollektive Konsequenz* eines derart gestalteten *Entscheidungsverlaufs, der die verschiedenen Handlungen zusammenführt*[99], immer wieder unerwünschte und aversive Folgen: Entscheidungsprozesse finden keinen Abschluß oder sie haben keine erkennbaren Konsequenzen für die Bearbeitung von Folgeproblemen; Entscheidungssituationen werden genutzt, um Entscheidungen zu fällen, an denen niemand interessiert ist, Probleme bleiben latent, weil es keine Entscheidungssituationen gibt, in denen sie behandelt werden könnten, oder die Entscheider finden nicht die erforderliche Zeit, um sie zu lösen, weil die Probleme zu schwierig sind, oder Entscheidungen werden erst dann gefällt, wenn sich das dazu gehörige Problem erledigt hat. Dieses Modell „irrationaler Entscheidung" erlaubt derartige hintersinnige kollektive Handlungseffekte abzuleiten, weil es einen (simulationsfähigen) *Formalismus* besitzt; es verfügt zudem über eine reichhaltige *Heuristik*[100], die seinen Anwendungsbereich absteckt; dabei korrigiert es mit Nachdruck die überkommene organisatorische Entscheidungstheorie, die von der fiktiven Gleichsetzung individueller und kollektiver Rationalität ausgehen wollte[101]; infolge seiner Vielschichtigkeit eignet es sich allerdings nur bedingt zur Prognose strukturgenetischer, kollektiver „Konstellationseffekte" (Mayntz 1996, S. 150), kann aber unter weniger komplexen Umständen wenigstens eine halbwegs kontrollierte Krisenintervention anleiten (vgl. Cohen/March/Olsen 1972, S. 17).

IV. Statt einer Zusammenfassung

Ich glaube folgendes gezeigt zu haben:

1. Die Soziologie tut sich keinen Gefallen, wenn sie auf eine *integrale Theoriebildung* verzichtet und sich der Illusion hingibt, die durchaus berechtigten Kritiken an benachbarten Modellversuchen ließen sich als Beleg für den Anspruch des jeweiligen Kritikers verwenden, im Besitz eines eigenständigen Paradigmas zu sein. Wissenschaftstheoretisch ist diese Auffassung haltlos. Alle soziologischen Theorieangebote behandeln nur *Teile eines übergreifenden, entscheidungstheoretischen Theoriegebäudes*, das jedes individuelle Handeln als *Wahlhandeln* konzipiert, wobei der Akzent der theoretischen Überlegungen auch auf den Grenzen oder Voraussetzungen von Wahlen liegen kann[102].

2. Die Begrenztheiten der jeweiligen Erklärungsansprüche werden insbesondere dann sichtbar, wenn man die theoretische Aufgabenstellung in Teilaufgaben zerlegt und sich klar macht, daß nicht die Erklärung individuellen Handelns im Zentrum der theoretischen Bemühungen des Fachs steht, sondern die Klärung der Frage, wie und mit welchen Folgen es

voluntaristischen Akteuren gelingt, ihre *dilemmabefrachteten Abstimmungsprobleme* zu lösen.

3. Theoretische Klarheit in dieser Frage und damit die Chance, den unfruchtbaren „Streit der Schulen" zu beenden, gewinnt man in dem Umfang, in dem es gelingt, *formale Modelle von Abstimmungsmechanismen* zu entwickeln, die eine Bestimmung jener kollektiven Effekte erlauben, von deren Auftreten oder Ausbleiben der Bestand der *Beziehungsform* abhängt, die man anhand solcher Mechanismen *klassifizieren* kann. Aussagen darüber, unter welchen Bedingungen sich diese Beziehungsformen *reproduzieren*, sind auch dann empirisch prüfbar, wenn die verwendeten Modelle einen Teil der Bestimmungsfaktoren parametrisieren und damit benachbarten Partialmodellen zur Bearbeitung überlassen (müssen).

4. *Alle* handlungstheoretischen Teilanalysen können einen Beitrag bei der Modellierung von Abstimmungsmechanismen leisten, sofern sie die genannten vier Bedingungen erfüllen. Da sie dies nicht in allen Fällen tun, wird eine abschließende Beurteilung des Modellierungserfolgs nicht immer möglich sein. Dies bedeutet insbesondere, daß man nicht übersehen darf, daß Interdependenzmodelle dazu neigen, die kognitiven, emotionalen und motivationalen Mikroprozesse interaktionistischen Theorien zu überlassen, die mit erheblich mehr Kontingenzen zu kämpfen haben und deren Modellbildung entsprechend nachrüstungsbedürftig ist. Gerade die von mir als erfolgreich bezeichnete Rational-Choice-Theorien und die Mertonschen Struktursoziologie ragen deshalb heraus, weil sie sich die Fiktion einer Mehrzahl unabhängig entscheidender, solitärer Akteure leisten bzw. mit entsprechend einfach modellierbaren „Kontaktmustern" arbeiten können, ohne an Erklärungskraft zu verlieren[103].

5. Erfolgreiche Modellbildung sollte zu den folgenden wissenschaftstheoretischen Einsichten führen:
a. Es gibt *keine* Kausalzusammenhänge zwischen Verteilungsstrukturen und deren Merkmalen (Coleman 1990, S. 1 ff.) und damit a fortiori keine „Gesetze strukturellen Wandels", die auf eine *Mikrofundierung* durch individuelles Handeln verzichten können (vgl. Boudon 1986); mehr als „empirische Regelmäßigkeiten" können auf der Strukturebene nicht identifiziert werden, die sich erwartbarerweise dann aufzulösen beginnen, wenn eine Mindestanzahl von Akteuren sich umzuorientieren beginnt.
b. Das ist ein deutlicher Hinweis darauf, daß *nomologische Prozesse*

nur auf der Ebene der einzelnen Akteure zu lokalisieren sind; ausschließlich Akteure sind der Träger *motivationaler Energie* und ohne ihr intentionales, zielgerichtetes Handeln können soziale Dynamiken weder in Gang kommen noch verändert werden (vgl. Schmid 1996a, S. 60 f.)[104]. Das gilt auch dann, wenn man zugesteht, daß dieses Handeln durch die Mitwirkung anderer Akteure und die daraus resultierenden kollektiven Handlungsfolgen *beeinflußt* wird. Im Rahmen einer Handlungserklärung muß es hinreichen, diese Tatbestände als strukturelle Begebenheiten zu *beschreiben* und als *Parameter* individueller Handlungsfunktionen zu berücksichtigen (Stichcombe 1993, S. 39).

c. Die im Zentrum der Forschung stehenden *sozialen Abstimmungsmechanismen*, deren Dringlichkeit ich verteidige, sind für die Kausalanalyse des menschlichen Handelns folglich nur insoweit relevant, als sie dazu beitragen, die prozessualen und verteilungsstrukturellen *Voraussetzungen* und *Einschränkungen* zu benennen, die sich in den Augen der Akteure als entscheidungsbestimmende Anreize oder Restriktionen auswirken[105]. Die kollektive Folgen systematisch verbundener Einzelentscheidungen tragen sodann *rekursiv* (vgl. u.a Turner 1988, Fararo 1989, S. 48, Schmid 1995) dazu bei, die betreffenden Abstimmungsverfahren zu verfestigen oder zu destabilisieren, indem sie die weitere Handlungssituation der Akteure verändern oder zementieren (vgl. Giesen/Junge 1995). *Gesetzeswissen* verkörpert sich in diesen Mechanismen auch dann *nicht*, wenn nichts dagegen spricht, sie wegen ihrer Restriktionswirkungen als „Kausalmechanismen" zu bezeichnen (vgl. Elster 1989, S. 4 ff., Mayntz 1988, Mayntz 1995, Mayntz 1996, S. 150, Hedström/Swedberg 1996a, S. 287 f.)[106].

d. Man darf es der direkten Konkurrenz der verschiedenen partiellen Handlungstheorien überlassen, welche von ihnen ein theoretisch fruchtbares Licht auf jene Mechanismen wirft. In welchem genauen Verhältnis sie untereinander stehen, kann angesichts dessen als zweitrangig gelten. Vielleicht erklärt diese Zweitrangigkeit auch, weshalb der ehemals großflächig angelegte Theorienvergleich versandet und ohne bleibende Wirkung für die Entwicklung der theoretischen Sozialwissenschaft geblieben ist[107].

Anmerkungen

1 Campbell (1996) kritisiert zurecht den Versuch, dies nicht so zu sehen.
2 Ich folge hier einer Fragestellung, die Giesen (1987) aufgeworfen hat. Ritzer (1990, S. 360) hält das Verhältnis von Mikro- und Makroebene deshalb für „dialektisch".
3 Führt man die Systematisierung zu Ende, dann muß der Akteur auch Entscheidungen bezüglich der Regeln fällen, denen er folgen möchte.
4 Vgl. zur Geschichte und Systematik dieser Diskussion Turner 1978.
5 Leiter (1980, S. 191) verkündet apodiktisch: „Norms, motives, and rules do not have causal status".
6 Parsons hat diesen Einwand im Nachtrag akzeptiert, vgl. Parsons 1953, S. 31–62.
7 „Aushandlung" erweckt die fehlerhafte Assoziation als verdanke sich die Stabilität der Handlungsbeziehungen einem freiwilligen, konsensgeleiteten Prozeß; das muß nicht so sein. Die Selektivität eines reaktiven Handelns kann auch machtabhängig und unfreiwillig verlaufen.
8 In der Begründung dieses Theorems lag m. E. die Bedeutung, die Mead für alle seine Nachfolger gewann, vgl. Mead 1973. Die kommunikationstheoretische Verlängerung dieser Basisthese verdankt sich selbstverständlich auch anderen Quellen, die insbesondere in der Konversationsanalyse zusammenflossen; paradigmatisch sind die Forschungen von Schegloff.
9 D. h., die Rational-Choice-Theorie ist nicht die einzige, die von der Rationalität der Akteure überzeugt ist und ein entsprechendes Theorem zu Grundlage aller Handlungserklärungen macht, vgl. zur Rationalität des interaktionistischen Akteurs Blumer 1969, S. 64; Boden 1990, S. 197 ff.; auch Schütz konzipiert den Akteur als einen rationalen Handelnden, vgl. Schütz 1971, S. 27 ff., und die Ethnomethodologie lehnt sich daran an, vgl. Garfinkel 1967, S. 263 ff., was allerdings in den Augen Colemans (1968, S. 126) nur zu einem „sterilen" Theorieprogramm geführt hat.
10 Merton hat sehr griffig von „der perversen Logik des Sozialen" gesprochen, vgl. Merton 1995, S. 401.
11 So etwa Mertons Forschungen zur „relativen Deprivation", vgl. Merton 1995, S. 217 ff.
12 Diese Muster wollte Merton einer funktionalen Analyse unterziehen, vgl. Merton 1995, S. 95 ff.
13 Hedström/Swedberg (1996, S. 139 ff.) vereinnahmen Merton als Gründervater der Rational-Choice-Theorie.
14 Merton bekennt sich unumschränkt dazu, Coleman den richtigen theoretischen Weg gewiesen zu haben, vgl. Merton 1996.
15 Fararo (1996 S. 280) hebt hervor, daß auch Coleman sich der Gleichgewichtsanalyse bedient, diese aber in der Tat zur Behandlung des Problems einsetzt, wie die Akteure ihr Handeln koordinieren.
16 Hilfeleistung erhielt Coleman auch von Mitstreitern wie etwa Lindenberg 1985, S. 100 ff.
17 Unter ganz anderen Gesichtspunkten, als sie mir wichtig sind, hat Alexander 1982

die Verlaufsgeschichte der Parsons-Kritik beschrieben; näher an meinem Thema liegt Turner 1988, für den die Parsonssche Theorie zutreffenderweise nur ein Abschnitt einer sehr viel umfänglicheren Theoriegeschichte darstellt.
18 Natürlich kritisieren sich der Vertreter der verschiedenen Lager auch untereinander.
19 Vgl. auch Schmid 1993, wo ich zeige, daß Homans' Vorbehalte zu Unrecht bestanden.
20 Man vgl. Giddens' (1988, S. 250 ff.) Rekonstruktion der Theorie Goffmans, besonders die Darstellung der Goffmanschen Auffassung über den Zusammenhang zwischen Mikro-Kontexten und makro-strukturellen Merkmalen (Giddens 1988, S. 270 ff.).
21 Sie hat mittlerweile darauf reagiert, vgl. Lindenberg 1990, Esser 1991, Esser 1996a.
22 Vgl. Turner (1988, S. 192), wo der Autor für die Einbeziehung von „macrostructural dynamics" ein anderes Analysenniveau verlangt als für die Bearbeitung von „micro settings".
23 Das hat ihm auch Kritik aus dem eigenen Lager eingetragen, vgl. Cook 1990.
24 Eine Annäherung der Standpunkte findet sich bei Lindenberg 1990, S. 249 ff.
25 Der sogenannte „Neofunktionalismus" hat die Unübersichtlichkeit der Diskussionslage dazu genutzt, einen eigenständigen Theorieanspruch zu formulieren, den ich hier nicht diskutieren kann, vgl. dazu Colomy 1992.
26 Vgl. zu dieser Problemsicht Schmid 1996; fundamentalistische Ansprüche verschiedenartiger Theorieprogramme diskutiert auch Waters 1994.
27 Vgl. zur Problemdefinition Bohman 1994, S. 4
28 Nur wenige Stimmen erhoben sich gegen diese „multiple Paradigmatase" (Luhmann 1981, S. 50); Coleman (1992, S. 119) legt Wert auf die Feststellung, daß es selbstverständlich nur *eine* Sozialtheorie geben könne. Wallace (1969) vertritt mit zurückhaltenden Erfolgshoffnungen das Ideal einer „single general theory"; Ritzer hat seine Auffassung mittlerweile geändert und macht sich für eine einheitliche Theoriebildung stark, vgl. Ritzer 1991.
29 Nach Auffassung einiger Entscheidungstheoretiker ist eine solche Ergänzung dringend geboten, vgl. Herrnstein 1982, Mueller 1986.
30 Insoweit kann man Homans mit in die Debatte einbeziehen, wenngleich Lernprozesse unberücksichtigt bleiben können, solange unter der Annahme theoretisiert wird, daß Ziele und Erwartungen konstant bleiben; daß damit nicht unter allen Umständen zu rechnen ist, hat die Diskussion gezeigt, die im Anschluß an Stigler/Becher (1977) geführt wurde, vgl. für die angemeldeten Revisionswünsche Lindenberg 1996 und Hechter/Nadel/Michod (eds), 1993.
31 Diese These vertritt auch Ritzer 1991, S. 249 f. und passim; leider verfügt dieser Autor über keine Theorie intertheoretischer Relationen, die einen logischen Vergleich zwischen verschiedenen Theorieangeboten zuließe, vgl. dazu Schmid 1996, S. 233 ff., S. 265 ff.
32 Damit entfällt die Möglichkeit, den „historischen Charakter" von Falsifikationen (vgl. Lakatos 1970, S. 120) zur seriellen Ordnung von Theorien zu verwenden und von einem zeitlich eindeutigen Fortschreiten der soziologischen Theoriebildung

zu sprechen; das hat die Wissenschaftsphilosophie immer verwirrt und etwa Kuhn dazu veranlaßt, den Sozialwissenschaften allenfalls einen „präparadigmatischen Charakter" zu testieren (vgl. Kuhn 1967, S. 10 f.), bzw. Lakatos dazu gebracht, die sozialwissenschaftliche Theoriebildung als „Flickerlteppich" bzw. als „unterentwickelt" zu bezeichnen (vgl. Lakatos 1970, S. 176, 93).

33 Damit ist in der Regel die Konstantsetzung eines Faktors gemeint, was darauf hinausläuft, ihm den numerischen Wert 1 zuzuordnen; daneben können auch Null- und Unendlichkeitswerte Verwendung finden. Man muß aber sehen, daß die faktualisierende Theorie zugleich nicht erlaubt, solche Limesoperationen mit der theoretischen Vernachlässigung des betreffenden Faktors gleichzusetzen. Man darf nur aus praktischen Gründen von seinen Kausalwirkungen absehen.

34 Man verzeihe diese Mischung zweier einschlägiger Titel, vgl. Brittan 1978 und Hirtzler 1989.

35 Blau hatte die unterschiedliche „salience" von Strukturen zugestanden, aber daraus keine Folgerungen für eine Vervollständigung seiner Erklärungsargumente gezogen, vgl. Blau 1977, S. 329 ff.

36 So der Subtitel von Blau 1977.

37 Das gleiche gilt für Interaktionen und Kommunikationen, in denen die Merkmale der sozialen Beziehungen zwischen den Akteuren ihren „Ausdruck" finden, vgl. Blau 1976, S. 221.

38 Zur Rekonstruktion der Weberschen Idealtypen vgl. Schmid 1994.

39 Wobei dann in der Tat sich ergibt, daß Rollenanpassung mit Hilfe eines Prozesses modelliert wird, bei dem die Entscheidungsfreiheit der Akteure minimiert ist (vgl. Parsons/Bales 1955). Parsons verteidigt die Verwendung solcher „theoretical assumptions" durchweg mit den selben methodologischen Argumenten wie seine Gegner den Sinn ihrer Modelle, vgl. Parsons 1951, S. 480 ff.

40 Mittlerweile hat die Rational-Choice-Theorie eine „endogene" Erklärung der Normentstehung vorgelegt, die aber unzulänglich geblieben ist, vgl. dazu Schmid 1996.

41 Vgl. als „locus classicus" dieser Auffassung Becker/Stigler 1977. In der Konsistenz der Präferenzen und in der Invarianz von Bewertungsmaßstäben sieht auch Suchanek (1994, S. 108 ff.) die Eigenart des „ökonomischen Ansatzes", der Verhaltensvarianzen ausschließlich aus der Veränderungen von situativen Restriktionen erklärt; daß auch andere Handlungsmaximen möglich sind, gesteht der Autor zu; natürlich wird die These von der Unveränderlichkeit der Präferenzen auch innerhalb des ökonomischen Lagers kritisiert, vgl. Lindenberg 1996, Kunz 1996.

42 Eine an Lakatos' Methodologie der Forschungsprogramme und an Poppers Situationslogik geschulte Auffassung neigt freilich dazu, die Notwendigkeit einer empirischen Kritik des dabei unterlegten Rationalprinzips individuellen Handelns als gering einzustufen und den Verdacht, damit einem Instrumentalismus Vorschub zu leisten, zurückzuweisen, vgl. Suchanek 1994.

43 Mit methodologisch ganz unzulässigen Mitteln versucht dies der sogenannte Neofunktionalismus, vgl. zur Kritik der dabei unterlegten Wissenschaftstheorie Schmid 1996a, S. 307 ff. Kollmorgen (1996, S. 323) hält eine derartige Integration

für unmöglich, legt für diese Auffassung allerdings, soweit ich sehe, keine Argumente vor.

44 Vertreter dieser Faktualisierungsmethode haben zurecht darauf verwiesen, daß sich die Art des Zusammenhangs ändern kann, wenn man Zusatzfaktoren in die betreffenden Modellgleichungen einfügt (bzw. bestimmte Faktoren konstant setzt oder gar parametrisiert), vgl. Krajewski 1977, S. 50.

45 Neuerdings hat Kunz (1996) dafür argumentiert, daß die Verbesserungsbedürftigkeit der Handlungstheorie kein Anlaß für eine instrumentalistische Deutung von Theorien darstellt.

46 Zur jüngsten Debatte um die Falsifizierbarkeit der Rational-Choice-Theorie vgl. Smelser 1992, Farmer 1992, Hernes 1992; die Nichtfalsifizierbarkeit der Parsonsschen Theorie behauptet Schütte 1971; die entsprechenden Argumente gegen das Homanssche Programm hat vor geraumer Zeit Glück 1979 zusammengetragen, ähnliche Einwände gegen die Ethnomethodologie hat Gellner 1979, S. 41 ff., formuliert. Die Theorien von Merton und Blau sind meines Wissens nicht als unfalsifizierbar eingestuft worden.

47 Ich vermute, daß sich der gesuchte Makrozusammenhang für diese verschiedenen „Entitäten" jeweils unterschiedlich kennzeichnen läßt, muß indessen aus Platzgründen auf eine genauere Differenzierung der Problemlage verzichten; einen Überblick über neuere Forschungen gibt Kontopoulos 1993. Wichtig ist nur, daß sich die Auswahl der Partialtheorie nach den Bedingungen der Mikrofundierung der relevanten Strukturprobleme zu richten hat und nicht nach den Erfordernissen „einer für sich selbst betrachteten Mikrotheorie" (Zintl 1989, S. 57).

48 Auf der Einfachheit bestehen auch Friedman/Hechter 1990; einen anderen Kriterienkatalog (Allgemeinheit, hohe Systematisierungsleistung und Einfachheit) diskutiert Suchanek 1994, S. 59 ff.

49 Die meisten Handlungstheorien scheitern bereits an dieser Stelle, weil es ihnen nicht gelingt, eine solche Handlungsfunktion eindeutig zu bestimmen, geschweige denn – wie noch zu fordern ist –, deren formale Merkmale festzulegen. Besonders mißlich ist es, diesen Mangel mit wissenschaftstheoretischen Argumenten zu beschönigen. Ich erspare mir die Zitation einschlägiger Werke.

50 In der Sprache Colemans geht es um die „Analyse sozialer Organisation" und d. h. um die Systemeigenarten der „Interdependenzen", die zwischen Akteuren bestehen, vgl. Coleman 1990, S. 9, 25 ff.

51 Man muß zugestehen, daß wenig Arbeit in die Spezifikation dieses Verhältnisses investiert worden ist; Ritzer 1990, S. 152 f., beschränkt sich auf die Benennung des Problems, Esser (1993) argumentiert analytisch schärfer, wenn er mit Coleman drei verschiedene Bereiche des Mikro-Macro-Links anführt, sieht aber auch die Präzisierungsbedürftigkeit der Verbindungen (vgl. Esser 1996). Einen kurzen Überblick über die Problemlage geben Alexander/Giesen 1987.

52 Als „abschreckendes" Beispiel mag die psychoanalytische Handlungstheorie genannt werden, deren Komplexität zu keiner Makrotheorie geführt hat, die über eine simple Aggregierung individueller Merkmale hinausgelangt; aus der Tatsache, daß der zweite Weltkrieg einer ansehnlichen Reihe von Vätern das Leben gekostet hat, wird auf diesem Wege eine „vaterlose Gesellschaft". Sofern die

Psychoanalyse aber an die Entscheidungstheorie anschließen kann (vgl. dazu Schülein, in diesem Band), steht ihr der Weg zu einer Makrotheorie offen, den ich in der vorliegenden Arbeit zeichne.

53 Vor dem Hintergrund dieser Frage gesehen, ist es mißlich, wenn die Theoriebildung „soziales Handeln" zur Grundkategorie erklärt, vgl. Campbell 1996.

54 Bei der Lösung dieser Frage hat z. B. die ethnomethodologische Konversationstheorie einen besseren Stand als die Lerntheorie; man darf zugleich aber nicht die funktionalistischen Nebentöne überhören, vgl. Zimmermann/Pollner 1976, S. 68. Ebenso dürfte die Interaktionstheorie Goffmans das Handeln der Akteure besser als Abstimmungsproblem rekonstruieren als etwa eine „reine" Strukturtheorie. Theorievergleiche, die genauen Aufschluß über diese Frage geben können, liegen m. W. nicht vor.

55 Ich habe diesen Problemkatalog immer wieder zu popularisieren versucht; er geht auf Ullmann-Margalit (1977) zurück; ähnliche Vorschläge finden sich bei Sugden 1986, Fiske 1994.

56 Verfolgt man den übergeordneten Gesichtspunkt, daß alle Abstimmungsprobleme aus der Unsicherheit darüber resultieren, wie sich die anderen verhalten werden und welche kollektiven Folgen für die eigenen Belange von Wichtigkeit sind (vgl. etwa Bicchieri 1993, Beckert 1996), dann lösen sich die eigenständigen Konturen dieser Interdependenzdilemmata bedauerlicherweise auf.

57 Vgl. paradigmatisch Hechter 1990; in dieser Frage muß die Rational-Choice-Theorie keinen besonderen Vorteil gegenüber alternativen Ansätzen haben, die die Intentionalität der Akteure desgleichen akzeptieren.

58 Die Vorarbeiten von Schütz, Thomas, Luckmann und Goffman sichtet in kurzem Überblick Sofsky 1981; einen Klärungsversuch aus der Sicht der Rational-Choice-Theorie unternimmt Esser 1996a. Vgl. überdies Mayntz/Nedelmann (1987) für eine verallgemeinerte Kennzeichnung der „zirkulären Kausalität" sozialer Mechanismen.

59 Vgl. Beckert (1996), der in der Unsicherheit des Handelns die gemeinsame Klammer ökonomischer und soziologischer Forschungen sieht; daß der Modelltheoretiker mehr sieht als seine Probanden, sollte allerdings zur Voraussetzung seiner Arbeit werden.

60 Mechanismen behandeln demnach sog. „Kompositionseffekte" und deren aversiven Selektionswirkungen, vgl. Boudon 1977, S. 231 ff., bzw. sog. „Konstellationseffekte" (Mayntz 1996, S, 150); oder genauer: zum einen das Aggregierungsproblem (Esser 1993, S. 96 ff.), das darin besteht, die (empirischen) Handlungsregeln festzulegen, die „individuelle" in „kollektive Effekte" transformieren, vgl. zu dieser Themenstellung Lindenberg 1977, und zum anderen die „sozialen Rückwirkungen unseres Handelns" (Popper 1966, S. 96); diese Rückwirkungen sind weder in allen Fällen „unbeabsichtigt" (wie Popper meint), noch durch die „Situationslogik" aus der Sicht der Akteure hinreichend beschrieben, wie Esser vorschlägt (Esser 1993, S. 94, Esser 1996a). Was mir vorschwebt, ist in der Synopse entsprechender Forschungen gut repräsentiert, die Mayntz/Nedelmann (1987) vorgelegt haben.

61 Dieser Forderung kommt die derzeitige soziologische Theorie nur bedingt nach,

vgl. Mayntz 1996, S. 150. Daß es sinnvoll ist, „über das Zusammenspiel verschiedener Prozesse, verschiedener Mechanismen und Konstellationseffekte allgemeine Aussagen zu machen" (Mayntz 1996, S. 150), ist natürlich unbestritten, aber erst möglich, nachdem die Mechanismen vorweg getrennt analysiert wurden. Daß man sich dabei auf gegenwirksame Mechanismen gefaßt machen muß, zeigt Kuran 1998.

62 Auf die Bedeutsamkeit von „positiven Heuristiken" zur kontrollierten Veränderung von Modellen hat vor geraumer Zeit bereits Imre Lakatos aufmerksam gemacht, vgl. Lakatos 1970, S. 135 ff.; ähnlich Hesse 1966 und Turner 1967, S. 245 ff. Fararo (1989, S. 42) vertritt dieselbe Position und merkt (S. 64) an, daß Modellobjekte und Idealisierungen dem Soziologen bedauerlicherweise noch nicht zur zweiten Natur geworden sind.

63 Diese Forderung ist immer wieder und immer vergeblich erhoben worden, vgl. Rapoport 1959, Mayntz 1967, Boudon 1972, Hummell 1972.

64 Ich habe diese These bereits mehrfach gegen die reduktionistischen Implikationen der Popperschen Situationslogik verteidigt, vgl. Schmid 1996a, S. 211 ff.

65 Gelegentlich beschreibt Parsons dieses Problem als „Problem der Ordnung" (vgl. Parsons 1968[3], S. 90). Dieses Problem läßt sich als Gefangenendilemma verstehen und in Einklang mit dem oben angeführten „Kooperationsdilemma" bringen. Parsons hat andere Problemtypen nicht systematisch unterschieden, behandelt aber selbstverständlich vor allem auch das Ungleichheitsproblem, vgl. Parsons 1964, S. 180 ff., 206 ff.

66 Die persönlichkeitsabhängigen Mechanismen wollte Parsons konstant halten; vgl. Parsons 1951, S. 204.

67 „Sozialisation" und „soziale Kontrolle" sind die Leitbegriffe dieser Theorie des interaktiven Gleichgewichts.

68 An dieser Stelle zweigt die systemtheoretische Kritik an Parsons' Gleichgewichtsmodellierungen ab (vgl. Buckley 1967). Allerdings tut sich diese Tradition mit der handlungstheoretischen Mikrofundierung ihres Forschungsprogramms schwer, obgleich Buckley zumindest deren Notwendigkeit zugesteht (Buckley 1978, S. 287) und die Bedeutsamkeit einer Theorie rationalen Handelns sieht (Buckley 1978, S. 284); die Hoffnung, die Handlungstheorie könne als Kommunikationstheorie reformuliert und als solche zur Analyse morphogenetischer Prozesse herangezogen werden, hat sich deshalb nur schwerlich erfüllt, weil sich nicht alle Handlungsabstimmungsprobleme durch Kommunikation lösen lassen und sich überdies die Art solcher Abstimmungsschwierigkeiten nicht erschöpfend als Kommunikationsstörungen beschreiben läßt. Ebendeshalb scheiterten die Luhmannschen wie die Habermasschen Theoriebemühungen; Habermas verengt die Problematik der Verhaltensabstimmung auf Diskurse, und die Luhmannsche Kommunikationstheorie verdeckt mit ihrer insistenten Suche nach sinnhaften Latenzen den theoretisch relevanten Tatbestand nicht-intendierter Handlungsfolgen.

69 Ich habe diesen Punkt an anderer Stelle kritisiert, vgl. Schmid 1989, S. 153 ff.

70 Die Parsonsanhänger haben dies immer vermutet, wenn sie die Unverbundenheit seiner Aktor- und seiner Systemtheorie beklagten, vgl. Scott 1963.

71 Vgl. Parsons 1968³, S. 77–82, wo er lineare Gleichungssysteme zur Beschreibung verschiedenartiger Handlungstheorien angibt.
72 An anderer Stelle betont Goffman (1971a, S. 34) das Recht der Akteure, vor „sozialen Demütigungen" bewahrt zu sein; er scheint aber nicht zu bemerken, daß es sich im einen Fall um ein Koordinationsproblem, im anderen um die Auswüchse des Kooperationsproblems handelt. Entsprechend bleibt unklar, welche Mechanismen welche Probleme entschärfen.
73 Damit haben sie gegen den methodologischen Funktionalismus Parsons' protestiert, der von der Annahme ausgehen wollte, daß die Stabilitätsbedingungen von Interaktionssystemen unproblematisch sind, vgl. Parsons 1951, S. 205, 481 f.
74 Die Ethnomethodologie vertritt in dieser Frage eine etwas radikalere Position als etwa Goffman (vgl. Goffman 1994, S. 75 ff.).
75 Für die Unterscheidung zwischen Interaktion und Interdependenz vgl. Boudon 1980; aus der Sicht einer Theorie, die die Orientierung der Akteure an der Notwendigkeit gemeinsamer Aktion zur Erreichung gemeinsamer Ziele betont, hat Swanson (1992, S. 107) bestritten, daß Homans' Behaviorismus dazu in der Lage ist, auch nur Interaktionsmechanismen zu erfassen.
76 So gibt es zwar eine Ethnomethodologie der Mathematik, aber keine mathematische Ethnomethodologie, vgl. Livingston 1987. Auch Collins' Versuch, dem Goffmanschen Ansatz mit Hilfe einer Theorie sozialer Interaktionsketten und der daran gebundenen gruppendienlichen Gefühle Wasser unter dem Kiel zu verschaffen, hat zu keiner fruchtbaren Heuristik geführt (vgl. Collins 1981, Collins 1987); ähnliches gilt für Collins' gleichgelagerte Kritik an der Rational-Choice-Theorie (vgl. Collins 1981, Collins 1996). Dem gleichen Einwand ist überdies Giddens' an Erikson anschließende Idee ausgesetzt, Handeln als Angstvermeidung zu modellieren; da Giddens keine Modellogik vorschlagen kann, bleibt ihm nur eine Beschreibung der Ecklösungen: Gewohnheitsmäßiges, rekursives Handeln als Folge der Unwilligkeiten der Akteure, unerforschtes Land zu betreten, bzw. der Zusammenbruch der Alltagsroutinen als Voraussetzung für sozialen Wandel (vgl. Giddens 1984, S. 51 ff., Giddens 1995, S. 173 ff.). Über Parsons' Lösung geht dieser Vorschlag nicht hinaus.
77 Blau 1964 hat dabei unübersehbare Verdienste; vgl. zum Überblick Ekeh 1974, Heath 1976; der erklärte Versuch, die „übersimplifizierten" Aktorvorstellungen, die diesen Ansätzen zugrunde liegen, durch Goffman und Garfinkel zu überwinden (vgl. dazu Mitchell 1978, S. 173 für das Zitat und passim), haben m. E. zu keinem „take off" des „synthetischen Paradigmas" geführt.
78 D. h., die Akteure können sich des Gelingens ihres „praktischen Handelns" nicht sicher sein, vgl. Garfinkel 1967, S. 31.
79 Der Begriff „praxeologische Regel" findet sich Mitchell (1978, S. 144) zufolge bei Garfinkel 1956.
80 Ich frage mich, ob Garfinkel nicht denselben Fehler begeht wie sein Lehrer Parsons, der die Gemeinsamkeit einer „geteilten Kultur" mit dem Erreichen der Sozialintegration gleichsetzte, vgl. zur Kritik dieser Argumentation Schmid 1992.
81 Das gilt auch für die wiederholte Beteuerung, „reale", soziale Phänomene ver-

danken sich ausschließlich den „praktischen Leistungen" der Akteure, vgl. Garfinkel 1974, S. 17, Garfinkel/Sacks 1976, S. 135, Garfinkel 1996, S. 11.

82 Entsprechend leuchtet mir Hilberts Einschätzung, Garfinkel habe den Parsonsschen Funktionalismus gemieden und sich „empirischen Studien" zugewandt, nicht ein (vgl. Hilbert 1992, S. 3, Garfinkel 1959, S. 53f spricht deutlich gegen diese Deutung); Garfinkel (1996) verdeutlicht seine funktionalistische Argumentationsweise erneut, wenn er von der unfraglichen Gegebenheit von „settings of achieved phenomena of order" (S. 11) ausgeht und die ethnomethodologische Fragestellung als die Suche danach charakterisiert, wie es den Akteuren gelingt, sie herzustellen (S. 21).

83 Darüber sollte auch nicht die Fülle durchaus zutreffender Beobachtungen hinwegtäuschen: So etwa über den Latenzcharakter praktischen Regelwissens (hierin sieht Turner 1974, S. 327, das einzige Verdienst der Ethnomethodologie) oder bezüglich des Tatbestands, daß die Akteure die zeitliche Ordnung ihres Zwiegesprächs als Ordner benutzen bzw. sich an situative Indizes halten, um ihre Informationen darüber zu validieren, was sie gerade treiben, oder die fraglos richtige Bemerkung, daß auch soziologisches Theoretisieren und Forschen eine praktische Tätigkeit ist, auf die die Ethnomethodologie ein klärendes Licht werfen sollte, etc. (vgl. für eine Liste akzeptabler Beobachtungen Mitchell 1978, S. 171 f.).

84 Für eine von Garfinkel abgesegnete Namensliste der Mitglieder der Ethnomethodologieschule vgl. Garfinkel 1996, S. 13. Ich will offen lassen, ob diese Autoren die Mängel der Garfinkelschen Denkweise neutralisieren konnten.

85 Vgl. den Übersichtsartikel von Atkinson/Calfee, 1965, S. 254 ff.; eine Teilformalisierung ist Homans 1974^2 zu entnehmen. An anderer Stelle bedient sich Homans interessanterweise spieltheoretischer Formalisierungen, ohne allerdings die Rationaltheorie zu übernehmen, vgl. Homans 1964.

86 Homans konnte diesen Mangel nur durch seinen Verzicht auf jede Art gesellschaftstheoretischen Denkens neutralisieren, vgl. Homans 1971, S. 376 f.

87 Simons Versuch, die Homanssche lerntheoretisch fundierte Gruppendynamik zu formalisieren, zeigt m. E. mehr als deutlich, daß Homans' Theorie daran scheitert, die Probleme auch nur zu sehen, die die Akteure miteinander haben (vgl. Simon 1967): Die Zusammenhänge zwischen der Intensität von Interaktionen, Freundlichkeiten zwischen Gruppenmitgliedern, internen und extern induzierten Tätigkeitsmengen ergeben aus der Perspektive der Akteure keinen handlungssteuernden „Sinn".

88 In Deutschland hatten sich Vanberg 1972, Opp 1972 und Stendenbach 1963 für Homans stark gemacht.

89 Ich habe diese Dynamik in einer unveröffentlichten Arbeit rekonstruiert, vgl. Schmid 1984.

90 Denselben Punkt kritisiert auch Swanson 1992, S. 107.

91 Das ist dort besonders mißlich, wo die Strukturtheorie zugestandenermaßen falsch ist (Blau 1994, S. 58, 76), Blau die Handlungstheorie aber nicht zur Klärung der Frage nutzen kann, weshalb dies der Fall ist. Die Konsequenz ist die manipulative Beseitigung der Beobachtungsabweichungen bzw. die kommentarlose Weigerung, den Fehler zur Abänderung der theoretischen Annahmen zu verwenden.

92 Blau/Schwartz (1984) testen die Theorie konsequenterweise nur anhand von Großstadtdaten.
93 Zu einer Rekonstruktion ihres Programms vgl. Schmid 1996b.
94 Dieser Sachstand hat zur Vermutung geführt, daß sich die Popularität der Rationaltheorien den kulturellen Anforderungen an die Akteure verdankt, ihrem Handeln einen „rational account" folgen zu lassen, vgl. Gross 1987.
95 Beispielhaft ist Schelling 1978, Hernes 1995, Hedström/Swedberg (eds.) 1998 und der Versuch Colemans 1990, S. 1 ff.; Coleman (1996, S. 348) spricht davon, daß es die Hauptaufgabe der soziologischen Theoriebildung sei, „to discover in real social systems implicit rules and norms, constraints and goals, and the way in which the actions they generate combine and integrate to produce systems functioning".
96 Natürlich greift sie dabei auf die Formalismen der Entscheidungs- und Spieltheorie und neuerdings auch auf Simulationen zurück, vgl. Schüssler 1990.
97 Unter den von Lindenberg (1989) geschilderten Umständen kann man mit dieser eigenwilligen Verteilung der Schwellenwerte rechnen.
98 So etwa die sogenannte Mobilisierungstheorie der Revolution, vgl. Tilly 1978, oder Smelsers Phasenmodell des kollektiven Verhaltens (Smelser 1972), aber auch Olsons Theorie der Unterversorgung von Gruppen mit öffentlichen Gütern, vgl. Olson 1968.
99 Dieser Entscheidungsprozeß verläuft interaktionistisch, wird aber als konstant in bezug auf die Parameter behandelt, die den Zugang und Verlauf der kollektiven Entscheidungen festlegen.
100 Dies dokumentiert eine neue Ergebnissammlung, vgl. Warglien/Masuch (eds.), 1996.
101 Diese Fiktion wurde vor langer Zeit auch von Luhmann 1968 kritisiert; allerdings war sein Übergang zur Systemtheorie offenkundig theoretisch weniger fruchtbar als die endogene Verbesserung des Entscheidungsmodells.
102 Genau um die Festlegung dieser Grenze geht es in der Auseinandersetzung zwischen soziologischen und ökonomischen Erklärungsmodellen, vgl. Lindenberg 1975, Opp 1985, Weise 1989 u. a.
103 Vgl. für die Erklärungsbedeutsamkeit solcher Kontaktmuster Mayntz 1988, Mayntz 1995, Suchanek 1994.
104 Die neuere Theorie der „Human Agency" sieht dies deutlich, ohne allerdings in der Lage zu sein, eine forschungsleitende Heuristik anzubieten, vgl. etwa Sztompka (ed.) 1994.
105 Über die Bedingungen, die diese Variablen ihrerseits verändern, besteht keine hinreichende Klarheit. Sicher ist nur, daß man theoretische Informationen benötigt, wenn man ihre Varianzen thematisieren möchte. Diese Frage wird derzeit unter dem Rubrum „Brückentheorien in der Soziologie" diskutiert, vgl. Kelle/Lüdemann 1995, Lindenberg 1996.
106 Ich betone dies gegenüber der Auffassung, es gebe stochastische Gesetze der Zustandsveränderungen von Systemen: Die Tatsache, daß sich Makrovariablen nicht völlig zufällig verändern, ist in meinen Augen keine Begründung des Gesetzescharakters entsprechender Annahmen (vgl. zur gegenteiligen Auffassung

Blossfeld 1996); ohne einen tieferliegenden Mechanismus, der handlungstheoretisch geklärt werden muß, können Strukturveränderungen nicht erklärt werden. Selbstverständlich ist der Gesetzesbegriff nicht gesetzlich geschützt, weshalb ihn jeder benutzen kann, wie er will; klar sollte nur der epistemische Anspruch gemacht werden können, den man mit ihm verbindet. Leider klärt auch die Arbeit von Kiser/Hechter 1991, die die theoretische Bedeutsamkeit sozialer Mechanismen hervorkehren, nicht, ob und in welchem Sinne sie von „kausalen Mechanismen" sprechen.

107 Man erinnere sich an Hondrich/Matthes (Hrsg.) 1978 und ähnliche Publikationen.

Literatur

Alexander, Jeffrey C., „Theoretical Logic in Sociology, Vol. 4: The Modern Reconstruction of Classical Thought: Talcott Parsons", Berkeley/Los Angeles: University of California Press 1983.

Alexander, Jeffrey C./Bernhard Giesen, „From Reduction to Linkage: The Long View of the Micro-Macro Debate", in: Jeffrey C. Alexander/Bernhard Giesen/Richard Münch/Neil J. Smelser (eds), „The Micro-Macro-Link", Berkeley/Los Angeles/London: University of California Press 1987, S. 1–42.

Atkinson, Richard Chatham/Robert C. Calfee, „Mathematical Learning Theory", in: Benjamin J. Wolman/Ernest Nagel (eds), „Scientific Psychology. Principles and Approaches", New York/London: Basic Book 1965, S. 254–275.

Balog, Andreas, „Rekonstruktion von Handlungen. Alltagssituationen und soziologische Begriffsbildung", Opladen: Westdeutscher Verlag 1989.

Becker, Gary S./George J. Stigler, „De Gustibus Non Est Disputandum", American Economic Review 67, 1977, S. 76–90.

Beckert, Jens, „Was ist soziologisch an der Wirtschaftssoziologie? Ungewißheit und die Einbettung wirtschaftlichen Handelns", Zeitschrift für Soziologie 25, 1996, S. 125–146.

Bicchieri, Cristina, „Rationality and Coordination", Cambridge: Cambridge University Press 1993.

Blau, Peter M., „Exchange and Power in Social Life", New York/London/Sydney: Wiley & Sons 1964.

Blau, Peter M., „Comment on George C. Homans ‚The Relevance of Psychology to the Explanation of Social Phenomena'", in: Robert Borger/Frank Cioffi (eds), „Explanations in the Behavioural Sciences. Confrontations", Cambridge: Cambridge University Press 1970, S. 329–339.

Blau. Peter M., „On the Nature of Organization", New York et al.: Wiley & Sons 1974.

Blau, Peter M., „Parameters of Social Structure", in: Peter M. Blau (ed.), „Approaches to the Study of Social Structure", London: Open Books 1976, S. 220–253.

Blau, Peter M., „Inequality and Heterogeneity. A Primitive Theory of Social Structure", New York/London: The Free Press 1977.

Blau, Peter M., "Contrasting Theoretical Perspectives", in: Jeffrey C. Alexander/Bernhard Giesen/Richard Münch/Neil J. Smelser (eds), "The Micro-Macro-Link", Berkeley/Los Angeles/London: University of California Press 1987, S. 71–86.

Blau, Peter M., "Putting Coleman's Transition Right-Side Up", Analyse & Kritik 15, 1993, S. 3–10.

Blau, Peter M., "Structural Contexts and Opportunities", Chicago/London: The University of Chicago Press 1994.

Blossfeld, Hans-Peter, "Macro-Sociology, Rational Choice, and Time. A Theoretical Perspective on the Empirical Analysis of Social Processes", European Sociological Review 12, 1996, S. 181–206.

Blumer, Herbert, "Social Interactionism. Perspective and Method", Englewood Cliffs: Prentice Hall 1969.

Boden, Deirdre, "The World as It Happens: Ethnomethodology and Conversation Analysis", in: George Ritzer (ed.), "Frontiers of Social Theory. The New Syntheses", New York/Oxford: Columbia University Press, 1990, S. 185–213.

Bohman, James, "New Philosophy of Social Science. Problems of Indeterminacy", Cambridge/Oxford: Polity Press 1994.

Boudon, Raymond, "Mathematische Modelle und Methoden. Hauptströmungen der sozialwissenschaftlichen Forschung", Frankfurt/Berlin/Wien: Ullstein Verlag 1972.

Boudon, Raymond, "Soziale Bedingtheit und Freiheit des Individuums – das Problem des homo sociologicus", in: Kurt Eichner/Werner Habermehl (Hg.), "Probleme der Erklärung sozialen Verhaltens", Meisenheim: Verlag Anton Hain 1977, S. 214–276.

Boudon, Raymond, "Die Logik des gesellschaftlichen Handelns. Eine Einführung in die soziologische Denk- und Arbeitsweise", Neuwied/Darmstadt: Luchterhand Verlag 1980.

Boudon, Raymond, "Theories of Social Change. A Critical Appraisal", Cambridge/Oxford: Polity Press 1986.

Brittan, Arthur, "The Privatised World", London/Henley/Boston: Routledge & Kegan Paul, 1978.

Buckley, Walter, "Sociology and Modern Systems Theory", Englewood Cliffs: Prentice Hall 1967.

Buckley, Walter, "Gesellschaft als komplexes adaptives System", in: Klaus Türk (Hg.), Handlungssysteme, Opladen: Westdeutscher Verlag 1978, S. 273–288.

Campbell, Colin, "The Myth of Social Action", Cambridge: Cambridge University Press 1996.

Cohen Michael D./James G. March/Johan P. Olsen, "A Garbage Can Model of Organizational Choice", Administrative Quarterly 17, 1972, S. 1–27.

Coleman, James S., "Review Symposium: Harold Garfinkel, Studies in Ethnomethodology", American Sociological Review 33, 1968, S. 126–130.

Coleman, James S., "Social Theory, Social Research, and Social Action", American Journal of Sociology 91, 1986, S. 1309–1335.

Coleman, James S., "Foundations of Social Theory", Cambridge, Mass./London: Belkenap Press 1990.

Coleman, James S., "Commentary: Social Institutions and Social Theory", American Sociological Review 55, 1990a, S. 333–339.

Coleman, James S., "The Vision of Foundations of Social Theory", Analyse & Kritik 14, 1992, S. 117–128.

Coleman, James S., "A Vision for Sociology", in: Jon Clark (ed.), "James S. Coleman", New York/Washington D. C.: Falmer Press 1996, S. 341–349.

Collins, Randall, "The Micro Foundations of Macro-Sociology", American Journal of Sociology 86, 1981, S. 984–1014.

Collins, Randall, "Emotional Energy as the Common Denominator of Rational Choice?", Rationality and Society 5, 1993, S. 203–230.

Collins, Randall, "Can Rational Action Theory Unify Future Social Science?", in: Jon Clark (ed.), "James S. Coleman", New York/Washington D. C.: Falmer Press 1996, S. 329–342.

Colomy, Paul, "Introduction", in: Paul Colomy (ed.), "The Dynamics of Social Systems", London/Newbury Park/New Delhi: Sage Publications 1992, S. 1–35.

Cook, Karin, "Linking Actors and Structures: An Exchange Network Perspective", in: Craig Calhoun/Marshall W. Meyer/W. Richard Scott (eds), "Structures of Power and Constraint. Papers in Honor of Peter M. Blau", Cambridge et al.: Cambridge University Press 1990, S. 113–128.

Ekeh, Peter, "Social Exchange Theory. The Two Traditions", London: Heinemann 1974.

Elster, Jon, "Nuts and Bolds for the Social Sciences", Cambridge: Cambridge University Press 1989.

Esser, Hartmut, "Alltagshandeln und Verstehen. Zum Verhältnis von erklärender und verstehender Soziologie am Beispiel von Alfred Schütz und ‚Rational Choice'", Tübingen: J. C. B. Mohr (Paul Siebeck) 1991.

Esser, Hartmut, "Soziologie. Allgemeine Grundlagen", Frankfurt/New York: Campus Verlag 1993.

Esser, Hartmut, "What is Wrong with ‚Variable Sociology'?", European Sociological Review 12, 1996, S. 159–166.

Esser, Hartmut, "Die Definition der Situation", Kölner Zeitschrift für Soziologie und Sozialpsychologie 48, 1996a, S. 1–34.

Fararo, Thomas J., "On the Foundations of the Theory of Action in Whitehead and Parsons", in: Jan J. Loubser/Rainer C. Baum/Andrew Effrat/Victor Meyer Lidz (eds), "Explorations in General Theory in Social Science. Essays in Honor of Talcott Parsons", Vol. 1, New York/London: The Free Press 1976, S. 99–122.

Fararo, Thomas J., „The Meaning of General Theoretical Sociology. Tradition and Formalization", Cambridge et al.: Cambridge University Press 1989.

Fararo, Thomas J., „Foundational Problems in Theoretical Sociology", in: Jon Clark (ed.), „James S. Coleman", London/Washington D. C.: Falmer Press 1996, S. 263–284.

Farmer, Mary K., „On the Need to Make a Better Job of Justifying Rational Choice Theory", Rationality and Society 4, 1992, S. 411–420.

Fiske, Alan Page, „Structures of Social Life. The Four Elementary Forms of Human Relations", New York et al.: The Free Press 1993.

Frank, Robert H., „Melding Sociology and Economics: James Coleman's Foundations of Social Theory", Journal of Economic Literature 30, 1992, S. 147–170.

Frank, Robert H., „Rethinking Rational Choice", in: Roger Friedland/A. F. Robertson (eds), „Beyond the Marketplace. Rethinking Economy and Society", Hawthorne, New York: Aldine de Gruyter 1992a, S. 53–87.

Friedman, Debra/Michael Hechter, „The Comparative Advantages of Rational Choice Theory", in: George Ritzer (ed.), „Frontiers of Social Theory. The New Syntheses", New York/Oxford: Columbia University Press 1990, S. 214–229.

Friedrichs, Richard, „A Sociology of Sociology", New York/London: The Free Press 1972.

Gadenne, Volker, „Theorie und Erfahrung in der psychologischen Forschung", Tübingen: J. C. B. Mohr (Paul Siebeck) 1984.

Gadenne, Volker, „Theorien", in: „Enzyklopädie der Psychologie. Methodologische Grundlagen der Psychologie"; Göttingen/Bern/Toronto/Seattle: Forschungsmethoden der Psychologie, Hofgrefe, Verlag für Psychologie 1993, S. 295–342.

Garfinkel, Harold, „The Perception of the Other. A Study of Social Order", unveröffentlichte Ph. D. Dissertation, Harvard University, 1952.

Garfinkel, Harold, „Some Sociological Concepts of Methods for Psychiatrists", Psychiatric Research Reports 6, 1956, S. 181–195.

Garfinkel, Harold, „Aspects of the Problem of Common-Sense Knowledge of Social Structures", in: Transactions of the 4th World Congress of Sociology, Milan: Stresa 1959, S. 51–65.

Garfinkel, Harold, „Common-Sense Knowledge of Social Structures: The Documentary Method of Interpretation", in: Jordan M. Scher (ed.), „Theories of Mind", New York/London: The Free Press 1962, S. 689–712.

Garfinkel, Harold, „A Conception of, and an Experiment with ‚Trust' as a Condition of Stable Concerted Action", in: O. J. Harvey (ed.), „Motivation and Social Interaction", New York: Ronald Press 1963, S. 187–238.

Garfinkel, Harold, „Studies in Ethnomethodology", Englewood Cliffs: Prentice Hall 1967.

Garfinkel, Harold, „The Origins of the Term ‚Ethnomethodology'", in: Roy Turner (ed.), Ethnomethodology, Harmondsworth: Penguin Books 1974, S. 15–18.

Garfinkel, Harold, „Ethnomethodology's Program", Social Psychology Quarterly 59, 1996, S. 5-21.

Garfinkel, Harold/Harvey Sacks, „Über formale Strukturen praktischer Handlungen", in: Elmar Weingarten/Fritz Sack/Jim Schenkbein (Hg.), „Ethnomethodologie. Beiträge zu einer Soziologie des Alltagshandelns", Frankfurt: Suhrkamp Verlag 1976, S. 130-176.

Gellner, Ernest, „Spectacles and Predicaments. Essays in Social Theory", Cambridge et al.: Cambridge University Press 1979.

Giddens, Anthony, „The Constitution of Society. Outline of the Theory of Structuration", Cambridge: Polity Press 1984.

Giddens, Anthony, „Goffman as a Systematic Social Theorist", in: Paul Drew/Anthony Wooton (eds), „Erving Goffman. Exploring the Interaction Order", Cambridge: Polity Press 1988, S. 250-279.

Giddens, Anthony, „Strukturation und sozialer Wandel", in: Michael Schmid/Hans-Peter Müller (Hg.), „Sozialer Wandel. Modellbildung und theoretische Ansätze", Frankfurt: Suhrkamp Verlag 1995, S. 151-191.

Giesen, Bernhard, „Beyond Reductionism: Four Models Relating Micro to Macro Levels", in: Jeffrey C. Alexander/Bernhard Giesen/Richard Münch/Neil J. Smelser (eds), „The Micro-Macro-Link", Berkeley/Los Angeles/London: University of California Press 1987, S. 337-355.

Giesen, Bernhard/Kay Junge, „Strukturelle Evolution", Protosoziologie 7, 1995, S. 116-125, 311-31.

Glück, Peter, „Soziologische Erklärung und individuelles Verhalten", Augsburg: Maro Verlag 1979.

Goffman, Erving, „Interaktionsrituale. Das Verhalten in direkter Kommunikation", Frankfurt: Suhrkamp Verlag 1971.

Goffman, Erving, „Verhalten in sozialen Situationen. Strukturen und Regeln der Interaktion im öffentlichen Raum", Gütersloh: Bertelsmann Fachverlag 1971a.

Goffman, Erving, „Rahmenanalyse", Frankfurt: Suhrkamp Verlag 1980.

Goffman, Erving, „Strategische Interaktion", München: Hanser Verlag 1981.

Goffman, Erving, „Felicity's Condition", American Journal of Sociology 89, 1983, S. 1-53.

Goffman, Erving, „Interaktion und Geschlecht", Frankfurt/New York: Campus Verlag 1994.

Goldstone, Jack A., „Deterrence and Revolutions", in: R. Axelrod/R. Jervis/R. Radner/ P. Stern (eds), „Perspectives on Deterrence", Oxford: Oxford University Press, 1989, S. 222-250.

Granovetter, Mark, „Threshold Models of Collective Behavior", American Journal for Sociology 38, 1978, S. 1420-1443.

Granovetter, Mark/Roland Soong, „Threshold Models of Diversity: Chinese Restaurants,

Residential Segregation, and the Spiral of Silence", in: C. Clogg (ed.), „Sociological Methodology 1988", San Francisco: Jossey-Bass 1988, S. 69–104.

Green, Donald P./Ian Shapiro, „Pathologies of Rational Choice Theory. A Critique of Applications in Political Science", New Haven/London: Yale University Press 1994.

Gross, Edward, „The Rationality of Symbolic Actors", The British Journal of Sociology 38, 1987, S. 139–157.

Heath, Anthony, „Rational Choice and Social Exchange. A Critique of Exchange Theory", Cambridge et al.: Cambridge University Press 1976.

Hechter, Michael, „The Emergence of Cooperative Social Institutions", in: Michael Hechter/Karl-Dieter Opp/Reinhard Wippler (eds), „Social Institutions. Their Emergence, Maintenance, and Effects", New York: Verlag de Gruyter 1990, S. 13–33.

Hechter, Michael, „The Attainment of Solidarity in Intentional Communities", Rationality and Society 2, 1992, S. 142–155.

Hechter, Michael/Lynn Nadel/Richard E. Michod (eds), „The Origins of Values", New York: Aldine de Gruyter 1993.

Hedström, Peter/Richard Swedberg, „Rational Choice, Empirical Research, and the Sociological Tradition", European Sociological Review 12, 1996, S. 127–146.

Hedström, Peter/Richard Swedberg, „Social Mechanisms", Acta Sociologica 39, 1996a, S. 281–308.

Hedström, Peter/Richard Swedberg (eds.), „Social Mechanisms. An Analytical Approach to Social Theory", Cambridge: Cambridge University Press 1998.

Hernes, Gudmund, „We are Smarter Then We Think. A Rejoinder to Smelser", Rationality and Society 4, 1992, S. 421–436.

Hernes, Gudmund, „Prozeß und struktureller Wandel", in: Michael Schmid/Hans-Peter Müller (Hg.), „Sozialer Wandel. Modellbildung und theoretische Ansätze", Frankfurt: Suhrkamp Verlag 1995, S. 85–138.

Herrnstein, Richard J., „Meliorations as Behavioral Dynamism", in: M. L. Commons/R. J. Herrnstein/H. Rachlin (eds), „Quantitative Analysis of Behavior, Vol. 2", Cambridge Mass.: Ballinger 1982, S. 433–458.

Hesse, Mary B., „Models and Analogies in Science", Notre Dame, Indiana: University of Notre Dame Press 1966.

Hilbert, Richard A., „The Classical Roots of Ethnomethodology. Durkheim, Weber, and Garfinkel", Chapel Hill/London: University of North Carolina 1992.

Hirschman, Albert O., „Abwanderung, Widerspruch und das Schicksal der Deutschen demokratischen Republik", Leviathan 7, 1992, S. 330–358.

Hitzler, Ronald, „Sinnwelten. Ein Beitrag zum Verstehen von Kultur", Opladen: Westdeutscher Verlag 1988.

Homans, George C., „Models and Theory Formation", Transactions of the Fifth World Congress of Sociology, Bd. 4, New York, 1964, S. 113–131.

Homans, George C., „The Nature of Social Science", New York: Harcourt, Brace & World 1967.

Homans, George C., „Commentary", in: Herman Turk/Richard L. Simpson (eds), „Institutions and Social Exchange. The Sociologies of Talcott Parsons & George Caspar Homans", Indianapolis/New York: The Bobbs-Merrill Company 1971, S. 363–379.

Homans, George C., „Grundfragen soziologischer Theorie", Opladen: Westdeutscher Verlag 1972.

Homans, George C., „Human Behavior. Its Elementary Forms", New York: Harcourt Brace & Jovanowitch 1974[2].

Homans, George C., „Behaviorism and After", in: Anthony Giddens/Jonathan H. Turner (eds), „Social Theory of Today", Stanford: Stanford University Press 1987, S. 58–81.

Homans, George C., „Rational-Choice Theory and Behavioral Psychology", in: Craig Calhoun/Marshall W. Meyer/W. Richard Scott (eds), „Structures of Power and Constraint. Papers in Honor of Peter M. Blau", Cambridge et al.: Cambridge University Press 1990, S. 77–89.

Hondrich, Karl Otto/Joachim Matthes (Hg.), „Theorievergleich in den Sozialwissenschaften", Darmstadt/Neuwied: Luchterhand Verlag 1978.

Hummell, Hans J., „Zur Problematik der Ableitung in sozialwissenschaftlichen Aussagesystemen. Ein Plädoyer für Formalisierung", Zwei Teile, Zeitschrift für Soziologie 1, 1972, S. 31–41 und 118–138.

Kahneman, Daniel/Paul Slovic/Amos Tversky, „Judgement Under Uncertainty. Heuristics and Biases", Cambridge: Cambridge University Press 1982.

Kelle, Udo/Christian Lüdemann, „‚Grau Freund, ist alle Theorie . . .'. Rational Choice und das Problem der Brückenannahmen", Kölner Zeitschrift für Soziologie und Sozialpsychologie 47, 1995, S. 249–267.

Kirchgässner, Gebhard, „Home Oeconomicus. Das ökonomische Modell individuellen Verhaltens und seine Anwendung in den Wirtschafts- und Sozialwissenschaften", Tübingen: J. C. B. Mohr (Paul Siebeck) 1991.

Kiser, Edgar/Michael Hechter, „The Role of General Theory in Comparative-Historical Sociology", American Journal of Sociology 97, 1991, S. 1–30.

Kollmorgen, Raj, „Schöne Aussichten? Eine Kritik integrativer Transformationstheorie", in: Raj Kollmorgen/Rolf Reißig/Johannes Weiß (Hg.), „Sozialer Wandel und Akteure in Ostdeutschland", Opladen: Leske + Budrich 1996, S. 281–331.

Kontopoulos, Kyriakos M., „The Logics of Social Structure", Cambridge: Cambridge University Press 1993.

Krajewski, Wladislaw, „Correspondence Principle and Growth of Knowledge", Dordrecht: Reidel 1977.

Kuhn, Thomas S., „Die Struktur wissenschaftlicher Revolutionen", Frankfurt: Suhrkamp Verlag 1967.

Kunz, Volker, „Empirische Ökonomik. Handlungstheoretische Grundlagen der Erklärung politischer und sozialer Prozesse", Marburg: Metropolis Verlag 1996.

Kuran, Timur, „Social mechanisms of dissonance reduction", in: Peter Hedström/Richard Swedberg (eds.), „Social Mechanisms. An Analytical Approach to Social Theory", Cambridge: Cambridge University Press 1998, S. 147–171.

Lakatos, Imre, „Falsificationism and the Methodology of Scientific Research Programmes", in: Imre Lakatos/Alan Musgrave (eds), „Criticism and the Growth of Knowledge", Cambridge: Cambridge University Press 1970, S. 91–195.

Leiter, Kenneth, „A Primer on Ethnomethodology", New York/Oxford: Oxford University Press 1980.

Lindenberg, Siegwart, „Three Psychological Theories of a Classical Theorist", Mens en Maatschappij 50, 1975, S. 133–153.

Lindenberg, Siegwart, „Individuelle Effekte, kollektive Phänomene und das Problem der Transformation", in: Kurt Eichner/Werner Habermehl (Hg.), „Probleme der Erklärung sozialen Verhaltens", Meisenheim: Verlag Anton Hain 1977, S. 46–84.

Lindenberg, Siegwart, „Assessment of the New Political Economy: Its Potential for the Social Sciences and for Sociology in Particular", Sociological Theory 3, 1985, S. 99–114.

Lindenberg, Siegwart, „Social Production Functions, Deficits, and Social Revolutions", Rationality and Society 1, 1989, S. 51–77.

Lindenberg, Siegwart, „The Method of Decreasing Abstraction", in: James S. Coleman/Thomas J. Fararo (eds), „Rational Choice Theory. Advocacy and Critique", Newbury Park/London/New Delhi: Sage Publications 1992, S. 3–20.

Lindenberg, Siegwart, „Die Relevanz theoriereicher Brückenannahmen", Kölner Zeitschrift für Soziologie und Sozialpsychologie 48, 1996, S. 126–140.

Livingston, Eric, „Making Sense of Ethnomethodology", London/New York: Routledge & Kegan Paul 1987.

Luhmann, Niklas, „Zweckbegriff und Systemrationalität. Über die Funktion von Zwecken in sozialen Systemen", Tübingen: J. C. B. Mohr (Paul Siebeck) 1968.

Luhmann, Niklas, „Soziologische Aufklärung 3. Soziales System, Gesellschaft, Organisation", Opladen: Westdeutscher Verlag 1981.

March, James G./Johan P. Olsen, „Ambiguity and Choice in Organizations", Bergen: Universitetsforlaget 1976.

March, James G./Johan P. Olsen, „Rediscovering Institutions. The Organizational Basis of Politics", New York et al.: The Free Press 1989.

Marwell, Gerald/Pamela Oliver, „The Critical Mass in Collective Action. A Micro-Social Theory", Cambridge et al.: Cambridge University Press 1993.

Matthes, Joachim, „Die Diskussion um den Theorievergleich in den Sozialwissenschaften seit dem Kasseler Soziologentag 1974", in: Karl Otto Hondrich/Joachim Matthes (Hg.), „Theorievergleich in den Sozialwissenschaften", Darmstadt/Neuwied: Luchterhand Verlag 1978, S. 7–20.

Mayntz, Renate, „Modellkonstruktion: Ansatz, Typen und Zweck", in: Renate Mayntz (Hg.), „Formalisierte Modelle in der Soziologie", Neuwied/Berlin: Luchterhand Verlag 1967, S. 11–31.

Mayntz, Renate, „Soziale Diskontinuitäten: Erscheinungsformen und Ursachen", in: Klaus Hierholzer/Heinz-Günter Wittmann (Hg.), „Phasensprünge und Stetigkeit in der natürlichen und kulturellen Welt", Stuttgart: Wissenschaftliche Verlagsgesellschaft 1988, S. 15–37.

Mayntz, Renate, „Historische Überraschungen und das Erklärungspotental der Sozialwissenschaften", Heidelberger Universitätsreden 9, Heidelberg: C. F. Müller Verlag 1995.

Mayntz, Renate, „Gesellschaftliche Umbrüche als Testfall soziologischer Theorie", in: Lars Clausen (Hg.), „Gesellschaften im Umbruch. Verhandlungen des 27. Kongresses der Deutschen Gesellschaft für Soziologie in Halle an der Saale 1995", Frankfurt: Campus Verlag 1996, S. 141–153.

Mayntz, Renate/Birgitta Nedelmann, „Eigendynamische soziale Prozesse. Anmerkungen zu einem analytischen Paradigma", Kölner Zeitschrift für Soziologie und Sozialpsychologie 39, 1987, S. 648–668.

Mead, George Herbert, „Geist, Identität und Gesellschaft", Frankfurt: Suhrkamp Verlag 1973.

Meltzer, Bernard/John W. Petras/Larry T. Reynolds, „Symbolic Interactionism. Genesis, Varieties and Criticism", London/Boston: Routledge & Kegan Paul 1975.

Merton, Robert K., „The Position of Sociological Theory", American Sociological Review 13, 1948, S. 164–168.

Merton, Robert K., „Anomie, Anomia, and Social Interaction. Contexts of Deviant Behavior", in: Marshall Clinard (ed.), „Anomie and Deviant Behavior: Discussion and Critique", New York: The Free Press 1964, S. 213–242.

Merton, Robert K., „On Theoretical Sociology. Five Essays, Old and New", New York/London: The Free Press 1967.

Merton, Robert K., „Structural Analysis in Sociology", in: Peter M. Blau (ed.), „Approaches to the Study of Social Structure", London: Open Books 1976, S. 21–52.

Merton, Robert K., „Soziologische Theorie und soziale Struktur", Berlin/New York: Verlag Walter de Gruyter 1995.

Merton, Robert K., „Opportunity Structure: The Emergence, Diffusion, and Differentiation of a Sociological Concept, 1930s–1950s", in: Freda Adler/William S. Laufer (eds), „Advances in Criminological Theory, Vol. 6", New Brunswick/London: Transaction Publishers 1995a, S. 3–78.

Merton, Robert K., „Teaching James Coleman", in: Jon Clark (ed.), „James S. Coleman", London/Washington D. C.: Falmer Press 1996, S. 351–356.

Mitchell, Jack N., „Social Exchange, Dramaturgy and Ethnomethodology. Toward a Paradigmatic Synthesis", New York/Oxford: Elsevier 1978.

Mueller, Dennis, „Rational Egoism versus Adaptive Egoism as Fundamental Postulate for a Descriptive Theory of Human Behavior", Public Choice 51, 1986, S. 3–23.

Münch, Richard, „Theorie des Handelns. Zur Rekonstruktion der Beiträge von Talcott Parsons, Émile Durkheim und Max Weber", Frankfurt: Suhrkamp Verlag 1982.

Münch, Richard, „Rational Choice Theory: A Critical Assessment of Its Explanatory Power", in: James S. Coleman/Thomas J. Fararo (eds), „Rational Choice Theory. Advocacy and Critique", Newbury Park/London/New Delhi: Sage Publications 1992, S. 137–160.

Neuberger, Oswald, „Mikropolitik. Der alltägliche Aufbau und Einsatz von Macht in Organisationen", Stuttgart: Enke Verlag 1995.

Olson Mancur, „Die Logik kollektiven Handelns", Tübingen: J. B. C. Mohr (Paul Siebeck) 1968.

Opp, Karl-Dieter, „Verhaltenstheoretische Soziologie", Reinbek: Rowohlt Verlag 1972.

Opp, Karl-Dieter, „Sociology and Economic Man", Journal of Institutional and Theoretical Economics, 141, 1985, S. 213–243.

Opp, Karl-Dieter, „DDR '89: Zu den Ursachen einer spontanen Revolution", Kölner Zeitschrift für Soziologie und Sozialpsychologie 43, 1991, S. 302–321.

Parsons, Talcott, „The Position of Sociological Theory", American Sociological Review 13, 1948, S. 156–164.

Parsons, Talcott, „The Social System", Glencoe: The Free Press 1951.

Parsons, Talcott, „The Theory of Symbolism in Relation to Action", in: Talcott Parsons/Robert F. Bales/Edward S. Shils (eds), „Working Papers in the Theory of Action", New York/London: The Free Press 1953, S. 31–62.

Parsons, Talcott, „An Approach to Psychology in Terms of the Theory of Action", in: Sigmund Koch (ed.), „Psychology. A Study of Science", New York: McGraw-Hill 1959, S. 612–711.

Parsons, Talcott, „Introduction to Part IV: Culture and the Social System", in: Talcott Parsons/Edward S. Shils/Kaspar D. Naegele/Jesse R. Pitts (eds), „Theories of Society", New York/London: The Free Press 1961, S. 963–993.

Parsons, Talcott, „Beiträge zur soziologischen Theorie", Neuwied/Berlin: Luchterhand Verlag 1964.

Parsons, Talcott, „The Structure of Social Action, Vol. 1: Marshall, Pareto, Durkheim. A Study in Social Theory with Special Reference to a Group of Recent European Writers", New York/London: The Free Press 1968^3.

Parsons, Talcott, „Das System moderner Gesellschaften", Juventa Verlag, München 1972.

Parsons, Talcott, „Gesellschaften. Evolutionäre und komparative Perspektiven", Frankfurt: Suhrkamp Verlag 1975.

Parsons, Talcott, „Zur Theorie sozialer Systeme", hrsg. von Stefan Jensen, Opladen: Westdeutscher Verlag 1976.

Michael Schmid

Parsons, Talcott, „Aktor, Situation und normative Muster. Ein Essay zur Theorie sozialen Handelns", Frankfurt: Suhrkamp Verlag 1986.

Parsons, Talcott/Edward S. Shils (eds), „Towards a General Theory of Action", New York: Harper & Row 1951.

Parsons, Talcott/Robert F. Bales, „Family, Socialization and Interaction", London: The Free Press 1955.

Popper, Karl R., „The Open Society and Ist Enemies, Vol. 1", London: Routledge & Kegan Paul 1966.

Prosch, Bernhard/Martin Abraham, „Die Revolution in der DDR. Eine struktur-individualistische Erklärungsskizze", Kölner Zeitschrift für Soziologie und Sozialpsychologie 43, 1991, S. 302–321.

Rapoport, Anatol, „Uses and Limitations of Mathematical Models in Social Science", in: Llewllyn Gross (ed.), „Symposium on Sociological Theory", New York/Evanston/London: Harper & Row 1959, S. 348–372.

Ritzer, George, „Sociology: A Multiple Paradigm Science", Boston: Allyn and Bacon 1975.

Ritzer, George, „Micro-Macro-Linkage in Social Theory", in: George Ritzer (ed.), „Frontiers of Social Theory. The New Syntheses", New York/Oxford: Columbia University Press 1990, S. 347–370.

Ritzer, George, „Metatheorizing in Sociology", Lexington, Mass./Toronto: Lexington Books 1991.

Sandler, Todd, „Collective Action. Theory and Applications", Ann Arbor: University of Michigan Press 1992.

Schelling, Thomas C., „Micromotives and Macrobehavior", New York/London: W. W. Norton & Co. 1978.

Schmid, Michael, „Soziologische Entwicklungstheorie – darwinistisch oder evolutionistisch?", Augsburg: Skript 1984.

Schmid, Michael, „Sozialtheorie und soziales System. Versuche über Talcott Parsons", Neubiberg/München: Forschungsberichte der Universität der Bundeswehr 1989.

Schmid, Michael, „The Concept of Culture and Its Place within a Theory of Social Action. A Critique of Talcott Parsons' Theory of Culture", in: Richard Münch/Neil J. Smelser (eds), „Theory of Culture", Berkeley/Los Angeles/Oxford: University of California Press 1992, S. 88–120.

Schmid, Michael, „Verhaltenstheorie versus Nutzentheorie. Zur Systematik einer theoretischen Kontroverse", Zeitschrift für Allgemeine Wissenschaftstheorie 24, 1993, S. 275–292.

Schmid, Michael, „Soziologische Evolutionstheorie", Protosoziologie 7, 1995, S. 200–210, 323–333.

Schmid, Michael, „Das Problem der Normentstehung", in: Volker Gadenne/Hans Jürgen Wendel (Hg.), „Rationalität und Kritik", Tübingen: J. C. B. Mohr (Paul Siebeck), 1996, S. 151–182.

Schmid, Michael, „Rationalität und Theoriebildung. Studien zu Karl R. Poppers Methodologie der Sozialwissenschaften", Amsterdam/Atlanta, Ga.: Verlag Radopi 1996a.

Schmid, Michael, „Rationales Handeln und Gesellschaftstheorie. Bemerkungen zur forschungslogischen und ideologiekritischen Bedeutung der Rational-Choice-Theorie", in: Kurt Salamun (Hg.), „Geistige Tendenzen der Zeit. Perspektiven der Weltanschauungstheorie und Kulturphilosophie", Frankfurt et al.: Peter Lang Verlag 1996b, S. 217–245.

Schmid, Michael, „Soziales Handeln und strukturelle Selektion. Beiträge zur Theorie sozialer Systeme, Opladen: Westdeutscher Verlag 1998.

Schüssler, Rudolf, „Kooperation unter Egoisten: Vier Dilemmata", München: Oldenbourg Verlag 1990.

Schütte, Hans G., „Der empirische Gehalt des Funktionalismus", Meisenheim: Verlag Anton Hain 1971.

Schütz, Alfred, „Collected Papers I. The Problem of Social Reality", The Hague: Martinus Nijhoff 1971.

Simon, Herbert A., „Eine formale Theorie der Interaktion in sozialen Gruppen", in: Renate Mayntz (Hg.), „Formalisierte Modelle in der Soziologie", Neuwied/Berlin: Luchterhand Verlag 1967, S. 55–72.

Skidmore, William, „Sociology's Models of Man. The Relationships of Models of Man to Sociological Explanation in Three Sociological Theories", New York/London/Paris: Gordon & Breach 1975.

Skocpol, Theda, „States and Social Revolutions", Cambridge: Cambridge University Press 1979.

Smelser, Neil J., „Theorie des kollektiven Verhaltens", Köln: Verlag Kiepenheuer & Witsch 1972.

Smelser, Neil J., „Can Individualism Yield a Sociology? Symposium: A Return to General Theory?", Contemporary Sociology 19, 1990, S. 778–783.

Smelser, Neil J., „The Rational Choice Perspective. A Theoretical Assessment", Rationality and Society 4, 1992, S. 381–410.

Scott, J. Finley, „The Changing Foundations of the Parsonian Action-Scheme", American Sociological Review 28, 1993, S. 716–735.

Sofsky, Wolfgang, „Die Ordnung sozialer Situationen. Theoretische Studien über Methoden und Strukturen sozialer Erfahrung und Interaktion", Diss. Göttingen, 1981.

Stendenbach, Franz Josef, „Soziale Interaktion und Lernprozesse", Köln: Verlag Kiepenheuer & Witsch 1963.

Stichcombe, Arthur L., „The Conditions of Fruitfulness of Theorizing About Mechanisms in Social Science", in: Aage B. Sørensen/Seymour Spilerman (eds), „Social Theory and Social Policy. Essays in Honor of James S. Coleman", Westport/London: Praeger 1993, S. 23–41.

Strauss, Anselm L:, „Negotiations: Varieties, Contexts, Processes and Social Order", San Francisco: Jossey-Bass 1978.Sztompka, Piotr (ed.), „Agency and Structure, Reorienting Social Theory", Amsterdam: Gordon and Breach 1994.

Suchanek, Andreas, „Ökonomischer Ansatz und theoretische Integration", Tübingen: J. C. B. Mohr (Paul Siebeck) 1994.

Sugden, Robert, „The Economics of Rights, Cooperation and Welfare", Oxford: Basil Blackwell 1986.

Swanson, Guy E., „Doing Things Together: Some Basic Forms of Agency and Structure in Collective Action and Some Explanations", Social Psychology Quarterly 55, 1992, S. 94–117.

Taylor, Michael, „Rationality and Revolutionary Collective Action", in: Michael Taylor (ed.), „Rationality and Revolution", Cambridge: Cambridge University Press 1988, S. 63–97

Thaler, Richard H., „The Winner's Curse. Paradoxes and Anomalies of Economic Life", New York et al.: The Free Press 1992.

Tilly, Charles, „From Mobilization to Revolution", New York et al.: McGraw-Hill Publishing Company 1978.

Turner, Jonathan H., „The Structure of Sociological Theory", Homewood, Ill.: The Dorsey Press 1974.

Turner, Jonathan H., „A Theory of Social Interaction", Stanford: Polity Press 1988.

Turner, Merle B., „Philosophy and the Science of Behavior", New York: Appelton-Century-Crofts 1967.

Turner, Ralf H., „Rollenübernahme: Prozeß versus Konformität", in: Manfred Auwärter/ Edit Kirsch/Manfred Schröter (Hg.), „Seminar: Kommunikation, Interaktion, Identität", Frankfurt: Suhrkamp Verlag 1976, S. 115–139.

Turner, Ralf H., „Role Change", Annual Review of Sociology 16, 1980, S. 87–100.

Ullmann-Margalit, Edna, „The Emergence of Norms", Oxford: Oxford University Press 1977.

Vanberg, Viktor, „Der verhaltenstheoretische Ansatz in der Soziologie. Nachwort in George C. Homans, Grundlagen soziologischer Theorie", Opladen: Westdeutscher Verlag 1972, S. 141–175.

Voss, Thomas, „Rationale Akteure und soziale Institutionen. Beitrag zur endogenen Theorie des sozialen Tausches", München: Oldenbourg Verlag 1985.

Walace, Walter L., „Overview of Contemporary Sociological Theory", in: Walter L. Wallace (ed.), „Sociological Theory. An Introduction", London: Heinemann 1969, S. 1–59.

Wallace, Ruth A./Alison Wolf, „Contemporary Sociological Theory", Englewood Cliffs: Prentice Hall 1980.

Warglien, Massimo/Michael Masuch (eds) „The Logic of Organizational Disorder", New York: Verlag Walter de Gruyter 1996.

Waters, Malcolm, „Modern Sociological Theory", London et al.: Sage Publications 1990.

Weber, Max, „Gesammelte Aufsätze zur Wissenschaftslehre", Tübingen: J. C. B. Mohr (Paul Siebeck) 1968[3].

Weede, Erich, „Mensch und Gesellschaft. Soziologie aus der Perspektive des Methodologischen Individualismus", Tübingen: J. C. B. Mohr (Paul Siebeck) 1992.

Weise, Peter, „Homo oeconomicus und homo sociologicus. Die Schreckensmänner der Sozialwissenschaften", Zeitschrift für Soziologie 18, 1989, S. 148–161.

Wippler, Reinhard/Siegwart Lindenberg, „Collective Phenomena and Rational Choice", in: Jeffrey C. Alexander/Bernhard Giesen/Richard Münch/Neil J. Smelser (eds), „The Micro-Macro-Link", Berkeley/Los Angeles/London: University of California Press 1987, S. 135–152.

Zimmerman, Don H., „Normen im Alltag", in: K. Hammerich/M. Klein (Hg.), „Materialien zur Soziologie des Alltags", Kölner Zeitschrift für Soziologie und Sozialpsychologie, Sonderheft 20, Opladen: Westdeutscher Verlag 1978, S. 86–99.

Zimmermann, Don H./Melvin Pollner, „Die Alltagswelt als Phänomen", in: Elmar Weingartner/Fritz Sack/Jim Schenkein (Hg.), „Ethnomethodologie. Beiträge zu einer Soziologie des Alltagshandelns", Frankfurt: Suhrkamp Verlag 1976, S. 64–104.

Zintl, Reinhard, „Der Homo Oeconomicus: Ausnahmeerscheinung in jeder Situation oder Jedermann in Ausnahmesituationen", Analyse & Kritik 11, 1989, S. 52–69.

Josef Quitterer

Basishandlungen und die Naturalisierung von Handlungserklärungen

Vorbemerkungen

Auf die Frage, warum Menschen so und nicht anders handeln, wird in der Regel durch den Verweis auf Beweggründe geantwortet und nicht durch die Angabe rein physikalischer Ursachen. Die Eigenart soziologischer Erklärungen leitet sich nicht zuletzt davon her, daß diese im Unterschied zu naturwissenschaftlichen Erklärungen persönliche und gesellschaftliche Handlungsgründe bzw. Rahmenbedingungen (Motive und Absichten handelnder Personen, gesellschaftliche Normen, Regelsysteme etc.) einbeziehen. Dies verhinderte auf diesem Gebiet bisher zwar die Etablierung von exakten Gesetzen, gewährleistete aber doch einen gewissen Erfolg bei konkreten Analysen und Prognosen. Allerdings gibt es auch in den Sozialwissenschaften starke Bestrebungen, für ihren Gegenstandsbereich exaktere kausale Erklärungsmuster zu entwickeln. Die klassische Unterscheidung zwischen Erklären und Verstehen wird z. T. nicht mehr als tragfähige Abgrenzung sozialwissenschaftlicher Methoden gegenüber naturwissenschaftlichen akzeptiert.

Auch in der zeitgenössischen analytischen Philosophie gibt es im sogenannten *Naturalismus* eine starke Tendenz, die scharfe Trennung zwischen sozial- und naturwissenschaftlichen Erklärungen in bezug auf Handlungen aufzuheben: Wenn Handlungen real sind, so könnten sie sich nicht prinzipiell von dem unterscheiden, was naturwissenschaftlich als Realität feststellbar ist. Abgelehnt wird in diesem Zusammenhang jede Form des Dualismus. Zu den dualistischen Positionen werden nicht nur die ontologischen gerechnet, sondern auch die hermeneutischen und sprachanalytischen mit ihrer prinzipiellen Trennung zwischen Erklären und Verstehen.[1] Die traditionelle Einordnung von Handlungen in den Verstehenszusammenhang, in welchem auf *Gründe* zurückgegriffen wird, soll vor diesem naturalistischen Hintergrund aufgegeben werden zugunsten von Handlungserklärungen, in denen nur physikalisch bestimmbare *Ursachen* eine Rolle spielen. Die Anwendung des nomologischen Erklärungsschemas auf Handlungen und die damit einhergehende Bestimmung des Explanandums als *Basishandlung* stellt einen ersten Schritt in die Richtung einer derartigen Naturalisierung dar.

In meinem Artikel gehe ich der Frage nach, ob für Handlungen kausale Erklärungen nach dem Vorbild der Naturwissenschaften sinnvoll sind. Anhand bestimmter Positionen aus der zeitgenössischen analytischen Philosophie zeige ich auf, daß die Anwendung kausaler Erklärungsmuster eine Reduktion von Handlungen auf *Basishandlungen*, d. h. auf Körperbewegungen, zur Folge hat. Anhand des *Handlungsbaums* bzw. des Schichtenmodells von Handlungen läßt sich jedoch veranschaulichen, daß eine derartige Bestimmung von Handlungen zu eng gefaßt ist, um dem gerecht zu werden, was Handlungen eigentlich sind.

Die Anwendung des kausalen Erklärungsschemas auf Handlungen

Handlungen unterscheiden sich vor naturalistischem Hintergrund von sonstigen natürlichen Ereignissen, insbesondere von den unwillkürlichen Körperbewegungen, dadurch, daß sie als von Absichten und Überzeugungen (mentalen Ereignissen) verursacht beschrieben werden können.[2] Es stellt sich nun die Frage, ob diese Verursachung einer Handlung durch Absichten auch nach dem kausalen Schema von Ursache und Wirkung erklärt werden kann. Eine kausale Erklärung von Handlungen würde demnach lauten: „X hat H getan, weil X Ø wollte".[3] Das Beabsichtigen von Ø ist jedoch nur eine notwendige, nicht aber eine hinreichende Bedingung für das Eintreten der Handlung H. Eine besonders einleuchtende, aber idealisierte Rekonstruktion der kausalen Struktur von Erklärungen der positiven Wissenschaften stellt das von Hempel und Oppenheim entwickelte deduktiv-nomologische Erklärungsschema dar. Die ideale Erklärung besteht demnach aus der „Beschreibung der Antezedenzien plus Angabe der Gesetze, aus denen sich das Explanandum deduktiv ableiten läßt".[4] Auch für Handlungen müssen also sämtliche für die Entstehung von H relevanten Antezedenzien gegeben sein, damit das Explanandum abgeleitet werden kann. Nach Churchland kann für eine Handlungserklärung erst dann ein nomologisches Prinzip formuliert werden, aus der H abgeleitet werden kann, wenn die Konjunktion folgender Antezendensbedingungen gilt:

„[1] X will ∅; und
[2] X glaubt, daß der Vollzug von H unter den gegebenen Umständen für ihn ein Mittel sei, um ∅ zu erreichen; und
[3] es gibt keine Handlung, von der X glaubt, daß er mit ihr ∅ erreichen würde, und für die er eine wenigstens gleichermaßen große Präferenz hat wie für H; und
[4] X hat keinen anderen Wunsch . . ., der ihn unter den gegebenen Umständen von seinem Wunsch ∅ abbringt; und
[5] X weiß, wie man H tut; und
[6] X ist in der Lage, H zu tun;"[5]

Gegen eine deduktiv-nomologische Rekonstruktion von Handlungserklärungen lassen sich zahlreiche Einwände vorbringen. So lautet ein Kriterium für die Anwendbarkeit des deduktiv-nomologischen Schemas die empirische und intersubjektive Überprüfbarkeit sämtlicher Antezedensbedingungen.[6] Diese ist jedoch bei subjektiven Einstellungen wie Absichten, Wünschen, Präferenzen nicht ohne weiteres gegeben. Mit dieser Schwierigkeit sieht sich v. a. die empirische Psychologie konfrontiert bei dem Versuch einer möglichst objektiven Quantifizierung subjektiver Präferenzen. Derartige Einwände haben dazu geführt, daß man bei Handlungserklärungen nur von einer skizzenhaften Anwendbarkeit des deduktiv-nomologischen Schemas ausgeht, welche zwar eine gute Erklärung von erfolgten Handlungen ermöglicht, nicht aber eine exakte Prognose von noch ausstehenden Verhaltensweisen.

Ein Haupteinwand gegen die Anwendbarkeit des kausalen Erklärungsschemas auf Handlungen stellt jedoch die Komplexität der Kausalrelation von der mentalen Ursache zur Handlung selbst dar. Je komplexer die Handlung ist, um so schwieriger ist ihre Ableitung aus der Konjunktion der oben angeführten Antezedensbedingungen. So müßten z. B. bei einer Erklärung einer Erschießung noch weitere Antezedensbedingungen hinzugezogen werden – wie die physische Konstitution des Opfers, die Beeinflussung der Flugrichtung des Projektils durch zufällige Begleiterscheinungen usw. Die Zahl der Antezedensbedingungen ließe sich bereits in diesem Fall nicht mehr sinnvoll eingrenzen und die Formulierung eines eindeutigen nomologischen Prinzips wäre unmöglich. Ein derartiges Ausufern der Antezedensbedingungen kann – wenn überhaupt – nur in einer unmittelbaren Kausalrelation zwischen der mentalen Ursache und der daraus resultierenden Handlung vermieden werden, die möglichst keinen Raum mehr für die Beeinflussung durch andere Kausalketten läßt.

Aus diesem Grund wird als Grundtypus der zu erklärenden Handlung nicht der ganze Handlungskomplex genommen, sondern die einfachste Körperbewegung. Nur sie wird unmittelbar von Absichten und Überzeugungen, von gewissen Zuständen oder Ereignissen also, die ihr als *antecedentia* vorausgehen, kausal hervorgerufen. Die eigentlichen Handlungen, die durch den Rekurs auf diese Ursachen erklärt werden sollen, stellen demnach die *Basishandlungen* bzw. *Elementarhandlungen* dar.[7] Mit Basishandlungen sind jene Handlungen gemeint, die der Handelnde vollzieht, ohne dafür etwas anderes tun zu müssen: „A thing that we simply do, without having to do anything else to make it happen."[8] Von den Basishandlungen ist es nicht sinnvoll zu fragen, wodurch der Handelnde sie vollzieht. Demnach ist die eigentliche Handlung z. B. nicht die Erschießung eines Opfers, sondern das Krümmen des Fingers am Abzug. Auch Churchland verwendet als typisches Beispiel für die Handlung H, mit der Ø erreicht werden soll, die Körperbewegung des Fingerschnippens.[9]

Die Naturalisierung von Handlungserklärungen

Der Versuch, Handlungen deduktiv-nomologisch zu erklären, führt also zu einer Neubestimmung des Explanandums H als Basishandlung. Diese Neubestimmung des Explanandums scheint aber dem eigentlichen Interesse der Soziologie zuwiderzulaufen. Statt einer wissenschaftlichen Rekonstruktion der ihr eigenen Methoden und Untersuchungsobjekte wird deren Reduktion oder Elimination zugunsten rein physikalischer Erklärungen vorbereitet. Ich möchte im folgenden aufzeigen, welche Rolle die Neubestimmung des Explanandums als Basishandlung für diese Naturalisierung von Handlungserklärungen spielt.

In der zeitgenössischen analytischen Philosophie wird die Erklärung von Handlungen mittels nicht-physikalischer Beweggründe allgemein dem Bereich alltäglicher oder mentaler Erklärungen zugeordnet. Soziologische Erklärungen von Handlungen werden als nur graduell verschieden von jenen Erklärungen angesehen, wie wir sie in unserem Alltag durchführen, sie seien nur etwas systematischer und allgemeiner gefaßt. Diese Zuordnung hängt damit zusammen, daß in den Sozialwissenschaften ebenso wie im Alltag auf Handlungsgründe wie Motive, Absichten, Wünsche, Regeln, soziale Erwartungen usw. rekurriert wird und nicht auf physikalisch bestimmbare Größen. Grundsätzlich lassen sich zwei unterschiedliche Strategien zur Naturalisierung alltäglicher Handlungserklärungen feststellen: a) Im *reduktiven* und *eliminativen Materialismus* geht man von einer gesetzesartigen Grundstruktur der alltäglichen Handlungserklärungen aus und versucht demgegenüber die Überlegenheit der physikalischen Erklärungen anhand ihrer höheren theoretischen Qualität aufzuweisen. Die Erklärung und Prognose der einfachsten Körperbewegungen fungiert hier als Experimentum crucis, an dem die Überlegenheit z. B. neurophysiologischer gegenüber alltäglichen Erklärungen demonstriert werden kann. b) Demgegenüber geht der sogenannte *anomale Monismus* davon aus, daß sich alltägliche Handlungserklärungen prinzipiell jeder gesetzesartigen Verallgemeinerung entziehen und deshalb nicht mit naturwissenschaftlichen Erklärungen verglichen werden können. Da aber die eigentlichen Handlungen die Basishandlungen seien, könne eine kausale Erklärung von Handlungen in physikalischen Begründungszusammenhängen erfolgen.

zu a: Die Theorienauffassung von Handlungserklärungen

Der *reduktive Materialismus* (RM) geht davon aus, daß es sich bei Erklärungen im Bereich des Mentalen zwar nicht um optimale Erklärungen von Handlungen handelt, aber doch um Erklärungen, die so lange Gültigkeit beanspruchen können, wie keine adäquatere physikalische Erklärung gefunden wird.[10] Man geht dabei von der Möglichkeit aus, daß die mentalen Erklärungen mittels Brückengesetze in physikalische übersetzt werden können. Dabei werden die physikalischen Erklärungen als einfacher, adäquater und umfassender angesehen als mentale Erklärungen. Die wissenschaftstheoretische Grundlage des RM wird deutlich, wenn als wissenschaftshistorisches Analogon für die – noch ausstehende – Reduktion mentaler Erklärungen die Integration oder Reduktion der Wärmelehre in die umfassendere physikalische Theorie der Mechanik durch ihre Umwandlung in das Spezialgebiet der Thermodynamik genannt wird: Mittels Brückengesetze lassen sich alle wesentlichen Aussagen und Prinzipien der älteren Theorie aus den Prinzipien der neuen Theorie als Spezialfall deduzieren. Es handelt sich bei dieser wissenschaftstheoretischen Sichtweise um die klassische Auffassung der Theoriendynamik, die am detailliertesten von E. Nagel ausgearbeitet wurde.[11]

Die Gültigkeit soziologischer und psychologischer Erklärungen von Handlungen wird im RM zwar nicht angezweifelt, sie wird aber so gesehen wie die Gültigkeit z. B. der Mechanik Newtons vor dem Hintergrund der Relativitätstheorie: Die nicht-physikalischen Handlungserklärungen gelten nur für gewisse Spezialfälle und unter bestimmten Rücksichten – z. B. für den alltäglichen Gebrauch. Eine umfassende Erklärung kann jedoch nur in physikalischen Theorien erfolgen. Die Realität mentaler Phänomene wird zwar nicht in Frage gestellt; durch die intertheoretische Reduktion wird sie jedoch in der physikalischen Wirklichkeit verankert.

Im RM werden alltägliche bzw. mentale Handlungserklärungen als kausale Erklärungen interpretiert, die eine nomologische Struktur aufweisen. Es wird der Eindruck erweckt, daß sie eine kausale Erklärung für dasselbe physikalische Phänomen der einfachsten Körperbewegung liefern, auf welches sich auch physikalische Beschreibungen erklärend beziehen. Absichten, Wünsche und andere Handlungsgründe werden in dieser Position zunächst als Handlungsursachen bzw. Antezedensbedingungen in einem eigenständigen nicht-physikalischen Erklärungssystem gesehen, das als Ganzes mit physikalischen Erklärungssystemen hinsichtlich seiner Adäquatheit verglichen werden kann. Die Basishandlungen stellen vor diesem Hintergrund sozusagen den gemeinsamen Gegenstand dar, auf den sich die verschiedenen Erklärungen beziehen. Als gemeinsames Explanandum der verschiedenen Erklärungen fungiert die Basishandlung zugleich auch als Vergleichsmaßstab für die Adäquatheit der physikalischen und der nicht-physikalischen Erklärungen. Der RM geht davon aus, daß die mentalen Zustände oder Ereignisse nur insofern kausal wirksam sein können, als sie mit Physikalischem identisch sind. Die größere Adäquatheit oder Überlegenheit physikalischer gegenüber nicht-physikalischen Beschreibungen bei der Erklärung von Basishandlungen ergibt sich also bereits daraus, daß nur physikalischen Ursachen kausale Wirksamkeit zugestanden wird. Mentale Ereignisse sind nur insofern kausal wirksam, als sie mit physikalischen identisch sind.

Eine Extremposition im Rahmen des Naturalisierungsprogramms stellt die Position des *eliminativen Materialismus* (EM) dar. Eine der wesentlichen Voraussetzungen des EM bildet die These, daß mentale bzw. nicht-physikalische Handlungserklärungen Bestandteile des Begriffssystems der *Alltagspsychologie* sind. Diese wird – ähnlich wie im RM – als ein mit wissenschaftlichen Theorien vergleichbares Erklärungssystem interpretiert (*theory-theory*-Auffassung der Alltagspsychologie), welches eine nomologische Struktur aufweist. Das Begriffssystem der Alltagspsychologie kann aber nicht durch eine wie auch immer geartete Reduktion oder Übersetzung in ein adäquateres physikalisches System transformiert werden. Es läßt sich nur in einem radikalen Begriffswandel durch ein besseres System ersetzen.

Der EM argumentiert also für die Eigenständigkeit mentaler Handlungserklärungen und für ihre Nichtreduzierbarkeit auf physikalische Begriffssysteme. Darüber hinaus lehnt er die mit physikalischen Begriffen inkompatiblen mentalen Beschreibungen als falsch ab. Es handelt sich bei ihnen um grundsätzlich falsche Erklärungen menschlicher Verhaltensweisen. Nicht-physikalische Handlungserklärungen sind zu eliminieren und durch neurophysiologische zu ersetzen:

> „Eliminative materialism is the thesis that our common-sense conception of psychological phenomena constitutes a radically false theory, a theory so fundamentally defective that both the principles and the ontology of that theory will eventually be displaced, rather than smoothly reduced, by completed neuroscience."[12]

Der EM lehnt zwar eine Identität von Physikalischem mit Mentalem ab, da mentalen Begriffen in der Wirklichkeit nichts entspricht. Aber auch hier bildet die Annahme, daß die Basishandlungen die eigentlichen Handlungen darstellen, die Voraussetzung für eine erfolgreiche Naturalisierung. Nach dieser Auffassung handelt es sich bei physikalischen und nicht-physikalischen Erklärungen von Handlungen um miteinander inkompatible Erklärungssysteme, die sich hinsichtlich desselben Gegenstandsbereichs widersprechen. Die Annahme, daß auch für nicht-physikalische Erklärungen die Basishandlungen – also physikalisch beschreibbare Körperbewegungen – die zu erklärenden Handlungen darstellen, soll einen direkten Vergleich zwischen den verschiedenen Erklärungssystemen ermöglichen. In der Erklärung und Prognose der einfachsten Körperbewegungen könne dann die Richtigkeit neurophysiologischer und die Falschheit mentaler Erklärungen demonstriert werden. Da sowohl physikalische als auch nicht-physikalische Handlungserklärungen in den einfachsten Körperbewegungen ein gemeinsames physikalisches Explanandum haben, kommt bei der Elimination mentaler Erklärungen das sogenannte *principle of explanatory exclusion* zur Anwendung. Es besagt, daß es für ein und dasselbe Ereignis nur eine unabhängige und vollständige Erklärung geben kann.[13] Dieses Prinzip wird gekoppelt mit der Behauptung der kausalen Geschlossenheit der physikalisch beschreibbaren Welt.

Da das Ereignis der Basishandlung als Körperbewegung auch physikalisch bestimmbar ist, folgt in Kombination mit dem Prinzip der sich ausschließenden Erklärungen, daß auch für Handlungen letztlich nur physikalische Erklärungen adäquat und hinreichend sein können. Die nomologische Struktur alltäglicher Handlungserklärungen ist dabei die Voraussetzung dafür, daß sie überhaupt mit physikalischen Erklärungen hinsichtlich ihrer Leistungsfähigkeit verglichen werden können. Die oben geschilderten Einwände gegen die Anwendbarkeit des deduktiv-nomologischen Schemas auf Handlungserklärungen sind für Churchland deshalb auch kein Grund, dieses Schema als für Handlungserklärungen unzureichend zu halten. Vielmehr weisen sie für ihn auf die miserable Qualität von nicht-physikalischen Handlungserklärungen hin und rechtfertigen deren Elimination.

Neben diesen Positionen, die alle von einer theorieähnlichen bzw. gesetzesmäßigen Gestalt alltäglicher Handlungserklärungen ausgehen, gibt es eine Argumentation, die sich gegen diese Theorienauffassung wendet.

zu b: Der „anomale" Charakter nicht-physikalischer Handlungserklärungen

Die Handlungstheorie D. Davidsons unterscheidet sich von den bisher geschilderten Positionen, was den Theorienstatus nicht-physikalischer Handlungserklärungen angeht. Nach Davidson handelt es sich bei mentalen bzw. alltäglichen Handlungserklärungen nicht um Theorien, die in ihrem Gesetzescharakter mit naturwissenschaftlichen Theorien vergleichbar wären. Den Grund für den *anomalen* Charakter von alltäglichen Handlungserklärungen sieht Davidson in der heteronomen Gestalt derartiger Erklärungen. Mentale oder alltägliche Handlungserklärungen, wozu Davidson auch die Handlungserklärungen der empirischen Psychologie und der Sozialwissenschaften zählt, sind nicht rein mental und nicht-physikalisch, sondern sie umfassen sowohl Psychisches als auch Physisches. Und es kann keine gesetzesartigen Zusammenhänge geben, die so verschiedene Bereiche umfassen wie den physikalischen und den mentalen. Was Davidson ablehnt, sind heteronome Gesetzlichkeiten:

> „Wenn sich die Welt für eine Person fühlbar macht oder wenn der Betreffende Bewegungen ausführt, um seine Umwelt zu verändern, lassen sich diese Wechselbeziehungen mit Hilfe von Verfahren aufzeichnen und kodieren, die durch die Sozialwissenschaften und den gesunden Menschenverstand präzisiert worden sind. Was dabei herauskommt, sind jedoch keine strikten quantitativen Gesetze im Rahmen einer raffinierten Theorie, wie wir sie im Bereich der Physik zuversichtlich erwarten, sondern irreduzibel statistische Korrelationen, die sich der grenzenlosen Präzisierung widersetzen, und zwar prinzipiell. Was hinter unserer Unfähigkeit, deterministische psychophysische Gesetze zu entdecken, liegt, ist folgendes: Wenn wir einem Handelnden eine Überzeugung, einen Wunsch, eine Absicht . . . zuschreiben, operieren wir mit Notwendigkeit innerhalb eines Begriffssystems, das zum Teil durch die Struktur der Überzeugungen und Wünsche des Handelnden selbst determiniert ist."[14]

Beschreibungen und Erklärungen der Sozialwissenschaften sind aufgrund ihres heteronomen oder anomalen Charakters prinzipiell unvergleichbar mit physikalischen Begriffssystemen und können deshalb unmöglich mittels Brücken- oder anderer Transformationsgesetze auf physikalische Erklärungen zurückgeführt werden. Eine Abschwächung der starken Position des reduktiven Materialismus ist nach Davidson angesichts dieser Sachlage unvermeidlich.

Davidson unterscheidet sich somit von den bisher geschilderten Positionen dadurch, daß er den alltäglichen Handlungserklärungen keinen mit naturwissenschaftlichen Erklärungen vergleichbaren Status einräumt. Trotz des anomalen Charakters alltäglicher und sozialwissenschaftlicher Handlungsbeschreibungen und -erklärungen, kann aber von einer kausalen Wirksamkeit nicht-physikalischer Handlungsgründe wie Absichten, Wünsche, Motive gesprochen werden. Diese Redeweise ist – so Davidson – deshalb gerechtfertigt, da mentale Zustände oder Ereignisse mit physikalischen *token*-identisch sind. Das heißt, mentale Zustände sind insofern kausal wirksam, als sie mit *irgendwelchen* physikalischen Gegebenheiten identisch sind.[15] Obwohl alltägliche mentale Handlungserklärungen anomal sind und somit nicht den Status kausaler Erklärungen beanspruchen können, sind kausale Handlungserklärungen möglich, weil Handlungsgründe mit physikalischen Ursachen identisch sind. Aus diesem Grund kann die kausale Wirksamkeit des Mentalen allerdings nur physikalisch beschrieben und erklärt werden. In alltäglichen, mentalen Beschreibungen kann nur angegeben werden, *daß* zwischen zwei Ereignissen eine kausale Beziehung besteht. Wenn erklärt werden soll, *warum* ein Ereignis ein anderes kausal hervorgerufen hat, so kann das nur in einer physikalischen Beschreibung geschehen.[16]

Bei Davidson ist es offensichtlich, warum – wenn es um die kausale Erklärung von Handlungen geht – physikalische mentalen Erklärungen vorzuziehen sind. Physikalische Erklärungen sind deshalb erfolgreicher, adäquater und präziser als alltägliche, weil mentale Handlungsgründe nur insofern kausal wirksam sein können, als sie mit Physikalischem identisch sind. Nur in physikalischen Beschreibungen können also jene Körperbewegungen kausal erklärt werden, die unmittelbar auf jene Handlungsgründe folgen, die mit physikalisch bestimmbaren Ursachen identifiziert werden können. Nach Davidson ergibt sich die Überlegenheit physikalischer Erklärungen aus der kausalen Struktur, in welche die Basishandlungen eingebunden sind und der nur physikalische Erklärungen gerecht werden können. Umgekehrt ergibt sich die Art der kausal zu erklärenden Handlung – der Basishandlung bzw. der einfachsten Körperbewegung – aus den Zwängen der physikalischen Beschreibung. Die eigentliche – kausal zu erklärende – Handlung ist nach Davidson die Basishandlung, weil nur sie unmittelbar durch die Handlungsursachen (Absichten bzw. ihre physikalischen Korrelate) hervorgerufen wird:

> „Wir kommen nicht umhin, womöglich bestürzt und überrascht den Schluß zu ziehen, daß unsere Elementarhandlungen – also diejenigen, die wir nicht durch Ausführungen von etwas anderem vollziehen, mithin bloße Körperbewegungen – die einzigen Handlungen sind, die es gibt. Wir tun nie mehr, als unseren Körper zu bewegen; der Rest ist der Natur anheimgestellt."[17]

Zusammenfassung

Allen bisher geschilderten Positionen liegt die Auffassung zu Grunde, daß eine kausale Erklärung von Handlungen eine Vorbedingung für die Naturalisierung von alltäglichen und somit auch von soziologischen Handlungserklärungen darstellt. Allerdings gibt es unterschiedliche Standpunkte bezüglich der kausalen Struktur alltäglicher Handlungserklärungen. Während im reduktiven Materialismus und Eliminativismus den mentalen Erklärungen selbst eine kausale, nomologisch-theoretische Struktur zugeschrieben wird, kann diese nach Davidson nur physikalischen Erklärungen zugeschrieben werden. Obwohl es unterschiedliche Auffassungen über den theoretischen Charakter von mentalen Handlungserklärungen gibt, herrscht weitgehende Einigkeit darüber, wie die zu erklärende Handlung selbst beschaffen sein muß, wenn sie in ein kausales Erklärungsschema gebracht werden und so naturalisiert werden soll. Die Handlung als solche, für deren Erklärung man das physikalistische Modell gegenüber dem alltagspsychologischen oder soziologischen als überlegen ansieht, wird nämlich als *Basishandlung* bestimmt. Wenn die zu erklärenden Handlungen Basishandlungen sind, kann die Adäquatheit bzw. Richtigkeit physikalischer Erklärungen gegenüber nicht-physikalischen leichter aufgewiesen werden.

Basishandlungen im Handlungsbaum

Angesichts dieser Situation stellt sich die Frage, ob das zu erklärende Phänomen alltäglicher und sozialwissenschaftlicher Handlungserklärungen tatsächlich die Basishandlung ist. Es ist bezeichnend, daß sich die Begriffsbedeutung von „Basishandlung" am besten durch das Modell des Handlungsbaums explizieren läßt. Wie bereits oben angesprochen, wurde die Basishandlung bestimmt als die Handlung, von der es nicht mehr sinnvoll ist zu fragen, wodurch der Handelnde sie vollzieht. Diese Definition impliziert, daß es auch Handlungen gibt, bei denen es sinnvoll ist zu fragen, wodurch jemand sie vollzieht. Die Basishandlung stellt also sozusagen den Endpunkt einer Kette von verschiedenen Handlungen oder Teilhandlungen dar, deren Ordnungsrelation durch die Wodurch-Frage ermittelt werden kann. Ich möchte dies an einem Beispiel von Davidson verdeutlichen:

Jemand hat in seinem Zimmer den Finger bewegt, den Schalter umgelegt, das Licht eingeschaltet, das Zimmer beleuchtet und so den Einbrecher gewarnt.[18] Auf die Frage „wodurch wurde der Einbrecher gewarnt?", wird geantwortet „indem jemand das Zimmer beleuchtete", und das Zimmer wurde beleuchtet, indem das Licht eingeschaltet wurde, und das Licht wurde eingeschaltet, indem der Schalter umgelegt wurde, und der Schalter wurde umgelegt, indem jemand den Finger an der entsprechenden Stelle krümmte. Das sind Handlungsbeschreibungen, die – wie aus dem Beispiel ersichtlich ist – mit dem Ausdruck „indem" untereinander verknüpft und geordnet werden können. Die entsprechende Ordnungsrelation wird deshalb auch „by-relationship" genannt.[19] Die durch sie geordneten Beschreibungen bilden sogenannte *Handlungsbäume*. „Basic" sind Handlungen dann, wenn die Beschreibungen, durch die man sich auf sie bezieht, zu den untersten eines Handlungsbaumes gehören. Sobald es nicht mehr sinnvoll ist zu fragen, wodurch der Handelnde seine Handlung vollzieht oder vollzogen hat, haben wir es mit einer Basishandlung zu tun. Die Basishandlungen stoppen sozusagen den Regreß nach unten. Ich kann zwar immer fragen, wie ich eine bestimmte Körperbewegung ausgeführt habe. Wenn ich aber dabei auf die Impulse in meinen Nerven oder die entsprechenden Muskelkontraktionen Bezug nehme, so gebe ich nicht mehr eine grundlegendere Handlung an, durch die ich die Körperbewegung vollzogen hätte.[20]

Ist nun die by-Relation zwischen den einzelnen Teilhandlungen lediglich eine Beziehung zwischen den entsprechenden Handlungsbeschreibungen oder eine, die auch zwischen den Handlungen selbst besteht? Die Deutung, daß die Relata der by-Relation eines Handlungsbaumes allein die Handlungsbeschreibungen sind, deckt sich mit der Deutung, daß sich die Sprecher durch die unterschiedlichen Beschreibungen auf ein und dieselbe Handlung beziehen: Wenn auf die Frage, wie H die Handlung A vollzog, geantwortet wird, indem H A' vollzog, so wird keine neue Handlung angegeben, sondern die eine lediglich neu beschrieben. Der gegenteilige Standpunkt besagt, daß durch jede neue Beschreibung auf eine neue, numerisch verschiedene Handlung Bezug genommen wird. Die zwei unterschiedlichen semantischen Standpunkte werden verschieden charakterisiert: Diejenigen, die für die erste Ansicht eintreten, werden „unifiers" oder auch „minimizers" genannt, die anderen hingegen, nach denen durch jede neue Beschreibung auf eine neue, numerisch verschiedene Handlung Bezug genommen wird, „multipliers" bzw. „maximizers".[21] Die Sicht der einen wird auch als *grobkörnig* und die der anderen als *feinkörnig* bezeichnet.[22]

Die Anhänger des Naturalisierungsprogramms vertreten dabei in der Regel eine grobkörnige Deutung des Handlungsbaumes. Die Überlegenheit der physikalischen gegenüber den alltäglichen Handlungserklärungen kann nämlich nur aufgewiesen werden, wenn sich die verschiedenen

Beschreibungen oder Erklärungen auf ein und dieselbe Handlung beziehen. Dagegen würde sich nach der feinkörnigen Position eine physikalische Handlungserklärung auf ein anderes Explanandum oder einen anderen Gegenstandsbereich beziehen als z. B. eine soziologische. In diesem Fall könnten die verschiedenen Erklärungssysteme nicht mehr miteinander hinsichtlich ihrer Adäquatheit verglichen werden. Reduktion oder Elimination einer Theorie T1 zugunsten einer anderen T2 wäre in diesem Fall unmöglich, da die Theorie T2 etwas anderes erklärt als T1.[23]

Gegen die grobkörnige Position lassen sich verschiedene Einwände vorbringen, z. B. das kausale und das zeitliche Argument: Wenn es etwas gibt, das Grund oder Ursache für die eine Handlung, aber nicht für die andere ist, so können die Handlungen nicht miteinander identisch sein; sie können ebenfalls nicht miteinander identisch sein, wenn sie verschieden lang dauern.[24] So dauert beispielsweise eine Erschießung eines Opfers länger als das Krümmen des Fingers am Abzug des Gewehrs. Diesen Einwänden ließe sich dadurch begegnen, daß man unterschiedliche Gegenstandsbereiche annimmt, die sich jedoch in einem wesentlichen Teilbereich überlappen.[25] Dieser Teilbereich, auf den sich beide Begriffssysteme erklärend beziehen, könnte Aufschluß über deren Adäquatheit oder Nichtadäquatheit geben. Obwohl sozialwissenschaftliche und alltägliche Erklärungen sich auf einen viel größeren Handlungskomplex beziehen als physikalische Erklärungen, gehört zu diesem umfassenderen Gegenstandsbereich auch die einfachste Körperbewegung. Die Basishandlung würde danach den wesentlichen Bestandteil jeder zu erklärenden Handlung ausmachen – jenen Bereich, an dem sich die Explananda der sozialwissenschaftlichen und physikalischen Erklärungen überlappen. Das grobkörnige Verständnis würde also mit der Ansicht gekoppelt, daß die untersten Beschreibungen das Eigentliche einer Handlung wiedergeben. Die Annahme, die Basishandlungen seien die eigentlichen Handlungen, reduziert Handlungen letztlich auf gewisse Körperbewegungen. So könnte zwar dem naturalistischen und physikalistischen Anliegen besser entsprochen werden; die Annahme hätte aber den Nachteil, daß verschiedene für Handlungen konstitutive Aspekte, wie sie nur von den höheren Beschreibungen im Handlungsbaum angegeben werden, verloren gehen:

Das Krümmen des Fingers am Abzug einer Schußwaffe ist z. B. im Kontext einer Waffenübung etwas anderes als im Kontext des Erschießens eines Opfers. Das Fingerkrümmen als Teilhandlung einer Übung ist harmlos verglichen mit dem Fingerkrümmen als Teilhandlung einer Tötung. Auch das, worauf wir uns durch die unterschiedlichen Beschreibungen zu beziehen beanspruchen, ist verschieden. Der Unterschied zwischen dem Fingerkrümmen im Kontext einer Übung und jenem im Kontext einer Erschießung ist gewiß nicht nur sprachlicher Natur. Wenn ich durch Gedankenexperimente die Dauer einer bestimmten Handlung verkürze und ihren Höhepunkt wegdenke, bekommen die Teilhandlungen, aus denen das Ganze besteht und die dem Höhepunkt oder Abschluß vorausgehen, einen ganz anderen Stellenwert. Die rein ereignishafte Bestimmung dieser Teilhandlungen trifft nicht das, was sie als Teile einer umfassenderen Handlung sind. Durch die Gedankenexperimente der Verkürzung von Handlungen oder der Entfernung von Teilhandlungen ändern wir nicht nur die Handlungsbeschreibungen, sondern etwas, das für die Handlungen als solche konstitutiv ist. E. Runggaldier bezeichnet diese Eigenschaft von Handlungen in Analogie zur räumlichen Inklusion als „zeitliche Inklusion".[26] Im Unterschied zu Tätigkeiten wie z. B. Laufen oder Schwimmen, bei denen man beliebig zeitliche Teile entfernen kann, ohne gleichzeitig ihre Art aufzuheben, erweisen sich typische Handlungen als zeitlich inklusiv. Das heißt, ihre zeitlichen Teile, ihre Teilhandlungen sind nicht von derselben Art wie sie und das Entfernen von Teilhandlungen verändert die Art der verbliebenen ‚Resthandlung'. Eine verkürzte Handlung des Erschießens ist dann z. B. kein Erschießen mehr, weil ihr der Endpunkt fehlt, der im Tod des Opfers besteht.

Die höheren Beschreibungen sind daher auch bei einer grobkörnigen Auffassung insofern adäquater als die unteren, als sie mehr darüber aussagen, was der Handelnde durch den Vollzug einer Basishandlung tatsächlich tut. Die Art der Basishandlung ist eine andere, wenn sie als integraler Bestandteil zum Explanandum eines umfassenderen Handlungskomplexes gehört, als wenn sie in einem nomologischen Kausalschema selbst schon das ganze Explanandum darstellt. Im oben geschilderten kausalen Erklärungsschema stehen nämlich für die Bestimmung der Art der Basishandlung nicht mehr die dazu erforderlichen konstitutiven Elemente aus den höheren Stufen des Handlungsbaumes zur Verfügung. Jene Teile aus dem ganzen Handlungskomplex, die für die Teilhandlung konstitutiv sind, wurden ja bereits aus dem Explanandum herausgenommen und entweder als Antezedensbedingungen in den Bereich des Explanans verlagert oder als bloße Wirkungen der Basishandlung von der ‚eigentlichen Handlung' abgetrennt. Sie stehen somit nicht mehr für eine Bestimmung der Art der Basishandlung zur Verfügung.

So gibt es z. B. bei der Handlung der Erschießung eines Opfers für die Handlung konstitutive Elemente – wie der Tod des Opfers, die Tötungsabsicht, bestimmte gesellschaftliche Strukturen etc. –, die außerhalb der Basishandlung des Fingerkrümmens liegen. Diese werden im kausalen Erklärungsschema nun einerseits bestimmten Ereignissen zugeordnet, die der Basishandlung als Antezedensbedingungen vorausgehen. So geht dem Fingerkrümmen die Tötungsabsicht als auslösende Ursache voraus. Dieses mentale Ereignis der Tötungsabsicht korreliert mit einem bestimmten physikalischen Ereignis, nämlich mit der Aktivierung bestimmter Neuronen im Gehirn. Das erforderliche Wissen im Umgang mit Schußwaffen kann ebenso wie z. B. die gesellschaftlich bedingte leichte Verfügbarkeit von Schußwaffen in Österreich als Randbedingung zu den Antezedenzien gerechnet werden. Jene für die Handlung der Erschießung konstitutiven Elemente, die sich nicht den Antezedensbedingungen zuordnen lassen, wie z. B. der Tod des Opfers, werden als Wirkung einem auf die Basishandlung folgenden Ereignis zugeordnet. Dieses Ereignis (physischer Tod) kann ebenfalls physikalisch beschrieben werden. In dieser Kausalkette ist zwar ein Zusammenhang zwischen all den zeitlich diskreten Ereignissen gegeben, ein direktes Ursache-Wirkungs-Verhältnis besteht aber nur zwischen den unmittelbar benachbarten Ereignisgruppen – zwischen Antezedensbedingungen und einfachster Körperbewegung bzw. zwischen Körperbewegung und den unmittelbar darauf folgenden Wirkungen. Kein direktes Ursache-Wirkungs-Verhältnis kann jedoch zwischen den Antezedensbedingungen und den weiteren Wirkungen der Körperbewegung hergestellt werden. Es gibt also eine direkte Verursachung der Körperbewegung des Fingerkrümmens durch das auslösende Motiv, der Tötungsabsicht. Es gibt jedoch – was sehr befremdlich erscheint – keine direkte Verursachung des Todes des Opfers durch die Tötungsabsicht.[27]

Der Handlungskomplex wird so aufgelöst in ein Aufeinanderfolgen physikalisch bestimmbarer Ereignisse, deren Art nicht von den ihnen vorausgehenden oder nachfolgenden Ereignissen bestimmt wird; ein Fingerkrümmen ist ein Fingerkrümmen, egal ob es zum Tod eines Opfers führt oder lediglich einen Treffer auf der Zielscheibe hervorruft. Auf diese Weise wird der Eindruck erweckt, daß es sich bei der eigentlichen Handlung um ein von den Erklärungsbedingungen begrifflich unabhängiges Explanandum handelt, welches eine theoretisch neutrale Evidenz für die Richtigkeit oder Falschheit der Handlungserklärungen selbst liefert. Je unbestimmter und einfacher die Art der erklärenden Handlung ist, desto einfacher läßt sich diese Handlung als physikalisch bestimmbares Ereignis in eine Kausalkette integrieren und so naturalisieren.

Geht man aber davon aus, daß die Bestimmung der Art der zu erklärenden Handlung nicht auf der untersten Ebene im Handlungsbaum über das ihm zugrundeliegende physikalische Ereignis der einfachsten Körperbewegung erfolgen kann, sondern nur über Elemente, die in den höheren Schichten vorkommen, so ergibt sich eine völlig andere Situation für die Naturalisierung nicht-physikalischer Handlungserklärungen: Die zur Erklärung von Handlungen erforderlichen Erklärungsbedingungen können dann nicht einfach so bestimmt werden, daß sie prinzipiell durch physikalische Korrelate ersetzbar sind. Als Ursachen in Handlungserklärungen fungieren dann nicht mehr bestimmte mentale Ereignisse, die mit bestimmten physikalischen Ereignissen identisch sind, sondern handelnde Personen, die in gesellschaftliche Zusammenhänge und Regelsysteme eingebunden sind. Handelnde Personen müssen im Unterschied zu Ereignissen – zumindest für die gesamte Dauer der Handlung – durch die Zeit mit sich identisch sein.[28] Nur als solche können sie eine Absicht verfolgen, die sich nicht nur auf die unmittelbar folgende Körperbewegung z. B. des Fingerkrümmens richtet, sondern sich über die gesamte Zeitdauer eines Handlungskomplexes hinweg bis zum Tod des Opfers erstreckt.

Trägt man der Intuition Rechnung, daß die oberen Bereiche des Handlungsbaumes als konstitutive Elemente zur eigentlichen zu erklärenden Handlung selbst gehören, so können nur Gründe und Ursachen in die Erklärung von Handlungen eingehen, die sich auch auf diese höheren Schichten im Handlungsbaum erstrecken. Zur Erklärung von Handlungen müssen also handelnde Personen, größere soziale Strukturen, gesellschaftliche Normen, Regelsysteme mit einbezogen werden. Wenn nicht mehr nur die Basishandlung als isoliertes Ereignis erklärt werden soll, sondern der größere Handlungskomplex, innerhalb dessen die Basishandlung einen integralen Bestandteil darstellt, erweist es sich als viel schwieriger, die Überlegenheit physikalischer Erklärungen zu demonstrieren.

Anhand des Handlungsbaumes läßt sich also zeigen, daß eine Bestimmung von Handlungen als Basishandlungen zwar die Naturalisierung von Handlungserklärungen erleichtert, aber zu eng gefaßt ist, um der gesellschaftlichen Realität von Handlungen gerecht zu werden; gerade die für Handlungen konstitutiven Umstände und Bezüge können in dieser naturalistischen Konzeption von Handlungen als Basishandlungen nicht berücksichtigt werden.

Anmerkungen

1. Vgl. Beckermann 1977b, S. 18 ff.
2. Vgl. Davidson 1990, S. 321 f.
3. Churchland 1977.
4. Davidson 1990, S. 365; eine ausführliche Darstellung des deduktiv-nomologischen Erklärungsschemas findet sich in Stegmüller 1969, S. 82 ff.
5. Churchland 1977, S. 313.
6. Stegmüller 1969, S. 87 f.
7. Vgl. Davidson 1990, S. 96.
8. Flew 1979, S. 35.
9. Churchland 1977.
10. Als klassische Vertreter des reduktiven Materialismus gelten Place 1956, Smart 1959 und Lewis 1977.
11. Nagel 1961, Kap. 11: The Reduction of theories.
12. Churchland 1990, S. 206. S. Stich fordert im Unterschied zu Churchland die Elimination der Alltagspsychologie nicht durch ein neurophysiologisches, sondern durch ein konnektionistisches Erklärungsmodell; vgl. Stich 1996, Kap. 2.
13. Vgl. Kim 1993, Kap. 13: Mechanism, purpose, and explanatory exclusion.
14. Davidson 1990, S. 322; vgl. auch ebd., S. 335: „Da psychische Phänomene kein abgeschlossenes System bilden, läuft dies auf die Feststellung hinaus, daß sie nicht einmal theoretisch präzisen Voraussagen oder der Subsumption unter deterministische Gesetze zugänglich sind. Die den Sozialwissenschaften gesetzte Grenze ist also nicht naturgegeben, sondern stammt von uns, sobald wir entscheiden, die Menschen als rationale Wesen mit Zielen und Zwecken zu sehen, als Wesen, die auch einer moralischen Bewertung unterliegen."
15. Demgegenüber wird im RM eine sogenannte *type*-Identität zwischen Mentalem und Physikalischem behauptet. Sie besagt, daß mentale Zustände eines bestimmten Typs mit physikalischen eines bestimmten Typs identisch sind; vgl. Lewis 1977.
16. Vgl. Runggaldier 1996, S. 126.
17. Davidson 1990, S. 96.
18. Davidson 1990, S. 87.
19. Vgl. Goldman 1970, S. 5 f.
20. Vgl. Davidson 1990, S. 82.
21. Vgl. Pfeifer 1989, S. 5–13, bzw. Ginet 1990, S. 47–70.
22. Stoecker 1992, S. 28.
23. Vgl. Kordig 1971, S. 22.
24. Zum kausalen und zeitlichen Argument gegen die grobkörnige Position vgl. Pfeifer 1989, Kap. 5.
25. Kim 1993, S. 102.
26. Runggaldier 1996, S. 56 ff.
27. Vgl. dazu (nochmals) Davidson 1990, S. 96: „Wir tun nie mehr, als unseren Körper zu bewegen; der Rest ist der Natur anheimgestellt."
28. Vgl. Runggaldier 1995, S. 276 ff.

Literatur

Beckermann, Ansgar (Hg.) 1977a: Analytische Handlungstheorie. Bd. 2: Handlungserklärungen. Frankfurt/Main 1977.

Beckermann, Ansgar 1977b: Handeln und Handlungserklärungen, in: Beckermann, A. (Hg.) 1977a, S. 7–85.

Brandl, J. L./Hieke, A./Simons, P. M. (Hg.) 1995: Metaphysik – Neue Zugänge zu alten Fragen. Sankt Augustin 1995.

Churchland, Paul M. 1977: Der logische Status von Handlungserklärungen, in: Beckermann, A. (Hg.) 1977a, S. 304–331.

Churchland, Paul M. 1990: Eliminative Materialism and the Propositional Attitudes, in: Lycan, W. G. (Hg.) 1990, S. 206–223.

Davidson, Donald 1990: Handlung und Ereignis. Frankfurt/Main 1990.

Flew, A. (Hg.) 1979: A Dictionary of Philosophy. London 1979.

Ginet, Carl 1990: On Action. Cambridge 1990.

Goldman, Alvin I. 1970: A Theory of Human Action. Englewood Cliffs 1970.

Kim, Jaegwon 1993: Supervenience and Mind. Selected Philosophical Essays. Cambridge/Mass. 1993.

Kordig, Carl R. 1971: The Justification of Scientific Change. Dordrecht 1971.

Lewis, David 1977: Eine Argumentation für die Identitätstheorie, in: Beckermann, A. (Hg.) 1977a, S. 398–411.

Lycan, William G. (Hg.) 1990: Mind and Cognition. A Reader. Cambridge/Mass. 1990.

Nagel, Ernest 1961: The Structure of Science. Problems in the Logic of Scientific Explanation. New York 1961.

Pfeifer, Karl 1989: Actions and Other Events. The Unifier-Multiplier Controversy. New York 1989.

Place, U. T. 1956: Is Consciousness a Brain Process?, in: British Journal of Psychology (1956), S. 44–50.

Runggaldier, Edmund 1995: Handlungsbeschreibungen als ontologische (metaphysische) Herausforderung, in: Brandl, J. L. u. a. (Hg.) 1995, S. 269–278.

Runggaldier, Edmund 1996: Was sind Handlungen? Eine philosophische Auseinandersetzung mit dem Naturalismus. Stuttgart 1996.

Smart, J. J. C. 1959: Sensations and Brain Processes, in: Philosophical Review 68 (1959), S. 141–156.

Stegmüller, Wolfgang 1969: Probleme und Resultate der Wissenschaftstheorie und Analytischen Philosophie. Bd. 1: Wissenschaftliche Erklärung und Begründung. Berlin 1969.

Stich, Stephen P. 1996: Deconstructing the Mind. Oxford 1996

Stoecker, Ralf 1992: Was sind Ereignisse? Eine Studie zur analytischen Ontologie. Berlin – New York 1992.

Rainer Greshoff

‚Handlung' als Grundlagenkonzept der Sozialwissenschaften?

Zum Stellenwert von „Handlung" in allgemeinen Konzeptionen des Sozialen: Niklas Luhmann und Max Weber im Vergleich

I

(1) In den Sozialwissenschaften wird nach wie vor heftig darüber geklagt, die Vielzahl an theoretischen Konzeptionen nicht befriedigend miteinander vermitteln zu können. Von Durcheinander, unabgeklärtem Nebeneinander, ja sogar „Anarchie" ist zu lesen.[1] Bei diesen Darstellungen sind die unterschiedlichen soziologischen Handlungstheorien mitgemeint. Zu fragen ist, wie zutreffend die Umschreibungen sind und wie berechtigt die Klagen. Denn *faktisch* vermitteln sich die verschiedenen Konzeptionen irgendwie miteinander, streiten, konkurrieren und attestieren sich Überoder Unterlegenheit. Reicht also nicht das, was passiert? Aber: mangelt es an Fertigkeiten für einen angemesseneren Umgang mit der Vielfalt, wie sind dann die Resultate dieser faktischen Auseinandersetzungen einzuschätzen? Müssen sie nicht sehr problematisch und wenig geeignet sein, etwa die zentrale wissenschaftliche Idee umzusetzen, möglichst gut begründete Problemlösungen herzustellen? Im folgenden werde ich eine Position aus solchen Streiten zum Thema „soziologische Handlungstheorie" daraufhin untersuchen.

(2) In der Soziologie steht bei Diskussionen um die angemessene Konzeptualisierung von Sozialität immer wieder der Begriff[2] der Handlung im Vordergrund (vgl. etwa Esser 1996, S. 1 f.). Eine besondere Position nimmt hierbei Niklas Luhmann mit seiner heutigen Konzeption ein. Er sieht für die soziologische Theoriebildung die „vielleicht wichtigste (...) Alternative" darin, „ob man von einem Grundbegriff der Kommunikation ... oder

von einem Grundbegriff der Handlung . . . ausgehen müsse" (Luhmann 1981a, S. 93). Die Alternative ist für ihn mit folgenden Annahmen verknüpft:

(3) Hinsichtlich der Frage, was „die letzte Einheit (ist, R. G.), bei deren Auflösung das Soziale verschwinden" wird (Luhmann 1984, S. 192), nimmt man bisher an – so Luhmann –, daß „Handlung"[3] die elementare, nicht weiter zerlegbare Einheit ist. Für ihn spiegelt sich darin die dominierende Grundlegung der Soziologie durch Handlungstheorie wieder (vgl. etwa Luhmann 1995a, S. 155, sowie 1984, S. 191 f.). Deren „grundbegriffliche Orientierung hält . . . seit Max Weber und Talcott Parsons den ersten Platz in der soziologischen Theoriediskussion besetzt" (Luhmann 1995a, S. 153). Diese „traditionelle Theorie" (Luhmann) hält er aus verschiedenen Gründen für defizitär.

(4) Zum einen ist sie nicht geeignet, Soziales zutreffend zu erfassen. Denn der grundlegende Begriff der Handlung hat, wie er formuliert, „keine notwendig soziale Referenz" (Luhmann 1990a, S. 283). In seinem Theorievorschlag konzeptualisiert Luhmann Sozialität anders: Als soziale Operation kommt nur Kommunikation in Betracht, denn nur kommunikatives Geschehen kann in einem genauen Sinne als soziale Wirklichkeit bezeichnet werden (vgl. Luhmann 1990a, S. 283; 1988a, S. 14). Und Kommunikation ist für ihn nicht als eine Art von Handlung zu begreifen.

(5) Zum anderen ist mit der „handlungstheoretischen Fundierung" (Luhmann) keine wirklich eigenständige Theorie des Sozialen möglich (vgl. Luhmann 1984, S. 191, 234, sowie 1997, S. 86). Denn der Handlungsbegriff der Tradition verweist primär auf das handelnde Subjekt und seine körperliche und mentale Ausstattung (vgl. Luhmann 1990a, S. 283). „Handlungstheoretische Fundierung" bedeutet daher „Subjekt-Belastetheit". All das aber, was man Subjekt nennt, kann für Luhmann nie Teil eines sozialen Systems sein (vgl. Luhmann 1986a, S. 54). Wichtig ist ihm, jeweilige Systeme genau auseinanderzuhalten. Luhmann geht von einem „Totalausschluß" (Luhmann 1992a, S. 141) aus: „Nichts Körperliches und nichts Psychisches findet Einlaß in das operativ geschlossene System der Kommunikation" (Luhmann 1992a, S. 140). Organisch-körperliche Systeme, psychische Systeme und Kommunikations- bzw. soziale Systeme existieren vollständig getrennt, es gibt keinerlei Überschneidungen ihrer Operationen (vgl. Luhmann 1990b, S. 30 ff.; s. auch 1988b, S. 892 f.), auch wenn sie aufgrund jeweiliger System-Umwelt-Verhältnisse nicht unabhängig voneinander sind (vgl. Luhmann 1990c, S. 7).

(6) Deutlich ist, daß Luhmann seinen Theorievorschlag, die Theorie selbstreferentiell-autopoietischer Sozialsysteme, der „traditionellen Theorie" gegenüber als überlegen einschätzt (vgl. z. B. Luhmann 1990a). Für ihn ist die bisherige, wesentlich an den Klassikern orientierte soziologische Theorie in einem derart unbefriedigendem Zustand, daß es nicht lohnt, mit ihr weiterzuarbeiten. Er plädiert dafür, sie „ins Museum für soziologische Altertumskunde abzustellen" (Luhmann 1990a, S. 282).

(7) Nun will Luhmann sich mit seinem Theorievorschlag nicht gänzlich abkoppeln von der Tradition. Aber um an sie anschließen zu können, müssen seiner Ansicht nach traditionelle Konzepte aufgegeben bzw. reformuliert werden (vgl. Luhmann 1987a, S. 309). Das heißt dann auch, daß er auf „jede *kategoriale* (das heißt: zur Primärdekomposition des Seins ansetzende) Verwendung des Handlungsbegriffs, die nach üblichem Verständnis zwangsläufig auf ein sinngebendes Subjekt verweist" (Luhmann 1987a, S. 309), verzichten will. Es geht ihm aber „nicht um einen Verzicht auf den Handlungsbegriff schlechthin" (Luhmann 1987a, S. 321), sondern um dessen „Umlagerung" bzw. „Rekonstruktion" in soziologischer Perspektive.[4] Im folgenden werde ich zunächst dieses „Umlagern" bzw. „Rekonstruieren" thematisieren, wie Luhmann es mit Bezug auf Max Weber erläutert.

II

(8) Vorab ist daran zu erinnern, daß für Weber soziales Handeln den „zentralen Tatbestand (bildet, R. G.), denjenigen, der für sie (die Soziologie im Weberschen Sinne, R. G.) als Wissenschaft sozusagen *konstitutiv*" ist (Weber 1976, S. 12). In „Soziale Systeme" (1984, S. 191 ff.) erörtert Luhmann nun mit Bezug auf „Sozialität" die grundsätzlichen Differenzen. Zu Weber schreibt er: „Für Weber ist soziales Handeln *ein besonderer Fall* (Hervorh. R. G.) von Handeln" (Luhmann 1984, S. 191). Daran anknüpfend bestreitet Luhmann, daß durch Webers Konzept das Verhältnis von Handlung und Sozialität zutreffend erfaßt ist. Im Rahmen seines Theorievorschlags skizziert er eine, wie er denkt, zutreffendere Auffassung: „Sozialität ist kein besonderer Fall von Handlung, sondern Handlung wird in sozialen Systemen über Kommunikation und Attribution konstituiert" (Luhmann 1984, S. 191). Von dieser Anknüpfung an Weber her kann man zunächst vermuten, daß Luhmann mit „Handlung" gleiches meint wie

Weber, nur daß er „Handeln" einen anderen – eben angemesseneren, wie er annimmt – Stellenwert gibt.[5]

(9) Wie man sich die Stellung von „Handlung" vorzustellen hat, wird durch die Formulierung „Handlung wird in sozialen Systemen *über* Kommunikation und Attribution konstituiert" ebenso nur angedeutet wie durch Luhmanns Aussage, daß „Kommunikation und Handlung . . . nicht zu trennen (wohl aber zu unterscheiden) sind" (Luhmann 1984, S. 193). Entnehmen läßt sich aber seinen Äußerungen ein Zusammenhang von „Kommunikation" und „Attribution"[6] mit „Handlung".

(10) Zunächst kurz zu dem Punkt „Kommunikation". Kommunikation ist für Luhmann gekennzeichnet durch eine „Synthese von drei verschiedenen Selektionen – nämlich Selektion einer *Information*, Selektion der *Mitteilung* dieser Information und selektives *Verstehen oder Mißverstehen* dieser Mitteilung und ihrer Information" (Luhmann 1995b, S. 115).

(11) Der Punkt „Attribution" bzw. „Zurechnung" ist etwas komplizierter. Hinsichtlich der „Umlagerung des Handlungsbegriffs" schreibt Luhmann, daß die „vorgeschlagene Umstrukturierung . . . dem Handlungsbegriff ein fundamentaler angesetztes Zurechnungsproblem" unterschiebt (Luhmann 1981b, S. 69). Mit dem „Zurechnungsproblem" verweist er auf das „Problem der Kausalzurechnung" (Luhmann 1990b, S. 140). Es geht um die *Feststellung* der „Urheberschaft" von Selektionen bzw. von als Selektion erkennbarem Verhalten, also „um die Lokalisierung der Ursache dafür, daß etwas so und nicht anders abläuft" (Luhmann 1981b, S. 69; vgl. auch Luhmann 1977a, S. 92). Eine derartige „Lokalisierung" geschieht durch Zurechnung. Solche „Lokalisierungen" werden gebraucht, „wenn und soweit im Flusse des Verhaltens Zurechnungsprobleme auftreten, die gelöst werden müssen, um Folgeselektionen anknüpfen und entscheiden zu können" (Luhmann 1981b, S. 70). Zurechnungen sollen also Folgeselektionen ermöglichen. (Ich komme auf das Thema „Folgeselektionen" unter dem Stichwort „Anschlußfähigkeit" später zurück.)

(12) „Handlung" beschreibt Luhmann als „auf Systeme zugerechnete Selektion" (Luhmann 1984, S. 160)[7]. Bedenkt man diese Aussage, dann komme ich erst einmal zu folgender Deutung: Luhmann geht davon aus, daß „Handlung" eine Zurechnung ist. Eine *bloße* Selektion kann demnach keine Handlung sein. Erst wenn eine Selektion in bestimmter Weise *zugerechnet* wird, kann von einer Handlung die Rede sein. Kennzeichnend für Luhmanns Handlungsbegriff ist demzufolge, daß er Selektionen erfassen läßt, die zugerechnet werden.

(13) Nun sind „Zurechnungen . . . immer Beobachtungen" (Luhmann 1990b, S. 141). „Beobachtung" beschreibt Luhmann als „die Verwendung einer Unterscheidung zur Bezeichnung der einen (also: nicht der anderen) Seite" (Luhmann 1987a, S. 311). Die Unterscheidung wird dabei „zur Gewinnung von Informationen über das Bezeichnete benutzt" (Luhmann 1984, S. 597). Beobachtung hat Informationsgewinnung zum *Zweck* (vgl. Luhmann 1983, S. 33). Wird dieser realisiert, ist Informationsgewinnung das *Resultat* einer Beobachtung. Die Verknüpfung von Handlung mit Zurechnung bzw. Beobachtung ist insofern relevant, als Luhmann in Auseinandersetzung mit Max Weber formuliert, daß „Handeln das *Resultat* (Hervorh. R. G.) einer Beobachtung" ist (Luhmann 1985a, S. 8). Wenn Handeln aber das *Resultat* einer Beobachtung ist[8], ist mit „Handeln" dann – ich erinnere an Luhmanns Verständnis von Beobachtung – eine *Informationsgewinnung* gemeint? Was zunächst befremdlich anmutet, läßt sich mit folgender These plausibilisieren: Luhmann meint, wenn er von „Handlung" schreibt, *„Handlungsverständnis"*. Zum Beispiel in folgendem Sinne: Von den drei für eine Kommunikation notwendigen Selektionen wird – von „wem" auch immer – eine im Rahmen einer spezifischen Unterscheidung beobachtet (also zugerechnet) und damit *als Handlung aufgefaßt*. Die *Auffassung als Handlung* ist dann das *Handlungsverständnis*. Ein längeres Zitat soll meine Deutung belegen.

(14) Kommunikation ist, so Luhmann,

> „wenn man nicht schon Handlung hineinliest, ein symmetrisches Verhältnis mehrerer Selektionen . . . *Erst durch Einbau eines Handlungsverständnisses in das kommunikative Geschehen wird die Kommunikation asymmetrisiert,* erst dadurch erhält sie eine Richtung vom Mitteilenden auf den Mitteilungsempfänger . . . Kommunikationssysteme (. . .) . . . müssen . . . das Mitteilen selbst als Handeln auffassen, *und nur in diesem Sinne wird Handeln zur notwendigen Komponente der Selbstreproduktion des Systems von Moment zu Moment* (Hervorh. R. G.)" (Luhmann 1984, S. 227).

Daß Handeln „nur in diesem Sinne" notwendige Komponente ist, betont, daß mit „Handeln" die *Auffassung* von Etwas (nämlich der „Mitteilung") *als Handeln* gemeint ist. „Auffassung als Handlung" deute ich als synonym mit dem, was Luhmann im selben Zitat „Handlungsverständnis" nennt. Dieses Handlungsverständnis verortet er im Sozialen. Auf dieses Handlungsverständnis bezieht sich auch sein Handlungsbegriff, d. h., „Handlungsverständnis" ist der Gegenstand von Luhmanns Handlungsbegriff.

127

Legt man diese Deutung zugrunde, wird auch seine befremdlich wirkende Aussage, daß Handeln das Resultat von Beobachtung ist, einsichtiger. Denn wenn „Handeln" „Handlungsverständnis" meint, ist ein Handlungsverständnis das Resultat von Beobachtung. Bevor ich auf Luhmanns Anknüpfung an Weber zurückkomme, werde ich erörtern, was man sich darunter vorzustellen hat, daß – wie es im obigen Luhmann-Zitat heißt – *in* das kommunikative Geschehen ein Handlungsverständnis eingebaut wird.

(15) Man muß sich vergegenwärtigen, daß Luhmann mit der Annahme eines Handlungsverständnisses eine Aussage über etwas macht, das seiner Meinung nach *im* kommunikativen Geschehen, also in dem Gegenstandsbereich, den er als Wissenschaftler mit seinen Konzepten erfassen will, existiert. Er geht davon aus, daß *im* Sozialen, genauer in jeder elementaren sozialen Einheit (= Kommunikation), durch Beobachten eine Beschreibung dieser Kommunikation angefertigt wird: In „die selektiven Synthesen der Kommunikation" wird „eine Auslegung ‚der' Kommunikation als Handlung" eingebaut (Luhmann 1984, S. 634). Durch diese „Auslegung" wird, so Luhmann, ein reduziertes (vereinfachtes) Bild der Kommunikation geschaffen (vgl. Luhmann 1984, S. 193). Die Kommunikation wird dabei auf die Mitteilung verkürzt, und die Mitteilung wird als Handlung begriffen. Dadurch entsteht ein Handlungsverständnis. Es dient dazu, „Anschlußgrundlagen für weitere Kommunikationsverläufe" zu schaffen (Luhmann 1984, S. 193). Kurz, das Handlungsverständnis „reduziert" die Kommunikation derart, daß an die Kommunikation eine weitere Kommunikation anschließen kann.

(16) Bedenkt man diese Annahmen Luhmanns, verwundert es zunächst, daß Kommunikation als Handlung gedeutet werden kann, schreibt er doch, daß soziales Geschehen „nicht aus Handlungen aufgebaut" wird (Luhmann 1984, S. 193). Weiter liest man bei ihm, daß Selektionen „nicht handlungsanalog begriffen werden" können (Luhmann 1984, S. 56 f.). Wieso aber kann dann die Selektion „Mitteilung" als Handlung „aufgefaßt" werden? Die Verwunderung läßt sich auflösen, indem gleichzeitig geklärt wird, wer das Handlungsverständnis herstellt.

(17) Die drei Selektionen einer Kommunikation ordnet Luhmann verschiedenen „Prozessoren" zu (Luhmann 1981c, S. 105), nämlich Alter und Ego. Er schreibt von dem eine Information „Mitteilenden (Alter) und dem Verstehenden (Ego)" (Luhmann 1988a, S. 257). Man kann von daher zwei Perspektiven unterscheiden: Luhmann als Wissenschaftler (= W-Perspek-

tive) konzeptualisiert Selektionen nicht als Handlungen. Er nimmt auch nicht an, daß eine Kommunikation angemessen als Mitteilungshandeln aufzufassen ist. Aber im Gegenstandsbereich gehen Alter und/oder Ego als „Träger" bzw. „Prozessoren" des sozialen Geschehens davon aus, daß bestimmte Selektionen, nämlich Mitteilungen, Handlungen sind (= A/E-Perspektive). Da Luhmann den Gegenstandsbereich des Sozialen als Wissenschaftler konzeptuell erfassen können will, muß er deren Einschätzung einbeziehen. Die A/E-Perspektive wird insofern also von Luhmann erfaßt, sie ist Teil (aber eben nur Teil!) seiner Konzeptualisierung von sozialem Geschehen. Er stellt sich diese Perspektive meiner Deutung nach folgendermaßen vor: Von den Trägern wird angenommen, daß mit bestimmten Selektionen bzw. mit bestimmtem Verhalten „Absichten", „Motive", „Interessen" verbunden sind. Die Selektionen werden bzw. das Verhalten wird dadurch als Handlung(en) aufgefaßt, d. h., Alter/Ego bauen ein Handlungsverständnis auf (vgl. Luhmann 1992b, S. 108).

(18) Daß Luhmann zur Darstellung der Annahmen der Träger sozialen Geschehens Worte wie „Absicht", „Motiv" usw. verwendet, ist erläuterungsbedürftig. Denn „Motive" usw. sind *für Luhmann* (= W-Perspektive) mentale Zustände. Er verortet sie in psychischen Systemen, also in der Umwelt sozialer Systeme (vgl. Luhmann 1988a, S. 36; 1985b, S. 141). Daß, wie Luhmann es darstellt, *von den Trägern* sozialen Geschehens bestimmte Selektionen als mit „Absichten" usw. verknüpft *aufgefaßt* werden (A/E-Perspektive), heißt, daß von den Trägern, wie er sich ausdrückt, eine *„Zuschreibung* (also *Zurechnung) von Motiven"* vorgenommen wird (vgl. Luhmann 1985b, S. 141; s. auch Heidenescher 1992, S. 442)[9]. Es ist *deren Annahme* (und nicht Luhmanns), daß bestimmten Selektionen „Absichten" zugrunde liegen. Die von ihnen vollzogene „Zurechnung von Motiven" bedeutet, daß die jeweiligen Selektionen als – um eine Formulierung von Luhmann aufzugreifen – ganz oder teilweise *„zurückzuführen auf ein sinngebendes Subjekt"* aufgefaßt werden (vgl. Luhmann 1987a, S. 309). Es verwundert daher nicht, wie er die geschilderte Zurechnung von „Absichten" einschätzt. „Absichten", so Luhmann, „fungieren im sozialen Verkehr . . . als . . . verkehrsnotwendige Fiktionen. Es sind, weniger hart ausgedrückt, kurzschlüssige, aber alltagstaugliche Erklärungen für Handlungen" (Luhmann 1992b, S. 106; vgl. auch Nassehi 1995, S. 355)[10].

III

(19) Diese Deutung vorausgesetzt, ist noch zu klären: „wo" das die Kommunikation reduzierende Handlungsverständnis eingebaut wird und was es bedeutet, daß diese Reduktion „Anschlußgrundlagen für weitere Kommunikationsverläufe" (Luhmann 1984, S. 193) schafft. Mit „Anschlußgrundlagen für weitere Kommunikationsverläufe schaffen" verweist Luhmann auf das Thema „Anschlußfähigkeit". Damit wird ein Grundproblem autopoietischer Systeme hinsichtlich ihrer jeweiligen basalen Elemente bzw. Operationen berührt: „wie (kommt, R. G.) man überhaupt von einem Elementarereignis zum nächsten" (Luhmann 1984, S. 62)? Gelingt es nämlich nicht, von einem Ereignis zum nächsten zu kommen, können die Elemente also nicht aneinander anschließen, dann sind autopoietische Systeme nicht in der Lage, sich zu reproduzieren und hören auf zu existieren.

(20) Sollen Operationen Anschlüsse ermöglichen, müssen sie so gestaltet sein, daß man an sie anschließen kann. Daher wird „eine entsprechende Vorsorge für Anschlußfähigkeit . . . *über Selbstreferenz* (Hervorh. R. G.) jeder Operation auferlegt" (Luhmann 1984, S. 123).[11] Worauf ich nun hinaus will, ist folgendes: Es gibt bei Luhmann einen Zusammenhang zwischen „(basaler) Selbstreferenz" sowie „Handlung" (weiter im Sinne von „Handlungsverständnis") und „Anschlußfähigkeit". (Statt „[basaler] Selbstreferenz" ist bei ihm bezüglich des hier interessierenden Kontextes auch immer wieder von „Selbstbeobachtung" zu lesen.)[12]

(21) Luhmann beschreibt „Kommunikation . . . (als, R. G.) eine sich selber beobachtende Operation, weil sie eine Unterscheidung (von Information und Mitteilung) prozessieren und den Mitteilenden als Adressaten und Anknüpfungspunkt für weitere Kommunikation ausfindig machen, also unterscheiden muß" (Luhmann 1990b, S. 77; vgl. auch 1997, S. 86). Dieses „Ausfindigmachen" beschreibt er auch auf andere Weise. Durch die Zurechnungen, die Handlungen herstellen (also damit nach meiner Deutung ein Handlungsverständnis erzeugen), werden, so Luhmann, „Adressaten für weitere Kommunikation . . . festgelegt" (Luhmann 1984, S. 228). Die Zurechnungen gewährleisten die „zur Sicherung der Anschlußfähigkeit . . . (erforderliche, R. G.) Reduktion auf Handlung" (Luhmann 1982, S. 374). „Reduktion auf Handlung" heißt, „das Mitteilen als Handlung aufzufassen" und dieses „Auffassen" (= „Handlungsverständnis"), so hatte ich oben Luhmann zitiert (Nr. 14), ist notwendig für die

Reproduktion des sozialen Systems *von Moment zu Moment*, also für die Herstellung von Anschlußfähigkeit (vgl. auch Heidenescher 1992, S. 442). Diesen Zusammenhang verdeutlicht auch die Aussage, daß „die laufende Herstellung von Einzelhandlungen . . . als Vollzug einer mitlaufenden Selbstbeobachtung (aufzufassen ist, R. G.), durch die elementare Einheiten so markiert werden, daß sich Abstützpunkte für Anschlußhandlungen ergeben" (Luhmann 1984, S. 229 f.). Meine Annahme ist nun, daß das „Handlungsverständnis" als Resultat der „Selbstbeobachtung" bzw. der „(basalen) Selbstreferenz" innerhalb einer Kommunikation von der Komponente des Verstehens aufgebaut wird.

(22) Denn bezüglich der Frage, „wie sich Operationen im Zeitlauf verketten (also aneinander anschließen, R. G.)" (Luhmann 1994, S. 478), schreibt Luhmann, daß er „bezogen auf diese elementare Ebene der Verknüpfung von Operationen von ‚basaler Selbstreferenz' gesprochen (hatte, R. G.) . . . Das System muß im ständigen Zerfall seiner Ereignisse unterscheiden können, welche weiteren Ereignisse angeschlossen werden können" (Luhmann 1994, S. 478). Dafür müssen in Erscheinung getretene Operationen nachträglich beobachtet und je nach Orientierungsbedarf unterschieden werden. In sozialen Systemen „werden (so, R. G.) Mitteilungen *verstanden*" (Luhmann 1994, S. 478). Basale Selbstreferenz ist also Beobachten und wird durch das Verstehen geleistet. Nimmt man hinzu, daß Luhmann an anderer Stelle das Verstehen mit Selbstbeobachtung gleichsetzt (vgl. Luhmann 1995c, S. 64) und bedenkt, daß hinsichtlich Sozialem basale Selbstreferenz „Reduktion auf Handlung" impliziert, gelangt man zu folgendem Ergebnis: Mittels der Selbstbeobachtung/basalen Selbstreferenz baut die verstehende Instanz durch Verstehen ein Handlungsverständnis auf. Die verstehende Instanz begreift die in Erscheinung getretene Mitteilung als ein Verhalten, daß mit Zielen, Absichten usw. verbunden ist. Sie „repräsentiert" gleichsam die mitteilende Instanz als diejenige, die auf ihre Mitteilung hin von der verstehenden Instanz eine Antwort oder dergleichen erwartet. Damit wird die Mitteilung als das ausgezeichnet, woran für die Fortsetzung der Kommunikation anzuschließen ist.[13]

(23) Ein derartig hergestelltes „Handlungsverständnis" meint Luhmann, wenn er schreibt, daß „Soziales . . . um sich selbst steuern zu können, auf Handlungen reduziert, in Handlungen dekomponiert werden" muß (Luhmann 1984, S. 193).[14] Explizit formuliert er am Ende des Kapitels 4 von „Soziale Systeme" die Überlegenheit dieser Konzeption gegenüber der

von Weber und bringt sie so auf den Punkt: Soziales besteht „aus Kommunikationen und aus deren Zurechnung als Handlung . . . Kommunikation ist die elementare Einheit der Selbstkonstitution, Handlung ist die elementare Einheit der Selbstbeobachtung" (Luhmann 1984, S. 240 f.). Bevor dieser Überlegenheitsanspruch erörtert wird, will ich auf die eingangs dargestellte Anknüpfung Luhmanns an Weber zurückkommen (s. Nr. 8).

IV

(24) Das Problematische dieser Anknüpfung verdeutlicht folgende Aussage. Luhmann schreibt, daß „Sozialität . . . kein besonderer Fall von Handlung (ist, R. G.), sondern Handlung . . . in sozialen Systemen über Kommunikation und Attribution konstituiert (wird, R. G.)" (Luhmann 1984, S. 191). Das Wort „Handlung" wird meiner Deutung nach im Zitat in zweifacher Bedeutung verwandt: „Sozialität als kein besonderer Fall von Handlung" meint Webers Auffassung von Handlung, „Handlung wird über Kommunikation und Attribution konstituiert" meint Luhmanns Auffassung von Handlung, also nach meiner Auslegung „Handlungsverständnis". Schreibt Weber von „Handeln", meint er damit aber nicht ein Handlungs*verständnis*, sondern tatsächliches sinnhaftes Verhalten. Weber unterscheidet in diesem Sinne „faktisches (,tatsächliches') Handeln" von „vorgestelltem Handeln" (vgl. etwa Weber 1973, S. 339, 361, 453 sowie 1976, S. 5; zur Entsprechung von „vorgestelltem Handeln" und „Handlungsverständnis" s. auch Nr. 38).

(25) Vom Sprachgebrauch her suggeriert Luhmann, er wolle mit dem Wort „Handlung" gleiches bezeichnen. Dies ist aber irreführend, denn er operiert mit zwei Bedeutungen. Von daher kann man belegen, daß er gar nicht sinnvoll an Weber anknüpft. Trotzdem ist er, so denke ich, von einer bestimmten Anknüpfungsannahme ausgegangen. Und zwar nimmt Luhmann, sein eigenes Sozialitäts- bzw. Kommunikationskonzept als Maß zugrunde legend, folgendes an: Weber begreift Soziales so, wie es Luhmanns Ansicht nach von den Trägern des Sozialen (Alter/Ego) begriffen wird. D. h. Weber „reproduziert" im Grunde nur die Selbstreduktion sozialen Geschehens und gelangt mit seiner Soziologie nicht über das reduzierte Beobachtungsniveau hinaus, wie es von den Trägern des

Sozialen erzeugt wird. Webers Begrifflichkeit ist demnach für Luhmann nicht zu mehr geeignet, als dieses Begreifen der Träger des Sozialen nachzuvollziehen. Erfaßt wird damit aber nur das „reduzierte" soziale Geschehen und dies zudem – so Luhmann – in „subjektbelasteter", also ungeeigneter Weise. Man kann es so auf den Punkt bringen: Während Luhmann davon ausgeht, Soziales (wesentlich) mittels der Begriffe ‚Kommunikation' *und* ‚Handlung' angemessen erfassen zu können[15], kommt man mit Webers kategorial allein handlungsbegrifflich orientierter Soziologie nicht zu einer solchen angemessenen, sondern nur zu einer verkürzten Erfassung.

(26) Von zwei allgemeiner angelegten Äußerungen her läßt sich diese Weber-Interpretation Luhmanns plausibilisieren. a) Das von den Trägern des Sozialen aufgebaute „Handlungsverständnis" wird von Luhmann historisch relativiert. Er schreibt, daß die „Reduktion auf Handlung ... sich ... evolutionär derart bewährt und durchgesetzt (hat, R. G.), daß selbst die Soziologie sie zumeist unreflektiert mitvollzieht" (Luhmann 1984, S. 233). Denkbar, so Luhmann, sind aber „historische Forschungen ..., die unvoreingenommen genug die Frage prüfen, ob und wie weit frühere Kulturen überhaupt in so entschiedener Weise nach einem Handlungsmodell gelebt haben" (Luhmann 1984, S. 233). Die Aussage belegt noch einmal, daß er mit „Reduktion auf Handlung" ein Handlungsverständnis („Handlungsmodell") im Gegenstandsbereich meint. Darauf kommt es mir hier aber nicht an, sondern auf folgendes: Soziologie ist nach Luhmann vorherrschend handlungstheoretisch fundiert. Mit „Soziologie", die die Reduktion auf Handlung zumeist unreflektiert mitvollzieht, meint er, so meine Deutung, die handlungstheoretisch fundierte Soziologie, somit auch die Max Webers.

(27) Eine andere Aussage bestärkt diese Auslegung. b) Oben habe ich ausgeführt, daß die Träger sozialen Geschehens, so Luhmann, bestimmtem Verhalten „Absichten" usw. zurechnen. Die Zurechnung bezeichnet er als „kurzschlüssige, aber alltagstaugliche Erklärungen für Handlungen" (s. Nr. 18). Liest man dann bei ihm, daß Handlungstheorie „für Alltagszwecke tauglich" sei (Luhmann 1990b, S. 112), und verbindet diese Einschätzung mit seiner Annahme, daß die Träger sozialen Geschehens eine alltagstaugliche Erklärung für Handlungen bilden, wird die Richtung von Luhmanns Kritik an Handlungstheorie – und damit auch an Webers Konzeption – deutlich: Sie ist lediglich geeignet für die Erfassung des reduzierten sozialen Geschehens. Zugespitzt und mit Luhmanns Worten kann man es so

formulieren: das Primäre, die Konstitution von Sozialem, ist mit einer Handlungsbegrifflichkeit nicht zu begreifen, sondern nur Sekundäres, der Konstitution nachgeordnetes, nämlich die Selbstbeobachtung von Sozialem (vgl. Luhmann 1984, S. 240 f.). Und nur zur Erfassung dieses „Nachgeordneten" kann man an Weber anknüpfen. Eine derartige Anknüpfung an Weber ermöglicht es Luhmann, dessen Konzeption „rekonstruiert" seiner eigenen zu integrieren.

(28) „Integration" ist das Stichwort, um auf Luhmanns oben erwähnten Überlegenheitsanspruch zurückzukommen. Geht man davon aus, daß er in der dargestellten Weise an Weber anknüpft, ist zu prüfen, ob seine Einschätzung Webers angemessen ist. Da die Einschätzung auf einem Vergleich basiert, wähle ich ihn als Ausgangspunkt der Betrachtung. Fragt man, aus welcher Position Luhmann den Vergleich vornimmt, stellt sich heraus, daß er von seinem Sozialitätskonzept her Webers Handlungskonzeption beurteilt. Luhmanns Sozialitätsauffassung ist das der Beurteilung zugrundeliegende Maß.[16]

(29) Daß Luhmann den Vergleich so gestaltet, überrascht einerseits nicht – betrachtet man Aussagen von ihm zum Thema „Sozialität". Andererseits ist es schon erstaunlich, mit welcher Sicherheit er urteilt. So liest man, daß *nur kommunikatives Geschehen* „in einem genauen Sinne als soziale Wirklichkeit . . . bezeichnet werden" kann (Luhmann 1988a, S. 14); und: „Sozialität ist kein besonderer Fall von Handlung" (Luhmann 1984, S. 191). Das klingt, als sei gleichsam ontologisch vorgegeben, wie Sozialität zu begreifen ist. Ich komme später auf diesen Aspekt zurück.

(30) Um die Defizite, die Luhmann Weber anlastet, angemessener beurteilen zu können, werde ich im folgenden untersuchen, wie er den Vergleich mit Weber angelegt hat. Vor allem interessiert mich, welche Konzepte von Weber Luhmann ausgewählt hat und welche nicht, um sie in Beziehung zu seinen eigenen zu setzen. Zur Beurteilung von Luhmanns Auswahl ist die Erörterung verschiedener grundlegender Konzepte Webers erforderlich. Die Erörterung orientiere ich mit folgenden Fragen an Luhmanns Sozialitätsverständnis: Kennt Weber in seiner Begrifflichkeit einen Begriff von Kommunikation? In welchem Verhältnis stehen bei Weber die Begriffe ‚Kommunikation' und ‚Handlung', und in welchem Verhältnis stehen sie zu seinem Konzept von Sozialität?

V

(31) Meines Wissens wird „Kommunikation" von Weber nirgendwo definiert. Den „Sachverhalt Kommunikation" erwähnt er aber immer wieder.[17] Aus den jeweiligen Kontexten läßt sich eine Bedeutung von „Kommunikation" erschließen und mit Illustrationen von Weber verbinden, die er zur Erläuterung seiner Begrifflichkeit in den „Soziologischen Grundbegriffen" heranzieht. Es kommen dann in den Blick Beispiele wie „Konversation", „Vereinbarungen treffen", „Mitteilung" (vgl. Weber 1976, S. 22 ff.) und an anderer Stelle „Befehl, der verstanden wird" (vgl. Weber 1973, S. 95). Für eine Verortung von ‚Kommunikation' in den „Grundbegriffen" ergibt sich von daher, daß Weber diesen Begriff im Begriffsbereich von ‚soziale Beziehung' ansiedelt. ‚Soziale Beziehung' ist ein grundlegender Begriff und innerhalb der soziologischen Grundbegriffe Konkretion vom Begriff ‚soziales Handeln'[18]. Mit dem Begriff ‚soziales Handeln' beginnt Weber seine soziologischen Konzepte. Soziales Handeln bildet den „zentralen Tatbestand", der für seine Soziologie gleichsam „konstitutiv" ist (vgl. Weber 1976, S. 12). Er bestimmt es als ein Handeln, „welches seinem von dem oder den Handelnden gemeinten Sinn nach auf das Verhalten *anderer* bezogen wird und daran in seinem Ablauf orientiert ist" (Weber 1976, S. 1)[19]. Im Unterschied dazu charakterisiert er eine soziale Beziehung als ein „seinem Sinngehalt nach aufeinander gegenseitig *eingestelltes* und dadurch orientiertes Sichverhalten mehrerer" (Weber 1976, S. 13). Er betont, daß ein „Mindestmaß von Beziehung des *beider*seitigen Handelns *aufeinander* ... Begriffsmerkmal sein" soll (Weber 1976, S. 13). Dieses Begriffsmerkmal des gegenseitigen sozialen Handelns ist meiner Ansicht nach der Ort, an dem man konkretisierend[20] ansetzen muß, um Webers Kommunikationsbegriff zu erschließen. „Kommunikation" kann man sich von einer solchen Konkretion her Weber-immanent dann so vorstellen: Alter und Ego beziehen sich mit zwei Handlungen aufeinander, wobei die eine Handlung einen gemeinten Sinn mitteilt (Mitteilung als soziale Handlung von Alter) und die andere Handlung diesen gemeinten Sinn versteht (Verstehen als soziale Handlung von Ego). Die Konkretion zeigt, daß man mit Weberschen Konzepten den „Sachverhalt Kommunikation" durchaus erfassen kann.

(32) Was läßt sich von hierher schließen, um den Vergleich „Luhmann – Weber", so wie Luhmann ihn angelegt hat, zu beurteilen? Zunächst finde ich es problematisch, daß Luhmann seinen Kommunikationsbegriff mit

Webers Begriff ‚Handeln' konfrontiert und die Begriffe als alternativ begreift. Problematisch deshalb, weil ich meine, daß hier keine Alternativität vorliegt und die Begriffswahl Webers Konzeption gegenüber der von Luhmann von vornherein in eine ungünstige Lage bringt. Das ist zu erläutern.

(33) Die genannte Alternativität ist bei Luhmann verknüpft mit der Frage nach den letzten Einheiten, bei deren Auflösung das Soziale verschwindet (vgl. Luhmann 1984, S. 192 f.). Er beantwortet die Frage dahingehend, daß als mögliche Letztelemente „Handlung" und „Kommunikation" grundlegend alternative Optionen darstellen. Im Fokus seiner Frage steht „Verschwinden des Sozialen", was Luhmanns Sozialitätskonzept impliziert. Letzterem liegt das Bezugsproblem der doppelten Kontingenz zugrunde: Zwei sinnfähige Instanzen bzw. Prozessoren (Alter/Ego) treffen aufeinander und versuchen, sich wechselseitig aufeinander abzustimmen (vgl. Luhmann 1984, S. 148 ff.). Mögliche Problemlösungen für das Bezugsproblem müssen, begrifflich gewendet, dieses Moment der Wechselseitigkeit konzeptualisieren. ‚Kommunikation', bei Luhmann Begriff für das Letztelement sozialer Systeme, erfüllt die Bedingung und stellt somit eine Problemlösung dar. Das gilt aber weder für Webers Begriff des Handelns noch für den des sozialen Handelns. ‚Soziales Handeln' etwa impliziert als Merkmal allein eine *einseitige* sinnhafte Beziehung, die von Alter auf das Verhalten von Ego gerichtet ist. Und insofern Luhmann Alternativen als unterschiedliche Problemlösungen begreift, die das gleiche Bezugsproblem lösen, können relativ zum Bezugsproblem der doppelten Kontingenz ‚Handlung' bzw. ‚soziales Handeln' keine Alternativen zu ‚Kommunikation' sein.[21]

(34) Daß ‚Handlung' bzw. ‚soziales Handeln' keine Alternativen sein können, ist nicht verwunderlich, denn das Moment der „Wechselseitigkeit" berücksichtigt Weber erst im Begriffsbereich ‚soziale Beziehung'. Zum Begriffsbereich ‚soziale Beziehung' gehört als ein wesentlicher Begriffsbestandteil ‚gegenseitiges soziales Handeln'. Folgende Relationierung schlage ich von daher vor: So wie soziale Systeme aus Kommunikationen bestehen, so bestehen soziale Beziehungen aus gegenseitigen sozialen Handlungen. Parallelisiert man von daher Luhmanns Begriff ‚soziales System' mit Webers Konzept ‚soziale Beziehung'[22], ist unter den genannten Prämissen zunächst ‚gegenseitiges soziales Handeln' (Weber) als Alternative zu ‚Kommunikation' (Luhmann) zu begreifen.[23]

(35) Bedenkt man Webers Konzept ‚soziale Beziehung', macht es auch keinen Sinn anzunehmen, daß die letzte Einheit, bei deren Auflösung diese

Sozialform verschwindet, „Handlung" ist. Denn Webers Angabe, daß ein „Mindestmaß von Beziehung des *beider*seitigen Handelns *aufeinander* Begriffsmerkmal sein" soll, schließt dies aus. Und entsprechend wenig Sinn macht es anzunehmen, daß Weber Kommunikationen auf das Mitteilungshandeln reduziert. Das Merkmal ‚*gegenseitiges* soziales Handeln' ist für ihn ein unaufgebbares Minimum. Von diesen Überlegungen her schlage ich nun einen Bogen zu Luhmanns Weber-Interpretation, wie ich sie oben skizziert habe. Meiner Deutung nach meint Luhmann, Webers Ansatz erfasse nur reduziertes soziales Geschehen. Berücksichtigt man aber die Anlage der soziologischen Konzepte Webers, dann wird deutlich, daß Luhmanns Einschätzung falsch ist. Weber bestimmt die „Mindestgröße" für Sozialität anders als Luhmann. Nicht erst mit kommunikativem Geschehen, nicht erst mit einer sozialen Beziehung, sondern bereits mit sozialem Handeln ist für Weber Sozialität gegeben. Das, was Luhmann als Soziales erfaßt, kann Webers Soziologie auch erfassen – und mehr.[24]

(36) Nun ist Webers Begriffsbereich ‚soziale Beziehung' Luhmann zwar bekannt (vgl. Greshoff 1994a, S. 149), er greift ihn aber bei seinem Vergleich mit Weber nicht auf. Ähnliche Themen, wie sie Luhmann unter den Stichworten „Anschlußfähigkeit", „Aufhören oder Weiterlaufen von Sozialem" usw. im Zusammenhang mit dem Problemkreis „Handlung" relevant sind, erörtert Weber jedoch gerade in diesem Begriffsbereich ‚soziale Beziehung'.

(37) Das Thema „Aufhören oder Weiterlaufen von Sozialem" etwa findet sich bei der Beschreibung spezieller sozialer Beziehungen, nämlich solcher, die Weber „auf Dauer eingestellt" nennt. Sie sind dadurch gekennzeichnet, daß

> „die Chance einer kontinuierlichen *Wiederkehr* eines sinnentsprechenden (d. h. dafür geltenden und demgemäß erwarteten) Verhaltens besteht. *Nur das Vorliegen dieser Chance* . . . bedeutet der ‚*Bestand*' der sozialen Beziehung . . . *wir* (die *Betrachtenden*) urteilen, daß eine *Chance* vorliegt oder vorlag: daß auf Grund einer bestimmt gearteten Einstellung bestimmter Menschen in einer einem *durchschnittlich gemeinten* Sinn nach angebbaren Art *gehandelt* wird" (Weber 1976, S. 14).

Die „in bestimmter Weise gearteten Einstellungen" stellen die kontinuierliche Wiederkehr von beiderseitig aufeinander bezogenen Handlungen sicher. Sie sind also, in Luhmanns Terminologie, zuständig für Anschlußfähigkeit.[25]

(38) Das Thema „Handlungsverständnis" läßt sich bei Weber in abgewandelter Form ebenfalls finden. Es steht bei ihm im Zusammenhang mit dem Moment des „gegenseitigen Verstehens", das er als grundlegend für soziale Beziehungen einschätzt (vgl. Weber 1976, S. 23). „Verstehen" bezieht sich für Weber grundsätzlich auf den gemeinten Sinn von Handlungen. Beim gegenseitigen Verstehen in einer sozialen Beziehung beziehen demnach die Träger der sozialen Beziehung (Alter/Ego) sich wechselseitig auf ihre jeweiligen Handlungen. Daß dabei Alter die Handlung(en) von Ego repräsentiert (und umgekehrt), ergibt sich aus dem Moment des „nacherlebend verständlich machen", welches, so Weber, für jegliches „Verstehen" typisch ist (vgl. etwa Weber 1976, S. 2; 1973, S. 67, 433). Alter und Ego müssen dabei zumindest ansatzweise – wie er sich ausdrückt – „Hypothesen der Zurechnung" bilden (Weber 1973, S. 437), mittels derer sie ein jeweiliges Verhalten als mit einem bestimmten Sinn (Motiven, Zwecken usw.) verbunden annehmen. Durch gegenseitiges Verstehen kann ein aufeinander Bezugnehmen bzw. aneinander Anknüpfen der Handlungen sozialer Beziehungen gefördert werden. Es dient insofern auch der Anschlußfähigkeit und korrespondiert dem, was Luhmann „Aufbau eines Handlungsverständnisses" nennt.

VI

(39) Neben derartigen Parallelen zwischen Weber und Luhmann bleiben zunächst aber Unterschiede. Weber geht im Unterschied zu Luhmann davon aus, daß die Motive/Zwecke bzw. die Handlungen, zu denen Zwecke usw. als Komponente gehören, *tatsächlich* existieren[26] und keine Fiktionen der Alltagsakteure sind. Weiter umfassen Handlungen für Weber Psychisches (Gedankliches, Vorstellungen)[27]. Das gilt auch für die Handlungen sozialer Beziehungen. Luhmann, der „Soziales" und „Psychisches" klar trennen will, wirft Weber dies unter dem Stichwort „Vermischung verschiedener Referenzen" vor. Für ihn ist Webers Ansatz „subjektbelastet".[28] Daran knüpfe ich nun an, aber in umgedrehter Perspektive. Und zwar will ich mit folgenden Fragen Luhmanns Ansatz durch Webers „Brille" betrachten: Kann man „Soziales" überhaupt ohne „Subjektbelastetheit" konzipieren? Wie hat man sich das Luhmannsche „nicht-subjektbelastete" kommunikative Geschehen vorzustellen? Wie etwa sind die Selektionen bzw. Operationen, aus denen es gebildet wird, beschaffen?

(40) Zunächst zu Luhmanns allgemeinen Verständnis von „Selektion"/„Operation". Auf den ersten Blick scheint er mit beidem dasselbe zu meinen. So schreibt er mit Bezug auf Letztelemente, daß dies „in allen sinnhaft operierenden Systemen *Selektionen* (sind, R. G.)" (Luhmann 1987b, S. 31). (Letzt-)Elemente bezeichnet er auch als (basale) Operationen (vgl. Luhmann 1986a, S. 52). Untersucht man Aussagen Luhmanns eingehender, wird die Annahme der Synonymität problematisch, und es zeigt sich, daß „Operation" und „Selektion" im „Teil-Ganzes-Verhältnis" zueinander stehen:[29] „Jede Operation", so Luhmann, „muß mit einer Unterscheidung beginnen. Sie ist geradezu eine Unterscheidung – oder sie beginnt nicht" (Luhmann 1986b, S. 180). Unterscheidungen, die aus zwei Seiten bestehen, sollen Bezeichnungen ermöglichen; ohne Bezeichnung ist eine Unterscheidung nicht anschlußfähig, denn es bleibt offen, an welche Seite man anknüpfen soll (vgl. Luhmann 1987c, S. 16, sowie 1988c, S. 129). Werden z. B. Unterscheidungen eingeführt, um mit ihrer Hilfe „Zustände und Ereignisse, die . . . dann als *Information* erscheinen", zu erfassen (Luhmann 1986c, S. 45), wird durch die Bezeichnung einer Seite festgelegt, worüber Information zu gewinnen ist.[30] „Selektion" versteht Luhmann „als Bezeichnung innerhalb einer Unterscheidung" (Luhmann 1990b, S. 391; vgl. auch S. 81). Unterscheidungen produzieren, wie er sich ausdrückt, einen Überschuß, nämlich mehrere Möglichkeiten. Die Selektion wählt aus dem Überschuß eine Möglichkeit aus, letztere wird dadurch bezeichnet. Eine Bezeichnung kommt nicht von alleine, sondern nach Maßgabe einer Richtungsangabe (Asymmetrisierung) zustande[31]. Abgeschlossen wird die Operation durch Umsetzung der Richtungsangabe. Soweit zu Luhmanns allgemeinen Verständnis von „Operation"/„Selektion". Interessant ist, wie er die zuletzt dargestellten Momente einer Operation für den Bereich des Sozialen spezifiziert. Er greift dafür rekonstruierend auf „den" Zweckbegriff zurück: Die „Systemtheorie (erlaubt es, R. G.), das, was die Handlungstheorie als Zwecke postuliert, zu rekonstruieren . . . Zwecke dienen der Asymmetrisierung von Unterscheidungen" (Luhmann 1988a, S. 335). Damit wird ein „*Soll*" gesetzt[32], das als Richtungsangabe fungiert. Eine Operation kommt dann zum Abschluß, wenn das Soll umgesetzt (realisiert) worden ist. Ist z. B. Informationsgewinnung das Ziel einer Operation, bildet die gewonnene Information den Abschluß der Operation. Wie man sich das hinsichtlich kommunikativem Geschehen vorstellen kann, ist nun darzulegen.

(41) Luhmann geht davon aus, daß die drei Komponenten einer Kom-

munikation (Information, Mitteilung, Verstehen) „in der Kommunikation aufgebaut" werden (Luhmann 1990b, S. 24; vgl. auch Kneer/Nassehi 1993, S. 84 f.). Sie bilden eine „Einheit", eine „Synthese", lassen sich aber gleichwohl als Komponenten unterscheiden (vgl. Luhmann, 1984, S. 203, sowie 1995b, S. 117 f.). Sie sind innerhalb der Gesamt-Operation „Kommunikation" Teil-Operationen. Je für sich sind die Teil-Operationen also Operationen und umfassen als solche die oben herausgearbeiteten Momente der „Unterscheidung", „Sollsetzung" usw. Wie sind diese Momente, die Luhmann zufolge *im* Bereich des Sozialen zu verorten sind, dort beschaffen und „wer" stellt sie her? Für die Antwort ist etwas auszuholen.

(42) Luhmann formuliert immer wieder so, als ob „*die*" Kommunikation etwas „macht"/„herstellt". Das hört sich so an, als gäbe es *eine* „Instanz", die dieses „Herstellen" ausführt. Folgt man seinen Umschreibungen von „Kommunikation", so ordnet er die drei Komponenten „zwei Prozessoren" zu, dem eine Information „Mitteilenden (Alter) und dem Verstehenden (Ego)" (Luhmann 1988a, S. 257)[33]. Demnach stellt der Prozessor Alter eine Information sowie eine Mitteilung und der Prozessor Ego ein Verstehen her[34]. Das „Herstellen" wird also nicht von einer Instanz ausgeführt, sondern verteilt sich auf die Aktivitäten der beiden Prozessoren.[35] Und von dem gerade Ausgeführten her läßt sich auch schließen, daß die Prozessoren die Instanzen sind, die die jeweiligen Unterscheidungen, Sollsetzungen usw. herstellen. Damit ist aber noch nichts über die Eigenschaften dieser Momente (Unterscheidungen usw.) gesagt.

(43) Letzteres will ich am Beispiel des Verstehens als Komponente einer Kommunikation erörtern. Wie hat man sich bei der Operation „Verstehen" die Momente „Aufbau einer Unterscheidung", „Sollsetzung" und „Realisierung der Sollsetzung" vorzustellen? Derjenige Prozessor, der Verstehen will, muß, so Luhmann, zwischen sich als Prozessor (P_1) und einem anderen Prozessor (P_2) bzw. zwischen den eigenen Operationen (Op_1) und den Operationen des anderen Prozessors (Op_2) unterscheiden (vgl. Luhmann 1986d, S. 80 f., 96). Er muß also eine Unterscheidung „p_1/p_2" bzw. „op_1/op_2"[36] herstellen. Es geht P_1 um Informationen hinsichtlich P_2/Op_2. Bezeichnet wird dafür die Seite „p_2" bzw. „op_2". Das „Soll" besteht darin, Information hinsichtlich dieser Seiten aufzubauen. Der faktische Informationsgewinn ist die Umsetzung des „Solls": P_1 stellt ein Handlungsverständnis her und verschafft sich so gleichsam ein „Bild" davon, was P_2 von ihm erwartet.

(44) Intuitiv wird man von dieser Beschreibung und den verwendeten Worten her denken, daß die Unterscheidung, die Sollsetzung (also das Ziel, der Zweck) sowie der Informationsgewinn etwas Gedankliches, Vorstellungsmäßiges sind – die Unterscheidung „p_1/p_2" etwa eine gedankliche Repräsentation der beiden Prozessoren, das Handlungsverständnis eine ebensolche Repräsentation der Operationen von P_2 usf. Das kann aber Luhmann-immanent nicht sein. Denn nicht nur betont Luhmann, daß das „für Kommunikation notwendige Verstehen (nicht, R. G.) psychologisch zu verstehen" ist (Luhmann 1990b, S. 25), sondern Soziales insgesamt konzeptualisiert er ja als völlig „entpsychologisiert"[37]. Wenn nicht als etwas Psychisches, wie hat man sich dann Unterscheidungen usw. im Bereich des Sozialen[38] vorzustellen?

(45) Zunächst ist darauf zu verweisen, daß Luhmann die Problematik reflektiert, wenn er schreibt, daß viele Worte,

> „deren Gebrauch wir weder vermeiden können noch vermeiden wollen, ... ihrem Alltagsverständnis nach auf einen bewußtseinsfähigen Träger der Operation (verweisen, R. G.); man denke z. B. an: Beobachten, Beschreiben, Erkennen, Erklären, Erwarten, Handeln, Unterscheiden, Zurechnen. Dies Alltagsverständnis ist jedoch theoretisch nicht gedeckt. Wir haben die Bewußtheitsprämisse ... aus theoretisch angebbaren Gründen eliminieren müssen. Sie (die Worte, R. G.) müssen in diesem Text so gelesen werden, daß sie sich auf einen Träger beziehen, der ... nicht notwendigerweise ein psychisches System ist, also seine Operationen nicht notwendigerweise in der Form von Bewußtheit durchführt. Dies ergibt sich aus der Unterscheidung von psychischen und sozialen Systemen" (Luhmann 1984, 595 f.).

(46) Begrifflich entwickelt Luhmann diese „Unterscheidung von psychischen und sozialen Systemen" meiner Deutung nach vom Begriffsbereich ‚Sinnsystem' her. Ausgehend von diesem Bereich bildet er konkretisierend die Konzepte ‚psychisches System' und ‚soziales System'. Innerhalb seiner Begrifflichkeit, die er auf verschiedenen Abstraktionsstufen ansiedelt, ist der Konzeptbereich ‚Sinnsystem' relativ zu den Begriffen ‚psychisches System' und ‚soziales System' der nächst abstrakte. Da dieser Bereich begrifflich derart übergreifend angelegt ist, kann er keine Merkmale enthalten, die z. B. typisch für ein psychisches System sind, weil diese sonst über die Konkretion auch im Begriff ‚soziales System' enthalten wären.[39] So schreibt er zu Beginn des Kapitels „Sinn" in „Soziale Systeme" denn auch:

> „Die Sprache dieser Beschreibung (von Sinn, R. G.) suggeriert eine psychische Systemreferenz. Davon muß und kann jedoch abstrahiert werden ... Wir abstrahieren in Richtung auf übergreifende Gültigkeit für personale (also psychische, R. G.) und für soziale Systeme. Das heißt: Begriffe wie Intention, Verweisung, Erwartung, Erleben, Handeln bezeichnen in der folgenden Darstellung Elemente bzw. Strukturen, die sowohl zu psychischen als auch zu sozialen Systemen aufgeordnet werden können" (Luhmann 1984, S. 93).

Die Systemreferenz, zu der hin er abstrahiert, ist die Referenz „Sinnsystem" (Luhmann 1984, S. 96).

(47) Von Luhmann müßten nun Merkmale angegeben sein, die typisch für den Begriffsbereich ‚Sinnsystem' sind und die eine geeignete Konkretionsbasis für die Begriffe ‚psychisches System' und ‚soziales System' darstellen. Eine solche Merkmalszusammenstellung ist bei ihm nicht erkennbar. Und man findet nicht nur keine für ‚Sinnsystem' typischen Merkmalsangaben, sondern „Sinn" wird – dem Anspruch nach mit Bezug auf „Sinnsystem" – mit Worten beschrieben, die (zumindest auch) Charakteristika von psychischen Systemen ausdrücken sollen. Man kommt letztlich zu folgendem Ergebnis: Entweder ist „Sinnsystem" bloß ein Wort, mit dem bei Luhmann kein Begriff, keine Merkmalszusammenstellung verbunden ist, der bzw. die eine eigenständige Konkretionsbasis für die Begriffe ‚psychisches System' bzw. ‚soziales System' darstellt. Oder aber er hat ‚Sinnsystem' gar nicht aus dem Begriffsbereich ‚Psychisches' herausgelöst und es ist als „psychologisiert" anzunehmen. Beide Annahmen haben Konsequenzen für die Beurteilung von Luhmanns soziologischer Theorie.

(48) Ist ‚Sinnsystem' gleichsam ein leerer Begriff, ist bei Luhmann – jedenfalls wenn man seine Konstruktion ernst nimmt – ein wichtiger begrifflicher Bereich vakant. Trifft dies zu, können sowohl die Begrifflichkeit als auch die Urteile von Luhmanns Theorie des Sozialen nicht adäquat nachvollziehbar und entsprechend auch nicht vergleichbar sein. Denn man kann Begriffe dieser Theorie etwa soziologischen Konzepten von Max Weber nicht zuordnen, wenn wichtige Merkmalsangaben fehlen. Von daher bliebe auch die obige Frage (s. Nr. 39), ob man Soziales überhaupt ohne „Subjektbelastetheit" konzipieren kann, unbeantwortbar, da zu ihrer Beantwortung eine solche Zuordnung notwendig ist.

(49) Ist ‚Sinnsystem' als „psychologisiert" aufzufassen,[40] besteht Soziales auch aus „Subjekthaftem". Die Abgrenzung zu „traditioneller" soziologischer Theorie und die Besonderheit, die Luhmann für seine eigene Theorie reklamiert, ist dann in einem wichtigen Punkte hinfällig. Von hierher läßt

sich plausibilisieren – zieht man meine obige „Aufschlüsselung" dessen, was Luhmann mit „Operation" meint, hinzu –, daß hinsichtlich Sozialem „Operationen" als bestehend aus subjekthaften Handlungen (etwa im Weberschen Sinne) zu begreifen sind. Die Teil-Operationen einer Kommunikation sind dann als *verschiedene, miteinander verknüpfte* subjekthafte Handlungen *zweier Träger* aufzufassen[41]. Eine derart aus mehreren beiderseitig aufeinander bezogenen Handlungen bestehende Kommunikation kann keineswegs auf eine Handlung reduziert werden.[42] Luhmanns Behauptung, daß für Handlungstheorie „Kommunikation eine Art von Handlung neben anderen" ist (Luhmann 1984, S. 192), muß diesbezüglich dann als unzutreffend eingeschätzt werden.[43]

VII

(50) Zum Schluß meiner Überlegungen komme ich auf die eingangs skizzierte Problemstellung zurück: Reicht für eine befriedigende Vermittlung verschiedener Positionen das, was faktisch passiert? Hinsichtlich Luhmanns Verfahrensweise ist die Frage für mich zu verneinen. Den Vergleich mit Weber legt er so an, daß dessen Konzeption von vornherein in eine ungünstige Lage gerät. Das liegt zum einen daran, daß Luhmanns Konzepte, etwa seine Auffassung von Sozialität, das zugrundeliegende Maß für die Beurteilung von Webers Ansatz sind. Luhmann geht nicht auf Distanz zu seinen eigenen Konzepten. Zum anderen ist sein Vergleich insofern methodisch ungenügend, als er die Begriffe der zu vergleichenden Konzeptionen nicht anhand entfalteter Kriterien zueinander in Beziehung setzt. Zwar ist es meiner Ansicht nach sinnvoll, vor einer Bewertung erst einmal auf Alternativität hin zu vergleichen. Aber um die Begriffe der jeweiligen Konzeptionen angemessener relationieren zu können, wären verschiedene Adäquanzgrade von Alternativität zu unterscheiden. Das setzt allerdings Vergleichbarkeit der Konzepte voraus.[44] Je unklarer die Merkmale jeweiliger Begriffe sind, um so schwieriger sind sie anderen Begriffen anderer Konzeptionen zuzuordnen. Eine beträchtliche Unklarheit und damit eingeschränkte Vergleichbarkeit ist für wichtige Konzepte Luhmanns anzunehmen.

(51) Wollte man, wie es kennzeichnend für eine erwägungsorientierte Wissenschaft ist,[45] vor der Auszeichnung einer Problemlösung als der

vorläufig am besten begründeten auf einer Erwägungsebene die alternativen potentiellen Lösungen möglichst vollständig zusammenstellen und distanziert-methodisch vergleichen,[46] um zu einem möglichst guten Begründungsniveau zu gelangen, wäre eine Position mit eingeschränkter Vergleichbarkeit in einen solchen Begründungszusammenhang nicht gut einzubringen. Ob Luhmann das stören würde, ist fraglich. Denn von verschiedenen Äußerungen her ist anzunehmen, daß es ihm weniger um ein gutes Begründungsniveau als darum geht, sich auf dem „Markt der Theorien" möglichst erfolgreich durchzusetzen. Und dafür scheint seine Umgangsweise mit anderen Konzeptionen sowie sein Theorieangebot immer noch gut geeignet zu sein.

Anmerkungen

1 Eine Zusammenstellung derartiger Äußerungen findet sich in der Einleitung in Greshoff 1998.
2 „Begriff" und „Konzept" verwende ich synonym. Unter ‚Begriff' verstehe ich einen Gedanken- bzw. Vorstellungskomplex, der aus Einzelvorstellungen (Merkmale) gebildet werden kann. ‚Wort' meint bei mir ein Zeichen, das einem Begriff zugeordnet ist. Begriffe kennzeichne ich durch einfache An-/Abführungen (‚...'), Worte durch französische Anführungszeichen („..."); für Hervorhebungen wie Zitate nutze ich die doppelte An-/Abführung („...").
3 Statt auf „Handlung" bezieht Luhmann sich zuweilen auch auf „soziales Handeln", ohne daß dies für seine hier relevante Argumentation Konsequenzen hat.
4 Ganz früher hat Luhmann sich relativ umstandslos handlungstheoretischer Konzepte bedient. Soziale Systeme beschrieb er damals einfach als „Handlungssysteme" (vgl. Luhmann 1976, S. 23 ff.; 1977b, S. 7 ff.). Der Wechsel von früher zu heute kann hier nicht einer problematisierenden Erörterung unterzogen werden.
5 Es ist für mich aus Luhmanns Texten nicht erkennbar, daß er zwischen „Handeln" bzw. „Handlung" unterscheidet. Exemplarisch belegen dies folgende Zitate (die Hervorhebungen stammen von mir): „Die Unterscheidung von Erleben und *Handeln* orientiert sich am Problem der Kausalzurechnung ... ein Beobachter kann als Erleben zurechnen, was ein anderer als *Handlung* sieht, und umgekehrt ... Gerade operativ lassen sich Erleben und *Handeln* ja kaum unterscheiden" (Luhmann 1990b, S. 140 f.); „... *Handlungen* erst durch typisierendes Verstehen konstituiert werden. Das macht zugleich die Funktion der Massenmedien in ihrem Beitrag zur kulturellen Institutionalisierung des *Handelns* verständlich: Es kommt zu einem Hin- und Hercopieren der *Handlungs*muster zwischen den Medien und ... damit zu einem Abschleifen und Wiederaufbauen von ungewöhnlichem *Handeln*" (Luhmann 1996, S. 66).

‚Handlung' als Grundlagenkonzept der Sozialwissenschaften?

6 In der Regel verwendet Luhmann statt „Attribution" den synonymen Ausdruck „Zurechnung".

7 Bis hierhin habe ich Luhmann-Arbeiten zu „Handlung" aus verschiedenen Zeiten zitiert, und man mag fragen, ob die älteren Arbeiten heute noch Gültigkeit für ihn haben. Er stellt aber immer wieder Kontinuitäten her, z. B. zu Arbeiten der 70er Jahre, wenn er in „Wissenschaft der Gesellschaft" mit dem (sinngemäßen) Verweis „ausführlicher siehe . . ." auf die Arbeit „Erleben und Handeln" aus „Soziologische Aufklärung 3" verweist, mit der er offenbar immer noch übereinstimmt (vgl. Luhmann 1990b, S. 140). Und „Soziale Systeme" hat er kürzlich so charakterisiert: „Die Einleitung zu dieser Serie (von Publikationen, die als Ausarbeitung einer Theorie der Gesellschaft geplant sind, R. G.) ist unter dem Titel ‚Soziale Systeme' 1984 erschienen" (Luhmann 1995d, S. 7). Daß „Wissenschaft der Gesellschaft" (1990b) heute immer noch für Luhmann relevant ist, zeigen die zahlreichen Verweise darauf in aktuellen Schriften Luhmanns.

8 Diese Erläuterungen vorausgesetzt, wird auch Luhmanns Aussage verständlicher, daß „der Begriff (der Beobachtung, R. G.) . . . im Unterschied zum üblichen Sprachgebrauch . . . Handeln (umfaßt, R. G.)", denn dieses „ist (im Unterschied zu bloßem Verhalten) auf Unterscheiden und Bezeichnen angewiesen" (Luhmann 1995d, S. 99; vgl. auch 1997, S. 757).

9 Luhmann beschreibt diesen Vorgang auch so, daß mit Hilfe von „Semantiken (‚Absicht', ‚Motiv', ‚Interesse')" zugerechnet wird (Luhmann 1984, S. 228).

10 Bei der Darstellung der Sichtweise von Alter/Ego wird deutlich, daß Luhmann das Wort „Handlung" noch in (mindestens) einer weiteren Bedeutung verwendet. Alter/Ego beziehen sich mit ihrem Handlungsverständnis auf etwas, das ihrer Meinung nach faktisch vorliegt (und von dem sie etwa auch nicht annehmen, daß es erst durch Zurechnungen zustande gekommen ist), nämlich auf eine von ihnen als Faktum angenommene Handlung. Wenn Luhmann diese Perspektive beschreibt, meint er mit „Handlung" auch das, was ich gerade das „Faktum Handlung" genannt habe. Man muß also immer darauf achten, ob er „Handlung" in der Bedeutung „Handlungsverständnis" oder „Faktum Handlung" verwendet. Da Luhmann das Wort immer wieder mal so und mal so gebraucht und dabei auf die unterschiedlichen Bedeutungen nicht hinweist, trägt er zur Klarheit wenig bei (vgl. dazu jetzt Luhmann 1997, S. 335). Vor allem auch deshalb bereitet die „Handlungs-Thematik" bei ihm so viele Deutungsprobleme.

11 Mit „Selbstreferenz" ist hier „basale Selbstreferenz" gemeint. Basale Selbstreferenz ist die für Elemente charakteristische Form der Selbstreferenz. Sie ist diejenige Form, die, wie Luhmann sich ausdrückt, bei aller Autopoiesis benötigt wird – im Unterschied zu den anderen Formen (vgl. Luhmann 1984, S. 600, 604, 617). Neben „Selbstreferenz" sind für ihn – worauf hier nicht eingegangen werden kann – „Strukturen" zuständig für Anschlußfähigkeit (vgl. Luhmann 1984, S. 62, 388).

12 Zwischen ‚Referenz' und ‚Beobachtung' unterscheidet Luhmann heute wohl nicht mehr, denn „alles Referieren (wird, R. G.) als Beobachten" bestimmt (Luhmann 1992b, S. 122). Den Terminus „Referenz" verwendet Luhmann zuweilen aber auch mit anderer Bedeutung (vgl. z. B. 1990b, S. 76).

13 „Basale Selbstreferenz" umfaßt mehr, als hier ausgeführt werden kann. Um einige Punkte anzudeuten: Die verstehende Instanz bereitet, wenn sie sich – in bestimmter Weise – auf die Mitteilung (M_1) einläßt, von dem erwähnten Repräsentieren her eine eigene Mitteilung vor (M_2 als Komponente einer Folgekommunikation), mit der sie auf die Mitteilung (M_1) reagiert. Vorbereiten heißt (Stichwort „Handlungsbestimmung" [vgl. Luhmann 1984, S. 182, 392 f.]): Es wird ein antizipierender und erinnernder Horizont aufgespannt (Stichwort „Rekursivität" [vgl. Luhmann 1995d, S. 20, 50]). Denn festzustellen, woran anzuknüpfen ist, verweist auf eine Folgemitteilung (M_2). (Diese wird dann konsequenterweise ebenfalls als Handlung aufgefaßt.) M_2 weist in diesem Horizont dabei einerseits auf M_1 zurück, andererseits weist M_2 nach vorne auf eine mögliche Folgemitteilung M_3 des Gegenübers („Sichselbstmeinen der Handlung in Beziehung auf eine andere" [Luhmann 1984, S. 605]). Orientiert werden die Verweisungen durch die eigenen (Verhaltens- und Erwartungs-)Erwartungen sowie die angenommenen (Verhaltens- und Erwartungs-)Erwartungen des Gegenübers. Auch die Festlegung der Folgehandlung (M_2) – herauszufinden ist, „welches Element als nächstes in Betracht kommt – zum Beispiel: welche Handlung als nächste gewählt werden soll" (Luhmann 1989, S. 98) – wird an ihnen ausgerichtet („Ego richtet sich in seinen Verhaltenswahlen nach dem, was er von sich selbst und was nach seiner Erwartung Alter von ihm erwartet" [Luhmann 1981c, S. 105]). Die durch Entscheidung zustande gekommene Festlegung, daß etwa Handlung X ausgeführt werden soll, ist meiner Deutung nach eine Relation, die aus dem gerade skizzierten Zusammenspiel von struktureller (Erwartungen) und operativer Ebene resultiert und zwei Kommunikationen verbindet („Zur Kommunikation gehört, daß sie eine soziale Situation schafft, die solche Anschlußentscheidungen erwarten läßt" [Luhmann 1984, S. 204]). Die Umsetzung dieses „Solls", also die Ausführung von Handlung X durch Alter bzw. Ego, ist dann als Komponente (= M_2) der Folgekommunikation zu begreifen. – Ob die Festlegung der Folgehandlung noch zur basalen Selbstreferenz gehört bzw. ob und wieweit Luhmanns Beispiele für basale Selbstreferenz und seine definitorischen Bestimmungen zusammenpassen, kann hier nicht erörtert werden.

14 In der Literatur wird mit Luhmanns Konzept von „Handlung" ganz verschieden umgegangen. Z. T. knüpft man problemlos an dieses an, so etwa Baecker 1996, S. 100 ff. oder Fuchs 1992, S. 102 (und öfter). Andere (z. B. Dux 1994) lehnen sein Konzept kurz und bündig ab, ohne es zu diskutieren. Diskutiert wird es etwa bei Balog (1989, S. 209 ff.) und Esser (1994). Essers Deutung, die sich vor allem auf den „heutigen" Luhmann bezieht, ist allerdings meiner Meinung nach – vorsichtig formuliert – problematisch. Sie enthält zutreffende Momente, operiert aber immer wieder mit Deutungen, die nicht durch Heranziehen von Luhmanntextstellen belegt werden und zuweilen schon den Charakter von „Erdichtetem" haben. Esser deutet „Handlung" (neben psychischen und sozialen Systemen) als eigenes „‚System' eines vorgestellten, mehr oder weniger institutionalisierten ... *Wissens* über typisierte ... *Einheiten* eines umgrenzten Ablaufs von Selektionen. Beispielsweise: bei Rot über eine Ampel fahren, Luhmann nicht zitieren" (S. 186). „Handlung", so Esser, wird von Luhmann verstanden „als Modell, ... als ‚Projekt' oder als soziales

Drehbuch, ... als institutionalisierte ‚soziale Regel' ... Die sozialen Regeln – die Luhmannschen ‚Handlungen' – *sind* ... nicht bereits der ‚Akt' des ‚Handelns', sondern die *Vorstellungen* darüber" (S. 188). Den Bezug von „Handlung" auf die Vorstellungsebene kann ich hinsichtlich meiner Deutung von „Handlung" als „Handlungsverständnis" teilen, aber diesbezüglich sind Essers Annahmen viel zu weitgehend und treffen nicht die eingeschränkte Besonderheit, die Luhmann mit „Handlungsverständnis" meint (Stichworte: Anschlußfähigkeit, basale Selbstreferenz usw.). Das, was ich mit „zu weitgehend" meine, etwa die Annahme vom eigenen System oder von der institutionalisierten Regel, wird von Esser nirgendwo mit Luhmanntextstellen untermauert. Als Beleg führt er stattdessen an, daß Luhmann sich von Alfred Schütz „den Begriff der ‚Handlung' als fertige Einheit geborgt" habe (S. 190; s. a. S. 186 f.). Aber der Bezug auf Schütz ist problematisch. Denn eine Unterscheidung zwischen „Handlung" und „Handeln", sei es, wie sie bei Schütz vorkommt, sei es in einem anderen Sinne, kann ich bei Luhmann nicht entdecken (vgl. Anm. 5 sowie Meyer 1993, S. 325 f.). Anders Esser, der meint, daß Luhmann zwischen „Handlung" und „Handeln" unterscheidet (vgl. S. 190). Unabhängig von diesen Differenzen stimme ich mit Esser darin überein, daß eine Kommunikation „handlungstheoretisch" beschrieben werden kann.

15 ‚Handlung' im Sinne von „Handlungsverständnis" ist dabei als Merkmal von ‚Kommunikation' aufzufassen; vgl. auch Barben 1996, S. 76.

16 Das wird deutlich, wenn Luhmann Webers Begriff ‚soziales Handeln' von seinem Sozialitätsverständnis her interpretiert. So schreibt er etwa, „social action implies communication" (Luhmann 1990d, S. 6). Auch an anderer Stelle wird diese Deutung erkennbar: „Nur in diesem Deutungskontext (von doppelter Kontingenz, R. G.) kann sich überhaupt ‚gemeinter Sinn' sozialen Handelns (Max Weber) bilden" (Luhmann 1981b, S. 14).

17 Vgl. etwa Weber 1978, S. 566 sowie 560 f.; Weber 1973, S. 95, 120 und 453; Weber 1976, S. 2 und 238. Grundsätzlich zum Thema „Kommunikabilität" bei Weber vgl. Weiß 1981.

18 Zu „Abstraktion/Konkretion" vgl. Greshoff 1994a, S. 176 f.

19 Statt von „Handelnden" schreibe ich im folgenden auch von „Alter" bzw. „Ego".

20 Konkretisierend deshalb, weil der Begriffsbereich ‚soziale Beziehung' von Weber so angelegt zu sein scheint, daß ‚Kommunikation' – im Unterschied zu ‚gegenseitiges soziales Handeln' – nicht kennzeichnendes Merkmal ist. Wenn Alter und Ego ihr sinnhaftes Verhalten „*irgendwie* (Hervorh. R. G.) *aneinander orientieren*" (Weber 1976, S. 22), muß das noch keine Kommunikation sein. Vorstellen kann man sich darunter Handlungszusammenhänge, in denen nichts mitgeteilt wird: Formen von Kampf und Konkurrenz, z. B. im Sport usw.

21 Ausführlicher dazu s. Greshoff 1994a, S. 145 f. und 149 ff.

22 Daß Weber „systemische Ganzheiten" kennt, läßt sich von seinen Ausführungen zu dem, was er „Funktionale Betrachtung" nennt, belegen: Die „funktionale (vom ‚Ganzen' ausgehende) Begriffsbildung ... deren Nutzen und Unentbehrlichkeit – wenn sie richtig geleistet wird – natürlich unbestreitbar ist" (Weber 1976, S. 9).

23 Diese Parallelisierung ist eine Korrektur meiner Ausführungen in Greshoff 1994a, S. 163 ff. – Von bestimmten Weber-Äußerungen her könnte man annehmen, daß

Luhmanns Alternativität ‚Handeln' – ‚Kommunikation' doch sinnvoll ist. Weber schreibt nämlich, daß das „Ziel der Betrachtung: ‚Verstehen' . . . schließlich auch der Grund (ist, R. G.), weshalb die verstehende Soziologie . . . das Einzelindividuum und sein Handeln als unterste Einheit . . . behandelt" (Weber 1973, S. 439). Aber diese „unterste Einheit" ist für Weber keine Bestandsgrenze für Sozialität wie Luhmanns Letztelemente. Es geht Weber nicht um die Frage, ab wann sich Sozialität auflöst, sondern allein um eine *methodische* Verstehensperspektive: Durch deutendes Verstehen soll die Beschreibung und Erklärung von Sozialem ermöglicht werden (vgl. Weber 1976, S. 1, 7). Die Reduktion „auf die erwähnte ‚unterste Einheit' des Gegenstandsgebietes verweist gerade nicht auf die Ebene von Aussagen über das reale Geschehen, sondern auf eine ‚Norm des Erkennens' und mithin auf die Ebene der Bedingungen, unter deren Erfüllung dieses Geschehen überhaupt erst begrifflich erfaßt zu werden vermag" (Merz 1990, S. 371). Anders sieht dies z. B. Schneider (1994, S. 11 ff., 267), der – kritisch auf Webers Konzept ‚soziale Beziehung' reflektierend – Luhmanns oben skizzierte Alternativenkonstruktion (s. Nr. 32 ff.) akzeptiert und seinen Luhmann-Weber-Vergleich von daher organisiert (zur Logik seines Vergleichs s. Schneider 1996).

24 Ob das im Vergleich zu Luhmann ein sinnvoller Ansatz ist, darüber kann man streiten. Es wäre kriteriengeleitet zu diskutieren, was für welches Sozialitätsverständnis spricht. Zu überlegen ist etwa, ob man, um Pflanzen, Tiere oder Künstliche Intelligenzen einbeziehen zu können, noch abstrakter ansetzen sollte (vgl. dazu Anm. 42). Vom Gegenstand sind – damit spiele ich auf Luhmanns „Ontologisierungen" an (s. Nr. 29) – diesbezüglich keine „Vorgaben" zu erwarten.

25 Bei Luhmann sind – neben Selbstreferenz – Strukturen für die Anschlußfähigkeit zuständig (s. Anm. 11). Bezüglich Sozialem sind die Strukturen Erwartungsstrukturen. In vergleichender Perspektive sind sie meiner Deutung nach zu parallelisieren mit Webers „Einstellungen".

26 Genauer: tatsächlich existieren können; denn es muß erst durch methodisches Verstehen belegt werden, daß deren Existenz anzunehmen ist.

27 Man bedenke nur, was Weber „die ‚innere' Seite des Hergangs" nennt (Weber 1973, S. 361): „die Vorstellung der Handlung als einer ‚zu bewirkenden', die Abwägung der ‚Mittel', endlich die Abwägung ihres ‚Zwecks'" (Weber 1973, S. 361). Und „Zweck" ist für Weber die „Vorstellung eines *Erfolges*" (Weber 1973, S. 183), zu dessen Realisierung der Ablauf der Handlung führen soll (vgl. Weber 1973, S. 433 f.). Diese Vorstellungen machen die *Sinnhaftigkeit* von Handlungen aus (vgl. etwa Weber 1976, S. 245).

28 Zudem ist für Weber, anders als für Luhmann, „Körperliches" Teil von Sozialem (vgl. etwa Weber 1973, S. 331 f.). Dies wirft Luhmann Weber ebenfalls vor (vgl. Luhmann 1990a, S. 283).

29 Stellen, an denen Luhmann scheinbar von einer Synonymität von „Operation" und „Selektion" ausgeht, deute ich so, daß dort „Selektion" gleichsam als Abkürzung für „Operation" steht.

30 Unterscheidungen begrenzen einen Bereich zu erfassender Zustände. Durch die Bezeichnung einer Seite der Unterscheidung wird dann bestimmt, worüber aus diesem Bereich Information zu gewinnen ist.

31 Asymmetrisierungen geben die Richtung an, welche Seite bezeichnet werden soll (vgl. Luhmann 1988d, S. 49).
32 Das ergibt sich etwa aus einem Beispiel Luhmanns für einen Zweck im Bereich des Sozialen (es geht an dieser Stelle um eine spezielle Operation, nämlich Steuerung und dabei wohl um die Unterscheidung „Angleichung von Bildungschancen durch Minderung *oder* Erhöhung von Bildung"): „Die Angleichung der Bildungschancen, sagt der Zweck, *soll* (Hervorh. R. G.) nicht durch Minderung, sondern durch Erhöhung der Bildung aller erfolgen" (Luhmann 1988a, S. 335).
33 „Alter/Ego" beschreibt Luhmann als „zwei Prozessoren", die „Mindestbedingungen für die Konstitution selbstreferentieller Systeme *im* (Hervorh. R. G.) Sonderbereich sozialer Systeme" sind (Luhmann 1981c, S. 105). Diese Beschreibung ist hier für mich in dieser Arbeit maßgeblich. Es gibt aber Stellen bei ihm, die sich so lesen, als habe man es bei „Alter/Ego" – ähnlich wie bezüglich „Absichten" usw. bei Handlungen – mit Fiktionen zu tun, als seien „Alter/Ego" nichts als von „der" Kommunikation hergestellte Beobachtungskonstrukte (vgl. etwa Luhmann 1990b, S. 18 f.). Wollte man dies klären, wären zu entsprechenden Stellen alternative Deutungen zu erarbeiten und zu vergleichen. Das kann aus Platzgründen hier nicht geschehen.
34 Vgl. entsprechend z. B. Luhmann 1984, S. 198 f.
35 Das ist immer zu vergegenwärtigen bei Formulierungen wie „die Kommunikation macht etwas/stellt etwas her". Eine solche Formulierung mag Luhmann als Abkürzung benutzen. Zu fragen ist aber, ob sie nicht eine Besonderheit suggerieren soll, die nicht vorhanden ist. Eine ähnliche Problematik wie die gerade im Text Beschriebene liegt vor, wenn er formuliert, daß Systeme etwas „herstellen", „produzieren" usw. Zu beachten ist hierbei, daß (wesentlich) durch Operationen ein sich abgrenzender Zusammenhang (= System) erzeugt wird, daß also das, was jeweils hergestellt wird, durch jeweilige Operationen produziert wird. „Die Einzeloperationen erzeugen das System" (Luhmann 1990b, S. 481). Systeme sind also keine eigenständige Instanz jenseits von Operationen. Und hinsichtlich dessen, daß Operationen etwas „Machen", gilt für den Bereich des Sozialen das, was ich eben bezüglich der Operation Kommunikation ausgeführt habe. – Das in dieser Anmerkung und im Kontext dieser Anmerkung ausgeführte ist auch zentral für die Aufklärung dessen, was Luhmann mit „Autopoiesis" meint. Man bedenke nur einschlägige Beschreibungen von Luhmann zu „autopoietischem System"/„Autopoiesis". Etwa: Autopoiesis besagt, „daß die Einheit des Systems und mit ihr alle Elemente, aus denen das System besteht, durch das System selbst produziert werden" (Luhmann 1990b, S. 30). Statt „(Re-)Produktion" findet man auch immer wieder die Worte „Herstellen", „Machen" usw. (vgl. z. B. Luhmann 1986a, S. 52).
36 Wobei „p₁" bzw. „p₂", „op₁" bzw. „op₂" jeweils die zwei Seiten der Unterscheidung sind.
37 Die Komponente des Körperlichen lasse ich hier unberücksichtigt.
38 Auch hinsichtlich des in Anm. 13 Dargestellten stellt sich diese Frage. Ist das dort skizzierte Geschehen als „psychologisiert" aufzufassen, wäre gerade die autopoietische Dynamik des sozialen Systems davon betroffen. Zu den für Luhmanns Konzeption gravierenden Konsequenzen siehe das Luhmann-Zitat in Anm. 43. – Man

könnte noch annehmen, Unterscheidungen usw. seien als Nicht-Psychisches etwas Sprachliches. Das ist aber keine sinnvolle Annahme, denn „Sprachlichkeit" will Luhmann „nicht zur Definition des Kommunikationsbegriffs verwenden" (Luhmann 1984, S. 209).

39 Ausführlich zu diesem Begriffsbereich, seiner Relevanz und Problematik vgl. Greshoff 1997.
40 Zu dieser Auffassung neige ich. „Intentionen", „Erwartungen" usw. kann ich mir anders als „psychologisiert" nicht vorstellen.
41 Diese Auffassung paßt auch zusammen mit Luhmanns Annahme, daß der Begriff der Operation „ein Beobachtungsinstrument (ist, R. G.) . . . das eine beobachterunabhängige Realität bezeichnen will" (Luhmann 1990b, S. 271). Die (Teil-)Operationen kommen also nicht erst dadurch zustande, daß sie beobachtet (z. B. zugerechnet) werden. Soweit die jeweiligen (Teil-)Operationen z. B. ein Handlungsverständnis voneinander aufbauen (genauer: Alter/Ego ein solches aufbauen), ist es in den (Teil-)Operationen zu verorten und wird dort durch Beobachtung gebildet – siehe etwa Webers „Hypothesen der Zurechnung" (vgl. oben Nr. 38). – Diese Anmerkung ist auch auf die Bemerkung Schneiders (in diesem Band) zu meiner Arbeit zu beziehen. Wie „Verstehen" als (Teil-)Operation zu charakterisieren ist und wie es „sich selber" einschätzt, ist zu unterscheiden.
42 Vgl. ähnlich Meyer 1993, S. 310 f. – Weyer (1993) meint, daß Luhmann von ihm als „heimlicher Akteurtheoretiker überführt" worden ist (S. 5). Er belegt seine „Überführung" aber nicht durch eine Analyse Luhmannscher Konzepte, sondern lediglich durch „Indizien" („der inflationäre Gebrauch des Wortes ‚man' ist ein klares Indiz" [S. 5]). Bedenkt man aber Luhmanns oben ausführlicher zitierte Aussage (Nr. 45), daß viele Worte, „deren Gebrauch wir weder vermeiden können noch vermeiden wollen, . . . ihrem Alltagsverständnis nach auf einen bewußtseinsfähigen Träger (verweisen, R. G.)", dies „Alltagsverständnis . . . jedoch theoretisch nicht gedeckt" ist (Luhmann 1984, S. 595), dann erscheint mir Weyers Vorgehen zu vordergründig.
43 Eine Nicht-Reduzierbarkeit auf eine Handlung gilt dann für sinnhaft Soziales überhaupt („sinnhaft" etwa gemäß Weber), wenn man den Aspekt „(sinnhafte) Beziehung(en) zwischen zwei regulationsfähigen Etwassen" als charakteristisch für Sozialität erachtet. Auch Luhmanns Aussage, „daß das gesamte kommunikative Geschehen durch eine Beschreibung der beteiligten Mentalzustände beschrieben werden könnte" bzw. daß bei einer „Beschreibung momentaner Zustände . . . ein ‚methodologischer Individualismus' möglich (wäre, R. G.); nicht aber, wenn die autopoietische Dynamik des Kommunikationssystems miterfaßt und miterklärt werden soll" (Luhmann 1990b, S. 38 f.), kann von hierher und von dem in Anm. 35 Ausgeführten nicht als sinnvoll akzeptiert werden. Das bedürfte aber – aus verschiedenen Gründen – einer detaillierteren Erörterung (vgl. etwa Greshoff 1994a, S. 170 f.).
44 Vgl. zu derartigen grundsätzlichen methodischen Fragen Greshoff 1994b, S. 132 ff.
45 Vgl. ausführlicher dazu Benseler/Blanck/Greshoff/Loh 1994b sowie Greshoff 1998.
46 Das Zusammenstellen wäre ebenso methodisch auszuweisen wie das distanzierte Vergleichen – und das sowohl hinsichtlich der Grund-Verhältnisse wie der Bewer-

tung potentieller Lösungen (vgl. dazu Greshoff 1994b). Jeweilige Entscheidungen sind kontinuierlich daraufhin zu prüfen, ob bzw. inwiefern sie zu verbessern sind. Zur Förderung der Verbesserung von Entscheidungen sind die Entscheidungen mit ihren verschiedenen Gliedern zu bewahren und zu tradieren. Ergeben sich Unentscheidbarkeiten, sind diese ebenso zugänglich zu halten.

Literatur

Baecker, Dirk (1996): Gewalt im System. Soziale Welt 47: 92–109.

Balog, Andreas (1989): Rekonstruktion von Handlungen. Opladen: Westdeutscher Verlag.

Barben, Daniel (1996): Theorietechnik und Politik bei Niklas Luhmann. Opladen: Westdeutscher Verlag.

Benseler, Frank/Blanck, Bettina/Greshoff, Rainer/Loh, Werner (1994a): Alternativer Umgang mit Alternativen. Opladen: Westdeutscher Verlag.

Benseler, Frank/Blanck, Bettina/Greshoff, Rainer/Loh, Werner (1994b): Grundlagenprobleme wissenschaftlicher Kommunikation als Entscheidungsverfahren. In: Benseler, Frank/Blanck, Bettina/Greshoff, Rainer/Loh, Werner 1994a (S. 9–25).

Dux, Günter (1994): Handlung, Handlungsstruktur und Gesellschaft in genetischer Perspektive. In: Sprondel, Walter M. (Hg.), Die Objektivität der Ordnungen und ihre kommunikative Konstruktion (S. 121–139). Frankfurt/M: Suhrkamp.

Esser, Hartmut (1994): Kommunikation und „Handlung". In: Rusch, Gebhard/Schmidt, Siegfried J. (Hg.), Konstruktivismus und Sozialtheorie (Delfin 1993) (S. 172–204). Frankfurt/M: Suhrkamp.

Esser, Hartmut (1996): Die Definition der Situation. Kölner Zeitschrift für Soziologie und Sozialpsychologie 48: 1–34.

Fuchs, Peter (1992): Die Erreichbarkeit der Gesellschaft. Frankfurt/M: Suhrkamp.

Greshoff, Rainer (1994a): Theorienentscheidung und Theorienvergleich. Niklas Luhmanns Auseinandersetzung mit Max Weber. In: Benseler, Frank/Blanck, Bettina/Greshoff, Rainer/Loh, Werner 1994a (S. 141–187).

Greshoff, Rainer (1994b): Methodische Überlegungen zum Theorienvergleich in den Sozialwissenschaften. In: Benseler, Frank/Blanck, Bettina/Greshoff, Rainer/Loh, Werner 1994a (S. 125–140).

Greshoff, Rainer (1997): Wie vergleichbar ist Luhmanns Theorie des Sozialen? Exemplarische Überlegungen zu Luhmanns grundlegendem Konzept ‚Sinn(system)'. Sociologia Internationalis 35: 217–245.

Greshoff, Rainer (1998): Kampf- oder erwägungsorientierte Wissenschaft? Max Webers Umgang mit deskriptiver und präskriptiver Vielfalt. In: Bienfait, Agathe/Wagner, Gerhard (Hg.), Verantwortliches Handeln in gesellschaftlichen Ordnungen (S. 225–269). Frankfurt/M: Suhrkamp.

Heidenescher, Mathias (1992): Zurechnung als soziologische Kategorie. Zeitschrift für Soziologie 21: 440–455.

Kneer, Georg/Nassehi, Armin (1993): Niklas Luhmanns Theorie sozialer Systeme. München: Fink.

Luhmann, Niklas (1976): Funktionen und Folgen formaler Organisationen. Berlin: Duncker & Humblot.

Luhmann, Niklas (1977a): Funktion der Religion. Frankfurt/M: Suhrkamp.

Luhmann, Niklas (1977b): Zweckbegriff und Systemrationalität. Frankfurt/M: Suhrkamp.

Luhmann, Niklas (1981a): Ausdifferenzierung des Rechts. Frankfurt/M: Suhrkamp.

Luhmann, Niklas (1981b): Soziologische Aufklärung 3. Opladen: Westdeutscher Verlag.

Luhmann, Niklas (1981c): Die Ausdifferenzierung von Erkenntnisgewinn: Zur Genese von Wissenschaft. In: Stehr, Nico/Meja, Volker (Hg.), Wissenssoziologie (Sonderheft 22/1980 der Kölner Zeitschrift für Soziologie und Sozialpsychologie) (S. 102–139). Opladen: Westdeutscher Verlag.

Luhmann, Niklas (1982): Autopoiesis, Handlung und kommunikative Verständigung. Zeitschrift für Soziologie 11: 366–379.

Luhmann, Niklas (1983): Der Wohlfahrtsstaat zwischen Evolution und Rationalität. In: Koslowski, Peter/Kreuzer, Philipp/Löw, Reinhard (Hg.), Chancen und Grenzen des Sozialstaats (S. 26–40). Tübingen: Mohr.

Luhmann, Niklas (1984): Soziale Systeme. Frankfurt/M: Suhrkamp.

Luhmann, Niklas (1985a): Einige Probleme mit „reflexivem Recht". Zeitschrift für Rechtssoziologie 6: 1–18.

Luhmann, Niklas (1985b): Zum Begriff der sozialen Klasse. In: Luhmann, Niklas (Hg.), Soziale Differenzierung (S. 119–162). Opladen: Westdeutscher Verlag.

Luhmann, Niklas (1986a): Intersubjektivität oder Kommunikation: Unterschiedliche Ausgangspunkte soziologischer Theoriebildung. Archivio di Filosofia 54: 41–60.

Luhmann, Niklas (1986b): Die Lebenswelt nach Rücksprache mit Phänomenologen. Archiv für Rechts- und Sozialphilosophie 72: 176–194.

Luhmann, Niklas (1986c): Ökologische Kommunikation. Opladen: Westdeutscher Verlag.

Luhmann, Niklas (1986d): Systeme verstehen Systeme. In: Luhmann, Niklas/Schorr, Karl Eberhard (Hg.), Zwischen Intransparenz und Verstehen (S. 72–117). Frankfurt/M: Suhrkamp.

Luhmann, Niklas (1987a): Autopoiesis als soziologischer Begriff. In: Haferkamp, Hans/Schmid, Michael (Hg.), Sinn, Kommunikation und soziale Differenzierung (S. 307–324). Frankfurt/M: Suhrkamp.

Luhmann, Niklas (1987b): Die Autopoiesis des Bewußtseins. In: Hahn, Alois/Kapp, Volker (Hg.), Selbstthematisierung und Selbstzeugnis: Bekenntnis und Geständnis (S. 25–94). Frankfurt/M: Suhrkamp.

Luhmann, Niklas (1987c): Soziologische Aufklärung 4. Opladen: Westdeutscher Verlag.

Luhmann, Niklas (1988a): Die Wirtschaft der Gesellschaft. Frankfurt/M: Suhrkamp.

Luhmann, Niklas (1988b): Wie ist Bewußtsein an Kommunikation beteiligt? In: Gumbrecht, Hans Ulrich/Pfeiffer, K. Ludwig (Hg.), Materialität der Kommunikation (S. 884–905). Frankfurt/M: Suhrkamp.

Luhmann, Niklas (1988c): Warum AGIL? Kölner Zeitschrift für Soziologie und Sozialpsychologie 40: 127–139.

Luhmann, Niklas (1988d): Frauen, Männer und George Spencer Brown. Zeitschrift für Soziologie 17: 47–71.

Luhmann, Niklas (1989): Systemansatz und Strukturkonzept. Philosophisches Jahrbuch 96: 97–100.

Luhmann, Niklas (1990a): Über systemtheoretische Grundlagen der Gesellschaftstheorie. Deutsche Zeitschrift für Philosophie 38: 277–284.

Luhmann, Niklas (1990b): Die Wissenschaft der Gesellschaft. Frankfurt/M: Suhrkamp.

Luhmann, Niklas (1990c): Soziologische Aufklärung 5. Opladen: Westdeutscher Verlag.

Luhmann, Niklas (1990d): Essays on Self-Reference. New York – Oxford: Columbia University Press.

Luhmann, Niklas (1992a): Wer kennt Wil Martens? Kölner Zeitschrift für Soziologie und Sozialpsychologie 44: 139–142.

Luhmann, Niklas (1992b): System und Absicht der Erziehung. In: Luhmann, Niklas/Schorr, Eberhard (Hg.), Zwischen Absicht und Person (S. 102–124). Frankfurt/M: Suhrkamp.

Luhmann, Niklas (1994): Gesellschaft als Differenz. Zeitschrift für Soziologie 23: 477–481.

Luhmann, Niklas (1995a): Gesellschaftsstruktur und Semantik, Bd. 4. Frankfurt/M: Suhrkamp.

Luhmann, Niklas (1995b): Soziologische Aufklärung 6. Opladen: Westdeutscher Verlag.

Luhmann, Niklas (1995c): Die Realität der Massenmedien. Opladen: Westdeutscher Verlag.

Luhmann, Niklas (1995d): Die Kunst der Gesellschaft. Frankfurt/M: Suhrkamp.

Luhmann, Niklas (1996; 2., erweiterte Aufl.): Die Realität der Massenmedien. Opladen: Westdeutscher Verlag.

Luhmann, Niklas (1997): Die Gesellschaft der Gesellschaft. Frankfurt/M: Suhrkamp.

Merz, Peter-Ulrich (1990): Max Weber und Heinrich Rickert. Würzburg: Königshausen & Neumann.

Meyer, Benno (1993): Analyse und Kritik der Grundlagen der Luhmannschen Theorie sozialer Systeme aus der Sicht der allgemeinen Systemtheorie. Dissertation Universität Leipzig.

Nassehi, Armin (1995): Die Deportation als biographisches Ereignis. In: Weber, Georg/Weber-Schlenther, Renate/Nassehi, Armin/Sill, Oliver/Kneer, Georg, Die Deportation von Siebenbürger Sachsen in die Sowjetunion 1945–1949 (S. 5–412). Köln – Weimar – Wien: Böhlau.

Schneider, Wolfgang Ludwig (1994): Die Beobachtung von Kommunikation. Opladen: Westdeutscher Verlag.

Schneider, Wolfgang Ludwig (1996): Die Komplementarität von Sprechakttheorie und systemtheoretischer Kommunikationstheorie. Zeitschrift für Soziologie 25: 263–277.

Weber, Max (1973): Gesammelte Aufsätze zur Wissenschaftslehre. Tübingen: Mohr.

Weber, Max (1976): Wirtschaft und Gesellschaft. Tübingen: Mohr.

Weber, Max (1978): Gesammelte Aufsätze zur Religionssoziologie I. Tübingen: Mohr.

Weiß, Johannes (1981): Rationalität als Kommunikabilität. In: Sprondel, Walter M./Seyfarth, Constans (Hg.), Max Weber und die Rationalisierung sozialen Handelns (S. 39–58). Stuttgart: Enke.

Weyer, Johannes (1993): System und Akteur. Kölner Zeitschrift für Soziologie und Sozialpsychologie 45: 1–22.

Wolfgang Ludwig Schneider

Handeln, Intentionalität und Intersubjektivität im Kontext des systemtheoretischen Kommunikationsbegriffs

I. Einleitung

Jenseits mannigfacher Differenzen zwischen den Vertretern unterschiedlicher theoretischer Ansätze in der Soziologie läßt sich eine Reihe von Prämissen feststellen, die zum weitestgehend anerkannten Grundbestand, wenn nicht zum ‚common sense' soziologischer Theorie zu gehören scheinen. Zu diesen Prämissen zählen u. a. die folgenden eng miteinander verbundenen Annahmen:

Als die elementaren Einheiten des Sozialen gelten *Handlungen*. Die Identität von Handlungen ist bestimmt durch den *subjektiven Sinn*, den Akteure mit ihrem Verhalten verbinden. Infolgedessen ist *keine scharfe Grenze* zu ziehen zwischen *Bewußtseins*prozessen und *sozialen* Prozessen. Vielmehr muß angenommen werden, daß Psychisches und Soziales einander überschneiden. *Kommunikation* ist zu begreifen als *Aneinanderreihung von Handlungen*, mit denen die Akteure jeweils bestimmte Mitteilungsabsichten verknüpfen. Sie gelingt, wenn der Adressat einer Mitteilung die Mitteilungsabsichten ihres Urhebers versteht, d. h. der subjektive Sinn, den die Autoren mit seiner Äußerung verbinden, und der vom Adressaten verstandene Sinn *vollständig zur Deckung* kommen und damit aus dem ursprünglichen subjektiven Sinn ein *intersubjektiv geteilter* Sinn geworden ist. Kommunikation zielt insofern auf die *Herstellung von Intersubjektivität*.[1]

Die Systemtheorie Luhmannscher Provenienz bricht mit diesen Prämissen: Zwischen Bewußtseinssystemen und sozialen Systemen wird *scharf differenziert*. Nicht Handlung, sondern *Kommunikation* zählt als soziale Basiseinheit. Kommunikation darf demnach nicht von vornherein als Abfolge kommunikativer Handlungen gedeutet werden. Ebensowenig läßt sich der Sinn kommunikativer Ereignisse gleichsetzen mit dem subjektiven Sinn, den die Autoren damit verbinden. *Intersubjektivität* schließlich als *Identität* zwischen dem subjektiven Sinn einer Mitteilung aus der Perspektive des Autors und dem Sinn, den der Adressat versteht, erscheint *unmöglich*.

Diese Differenzen zum ‚common sense' der soziologischen Theorie sind das Ergebnis bestimmter begrifflicher Ausgangsentscheidungen. Als Folge der analytisch genauen Entfaltung der Konsequenzen dieser Entscheidungen geraten vertraute Begriffe wie Handlung, Kommunikation, Intention und Intersubjektivität in eine veränderte Beleuchtung, die bisher Unterbelichtetes anstrahlt, Inkonsistenzen hervorhebt und zur Reformulierung dieser Begriffe zwingt. Welche Blickverschiebungen sich daraus ergeben und wie dabei Elemente der Theorietradition aufgegriffen, systemtheoretisch umgewidmet und so auf veränderte Weise fruchtbar gemacht werden, möchte ich im folgenden vorführen.

Zu Beginn müssen dazu die begrifflichen Grundentscheidungen der Systemtheorie und der daraus folgende Zuschnitt des Kommunikationsbegriffs skizziert werden (II.), aus denen eine veränderte Bestimmung des Verhältnisses zwischen den Sphären des Sozialen und des Psychischen sowie zwischen Kommunikation und Handlung folgt (III. und IV.). Danach möchte ich zeigen, wie zwei von der Systemtheorie in ihrer üblichen Fassung abgelehnte Konzepte, nämlich die Begriffe der Intentionalität und der Intersubjektivität, unter den veränderten Prämissen zu reformulieren sind (V.–VIII.). Dabei wird zunächst begründet, warum Intersubjektivität als Bedeutungsidentität kommunizierten Sinnes unmöglich ist (V.). Sodann wird Intentionalität als kommunikative Reduktionsform subjektiven Sinnes und Einrichtung der strukturellen Kopplung zwischen Kommunikation und Bewußtsein bestimmt (VI.), um schließlich nachzuzeichnen, auf welche Weise Intersubjektivität unter den Bedingungen direkter Interaktion (VII.) sowie im Rahmen massenmedialer Kommunikation (VIII.) erzeugt werden kann.

II. Kommunikation als Konstitutionsgrundlage sozialer Systeme

Luhmanns Systemtheorie führt *Kommunikation* als diejenige Operation ein, durch die soziale Systeme sich gegenüber ihrer Umwelt operativ abschließen und reproduzieren (vgl. zum folgenden insbes. Luhmann 1984, S. 191 ff.; 1990, S. 11 ff.; 1997, S. 78 ff.). Operative Geschlossenheit wird erreicht durch *Selbstreferenz*, d. h. dadurch, daß nur Operationen desselben Typs aneinander anschließen und an nichts sonst. Soziale Systeme prozessieren, indem sie kommunikative Ereignisse mit kommunikativen Ereignissen verknüpfen. Alles andere wie Dinge, Körper, Gedanken, Menschen usw. gehört demgegenüber zur Umwelt sozialer Systeme. Die operative Schließung sozialer Systeme ermöglicht zugleich Umweltoffenheit. Dies wird dadurch erreicht, daß die Differenz von *System und Umwelt* in jeder Operation als Differenz von *Selbst- und Fremdreferenz* präsent ist (vgl. Luhmann 1997, S. 97 f.).

Kommunikation verkörpert diese Differenz als Unterscheidung von *Mitteilung und Information*: Mitteilungsereignisse schließen an Mitteilungsereignisse an und insofern dies geschieht, prozessiert Kommunikation *selbst*referentiell. Zugleich teilen Mitteilungen immer *etwas* mit, beziehen sie sich auf Wahrnehmungen, Gedanken, einen aktuellen Gesprächsgegenstand und implizieren insofern *Fremd*referenzen. – Um ein Ereignis als Kommunikationsbeitrag zu identifizieren, muß es darüber hinaus durch eine daran anschließende Mitteilung eines *anderen Teilnehmers* als Mitteilung einer Information beobachtet, d. h. *verstanden* werden. Ohne Verstehen also keine Kommunikation. Kommunikation erzeugt sich hier gleichsam je retrospektiv: Ob ein Ereignis, eine Äußerung, ein Runzeln der Stirn als Kommunikation registriert wird, hängt davon ab, ob Folgeereignisse daran anschließen, die es als Mitteilung einer Information etikettieren und es auf eine bestimmte Weise verstehen. Kommunikation erscheint so als *Synthese dreier Selektionen*: von Mitteilung, Information und Verstehen, die erzeugt wird unter Beteiligung von mindestens *zwei Prozessoren*.[2]

Aus der Perspektive zweier sich kommunikativ engagierender Bewußtseinssysteme formuliert besteht zwischen diesen Selektionen der folgende Zusammenhang: Die Beteiligung an Kommunikation verlangt, daß Ego etwas – eine *Information* – auswählt. Sie verlangt darüber hinaus, daß Ego diese Information *zum Zweck der Mitteilung* (und nicht etwa zur gedanklichen Weiterverarbeitung) selegiert und ihr eine bestimmte Mitteilungs*form* (Wortwahl, Sprachgestus, mündliche oder schriftliche Mitteilung etc.) gibt. Erforderlich ist schließlich, daß Alter die Äußerung Egos als Mitteilung einer Information *versteht*, indem er mit einer Folgeäußerung daran anschließt.

Psychisches Verstehen allein reicht dabei nicht aus. Was Alter, eingeschlossen in seinem Bewußtsein, verstehen mag, ist zwar eine wesentliche Voraussetzung für seine anschließende Informations- und Mitteilungsselektion. Für sich genommen bleibt dieses Verstehen jedoch auf Alters Bewußtsein beschränkt und ist gebunden an einen anderen Operationstyp, nämlich *Gedanken*, deren selbstreferentielle Verkettung Bewußtseinssysteme, aber eben nicht Kommunikation reproduziert. Worum es geht ist das *kommunikative Verstehen*, wie es sich jeweils in den Anschlußäußerungen artikuliert und so als Prämisse für die Fortsetzung der Kommunikation wirksam wird, wie etwa in der folgenden Sequenz:
1 A: Feuer?
2 B: Ja, bitte schön (B zieht ein Feuerzeug aus der Tasche und reicht A Feuer).

Das Verstehen, das hier in der Folgeäußerung sichtbar wird, weist der ersten Äußerung den Status einer Frage mit der Funktion einer *Bitte um Feuer* zu, die mit dem Anbieten von Feuer beantwortet wird. Dieses Verstehen mag der Mitteilungsabsicht von A entsprechen. Ebensogut kann es sich aber auch um ein Mißverständnis handeln (so z. B., wenn A, der beobachtet, daß B auf einem erloschenen Zigarrenstummel kaut, B Feuer *anbieten* wollte). *Richtiges und falsches Verstehen sind hier insofern äquivalent*, als sie der Vorläuferäußerung den Status eines kommunikativen Ereignisses zuweisen, an das angeschlossen werden kann und sie damit zugleich die Fortsetzung der Kommunikation ermöglichen. Mißverstehen als Differenz zwischen der psychischen Mitteilungsintention eines Sprechers und dem mitgeteilten Verstehen des Hörers kann von den beteiligten Psychen durchaus absichtsvoll herbeigeführt, für spezifische Zwecke genutzt, in der Kommunikation jedoch latent gehalten werden. So z. B., wenn A sich eine Zigarette anzünden wollte, deshalb auf der Suche nach Feuer in einer Handtasche kramte und dabei ohne Mitteilungsintention „Feuer?" vor sich hin murmelte und B – vielleicht an einem Flirt mit A interessiert – diese Gelegenheit zu dem daran anschließenden Angebot nutzt. A mag daraufhin verwirrt annehmen (oder auch nur Verwirrung vortäuschen). Ein Gespräch kommt in Gang, angestoßen durch ein Mißverstehen, an dessen Klärung möglicherweise niemand ein Interesse hat und das so in der Kommunikation als richtiges Verstehen definiert wird, obwohl es einer oder gar beide Beteiligte besser zu wissen glauben.

Das Beispiel macht sichtbar, wie der ‚subjektiv gemeinte' wie auch der ‚subjektiv verstandene' Sinn eines Mitteilungsereignisses abweichen können von dem Sinn, der diesem Ereignis *im kommunikativen Verstehen zugerechnet* wird. Diese Abweichung kann soweit reichen, daß ein Verhalten durch Anschlußäußerungen als Kommunikationsbeitrag behandelt und für die Fortsetzung der Kommunikation benutzt wird, obwohl der ‚Autor' des ‚Mitteilungsereignisses' mit seinem Verhalten keinerlei Mitteilungsabsicht verband. Deutlich wird daran die Differenz zwischen der *Kommunikation* und den *Bewußtseinsprozessen der involvierten Psychen.*

III. Kommunikation und Bewußtsein

Die Differenz zwischen Kommunikation und Bewußtsein gründet in der Differenz der Operationen, durch deren selbstreferentielle Verkettung psychische und soziale Systeme sich reproduzieren. Bewußtseine schließen Gedanken an Gedanken, soziale Systeme Mitteilungen an Mitteilungen an, und sie schließen dadurch alles andere als Umwelt aus sich aus, die nur als fremdreferentielles Korrelat selbstreferentiellen Operierens (als intentionales Objekt von Gedanken bzw. als mitgeteilte Information) auf dem Monitor des Systems erscheinen kann. Soziale Systeme können kommunizieren, aber nicht denken. Sie können nur Gedanken zum *Thema der Kommunikation* machen, über die Mitteilungen dann zu informieren versuchen. Umgekehrt können Bewußtseinssysteme nur denken, aber nicht kommunizieren. Man kann sich zwar *Gedanken über die Mitteilungen* anderer machen, aber wiederum nur, indem der Inhalt der Mitteilung zum Gegenstand des Denkens wird. Was passiert, wenn ein Bewußtseinssystem seine Gedanken mit Kommunikationen verwechselt, ist bekannt: Es hört ‚fremde Stimmen', die in seinem Innern zu ihm sprechen.

Psychische wie soziale Systeme operieren auf der Basis des Mediums *Sinn.* Sinn meint einen spezifischen Modus der Verarbeitung systemintern verfügbarer Komplexität, d. h. der überwältigenden Anzahl operativer Verknüpfungen, die im System möglich sind. Komplexität erzwingt, daß jede Operation nur als Selektion aus einer Vielzahl von Alternativen möglich wird. Die sinnförmige Organisation von Selektion sorgt dafür, daß die durch eine Operation *aktuell* ausgeschlossenen Möglichkeiten nicht definitiv eliminiert, sondern nur vorläufig (d. h. auf negierbare Weise) negiert werden und so für die *Orientierung von Anschlußoperationen* immer wieder verfügbar sind.[3] Dies geschieht, indem diese Möglichkeiten *potentialisiert*, d. h. als Alternativen behandelt werden, die durch spätere Operationen (aber wiederum nur selektiv) angesteuert, d. h. *aktualisiert* werden können und die dann zugleich neue Anschlußmöglichkeiten zugänglich machen, deren Erreichbarkeit die vorherige Wahl dieser Alternativen voraussetzt. Was Sinn auf diese Weise leistet, ist die *Temporalisierung von Komplexität* mit Hilfe der Unterscheidung von *Aktualität und Potentialität*, die an jeder Anschlußstelle erneut aufgerufen ist.

Noch ohne Lösung ist damit das Problem, wie der Bereich der an jeder Anschlußstelle in Betracht kommenden Unzahl alternativer Möglichkeiten auf ein *handhabbares Format* reduziert werden kann, um hinreichend rasche Anschlüsse sicherzustellen. Gelöst wird dieses Problem durch die Bildung von *Erwartungen*. Erwartungen „verdichten" die Verweisungsstruktur von Sinn durch „Zwischenselektion eines engeren Repertoires von Möglichkeiten, im Hinblick auf die man sich besser und vor allem rascher orientieren kann", und machen dadurch die Selektionslast für Anschlußoperationen erst bewältigbar (Luhmann 1984, S. 140). Die (ebenfalls selektive) Wiedereinführung der ausgeblendeten Möglichkeiten wird dabei durch die Unterscheidung Erfüllung/Enttäuschung konditioniert: Die ausgeblendeten Möglichkeiten bleiben außer Betracht, so lange das, was geschieht, als erwartungskonform erlebt wird. Erst durch Erwartungsenttäuschungen werden sie selektiv reaktiviert und auf dem Wege des Lernens in veränderte Erwartungsstrukturen integriert, ignoriert oder auf irreguläre Abweichungen einer identifizierten Enttäuschungsquelle zugerechnet und so neutralisiert.[4]

Erwartungen fungieren als *Strukturen*, welche die Verkettung der Operationen orientieren und die zugleich durch die strukturkompatible Verkettung von Operationen reproduziert werden.[5] Sie sind Formen im Medium Sinn, die sowohl von psychischen als auch sozialen Systemen benutzt werden, um Anschlußfähigkeit zwischen den systemtypischen Operationen zu sichern, die also sowohl die Verknüpfung von *Gedanken* wie auch die Verknüpfung von *Kommunikationen* regulieren. Jedoch: Psychisch und kommunikativ prozessierte Erwartungen *sind nicht identisch*.

Produziert und reproduziert im Netzwerk der jeweils systemspezifischen Operationen fungieren sie nur im Binnenkontext von Bewußtseinen oder sozialen Systemen, orientieren sie also *entweder* die Verknüpfung von Gedanken mit Gedanken *oder* von Kommunikationen mit Kommunikationen, *aber nicht*: die Verknüpfung von Gedanken mit Kommunikationen. Weil sich soziale Systeme und Bewußtseinssysteme durch unterschiedliche Operationstypen reproduzieren, operieren sie überschneidungsfrei und auf der Grundlage *je eigener* Erwartungsstrukturen. Offensichtlich ist zugleich, daß Kommunikation nicht ohne Beanspruchung von Bewußtseinsbeteiligung möglich ist. Einerseits *zur Umwelt* von Kommunikation gehörig, andererseits *darin involviert*: Für diese Art der Verknüpfung von Bewußtsein und Kommunikation verwendet die Systemtheorie die Begriffe der *operativen* und der *strukturellen Kopplung*.

Operative Kopplung zwischen System und Umwelt bedeutet, daß ein System eine momenthafte Kopplung zwischen eigenen Operationen und solchen Operationen, die es seiner Umwelt zurechnet, herstellt (Luhmann 1993, S. 441). Man hört einen Satz, denkt sich etwas dabei und deutet das Gedachte als kommunikative Bedeutung des Satzes, rechnet es also nicht dem eigenen Bewußtsein, sondern der laufenden Kommunikation zu. Oder aus der Perspektive der Kommunikation formuliert: Eine Äußerung schließt an eine vorausgegangene auf bestimmte Weise an (etwa als Antwort auf eine Frage), weist ihr damit eine bestimmte kommunikative Bedeutung zu unter der Prämisse, daß eine psychische Entsprechung zu dieser Bedeutung als Gedanke im Bewußtsein des Autors der Startäußerung existiert. Als Folge operativer Kopplung scheinen Einzelereignisse verschiedenen Systemen zugleich anzugehören. Die Identität eines Ereignisses im Binnenkontext der gekoppelten Systeme bleibt jedoch different, denn sie hängt ab von seiner je spezifischen Einbettung im Netzwerk der Operationen der einzelnen Systeme, darin einem Ton vergleichbar, der verschiedenen gleichzeitig erklingenden Melodien gemeinsam ist, dessen musikalische Bedeutung aber (etwa als tonleitereigener oder -fremder, als spannungslösender oder -aufbauender Ton) auf unterschiedliche Weise fixiert ist durch den Kontext der jeweiligen melodischen Sequenz, in der er als Element fungiert. Weil die Identität systemischer Operationen nicht instantan und substantiell, sondern sequentiell durch ihre Relation zu vorausgegangenen und nachfolgenden Operationen bestimmt ist, ihr Sinn also abhängt von ihrer Einbettung in die Geschichte des jeweiligen Systems, bleiben solche Kopplungen auf Ereignislänge beschränkt.

Strukturelle Kopplungen zwischen einem System und seiner Umwelt liegen vor, „wenn ein System bestimmte Eigenarten seiner Umwelt dauerhaft voraussetzt und sich strukturell darauf verläßt" (Luhmann 1997, a. a. O.). Insofern solche Kopplungen existieren, d. h. die im Operieren des Systems vorausgesetzten und als Bedingung der Möglichkeit für die Erzeugung immer neuer Anschlußoperationen benötigten Konstanzen erfüllt sind, ist das System an seine Umwelt ‚angepaßt'. Bezogen auf das Verhältnis von Bewußtsein und Kommunikation heißt dies, daß Kommunikationen zwar Überraschungen bereithalten, aber doch nicht völlig unerwartbar verlaufen dürfen, denn sonst würden die beteiligten Bewußtseine jede Orientierung verlieren, ihre Kooperation einstellen und die Kommunikation damit aufhören.

Das zentrale Medium, das für die operative und strukturelle Kopplung zwischen Kommunikation und Bewußtsein sorgt, ist *Sprache* (vgl. Luhmann 1988, S. 888 ff.; 1997, S. 205 ff.). Wörter und Sätze dienen der Artikulation von Sinn in der Kommunikation und regen zugleich die Imagination von Bewußtsein auf eine nicht beliebige Weise an: „Lesen Sie bitte: frische Brötchen – und ich bin sicher, daß Sie nicht etwas völlig anderes im Sinn haben als ich" (Luhmann 1990, S. 49); – nichts völlig anderes, aber auch nicht vollkommen Identisches. Der eine mag bei einem Schild mit dieser Aufschrift an dunkelbraun gebackene Brötchen mit kräftiger Kruste, der andere eher an helle Brötchen mit dünner Kruste denken, ein dritter sieht darin die bei seinem Bäcker übliche euphemistische Bezeichnung für aufgebackene Tiefkühlbrötchen, einem vierten fällt dazu vielleicht eher ein, wie ungesund und schal Weißmehlerzeugnisse verglichen mit kräftigem Vollkornbrot sind, ein fünfter assoziiert einen bestimmten Duft etc. Jede Übereinstimmung wird so von Differenzen umspielt. Der kommunikative Gebrauch von Sprache ermöglicht insofern die Synchronisation von Bewußtsein und Kommunikation, aber nicht deren vollständige Kongruenz. Was in der Kommunikation an ein Wort oder einen Satz anschließt, unterscheidet sich mehr oder weniger von den Gedanken, die in den beteiligten Bewußtseinen darauf folgen. An Übereinstimmung interessiert, kann man diese Unterschiede zwar zum Thema machen, um zu erfahren, was ein anderer denkt, wenn er bestimmte Worte hört. Doch muß man dazu weitere Worte verwenden, für die sich das gleiche Problem wiederholt etc. ad infinitum. „Alles Verstehen ist daher immer zugleich ein Nicht-Verstehen, alle Übereinstimmung in Gedanken und Gefühlen zugleich ein Auseinandergehen" (W. v.

Humboldt, hier zitiert nach Habermas 1988, S. 56; vgl. auch Luhmann 1997, S. 109).[6]
Psychische wie soziale Systeme reproduzieren und transformieren ihre Strukturen im Prozeß der laufenden Erzeugung neuer Operationen. Dabei muß auch die Kopplung zwischen beiden Systemen kontinuierlich regeneriert werden. Psychisch und kommunikativ prozessierte Erwartungen, jeweils im Netzwerk systemeigener Operationen und insofern umweltunabhängig erzeugt, dürfen nicht soweit auseinanderdriften, daß die Kopplung reißt, ist doch die Aufrechterhaltung der Kopplung Bedingung der Beteiligung an sowie der Fortsetzbarkeit von Kommunikation. Für jedes Bewußtseinssystem gilt: Nur insofern es Erwartungsmuster bildet, in die es beobachtete kommunikative Ereignisse einfügen kann, ist es in der Lage, daran anschließende Mitteilungsereignisse zu produzieren und sich so an Kommunikation zu beteiligen. Umgekehrt kann die Kommunikation nur solche Erwartungsstrukturen verwenden, die es erlauben, hinreichende Bewußtseinsbeteiligung zu mobilisieren, um die Fortsetzung von Kommunikation zu ermöglichen. Die Notwendigkeit struktureller Kopplung wirkt deshalb selektiv auf die autopoietische Produktion von Strukturen in den gekoppelten Systemen (vgl. Luhmann 1984, S. 298). Sie wird erreicht durch kontinuierliche interne Justierung der verwendeten Strukturen in den gekoppelten Systemen in Abhängigkeit von den Ergebnissen wechselseitiger Beobachtung. Auffällige Divergenzen werden systemintern als Überraschungen registriert, die Modifikationen eigener Strukturen veranlassen können und so zur Sicherung struktureller Kopplung beitragen.

Am Beispiel und aus der Perspektive kommunikativ engagierter Bewußtseine illustriert: Nehmen wir an, A und B haben sich gestritten, A wünscht die Vermeidung weiterer Streitigkeit und behandelt B deshalb besonders höflich. B ist überrascht und reagiert mit der erstaunten Äußerung: „Warum auf einmal so förmlich?" – A wiederum sieht darin eine Kritik seines Verhaltens, die einer Ablehnung seines Friedensangebotes gleichkommt und antwortet: „Dir kann man es wohl gar nicht recht machen!", wodurch sich wiederum B angegriffen fühlt und entsprechend reagiert. Durch diesen Verlauf können sich beide *retrospektiv* darüber belehren lassen, daß die Kommunikation, in die sie involviert sind, schon wieder *das Strukturmuster eines Konflikts* reproduziert, obwohl keiner erwartete, daß seine Äußerung zur Fortsetzung des Streits beitragen könnte. Jeder mag dabei den anderen dafür verantwortlich machen, weil er selbst bei der Wahl seiner Mitteilung sich von anderen Anschlußerwartungen leiten ließ. Der beobachtbare Verlauf der Kommunikation enttäuscht diese Erwartungen jedoch und zwingt die Beteiligten, sich darauf einzustellen (vgl. ausführlicher dazu Schneider 1994a, S. 207–230).

Beispiele dieser Art machen sichtbar, wie psychisch prozessierte und kommunikativ realisierte Erwartungsstrukturen auseinanderlaufen und diese Differenzen von den Bewußtseinssystemen intern als *Überraschungen bzw. Abweichungen* wahrgenommen werden können,[7] die sie zur Modifikation ihrer Strukturen veranlassen und die so zur „conservation of adaption" (Maturana) zwischen Kommunikation und Bewußtsein, d. h. zur Erhaltung ihrer strukturellen Kopplung beitragen.

IV. Kommunikation und Handlung

Die scharfe Trennung zwischen Kommunikation und Bewußtsein wie auch zwischen den verschiedenen Bewußtsseinssystemen, die an Kommunikation beteiligt sind, hat weitere begriffliche Konsequenzen. Diese Trennung in Verein mit der Prämisse, daß Kommunikation immer eine Mehrzahl von Teilnehmern verlangt, hat zur Folge, daß Kommunikation nicht von vornherein als Aneinanderreihung von Handlungen vorgestellt werden kann. Weil Kommunikation als *symmetrisches* Verhältnis der Selektionen Mitteilung, Information und Verstehen konzipiert ist und diese Selektionen auf (mindestens) *zwei* Prozessoren verteilt sind, tragen *beide gleichermaßen* zur Erzeugung eines kommunikativen Ereignisses bei. Die ausschließliche Zurechnung einer Kommunikation als Handlung des Autors der Mitteilungsselektion trägt diesem Umstand nicht angemessen Rechnung.

Insofern jedes kommunikative Ereignis nur als Koprodukt von Ego und Alter zustande kommt, scheint es alternativ dazu nahezuliegen, Kommunikation im Weberschen Sinne als *soziale Beziehung* zu begreifen, die sich herstellt, indem *zwei Akteure handeln und ihr Handeln wechselseitig aufeinander beziehen* (vgl. entsprechend Greshoff, in diesem Band). Das Mitteilungshandeln Egos wäre so bezogen auf das Verstehen Alters, das seinerseits als Handlung gedeutet und auf Egos Mitteilungshandeln bezogen wäre. – So plausibel eine solche Deutung zunächst erscheinen mag, übersieht sie jedoch ein wesentliches Moment: Alters Verstehen versteht sich selbst *nicht als Handeln*, sondern als *Erleben* dessen, was Ego ihm mitzuteilen versucht.[8] Die Rolle, die das Verstehen sich selbst zuweist, ist passiver Art. Der aktive Part, der Vollzug einer *Handlung*, wird dem Mitteilenden zugerechnet. Erst sekundär, durch *asymmetrisierende Zurechnung* auf den Autor einer Äußerung, wird so das symmetrische Verhältnis der Selektionen, durch das Kommunikation sich konstituiert, in das *Handeln des einen* und das *Erleben des anderen* transformiert. Zwar kann das, was der Verstehende versteht, nicht als Ergebnis des bloßen passiven Empfangs von Übertragungsleistungen, sondern muß als Resultat seiner Konstruktionstätigkeit gedacht werden, deren Ergebnis mehr oder weniger übereinstimmen kann mit den Mitteilungsabsichten des Autors. Gerade dies aber, die Eigenaktivität des Verstehenden, wird im Verstehen ausgeblendet. Die so vollzogene Selbstzerlegung von Kommunikation in eine Sukzession von Mitteilungshandlungen ist eine notwendige Voraussetzung für die Fortsetzung von Kommunikation. Denn nur, wenn der Verstehende annimmt, es nicht mit selbstfabriziertem Sinn zu tun zu haben, sondern mit dem Sinn, den *ein anderer* ihm mitzuteilen versucht, ist es für ihn sinnvoll, darauf zugeschnittene Anschlußäußerungen zu emittieren.

Aus systemtheoretischer Perspektive beobachtet impliziert jede *ausschließlich* handlungstheoretische Auffassung von Kommunikation einen ontologischen Kurzschluß. Sie gründet auf der Voraussetzung, daß jede Selektion eines psychischen Systems, jedes mit Sinn verknüpfte Verhalten von vornherein als Handeln zu begreifen ist. Unberücksichtigt bleibt dabei, inwiefern das System selbst oder andere Beobachter sein Verhalten als Handeln registrieren. Selbstverständlich ist diese Voraussetzung schon deshalb nicht, weil jedes Handeln ein bestimmtes *Erleben der Situation* impliziert. Diese Komponente kann als so bedeutsam wahrgenommen werden, daß der auf Handeln zugerechnete Beitrag für die Verursachung eines Ereignisses demgegenüber marginal erscheint: Jemand drückt den Abzug einer Pistole in dem Glauben, es sei ein Spielzeug, ein Schuß löst sich und tötet einen Menschen. Was hier geschah, geschah *nicht absichtlich*, sondern als Folge eines tragischen *Irrtums*; – wer dieses Ereignis so beschreibt, rechnet es primär auf realitätsinadäquates *Erleben* zu. Jedes Situationserleben impliziert jedoch Interpretationsleistungen. Es kann deshalb als Aktivität der *Definition* einer Situation und insofern als Handeln analysiert sowie verantwortlich zugerechnet werden. Am Beispiel des ‚Unglücksschützen': Hätte er seinem Eindruck trauen dürfen? Hätte er nicht überprüfen müssen, ob es tatsächlich eine Spielzeugpistole war, bevor er sie auf einen Menschen richtete und abdrückte? Ist sein Irrtum nicht das Ergebnis *fahrlässigen Handelns*? Ein Gericht, das diese Fragen zu klären hat, wird vielleicht zu dem Ergebnis kommen, daß der Besitzer der Pistole, belustigt über das Unwissen des ‚Schützen' (und seinerseits überzeugt, die Pistole sei nur mit Schreckschußmunition geladen), ihn in seinem irrtümlichen Glauben bestätigte. Den ‚Schützen' würde dann auch keine Schuld an seinem Irrtum treffen. Das tragische Ergebnis seines Tuns wäre ihm (zumindest juristisch) weder direkt noch indirekt als Handlung zuzurechnen und deshalb auch nicht strafrechtlich zu ahnden.

Die Frage, ob Selektionen primär als Erleben oder Handeln zu bestimmen sind, muß immer dann (mit)beantwortet werden, wenn weitere Selektionen daran anschließen (ausführlich dazu Luhmann 1981). In der Kommunikation, in der dieses Problem mit jeder neuen Äußerung akut wird, ist es zugleich auf routinisierte Weise gelöst: Die Mitteilung einer Information durch Ego gilt als Handlung, die eine bestimmte Definition der Situation etabliert, auf die sich das Verstehen Alters als Erleben beziehen und sich in einer daran anschließenden Mitteilungshandlung artikulieren kann. „Können sie mir sagen, wo das nächste Postamt ist?" – „Biegen sie an der nächsten Kreuzung rechts ein, dann stehen sie direkt davor." Die zweite Äußerung *versteht (erlebt)* die erste als Frage, auf die sie *antwortet* (d. h. mit einer Anschluß*handlung* reagiert).[9] *Als Handlung verstanden* und damit *in der Kommunikation als Handlung definiert* wird die Antwort jedoch erst durch eine weitere Äußerung (z. B. „Herzlichen Dank!"), für die wiederum das gleiche gilt. Jedes kommunikative Ereignis innerhalb einer Sequenz hat insofern einen *zweifachen Status: Retrospektiv*, im Blick auf die gerade vorausgegangene Äußerung bringt es ein mehr oder weniger bestimmtes Verstehen/Erleben zum Ausdruck; *prospektiv*, d. h. in Richtung auf die Anschlußkommunikation, fungiert es als Mitteilungshandlung. Insofern das kommunikative Verstehen einer vorangegangenen Mitteilung ein elementares Kommunikationsereignis abschließt, partizipiert demnach jede Äußerung an zwei aufeinanderfolgenden Elementarereignissen und muß dies tun, weil sie als Glied eines sequentiell geordneten Reproduktionsprozesses immer zugleich Bindeglied zwischen vergangenen und zukünftigen Systemzuständen ist, d. h. zugleich Anschlußereignis sein und Anschlußfähigkeit reproduzieren muß.

Liegen die Dinge wirklich so kompliziert? – Die Antwort läßt sich nur (und dies im doppelten Sinne) in der Beobachtung von Kommunikation finden. Dort kann an *ein und derselben* Äußerung problemlos unterschieden werden zwischen *inadäquatem Verstehen*, das darin zum Ausdruck kommt, und einer *inakzeptablen Handlung*, die damit vollzogen wird. So in dem folgenden Dialog: (1) „Hast du mal fünf Mark für mich?" – (2) „Bin ich Krösus?"; die daran anschließende Bemerkung an dritter Sequenzposition: (3a) „Ich meine doch nur leihweise", würde ein bestimmtes Verstehen der ersten Äußerung als Prämisse der zweiten unterstellen und zu korrigieren versuchen; die Entgegnung (3b) „Geizhals!" hingegen würde die zweite Äußerung als inakzeptable Weigerung, die vorgetragene Bitte bzw. Aufforderung zu erfüllen, zurückweisen. Was *wir* hier beobachten können, ist, *wie die Kommunikation selbst* ein Ereignis primär unter dem Gesichtspunkt des darin artikulierten *Verstehens* bzw. als *Mitteilungshandlung* beobachtet, für die der Sprecher verantwortlich gemacht wird. – Als dritte Möglichkeit schließlich kann die Folgeäußerung ihre Vorläuferin unter dem Aspekt ihres *Informationsgehalts* ansteuern; so etwa, wenn die Abschlußäußerung in unserem Beispiel lauten würde, (3c) „Hätte nicht gedacht, daß du so knapp bei Kasse bist". Jede Äußerung ist so zu begreifen als *Synthese* der drei Selektionen Mitteilung, Information und Verstehen,[10] die *in der Beobachtung durch eine nächste Äußerung unterschieden*, d. h. alternativ als Anknüpfungspunkte markiert werden können.[11]

Unser Haupteinwand gegen eine ausschließlich handlungstheoretische Auffassung von Kommunikation lag darin, daß Alters Verstehen von Egos Mitteilung in der Kommunikation *nicht als Handlung*, sondern als Alters *Erleben* der Mitteilungs- und Informationsselektion Egos bestimmt wird. Dieses Zurechnungsmuster ist freilich nicht invariant, sondern kann jederzeit problematisiert werden. Anlaß dazu ist vor allem dann gegeben, wenn in einer Anschlußäußerung etwas anderes als verstandener Sinn deklariert wird, als das, was der Autor der vorangegangenen Äußerung verstanden wissen will. So z. B., wenn ein Politiker in einer Diskussion auf die Frage nach dem Termin der Einführung der Währungsunion antwortet, „Gegen alle Kritik halten wir an dem Ziel der Währungsunion fest", sein Kontrahent daraus die implizite Information entnimmt, „. . . daß sie offensichtlich nicht mehr unverbrüchlich am ursprünglichen Einführungstermin festhalten", und der erste Sprecher dann entgegnet: „Dies ist eine böswillige Unterstellung!" Das vorgebliche Verstehen des Gegenübers wird damit als *Handlung* (nämlich als *absichtsvolles Miß*verstehen) definiert. Der so Kritisierte kann dem wiederum entgegenhalten, daß die vorausgegangene Äußerung des Befragten kaum anders verstanden werden könne und damit auf der Definition seines Verstehens als *Erleben* insistieren. Die Verbuchung des kommunikativ artikulierten Verstehens würde so zum Gegenstand einer Kontroverse.

Generell kann kommunikatives Verstehen immer dann zumindest *auch* als Handeln pointiert werden, wenn es als kontingente Selektion aus unterschiedlichen Verstehensmöglichkeiten sichtbar wird. Ein bestimmtes Verstehen erscheint dann nicht mehr vollständig determiniert durch die kommunikative Situation, wie sie durch eine vorausgegangene Äußerung geschaffen worden ist, sondern muß darüber hinaus zurückgeführt werden auf eine *Auswahlentscheidung,* die im Bewußtsein möglicher Alternativen von einem Kommunikationsteilnehmer getroffen worden ist. Unter diesen Bedingungen wird Verstehen zur *expliziten Interpretation,* die sich eben nicht mehr von selbst versteht und die insofern als *Leistung des Interpreten* zugerechnet wird.

Zur expliziten Interpretation wird Verstehen typisch dann, wenn es als grundsätzlich problematisch und kontingent unterstellt sowie u. U. an bestimmte Kriterien gebunden wird, deren Befolgung die kontrollierbare Überwindung der Verstehensprobleme erlauben soll. Das Verstehen eines literarischen Werkes durch den Literaturkritiker, einer Bibelpassage durch den Theologen, eines Klassikers der Soziologie durch einen Soziologen, einer Rechtsvorschrift durch einen Juristen oder eines mitgeteilten Traumes durch einen Psychoanalytiker ist in diesem Sinne explizite Interpretation, die sozial als Handlung gilt, welche ein bestimmtes Verstehen/Erleben erst zugänglich macht und dementsprechend als ‚treffend' oder ‚verfehlt', ‚kompetent' oder ‚dilettantisch', ‚tiefschürfend' oder ‚oberflächlich', ‚genial' oder ‚trivial' qualifiziert werden kann. Was sich darin abzeichnet, ist die gesteigerte *Autonomisierung kommunikativen Verstehens* gegenüber den Urhebern von Mitteilungsereignissen, die entsteht, wenn semantisch ausdifferenzierte Sinngrundlagen als sozial anerkannte Voraussetzung des Verstehens in Anspruch genommen werden können (z. B. Heilige Schriften, Gesetzestexte, eine tradierte Rezeptionsgeschichte, Theorien und Interpretationsmethoden bzw. allgemeiner: vorweg fixierte Gesichtspunkte, unter denen Mitteilungsereignissen Bedeutung abgewonnen werden kann), die nicht in einer gerade laufenden Interaktion erzeugt und von den daran Beteiligten autorisiert werden müssen. Vor allem hier, in der zunehmenden Autonomisierung des Verstehens, wird die Trennung der Systembildungsebenen Interaktion und Gesellschaft sichtbar und im Prozeß sozialer Evolution realisiert. Unter dem Titel des *codierten und programmierten Verstehens* werden wir darauf später (vgl. VIII.) noch zurückkommen.

Die systemtheoretische Fassung des Kommunikationsbegriffs, dies zeigt die vorstehende Skizze, weist dem Konzept des Handelns einen durchaus zentralen Stellenwert zu. Freilich verliert Handeln dabei den Rang eines nicht weiter auflösbaren Grundbegriffs und erhält die abgeleitete Position eines Resultats der Selbstvereinfachung von Kommunikation.[12] Damit verbunden ist der Austausch der Instanz, die maßgeblich ist für die Bestimmung der Identität einer Handlung: Für die *Fortsetzung der Kommunikation* entscheidend ist nicht mehr der subjektive Sinn, den der Autor einer Mitteilung mit ihr verbindet, sondern der ihr *sozial zugeschriebene* Sinn, wie er sich im kommunikativen Verstehen Alters artikuliert. Diese Umbesetzung bedeutet nicht, daß die Systemtheorie keinerlei Verwendung für die Begriffe des subjektiven Sinns und der Mitteilungsintention mehr hat. *Subjektiver Sinn, Intentionalität* wie auch *Intersubjektivität* erhalten jedoch einen anderen Stellenwert und müssen neu gefaßt werden, um in die Systemtheorie integriert werden zu können. Der Weg, auf dem dies möglich ist, führt über die Problematisierung dieser Begriffe. Zu zeigen ist zunächst, daß der vollständige subjektive Sinn einer Äußerung kein erreichbarer Gegenstand des Verstehens sein kann und Intersubjektivität im strengen Sinne, d. h. als *Identität* gemeinsam geteilter Bedeutungen, deshalb unmöglich ist.

V. Die Unmöglichkeit intersubjektiver Bedeutungsidentität

Vollständige Gemeinsamkeit des Sinnes einer Äußerung zwischen Ego und Alter, dies wäre der idealisierte Grenzfall von Intersubjektivität. Welche Bedingungen müßten erfüllt werden, um diesen Grenzfall zu realisieren?

Der Hörer einer Äußerung müßte dazu sowohl mit der Mitteilungsselektion wie auch der Informationsselektion denselben Sinn verbinden wie der Sprecher. Der Hörer müßte dazu verstehen, *warum* der Sprecher etwas mitteilt, warum er dazu eine bestimmte *Mitteilungsform* wählt und welchen Sinn die mitgeteilte *Information* für den Sprecher hat. Daß eine derartige Konzeption intersubjektiv *identischer* Bedeutungen viel zu anspruchsvoll ist, um als Definitionsgrundlage gelingenden Verstehens in der Kommunikation unterstellt werden zu können, ist leicht einzusehen. Bereits der kongruente Nachvollzug der *Mitteilungsselektion* übersteigt die Möglichkeiten des Hörers:

Die Mitteilung ist selektiv in doppelter Hinsicht: Sie kann zum einen diese oder jene Form annehmen, und sie hätte auch unterbleiben können. Ein Verstehen, das an die Mitteilungsselektion anschließt, kann dies deshalb auf zweifache Weise tun. Es kann versuchen, die Gründe dafür zu erfassen, die jemand veranlaßt haben, etwas überhaupt zu sagen (so z. B., wenn jemand zu der Überzeugung kommt: ‚Das sagt sie doch nur, um mich zu kränken'). Und es kann sich konzentrieren auf die Gründe, die ausschlaggebend sind für die Wahl der Mitteilungsform (so wenn sich jemand fragt: ‚Warum sagt sie das in so einem wütenden Tonfall?'). Beide Arten der Anknüpfung an die Mitteilungsselektion laufen auf *Motiv-Unterstellungen* hinaus. Mit Schütz kann dabei unterschieden werden zwischen *Um-zu-Motiven* und *Weil-Motiven* (vgl. 1960, S. 93 ff.; 1972, Bd. 2, S. 12 ff.). Versuchen wir die Frage nach den Voraussetzungen sinn*identischen* Verstehens der Mitteilungsselektion an einer gegebenen Zeitstelle mit Hilfe dieser Unterscheidung zu beantworten, dann wird rasch sichtbar, welche Zumutung ein solcher Intersubjektivitätsbegriff enthält.

Um-zu-Motive meinen die Absicht oder den Plan, den jemand mit einer Handlung zu realisieren versucht. Pläne können bezogen sein auf Ziele, die ihrerseits Teil- oder Unterziele im Rahmen eines übergeordneten Plans sind, für den wiederum dasselbe gilt usw. Die Gesamtheit der Pläne eines Akteurs bildet seinen „*Lebensplan*" (Schütz 1971, Bd. 3, S. 159). Volles Verstehen eines Um-zu-Motivs verlangt, seinen Stellenwert im Kontext der Gesamtheit der Pläne eines Akteurs zu erkennen. *Weil-Motive* sind diejenigen Beweggründe, die einen Akteur dazu veranlaßt haben, bestimmte Handlungspläne zu entwerfen. Sie beziehen sich auf vergangene *Erlebnisse* (inklusive des Erlebens eigener vergangener Handlungen) und deren Stellenwert in der bisherigen *Biographie* einer Person. Am Beispiel der Psychoanalyse wird deutlich, wie weit die Rekonstruktion von Weil-Motiven – etwa zur Aufklärung der Motivierung neurotischer Zwangshandlungen – in die Vergangenheit eines Akteurs hineinreichen kann. Jeder Versuch, den vollen subjektiven Sinn einer Mitteilungshandlung zu verstehen, müßte demnach ihre Verankerung in Lebensplan und Biographie des Handelnden vollständig erfassen. Diese Aufgabe aber ist unlösbar. Der Begriff des subjektiven Sinnes wird so von Schütz als „*Limes-Begriff*" bestimmt und die Möglichkeit vollständigen Verstehens eines Akteurs durch einen Beobachter damit ausgeschlossen. („Limes-Begriff" ist dabei im genauen mathematischen Sinne als Markierung eines

Grenzwertes zu verstehen, an den beliebige Annäherungen möglich sind, ohne diesen Grenzwert jedoch jemals definitiv zu erreichen.)

Der Versuch der sinn*identischen* Duplikation der *Informationsselektion* trifft auf analoge Schwierigkeiten. Die Informationsselektion kombiniert mindestens zwei Unterschiede miteinander: Sie teilt ein Ereignis mit, das auch anders hätte ausfallen können. Darüber hinaus muß der Umstand, daß das mitgeteilte Ereignis so ausgefallen ist, wie es ausgefallen ist, (in wie geringem Umfang auch immer) *überraschen*. „Überraschend" ist ein Ereignis immer dann, wenn sein Eintritt nicht als sicher gelten konnte. Man hört z. B. in den Nachrichten, daß die Partei X die Wahlen mit einem Vorsprung von 5% gegenüber der Partei Y gewonnen hat, und weiß erst jetzt – selbst wenn man diesen Ausgang als wahrscheinlich erwartet hatte –, daß damit alle anderen Möglichkeiten ausgeschlossen sind. Fehlt der überraschende Charakter eines mitgeteilten Ereignisses (etwa beim zweiten Hören derselben Mitteilung in den Nachrichten), hat es zwar immer noch Sinn, ist aber ohne Informationsgehalt. Der mitgeteilte Unterschied ist dann ein Unterschied, der für den Adressaten keinen Unterschied macht, d. h. *keine Veränderung seines Systemzustandes* bewirkt.

Daß ein Ereignis so nicht mit völliger Sicherheit erwartet werden konnte, ist nur eine Minimalbedingung seiner Informativität. *Durch Zublendung weiterer Differenzschemata wird sein Informationsgehalt gesteigert:* Jemand liest in der Zeitung, daß die D-Mark aufgewertet (im Unterschied zu: stabil geblieben oder abgewertet) worden ist, erwartet als Folge davon eine Verteuerung von Exportprodukten (im Unterschied zu gleichbleibenden oder sinkenden Preisen) und Verbilligung der Importe (im Unterschied zu . . .), Konkurrenznachteile der inländischen Industrie (. . .), Wachstum der Arbeitslosigkeit, zunehmende Schwierigkeiten bei der Finanzierung der Renten, Steuerausfälle, Verfehlung der Kriterien von Maastricht, Vertagung der Einführung des Euro, einen Regierungswechsel bei der nächsten Wahl usw. usw. Ein anderer mag bei der Lektüre der gleichen Nachricht eher daran denken, daß seine Urlaubsreise ins Ausland billiger wird als erwartet, daß er sich deshalb den neuen Wagen früher leisten kann, als vorher gedacht, daß es dabei aber todsicher wieder zu Auseinandersetzungen mit seiner Frau darüber kommen wird, welche Farbe das Auto haben soll, daß der Urlaub infolgedessen leicht einen unerfreulichen Verlauf nehmen könnte etc. – Die Verwendung *unterschiedlicher Differenzschemata* hat hier zur Konsequenz, daß verschiedene Rezipienten *demselben Ereignis einen völlig unterschiedlichen Informationsgehalt* abgewinnen. Dabei kann die Zublendung weiterer Unterscheidungen beliebig iteriert und so der Informationsgehalt einer Mitteilung durch Verknüpfung mit den im System vorhandenen Sinnprämissen beliebig und für jeden Beobachter unkalkulierbar gesteigert werden. Wie schon für die *Mitteilungsselektion* erscheint so auch die Erreichbarkeit *vollständiger Kongruenz des Informationssinnes* zwischen den verschiedenen psychischen Systemen, die an einer Kommunikation beteiligt sind, praktisch ausgeschlossen.

Dieses Ergebnis folgt letztlich aus der *radikalen Verzeitlichung der sinnhaften Identität jedes Ereignisses.* Die Identität eines Ereignisses kann danach nur im Kontext *aller vergangenen Operationen* eines Systems bestimmt werden, auf die dieses Ereignis als Teil seiner Vorgeschichte referiert sowie *aller zukünftigen Ereignisse* im System, die dieses Ereignis als Element ihrer Vorgeschichte ansteuern. Zeitlich befristete Übereinstimmungen reichen deshalb nicht aus. Die Bedeutungs*identität* eines Ereignisses aus der Perspektive der Kommunikation sowie den Perspektiven der involvierten Bewußtseinssysteme würde vielmehr die *vollständige Übereinstimmung aller dafür relevanten vorausgegangenen und zukünftigen Operationen in jedem dieser Systeme* erfordern. Eine derartig weitreichende Übereinstimmung aber ist selbst auf der Ebene einzelner Ereignisse extrem unwahrscheinlich. Die Annahme, daß Kommunikation generell auf der Grundlage intersubjektiv bedeutungs*identischer* Äußerungen prozessieren könne, ist deshalb unhaltbar.

VI. Intentionalität als kommunikative Reduktionsform subjektiven Sinnes und als Mechanismus der strukturellen Kopplung zwischen Kommunikation und Bewußtsein

Was ist mit dieser Beweisführung gewonnen? Als ‚Widerlegungsversuch' konkurrierender kommunikationstheoretischer Ansätze taugt sie sicher nicht, gibt es doch keine Position, die einen derart weitreichenden Intersubjektivitätsbegriff für sich reklamiert. Wo aber und auf welche Weise können hier Schranken gezogen werden, die eingrenzen, was mit Intersubjektivität gemeint sein kann? – Diese Frage betrifft nicht nur und nicht einmal in erster Linie die theoretische Begriffsbildung, sondern spezifiziert ein *Realproblem*, das *in der Kommunikation* gelöst werden muß, sofern dort überhaupt zwischen richtigem Verstehen und Mißverstehen unterschieden wird. Intersubjektivität muß hier in einer *praktikablen Reduktionsform* erzeugt werden, die es erlaubt, eine beliebige Vielzahl von Unterschieden der Bedeutungszuweisung zwischen den Kommunikationsbeteiligten *als irrelevant auszuschließen*. Intersubjektivität kann demnach nur konstituiert werden durch massive Einrichtungen für die *Negation vorhandener Differenzen*.

Eine der drastischsten Negationseinrichtungen ist hier der Rekurs auf *Intentionalität*. Sie beschränkt die Übereinstimmung der Sinnzuweisung zwischen Sprecher und Hörer auf das, was eine Äußerung *als autorisierte Mitteilungsabsicht erkennen läßt*. Alles andere wird ausgeblendet als irrelevant. Jemand verlangt fünf Flaschen Champagner in einem Laden und beabsichtigt damit nicht mehr als die Mitteilung, daß er diese Flaschen zu kaufen wünscht. Warum er Champagner kaufen will, ob es etwas zu feiern gibt oder er eine Wette verloren hat, ob es Champagner sein muß, weil ihm Sekt nicht gut genug ist, ob er Lebensstil demonstrieren und jemand damit beeindrucken möchte, was er dadurch vielleicht erreichen will etc. gehört nicht zum *sprachlich angezeigten* Inhalt der Mitteilung und muß vom Adressaten nicht mitverstanden werden, um auf eine den Sprecher zufriedenstellende Weise zu reagieren. Mit Weber gesprochen genügt hier das „aktuelle Verstehen" des Sinnes der Äußerung als Aufforderung, ihm Champagner zu verkaufen. Ein darüber hinausgehendes „Motivationsverstehen" des Sinnzusammenhanges, der als Beweggrund für diese Äußerung in Frage kommen könnte, ist nicht erforderlich (vgl. dazu Weber 1972, S. 3 f.).

Searle hat in seinen sprechakttheoretischen Analysen gezeigt, wie sich ein Sprecher mit dem Gebrauch bestimmter sprachlicher Formeln (den sogenannten „Indikatoren der illokutionären Rolle") per Konvention darauf festlegt, daß ihm die Absicht zur Ausführung bestimmter Handlungen sowie andere dafür vorauszusetzende intentionale Zustände *sozial zugeschrieben* werden können (vgl. Searle 1971, S. 68 ff. sowie 1979, S. 163).[13] Wer etwa sagt, „Haben sie bitte Feuer?", muß damit rechnen, daß ihm die Absicht zugeschrieben wird, den Adressaten damit um Feuer zu bitten, wie auch der Wunsch, Feuer zu erhalten. Wer sagt, „Ich verspreche dir, heute Abend pünktlich zu sein", kann erwarten, daß ihm dies als Bekundung der Übernahme einer Verpflichtung zu pünktlichem Erscheinen zugerechnet wird, die zugleich die Absicht zur Einlösung des

Versprechens impliziert. Ob derartige Absichten psychisch tatsächlich vorliegen, ist eine völlig andere Frage. Ebenso, was man sich sonst noch dabei denken mag. Man kann etwas versprechen, ohne es halten zu wollen, sei es, um einen anderen zu täuschen oder weil man nicht richtig zugehört und auf die Frage „Versprichst du, heute pünktlich zu sein?" mit einem gedankenlosen „Ja, ja" geantwortet hat. Der Begriff des Sprechaktes bezieht sich also nicht auf das reale Prozessieren psychischer Systeme, sondern bezeichnet ein kommunikatives Ereignis, das *soziale Konsistenzerwartungen für zukünftiges Verhalten* generiert und die involvierten Bewußtseine, insofern sie diese Erwartungen antizipieren können, in einem gewissen Umfange diszipliniert.[14] Unabhängig davon, ob ein Sprecher psychisch bestimmte Absichten entwickelt und sich dadurch zu einer Äußerung motivieren läßt oder ob er absichtslos ‚sagt, was ihm gerade einfällt' – wenn er selbst wahrnimmt, was er sagt und wie er es sagt, kann er Erwartungen über mögliche Anschlußreaktionen und darin implizierte Intentionszuschreibungen entwickeln und sein weiteres Verhalten darauf einrichten. Die Fähigkeit zu solchen Antizipationen ist Produkt des sozialisierenden Effekts von Kommunikation. Sie evoluiert als Resultat immer wieder erfahrener *Fremd*zurechnungen und deren psychischer Verarbeitung durch Bildung dazu passender Erwartungen, die das „taking the attitude of the other" (Mead), d. h. die bewußtseinsinterne Abstimmung mit dem Verhalten anderer ermöglichen.[15]

Kommunikation wird dadurch nicht ‚psychisiert'. Sie verläuft nicht als überraschungsfreie Externalisierung psychischer Antizipationsketten. Die Differenz zwischen Gedanken und Mitteilungen, zwischen mental und sozial prozessierten Erwartungsstrukturen kann nicht aufgehoben werden. Aber es müssen strukturelle Kopplungen vorhanden sein, welche die Kompatibilität von Bewußtsein und Kommunikation sichern, d. h. gewährleisten, daß sich die Überraschungen in den Grenzen psychischer wie kommunikativer Verarbeitungskapazität bewegen, soll die Kommunikation nicht zum Erliegen kommen. *Sprachlich angezeigte Intentionen* (Mitteilungsabsichten, Wünsche, Überzeugungen etc.) haben hier ihre Funktion. Sie können verstanden werden als *kommunikable Reduktionsformen psychischen Sinnes*, deren Mitteilung eine hinreichende Orientierungsgrundlage für die Erwartung und Auswahl kommunikativer Anschlußereignisse bietet, und fungieren so als *Einrichtung der strukturellen Kopplung* zwischen Kommunikation und Bewußtsein.

Das Interesse am Innenleben der beteiligten Bewußtseine ist dadurch nicht immer zufriedengestellt. Über „aktuelles Verstehen" hinaus kann dann nach Motiven geforscht werden, die in den Äußerungen nicht zur Sprache kommen. Ein Verkäufer etwa, bei dem der oben erwähnte Kunde nach Champagner fragt, mag wissen wollen, warum es unbedingt Champagner sein müsse, vielleicht, weil das Geschäft keinen Champagner führt und er dem Kunden Sekt als Ersatz anpreisen möchte. Mit einer solchen Erkundigung setzt er sich freilich der Gefahr aus, als neugierig und aufdringlich beobachtet zu werden. Die Beschränkung des Verstehens auf den sprachlich angezeigten intentionalen Gehalt einer Mitteilung ist oft *normativ verankert*. Darüber hinausreichende Nachfragen sind im Kontext „funktional spezifischer" Sozialbeziehungen wie zwischen Käufer und Kunde, Arzt und Patient oder Rechtsanwalt und Klient im Prinzip nur insoweit legitim, wie dies für die Erfüllung des offiziellen Zwecks der Beziehung erforderlich ist. Der Hörer einer Äußerung mag zwar wesentlich mehr verstehen, als darin angezeigt und vom Sprecher beabsichtigt war, in der Kommunikation jedoch bleibt dieses psychisch realisierte Surplus „subjektiven Sinnes" weitestgehend latent und muß in der Regel auch latent bleiben.

Im Rahmen intimer („affektiv-diffuser") Kommunikation gilt es als legitim und mag es als angenehm erlebt werden, wenn der andere geheimste Wünsche, Ahnungen und Befürchtungen errät und sie offen thematisiert. In anderen Situationen jedoch kann zuviel Verstehen kommunikative Turbulenzen erzeugen, die die involvierten Psychen so durcheinanderwirbeln, daß sie ihr Heil in der Flucht suchen. Die ständige Thematisierung verborgener Mitteilungsmotive ist außerhalb des Kontexts intimer Kommunikation nur in Sonderveranstaltungen wie (gruppen)therapeutischen Sitzungen oder Verhören möglich, und auch dies nicht ohne Streßsymptome bei den Beteiligten. Ein solches Kommunikationsmuster, in dem Anschlüsse an die Mitteilungsselektion von Beschränkungen freigesetzt sind und die autorisierte Mitteilungsintention jederzeit ‚hinterfragt' werden kann,[16] macht die Beteiligung an Kommunikation zu einem unkalkulierbaren Risiko. Durch kommunikatives Verstehen droht dann die Festlegung auf Motive, deren Dementierung leicht als hartnäckiges Leugnen bzw. Ausdruck psychischen Widerstands gedeutet wird. Motivunterstellungen führen so leicht zum Konflikt. Solchen Risiken ist nur zu entkommen durch spezifische Vorkehrungen, nämlich: die normative Beschränkung der Anschlüsse an die Mitteilungsselektion, die Respektierung sprachlich angezeigter und so autorisierter Intentionen und die präferentielle Ansteuerung der Informationsselektion für die Fortsetzung der Kommunikation.[17] Dies ist eine mögliche Erklärung dafür, warum die bevorzugte Anknüpfung an die Informationsselektion typisch ist für die Alltagskonversation wie auch für die meisten Formen *funktionsspezifisch* orientierter Kommunikation.

Die vorgetragenen Überlegungen machen deutlich, daß die übliche Auszeichnung der *Sprecherintention* als zentraler Referenzpunkt für die Bestimmung des Sinnes einer Äußerung, die charakteristisch ist für eine *handlungstheoretisch* argumentierende Kommunikationstheorie, durchaus begründet aber keineswegs selbstverständlich ist. Gerade dann, wenn man den Begriff des „subjektiven Sinnes" mit Schütz und der Systemtheorie im radikalen Sinne ernst nimmt, muß man zunächst feststellen, daß der *subjektive Sinn* einer Äußerung und die in ihr *bekundete Mitteilungsintention* des Sprechers *scharf zu unterscheiden sind*. Der als intendiert angezeigte Sinn muß betrachtet werden als eine *drastische Reduktion* des subjektiven Sinnes und hat gerade darin seine Funktion, wird es doch so erst möglich, einen von Sprecher und Hörer übereinstimmend konstruierbaren (aber nicht: identischen!) Sinn zu erreichen, an dem die Kommunikation ihre Führung gewinnt und der das Risiko der Beteiligung für die Bewußtseine tragbar macht.

VII. Die kommunikative Konstruktion intersubjektiv geteilter Bedeutungen in der Face-to-face-Interaktion

Die Elemente systemischen Operierens, dies haben wir als Implikation des Autopoiesiskonzeptes oben bereits festgestellt, werden produziert im Netzwerk der Elemente des Systems. Die Identität jedes Einzelereignisses ist deshalb sequentiell konstituiert durch seine Relation zu vorausgegangenen und nachfolgenden Ereignissen, auf die es referiert bzw. die es ansteuert. Der kommunikative Sinn eines Mitteilungsereignisses ist demnach nicht allein an ihm selbst ablesbar, sondern bestimmt sich in Abhängigkeit von seiner Verknüpfung mit anderen Mitteilungsereignissen. Vor dem Hintergrund systemischer Strukturen eröffnet jede Mitteilung bestimmte Verstehens*möglichkeiten*. Welche dieser Möglichkeiten *in der Kommunikation realisiert* werden, zeigen die Anschlußäußerungen, die sich auf dieses Ereignis beziehen und ihm einen bestimmten Sinn zuweisen. Dies sind die theoretischen Prämissen, unter denen nun genauer zu klären ist, auf welche Weise Mitteilungsintentionen in der Kommunikation von Ego und Alter auf übereinstimmende Weise identifiziert werden können.

Die Antwort, die ich im wesentlichen der Konversationsanalyse entnehme (vgl. dazu besonders Heritage 1984, S. 254 ff., sowie Schegloff 1992), ist eine *Basissequenz von drei Zügen*. Sie erlaubt es, die Bedeutungsselektionen von Sprecher und Hörer so miteinander zu koordinieren, daß Intersubjektivität als *übereinstimmende Definition einer Mitteilungsintention* durch Sprecher und Hörer erreicht werden kann. Das folgende Beispiel macht auf einfache Weise deutlich, wie dies geschieht:
1 A: Weißt du, wie spät es ist?
2 B: O. K., ich komme gleich.
3 A: Na hoffentlich.

Die Startäußerung von A erscheint auf den ersten Blick als *Informationsfrage* nach der Uhrzeit. Die Reaktion von B weist ihr jedoch einen anderen Sinn zu. Sie behandelt die Äußerung als *indirekte Aufforderung*, deren Erfüllung B zusagt. – Wenige Informationen über den Kontext genügen, um die genaue Bedeutung dieser Aufforderung sichtbar zu machen: A und B sind zusammen auf einer Party; A und B hatten verabredet, keinesfalls länger als 24.00 Uhr zu bleiben; zum Zeitpunkt der Startäußerung ist es bereits halb eins. Vor diesem Hintergrund kann die Äußerung als Aufforderung zum gemeinsamen Aufbruch gedeutet werden.[18] An dritter Sequenzposition wird diese Deutung von A *als korrekt bestätigt* (konfirmiert). Die Eingangsäußerung ist damit durch die beiden Anschlußäußerungen von A und B auf übereinstimmende Weise als Mitteilung einer Aufforderung beschrieben worden. B's Reaktion hat A's Äußerung auf eine bestimmte Weise (implizit) *interpretiert*;[19] A's Folgeäußerung hat diese Interpretation *ratifiziert*. Durch diese Abfolge können A und B beobachten, *was als intersubjektive Bedeutungseinheit in der Kommunikation zustande gekommen ist* und ihr weiteres Verhalten daran orientieren.[20]

Ob das, was als intendierter Sinn der ersten Äußerung durch die Anschlußäußerungen von A und B übereinstimmend definiert worden ist, dem Sinn entspricht, den A *von vornherein in seinem Bewußtsein* mit dieser Äußerung verband, ist daraus freilich nicht zu entnehmen. Es kann sein, daß A sich mit dieser Äußerung ursprünglich tatsächlich nach der Uhrzeit erkundigen wollte, der Antwort von B dann entnahm, daß der vereinbarte Zeitpunkt des gemeinsamen Aufbruchs schon erreicht, wenn nicht gar überschritten sein mußte. Sich daran erinnernd, wie schwer es B oft fällt, in solchen Situationen ‚den Absprung' zu finden, sah er sich dann vielleicht veranlaßt, die ihm durch B's Reaktion zugeschriebene Mitteilungsintention, B solle sich zum gemeinsamen Aufbruch bereitmachen, zu bekräftigen. Damit bestätigte A B's Deutung seiner Startäußerung als Aufforderung, obwohl der psychisch realisierte Sinn, den A ursprünglich mit dieser Äußerung verknüpfte, der einer Informationsfrage war. A hätte damit die ihm *zugeschriebene* Mitteilungsabsicht als Folge kommunikativer Zuschreibung *psychisch gleichsam nachentwickelt*.[21] Was immer sich in den beteiligten Psychen ereignet haben mag, in der Kommunikation bleibt dies unsichtbar. Auch wenn die Anschlußäußerungen von A und B den intendierten Sinn des vorausgegangenen Mitteilungsereignisses auf übereinstimmende Weise bestimmen, bleibt die so zugeschriebene Mitteilungsintention eine *kommunikative Konstruktion*, die nur unsichere Rückschlüsse auf die dahinter verborgenen psychischen Prozesse erlaubt. Zwischen psychisch und kommunikativ prozessiertem Sinn muß daher weiterhin *strikt unterschieden* werden. Als Ergebnis der kommunikativen Zurechnung einer bestimmten Äußerungsintention und ihrer anschließenden Bestätigung jedoch kann der Autor einer Äußerung damit rechnen und muß sich darauf einstellen, daß er in der weiteren Kommunikation als jemand behandelt wird, der solche Intentionen gehabt und mitgeteilt hat. Will er dies nicht in Kauf nehmen, darf er die zugeschriebene Mitteilungsintention nicht bestätigen, sondern muß die Abweichung zu dem, was er als seine Mitteilungsabsicht verstanden wissen will, anzeigen.

Verändern wir unser Beispiel dementsprechend und nehmen an, A hätte nicht gewußt, wie spät es ist, sich tatsächlich bei B nach der Uhrzeit erkundigen wollen und würde dies nach der Zuschreibung der Absicht zur Ausführung einer Aufforderung unmißverständlich anzeigen. In diesem Falle hätte die Sequenz den folgenden alternativen Verlauf nehmen können:
1 A: Weißt du, wie spät es ist?
2 B: O. K., ich komme gleich.
3 A: Schon so spät?
4 B: Ach so, ja, schon halb eins.

Hier wird die Deutung B's an dritter Sequenzposition *diskonfirmiert*, indem A sein Erstaunen darüber ausdrückt, daß der vereinbarte Zeitpunkt zum Verlassen der Party schon erreicht zu sein scheint. Für B wird daran erkennbar, daß A die Uhrzeit zuvor gar nicht kannte und daher nicht die Voraussetzung für die Ausführung einer *Aufforderung*, sondern die *Einleitungsbedingung einer Informationsfrage* erfüllt war,[22] die A an dritter Sequenzposition zugleich in modifizierter Weise wiederholt. B's Äußerung an vierter Sequenzposition repariert das sichtbar gemachte Mißverständnis, indem sie zunächst die Revision seiner ursprünglichen Interpretation der Startäußerung (durch: „Ach so") anzeigt und beide Fragen, zunächst die zuletzt gestellte (mit: „... ja ...") und dann auch die Eingangsfrage (durch: „... schon halb eins") beantwortet.

Bisher haben wir nur betrachtet, wie die Äußerung eines Teilnehmers durch daran anschließende Mitteilungen auf übereinstimmende Weise verstanden werden kann. Die gleiche Argumentation gilt offensichtlich für jede weitere Äußerung, also auch für die Reaktion von B auf die Eingangsäußerung von A sowie A's Anschluß an dritter Sequenzposition usw. Dennoch verhakt sich die Kommunikation nicht in diesem Unendlichkeitsproblem. Zwar kann grundsätzlich jedes durch eine Anschlußäußerung artikulierte Verstehen durch die nächste Äußerung als falsches Verstehen markiert werden, für die wiederum das gleiche gilt. Um das in einer Äußerung artikulierte Verstehen einer vorausgegangenen Mitteilung zu konfirmieren genügt es jedoch, daß die Möglichkeit der Diskonfirmierung *einmal bestand und nicht genutzt wurde*. Danach gilt ein erreichtes Verstehen solange als richtiges Verstehen, wie es nicht durch Korrektur außer Kraft gesetzt wird. Gleichsam durch Umkehrung der Beweislast wird das Unendlichkeitsproblem so auf einfache Weise gelöst. Dies schließt die Möglichkeit späterer Korrekturen eines bereits intersubjektiv gesichert erscheinenden Verstehens nicht aus. Was als intersubjektives Verstehen unterstellt wird, unterliegt insofern *immer dem Vorbehalt möglicher ‚Falsifikation'*. In mündlicher Kommunikation sind Revisionen der Deutung von Einzelereignissen freilich aus Gründen beschränkten Erinnerungsvermögens meist auf kurze Zeitstrecken begrenzt.

Die *generelle These*, die ich hier zu plausibilisieren versuchte, läßt sich wie folgt zusammenfassen: Eine Äußerung, die an eine vorausgegangene Äußerung eines anderen Sprechers in bestimmter Weise anschließt, bringt damit zugleich ein bestimmtes Verstehen zum Ausdruck. Dieses Verstehen, durch das ein elementares kommunikatives Ereignis erzeugt wird, vollzieht *Verstehen als kommunikative Operation*. Es kann sich daher nicht als richtiges Verstehen von falschem Verstehen unterscheiden. Dazu bedarf es eines weiteren Ereignisses an *dritter Sequenzposition*, welches das erreichte Verstehen mit Hilfe der Unterscheidung richtig/falsch verstehen *beobachtet und bezeichnet.* An jeder dritten Sequenzposition wird daher – sofern zuvor *ein bestimmtes* Verstehen eines vorausgegangenen Beitrags erreicht und artikuliert wurde – die Unterscheidung *richtig/falsch Verstehen* in der Kommunikation aufgerufen und eine ihrer Seiten bezeichnet. Unter Bedingungen der Face-to-face-Kommunikation kann so in äußerst kurzer Taktung eine Prüfvorrichtung aktiviert werden, welche die Kongruenz zwischen Sprecher*intention* und (impliziter) Hörer*interpretation* anzeigt bzw. Abweichungen registriert und Reparaturprozeduren aktiviert (vgl. dazu Heritage 1984, S. 258 f.). Läuft die Kommunikation ohne Anzeichen von Verstehensproblemen über die dritte Sequenzposition hinweg, dann attestiert sie damit bis auf weiteres, daß sie von hinreichend übereinstimmendem Verstehen getragen ist (so auch Fuchs 1993, S. 50). Auf diese Weise wird die Intersubjektivität der Sinnzuweisungen in der *Selbstbeobachtung der Kommunikation* sequentiell erzeugt und als Grundlage ihres weiteren Prozessierens vorausgesetzt. Dies wird erreicht durch die *Koinzidenz der retrospektiven Bedeutungsattributionen* im Blick auf das vorausgegangene Mitteilungsereignis, die in den Anschlußäußerungen des Adressaten und des ersten Sprechers impliziert sind (ausführlicher dazu Schneider 1994b und 1998).[23] Intersubjektivität wird so in der Selbstbeobachtung von Kommunikation erzeugt, *indem Äußerungen unterschiedlicher Prozessoren auf ein vorausgegangenes kommunikatives Ereignis auf übereinstimmende Weise referieren.*

VIII. Bedingungen und Grenzen der Produktion von Intersubjektivität in der massenmedialen Kommunikation

Die Reichweite kommunikativ validierter Intersubjektivität, die auf die eben beschriebene Weise als Nebenprodukt der Kommunikation erzeugt werden kann, darf freilich nicht überschätzt werden. Bereits bei *längeren Äußerungen* etwa kann ein Beitrag nur *en bloc* als Anknüpfungspunkt eines nächsten angesteuert werden, oder es müssen *Teilelemente* des Beitrages als anschlußrelevant markiert werden. Kommunikatives Verstehen kann sich dann entweder nur *äußerst selektiv* oder mit *sehr geringem Auflösungsvermögen* artikulieren, oder es muß selbst die Form eines *längeren interpretierenden Beitrages* annehmen, durch den dasselbe Problem an die nächste Sequenzposition verschoben wird.

Die Differenzierung zwischen *Themen und Beiträgen* ermöglicht es, das Prinzip der *strikten Kopplung* aufeinanderfolgender Mitteilungen (d. h. die allgemeine Regel, daß jede Äußerung an die unmittelbare Vorläuferäußerung anschließt und so ein bestimmtes Verstehen dieser Äußerung zum Ausdruck bringt)[24] aufzugeben zugunsten der Relationierung der Einzelbeiträge zum Thema. In direkter Interaktion kann dies fallweise für einzelne Beiträge geschehen mit Hilfe von Einleitungsklauseln wie ‚Apropos . . .' oder ‚Ach, da fällt mir ein . . .' oder ‚Du hast vorhin erwähnt, daß_. . .'. Läuft die Kommunikation *von vornherein unter einem expliziten Thema* (z. B. im Rahmen einer Diskussionsveranstaltung), dann können Beiträge in verstärktem Maße die Möglichkeit nutzen, ohne Bezug auf direkte Vorläuferäußerungen auf das Thema zu referieren. Damit erhöht sich die Wahrscheinlichkeit, daß *Beiträge ohne Anschluß* bleiben, also nicht kommunikativ, sondern nur durch die beteiligten Psychen verstanden werden. Solche Beiträge machen für den Verlauf der weiteren Kommunikation keinen Unterschied. Sie mögen die Bewußtseine beeinflussen, ändern aber nicht den Zustand des Kommunikationssystems und *fallen deshalb aus der Kommunikation heraus.*[25]

Diese Möglichkeit wird zum typischen Schicksal von Beiträgen in Kommunikationssystemen, in denen eine hohe Anzahl von Mitteilungen anfällt und der Zwang strikter Sequentialisierung entfällt, insbesondere also dann, wenn sich die Kommunikation *Verbreitungsmedien* wie Schrift und Buchdruck oder elektronischer Medien bedient. Hier können beliebig viele Mitteilungen gleichzeitig und unabhängig voneinander emittiert werden. Gemessen an der Gesamtzahl kommunikativer Ereignisse können Mitteilungen daher nur in Relation zu einer verschwindend geringen Menge vorausgegangener Äußerungen dazu benutzt werden, um kommunikatives Verstehen zum Ausdruck zu bringen. Weil eine vorgegebene sequentielle Ordnung nicht mehr als Ordnungsgrundlage vorausgesetzt werden kann, muß jeder Beitrag darüber hinaus *ausdrücklich* anzeigen, worauf (auf welches Thema und gegebenenfalls, auf welche anderen Beiträge) er sich bezieht. Unter den Bedingungen massenmedialer Kommunikation können Themen deshalb nicht mehr *implizit* in der Verknüpfung von Beitrag zu Beitrag prozessiert werden, sondern werden *explizit als Selektionsprämissen* gehandhabt, die die Entscheidung darüber steuern, welche anderen Beiträge bei der Behandlung eines Themas zu berücksichtigen sind.[26]

Kehren wir noch einmal zurück zur Interaktion unter Anwesenden. Ebenso wie bereits dort nicht jede Äußerung von Anschlußäußerungen angesteuert und detailgenau verstanden wird, wird nicht jedes in direkter Interaktion erreichte Verstehen durch ein Folgeereignis mit Hilfe der Unterscheidung richtig verstehen/falsch verstehen beobachtet. A sagt etwas, B reagiert darauf, C schließt an mit einem weiteren Beitrag zum Thema, auf den D reagiert etc. Ein Mißverständnis zu korrigieren, das B's Reaktion auf A's weit zurückliegenden Beitrag enthielt, ist unter diesen Umständen zwar immer noch möglich, aber relativ aufwendig, wäre es dazu doch erforderlich, daß die vergangene Konstellation zuvor ausdrücklich rekapituliert würde. Weil an dritter Sequenzposition nicht zwangsläufig eine weitere Äußerung des ersten Sprechers folgt, *ist der Zusammenhang zwischen Nicht-Korrektur und Konfirmierung des erreichten Verstehens gelockert*: Daß A die Deutung B's unwidersprochen passieren ließ, kann dann mehr die Komplikationen der Situation als die Konfirmation A's reflektieren und deshalb nur noch als Anzeichen dafür gedeutet werden, daß – sofern ein Mißverständnis vorgelegen haben sollte – es A nicht wichtig genug erschien, um eine aufwendige Korrektur zu veranlassen.

Strukturelle Einrichtungen wie besondere Turn-taking-Modalitäten können darüber hinaus die Möglichkeit der Konfirmierung bzw. Diskonfirmierung an dritter Sequenzposition *nahezu eliminieren*: In Schulklassen etwa, wo das Rederecht nach einer Frage des Lehrers und der Antwort eines Schülers an den Lehrer zurückfällt. Der Lehrer kann die Schülerantwort kommentieren und dann weiterreden, oder er kann das Rederecht einem anderen Schüler übertragen, ohne daß der erste Schüler über eine reguläre Möglichkeit verfügt, die Deutung des Lehrers zu konfirmieren bzw. zu korrigieren. Ähnliches gilt etwa in Pressekonferenzen, wo Journalisten einem Politiker Fragen stellen und nach deren Beantwortung sofort der nächste Fragesteller das Wort erhält, oder in ‚Diskussionen' im Anschluß an wissenschaftliche Vorträge, sofern sie nach analogem Turn-taking-Muster (d. h.: Kritiker 1 – Vortragender – Kritiker 2 – Vortragender – Kritiker 3 . . .) organisiert sind. Die Fragesteller bzw. Kritiker haben hier kaum die Möglichkeit, bei Antworten, die ihre Frage bzw. Kritik verfehlen, dies anzuzeigen.

Die Beispiele zeigen, wie aus unterschiedlichen Gründen die *dritte Sequenzposition als Routineeinrichtung zur Selbstbeobachtung der Kommunikation* mit Hilfe der Differenz von richtigem und falschem Verstehen *bereits in der Kommunikation unter Anwesenden* weitgehend außer Kraft gesetzt werden kann. Für *massenmediale* Kommunikation mit Hilfe von Verbreitungsmedien wie Schrift, Buchdruck oder elektronischen Medien ist das Ausfallen der dritten Sequenzposition hingegen *typisch*. Hier verliert die Unterscheidung zwischen richtigem und falschem Verstehen ihre *strukturelle Verankerung*. Dieser Umstand ist folgenreich. Auf die *routinemäßig begleitende* Erzeugung von Intersubjektivität in der Kommunikation muß hier *verzichtet* werden. Nur durch besondere *Zusatzeinrichtungen* ist es möglich, Intersubjektivität *supplementär* zu generieren.

Nehmen wir zum Beispiel *wissenschaftliche Kommunikation*: Wissenschaftliche Kommunikation spielt sich im wesentlichen als schriftliche Kommunikation zwischen Publikationen ab. Anschlüsse werden vor allem in der Form von Anmerkungen und Zitaten, durch die Erwähnung von Theorien, Hypothesen und empirischen Befunden aus dem Werk anderer Autoren und zustimmende oder kritische Kommentierung hergestellt. Antworten der kommentierten Autoren darauf finden sich eher selten. Um sie zu erreichen, bedarf es eigens dazu organisierter Veranstaltungen. So z. B. *Tagungen*, die es erlauben, die Unterscheidung von richtigem und falschem Verstehen durch die Beanspruchung direkter Interaktion in die wissenschaftliche Kommunikation einzuführen oder *Debatten* in der Form aufeinander bezogener Artikel, Kritiken und Repliken. Bei solchen Veranstaltungen handelt es sich um *episodische Verdichtungen* der Kommunikation, die sich gegen den Hintergrund der *linear* kommunizierenden Publikationen deutlich abheben.

Bei den Vertretern gegensätzlicher Positionen (zumindest in den Geistes- und Sozialwissenschaften) bestätigen solche Veranstaltungen häufig den Eindruck, den sie bereits bei der Lektüre publizierter Reaktionen auf die eigenen Arbeiten gewonnen haben: Sie fühlen sich *mißverstanden*. Der Strom der Veröffentlichungen versiegt dennoch nicht. Die Motivation zur Publikation hängt nicht ab von den Chancen, daß Beiträge korrekt verstanden oder gar als wahr akzeptiert werden. Mißverstehen und Dissens bieten nur zusätzliche Gelegenheiten zur Fortsetzung der Kommunikation. Und sie werden genutzt, solange noch Aufmerksamkeit erwartet und auf verständnisvollere Leser gehofft werden kann. Die zentralen ‚constraints' für den Umfang wissenschaftlicher Kommunikation werden dabei eher *systemextern* erzeugt: durch den ökonomischen Zwang hinreichender Absatzziffern bei den Verlagen und die Grenzen staatlicher Alimentierung der Wissenschaft in Form von Stellen, die ihren Inhabern die Zeit zur Produktion von Manuskripten sichern und die zugleich umkämpftes Ziel eines Wettbewerbs sind, in der die Publikation als Mittel der Konkurrenz fungiert.

Der kurze Blick auf das Wissenschaftssystem sollte nur mit wenigen Strichen verdeutlichen, daß massenmediale Kommunikation über weite Strecken *ohne* mitlaufende Intersubjektivitätsproduktion auskommt und auskommen muß, soll ihre Reproduktion nicht abbrechen. Der Ausfall der dritten Sequenzposition, d. h. der Möglichkeit, unerwartete Anschlüsse an eigene Beiträge als Mißverständnisse zu deklarieren, zu korrigieren und die so ausgeschlossenen Deutungen als Grundlage für weitere Anschlüsse zu diskreditieren, führt dabei zur *Autonomisierung des Verstehens* gegenüber den Verstehenserwartungen der Urheber von Kommunikationsbeiträgen. Die Potenzierung der Zahl erreichbarer Adressaten, die einen Artikel, ein Buch oder eine Sendung jeweils vor dem Hintergrund ihrer spezifischen Kenntnisse und Interessen rezipieren, führt zur *Explosion der Verstehensmöglichkeiten*. Mit der Heterogenität der Selektionshorizonte divergiert der Informationsgehalt, den der Autor und seine verschiedenen Rezipienten mit einer Kommunikation verbinden können, auf nicht mehr zu übersehende und praktisch unkontrollierbare Weise. Die Expansion des Kommunikationsvolumens macht es zugleich immer weniger wahrscheinlich, daß Beiträge auf Aufmerksamkeit treffen und die Adressaten dazu motivieren können, die mitgeteilten Informationen als Prämisse eigenen Verhaltens zu übernehmen.

Auf dieses Problem reagiert die Ausdifferenzierung *symbolisch generalisierter Kommunikationsmedien*. Solche Medien etablieren bestimmte Gesichtspunkte, von denen sich die Emission und Rezeption von Mitteilungen leiten lassen kann. Diese Gesichtspunkte haben die Form gegensätzlich aufeinander bezogener Werte wie wahr/unwahr, Recht/Unrecht etc., von *binären Dualen* also, bei denen die Negation der einen Seite jeweils auf die Gegenseite (also nicht: ins Unbestimmte bzw. auf unerwartete Weise anders Bestimmbare) führt und die dadurch einen geschlossenen Bereich für die Prozessierung von Kommunikation markieren, in dem jede Mitteilung im Blick auf diese Unterscheidung erzeugt, verstanden und angenommen oder abgelehnt wird. Nur durch die soziale Institutionalisierung des Kommunikationsmediums Wahrheit kann so z. B. ein Autor, der die Ergebnisse einer Tierversuchsreihe mit transgenen Mäusen in einschlägigen Fachorganen publiziert, mit einiger Wahrscheinlichkeit erwarten, daß sein Beitrag in Hinsicht auf die Wahrheit oder Unwahrheit der darin mitgeteilten Forschungsresultate aufgenommen und beurteilt wird und nicht etwa als bloßes Dokument faschistoider Gefühllosigkeit gegenüber dem Leiden der Tiere oder als Ausdruck der Hybris des Menschen, der sich anmaßt, nach eigenem Gutdünken in den göttlichen Schöpfungsplan einzugreifen.

Die *binäre Codierung* der Kommunikation schränkt den Bereich möglichen Verstehens soweit ein, daß kommunikative Anschlüsse nicht vollständig unkalkulierbar werden und die Beteiligung an Kommunikation dadurch entmutigt würde. Sie wird ergänzt durch *Programme*, d. h. semantische Bestände (z. B. Gesetze, Präjudizien und Verträge oder wissenschaftliche Theorien und Methoden), die Bedingungen festlegen, unter denen die Zuordnung zu dem einen oder dem anderen Codewert erfolgt (vgl. zuletzt Luhmann 1997, S. 362 f. und 377 f.). Die Anwendung gesetzlicher Tatbestände auf ‚Lebenssachverhalte' ermöglicht erst die Entscheidung, ob diese Sachverhalte als rechtmäßig gelten oder nicht. Inwiefern Aussagen sich als Folgerungen aus methodisch kontrolliert gewonnenen Daten und bewährten Theorien verstehen lassen oder ihnen zu widersprechen scheinen, ermöglicht ein Urteil darüber, ob sie als wahr zu akzeptieren oder als unwahr zu verwerfen sind. Der code-instruierten Entscheidung über Annahme oder Ablehnung vorgeschaltet ist hier die Notwendigkeit der *Deutung* von Lebenssachverhalten bzw. Aussagen mit Hilfe der jeweiligen Programme. Programme leiten so bereits das *Verstehen* an, das erreicht werden muß, um einen Code-Wert zuzuteilen.

Die Möglichkeiten kommunikativen Verstehens werden dadurch *limitiert*. Zugleich aber wird damit die *Autonomie des Verstehens* gegenüber den Absichten bzw. Verstehenserwartungen der Mitteilenden *stabilisiert*: Ob eine Äußerung rechtlich als Einwilligung in einen Vertrag zu beurteilen ist, darüber entscheidet nicht, was ihr Autor später als seine Absicht behauptet, sondern die Erfüllung bestimmter rechtlicher Voraussetzungen. Entsprechend gilt für die Rezeption wissenschaftlicher Publikationen: Wie bestimmte Thesen verstanden werden, hängt wesentlich von den theoretischen Voraussetzungen ab, vor deren Hintergrund sie verstanden werden. Weichen diese Voraussetzungen erheblich von den Annahmen ab, von denen sich ein Autor leiten ließ, dann macht dies nicht nur *Mißverständnisse wahrscheinlich*, sondern auch, daß *Reparaturversuche erfolglos* bleiben. Der Verlauf der Diskussion um Kuhns Thesen zur Struktur wissenschaftlicher Revolutionen bietet ein Beispiel dafür: Aus der Perspektive der Popperianischen Falsifikationslehre lag es nahe, Kuhns Thesen als eine Auffassung zu verstehen, die die Wissenschaft als ein *subjektives und irrationales Unternehmen* darstellt, implizierte Kuhns Darstellung doch den Nachweis, daß sich die historische Entwicklung der Wissenschaft falsifikationistischen Rationalitätskriterien nicht fügt. Sie lief also auf eine Kritik der empirischen Adäquatheit der falsifikationistischen Rationalitätskonzeption hinaus, die durch deren Vertreter – mangels einer alternativen Rationalitätskonzeption – kaum anders verstanden werden konnte, denn als Behauptung der Irrationalität von Wissenschaft, eine Interpretation, die Kuhn bekanntlich mit geringem Erfolg bei den Anhängern Poppers als Fehldeutung zurückwies (vgl. Kuhn 1969).[27]

Codiertes und programmiertes Verstehen, so die hier vertretene Behauptung, kombiniert die starke *Einschränkung von Verstehensmöglichkeiten* durch bereichsspezifische Strukturvorgaben mit dem weitreichenden *Entzug der Kontrollmöglichkeiten der Produzenten* von Mitteilungsereignissen darüber, was als richtiges Verstehen ihrer Äußerungen gelten kann. Die Autonomisierung des Verstehens ermutigt dabei Deutungen, die von dem ausdrücklich bekundeten Selbstverständnis eines Autors offenkundig abweichen. Die einschränkenden Bedingungen, unter denen programmiertes Verstehen operiert, stellen zugleich sicher, daß die so erzeugten ‚Mißverständnisse' nicht beliebig streuen, sondern als produktiver Anlaß für die Fortsetzung der Kommunikation unter der Ägide des jeweiligen symbolisch generalisierten Kommunikationsmediums genutzt und als ‚fruchtbare Mißverständnisse' wirksam werden können.

Die Kontingenz, mit der jedes Verstehen behaftet ist, kann durch Codierung und Programmierung allein nicht absorbiert werden. Sie wird bei zeitfester Fixierung von Äußerungen (durch Schrift, Buchdruck, elektronische Aufzeichnung etc.) und den damit eröffneten Möglichkeiten vielfacher und immer wieder neuer Deutung im Kommunikationsprozeß selbst leicht sichtbar und zum Problem. Auch Programme können auf unterschiedliche Weise gedeutet werden. Wer nicht *ideosynkratisch* verstehen und riskieren will, daß seine darauf gründenden Mitteilungen für andere nur schwer anschlußfähig sind, muß sich an Konstrukten wie dem ‚Stand der Forschung', etablierten ‚Schulen', der ‚herrschenden Meinung' o. ä. orientieren und sei es auch nur, um sich davon auf eine nachvollziehbare Weise abzugrenzen. Zur Reduktion der Kontingenz des Verstehens entsteht deshalb auch im Kontext massenmedialer Kommunikation immer wieder Bedarf für die supplementäre Einführung von Intersubjektivität. Wo immer dies geschieht, wird damit das *dreizügige Sequenzformat* von Initialäußerung, Reaktion und Konfirmation/Diskonfirmation relevant und müssen Schleifen geschaffen werden, in denen die Kommunikation in diesem Format prozessiert. Durch Abstraktion des Verstehens und der Konfirmation/Diskonfirmation zu *Funktionsstellen*, die auf *variable Weise besetzt* werden können, kann dieses Format dabei modifiziert und mit den Bedingungen programmierten Verstehens kompatibel gemacht werden.

Ansatzpunkte für eine solche Abstraktion finden sich bereits in der Kommunikation unter einer Mehrzahl von Anwesenden. So etwa, wenn jemand auf eine Mitteilung reagiert und *ein anderer*, als der Autor der ersten Äußerung, daran mit einer Äußerung anschließt, die erkennen läßt, daß er die Mitteilung an erster Sequenzposition auf dieselbe Weise oder abweichend versteht, wie in der Reaktion des zweiten Sprechers angezeigt. Anstelle des ersten Sprechers produziert hier ein dritter Sprecher ein konfirmierendes bzw. diskonfirmierendes Mitteilungsereignis. Die Funktion der Konfirmation wird so *in der Sozialdimension verschoben*. Damit wird sie zugleich *ablösbar aus dem Bereich der Face-to-face-Interaktion*. Nach demselben Muster kann die Deutung einer Publikation durch eine andere in einer dritten registriert und bestätigt werden. Eine Mitteilung wird so durch *verschiedene andere* auf übereinstimmende Weise beobachtet und beschrieben. Diese Form der Produktion von Intersubjektivität ist also nicht mehr gebunden an die kommunikative Bestätigung des Autors. Dennoch folgt sie dem gleichen Grundprinzip wie die interaktionsbegleitende Form der Intersubjektivitätserzeugung: Auf dem Wege *kongruenter doppelter (bzw. multipler) Beschreibung* eines vorangegangenen Ereignisses durch Folgeereignisse, die von verschiedenen Prozessoren emittiert worden sind, wird Intersubjektivität als Begleitresultat der Kommunikation generiert.[28]

Die Ablösung der Funktion der Konfirmierung vom Urheber eines verstandenen Mitteilungsereignisses hat weittragende Konsequenzen. Von besonderer Bedeutung ist dabei vor allem, daß die Erzeugung *intersubjektiven* Verstehens nicht mehr an die Erreichung *einheitlichen* Verstehens gebunden ist. Weil grundsätzlich jeder Prozessor eine Deutung konfirmieren kann, wachsen mit der Zahl der Kommunikationsteilnehmer auch die Chancen für die *gleichzeitige Bestätigung unterschiedlicher Deutungen*. Intersubjektivität und Deutungsdissens werden dadurch miteinander kompatibel.

Am Beispiel wissenschaftlicher Kommunikation ist leicht zu beobachten, wie diese Möglichkeit genutzt wird. Die Institutionalisierung und

Prämierung von Innovation ermutigt hier vor allem zur Kommunikation von Dissens. Dies schlägt auch auf die Ebene des Verstehens durch. Die explizite Bestätigung unproblematisch erscheinender Deutungen von Begriffen, Theorien, Methoden oder (sprachlichen) Daten ist für den einzelnen Wissenschaftler in der Regel vermutlich ähnlich uninteressant wie die bloße Reproduktion eines bereits durchgeführten Experimentes.[29] Sie findet deshalb allenfalls einen bescheidenen Platz im Anmerkungsapparat. Aufmerksamkeitswert haben dagegen abweichende Interpretationen. Verstehensfragen werden so besonders im Rahmen von Debatten thematisch. Wenn eine *Kontroverse* darüber entsteht, wie eine bestimmte Position richtig zu verstehen ist, finden sich leicht Teilnehmer, die Argumente zugunsten der einen oder anderen Interpretation publizieren und sie damit konfirmieren. Mit der Bildung von Parteien, Schulen, Theorielagern werden so zugleich *divergierende Deutungen produziert, je intern intersubjektiv validiert und dadurch sozial stabilisiert.* Dissens wird hier *zum Motor* der kommunikativen Produktion pluralisierter Intersubjektivität.

IX. Resümee

Die Systemtheorie wird häufig wahrgenommen als ein Unternehmen, das für vertraute Begriffe wie Handlung, subjektiver Sinn, Intentionalität und Intersubjektivität keinen Platz hat. Dieser Eindruck ist insoweit berechtigt, als eine Reihe von Annahmen, die mit diesen Begriffen verbunden werden können, mit den zentralen Voraussetzungen der Systemtheorie inkompatibel sind. Nur in veränderter Form kann die Systemtheorie diese Begriffe deshalb assimilieren. Dabei geht es nicht um willkürliche Neudefinition, sondern um die analytisch streng kontrollierte Reformulierung solcher Konzepte als Voraussetzung dafür, daß sie tragende Funktionen in der systemtheoretischen Theoriearchitektur übernehmen können. Um transparent zu machen, auf welche Weise die Systemtheorie diese Aufgabe erfüllt, soll hier noch einmal in geraffter Form rekapituliert werden, wie ihre zentralen Prämissen die Reformulierung dieser Konzepte dirigieren.

Startunterscheidung war die Differenz zwischen autopoietisch geschlossenen Systemen und ihrer Umwelt. Wenn Systeme als geschlossene Zusammenhänge rekursiv aneinander anschließender Operationen gedacht werden, dann ist damit jeder Direktkontakt zur Umwelt bereits aus analytischen Gründen ausgeschlossen. Diese begriffliche Ausgangsentscheidung zwingt dazu, scharf zwischen den Operationen von psychischen und sozialen Systemen zu trennen. *Kommunikation* als Operation sozialer Systeme wird deshalb klar unterschieden von *Gedanken,* durch deren Verkettung sich psychische Systeme reproduzieren. Daß Kommunikation nur unter Beteiligung von Bewußtsein möglich und die Entwicklung reflexiven Denkvermögens ohne die Partizipation psychischer Systeme an Kommunikation kaum vorzustellen ist, bleibt dabei unbestritten. Als theoretische Verbindungsbegriffe, welche diese wechselseitige Abhängigkeit auf eine Weise spezifizieren, die verträglich ist mit der Annahme der operativen Geschlossenheit psychischer und sozialer Systeme, dienen die Konzepte der *operativen und strukturellen Kopplung.*

Der Handlungsbegriff wird ebenfalls unmittelbar an die begriffliche Ausgangsunterscheidung, die System/Umwelt-Differenz, angeschlossen. Jede Operation eines Systems bedeutet eine Selektion aus alternativen Möglichkeiten. Selektionen implizieren immer die gleichzeitige Beteiligung von System und Umwelt. Dieser Zusammenhang wird asymmetrisiert durch die primäre Zurechnung von Selektionen auf das System oder die Umwelt. Im ersten Falle werden Selektionen durch Anschlußoperationen als Ergebnis der *handelnden* Einwirkung des Systems auf seine Umwelt qualifiziert, im zweiten Falle als Einwirkung der Umwelt, die im System ein bestimmtes *Erleben* ausgelöst hat.

Mit der Entscheidung für Kommunikation als Konstitutionsgrundlage des Sozialen erhält der Handlungsbegriff eine demgegenüber abgeleitete Position. Kommunikation verlangt minimal die Beteiligung von zwei Bewußtseinssystemen, die wechselseitig zueinander in einer System/Umwelt-Beziehung stehen und ihre Selektionen auf spezifische Weise miteinander koordinieren: A teilt etwas (eine Information) mit, und B versteht A's Mitteilung auf die eine oder andere Weise. Daß A etwas mitteilt, wird ihm als Selektion und somit als Mitteilung*handlung* zugerechnet. Korrelativ dazu erscheint B's *Verstehen* als B's *Erleben von A's Mitteilungshandlung.* Weil sowohl Handeln wie auch Erleben in die Erzeugung eines elementaren Kommunikationsereignisses eingehen, kann Kommunikation nicht von vornherein nur als Handeln aufgefaßt werden. Zugleich aber gilt, daß – insofern Mitteilungen im Verstehen als Handlungen *zugerechnet* werden – kommunikative Handlungen als Ergebnis der *Selbstvereinfachung von Kommunikation* erzeugt werden.

Der jeweils systeminterne Sinn eines kommunikativen Ereignisses, so hatten wir festgestellt, bestimmt sich nach dem Stellenwert dieses Ereignisses im Kontext aller vorangegangenen und nachfolgenden systemischen Operationen, auf die es referiert bzw. von denen es angesteuert wird. Der *subjektive Sinn*, den die an Kommunikation beteiligten Bewußtseinssysteme in ihren *Gedanken* mit einer Mitteilung verbinden, wie auch der *kommunikative* Sinn, den sie vor dem Hintergrund früherer und späterer *Äußerungen* erhält, sind deshalb niemals völlig identisch. Nur in einer *Reduktionsform*, die es erlaubt, diese unkontrollierbaren Differenzen als irrelevant für die Kommunikation zu behandeln, *ist subjektiver Sinn kommunizierbar*. Und nur insofern eine solche Reduktionsform verfügbar ist, können die beteiligten Bewußtseine hoffen, mit hinreichender Wahrscheinlichkeit erwartungsgemäß verstanden zu werden und sich deshalb zur Teilnahme an Kommunikation bereitfinden. Als eine solche Reduktionsform, die wesentlich für die strukturelle Kopplung von Kommunikation und Bewußtsein sorgt, so lautete unsere These, fungieren *sprachlich angezeigte Mitteilungsintentionen*.

Danach behandelten wir die Frage, wie die *intersubjektiv übereinstimmende* Definition des Sinnes eines Mitteilungsereignisses in der Kommunikation *unter Anwesenden* erreicht und sichtbar gemacht werden kann. Die Direktiven des Autopoiesiskonzeptes, nach dem systemische Elemente und Strukturen nur durch die rekursive Verknüpfung der Elemente eines Systems erzeugt werden können, zwingen dazu, Intersubjektivität als spezifische Relation aufeinander folgender Mitteilungsereignisse zu konzipieren. Dabei kann Intersubjektivität nur bestimmt werden als Beobachtung und Bestätigung des Verstehens einer Mitteilung, wie es sich in einer Anschlußäußerung artikulierte, durch ein weiteres kommunikatives Ereignis. Als ‚Ort', an dem eine solches Ereignis in der Face-to-face-Interaktion typisch auftaucht, haben wir *die dritte Position innerhalb einer dreizügigen Sequenz* identifiziert. Dort wird die Unterscheidung von richtig und falsch verstehen routinemäßig aufgerufen und eine ihrer beiden Seiten bezeichnet.

Unter den Bedingungen *massenmedialer* Kommunikation verliert die dritte Sequenzposition jedoch ihre strukturelle Verankerung. Intersubjektivität wird damit nicht mehr als kontinuierliches Begleitresultat der Kommunikation erzeugt, sondern ist nun gebunden an Sonderbedingungen, die eigens eingerichtet werden müssen, wie Konferenzen oder über Publikationen ausgetragene Debatten. Die Lösung der Kommunikation aus den Bedingungen der Anwesenheit sowie die Benutzung *symbolisch generalisierter Medien* hat zur Folge, daß sich hier das Verstehen gegenüber den Verstehenserwartungen von Autoren *autonomisiert*. Die Produzenten von Mitteilungen verlieren damit die Kontrolle darüber, was sozial als richtiges Verstehen ihrer Äußerungen gilt. Durch die *Abstraktion der dritten Sequenzposition* zu einer reinen Funktionsstelle für die Konfirmierung/Diskonfirmierung des Verstehens von Mitteilungen, die durch die Beiträge beliebiger Personen besetzt werden kann, werden die Herstellungsbedingungen von Intersubjektivität kompatibel mit der Autonomisierung des Verstehens. *Divergierendes* Verstehen und *Intersubjektivität* stehen daher nicht mehr in einem Ausschließungsverhältnis zueinander, sondern können, durch Bildung unterschiedlicher Gruppen, Parteien, Theorielager etc. mit je internem Verstehenskonsens, *gleichzeitig gesteigert* werden. Dabei kann, wie am Beispiel der Wissenschaft diskutiert, *Dissens zum Antrieb* für die kommunikative Produktion von Intersubjektivität mutieren.

Unser Rückblick sollte in kompakter Form vor Augen führen, wie *systematisch kontrolliert* eingelebte Begriffe mit den Mitteln der Systemtheorie soweit umgebaut werden, daß sie mit ihren Prämissen zu vereinbaren sind. Wie die vorausgegangene Darstellung zeigte, müssen dabei weder Verwandtschaften zu nicht-systemtheoretischen Ansätzen (etwa zu Mead oder zu Argumenten der Schützschen Handlungstheorie) geleugnet noch Anleihen (etwa bei der Sprechakttheorie Searles und der Konversationsanalyse) abgelehnt werden. Die Systemtheorie kann sich hier offen verhalten, ohne eklektisch zu werden. In der stärkeren Nutzung dieser Möglichkeiten steckt m. E. ein Anregungspotential, das sowohl der Systemtheorie selbst zugute kommen wie auch interessante Anschlußmöglichkeiten für Nicht-Systemtheoretiker bieten könnte. Dies habe ich vor allem in den Abschnitten zu den Themen Intentionalität und Intersubjektivität zu plausibilisieren versucht.

Anmerkungen

1 Umstritten ist dann freilich wieder die Rolle und Bedeutung von Intersubjektivität. Geht es dabei primär um die Erfüllung einer notwendigen Voraussetzung für effiziente und auf individuelle Nutzenmaximierung zielende Kooperation im Sinne von Rational-Choice-Theorien, um wertegeleitete Interessenverfolgung unter gleichzeitiger Erfüllung individuell verinnerlichter und sozial geltender Normen als Voraussetzung der Lösung des Problems sozialer Ordnung wie bei Parsons, um die Erfüllung rationaler Geltungsansprüche à la Habermas oder worum sonst?

2 Vom *Verstehen* ist die *Annahme oder Ablehnung* einer Kommunikation als Prämisse eigenen Verhaltens zu unterscheiden. Letztere zählt als vierte Selektion, die nicht konstitutiv ist für das Zustandekommen einer elementaren Kommunikationseinheit (vgl. Luhmann 1984, S. 203 f., sowie unten, Anm. 20).

3 „Das Sequenzieren der Operationen hält also das Gesamt von Potentialitäten co-präsent, führt es nur mit, regeneriert es dadurch als Welt, ohne welche es nie zu einer Selektion weiterer Operationen, nie zu einer Reproduktion des operierenden Systems kommen könnte" (Luhmann 1997, S. 54).

4 Die erwähnte Differenz der Verarbeitungsweisen von Erwartungsenttäuschungen diskriminiert zwischen „kognitiven" und „normativen" Erwartungen; vgl. dazu Luhmann 1984, S. 436 ff.

5 Dieses zirkuläre Verhältnis zwischen Operationen und Strukturen ist eine Implikation des Autopoiesiskonzeptes, nach dem Systeme als operational geschlossene und nur durch unablässige Verknüpfung systemtypischer Operationen reproduzierbare Einheiten zu begreifen sind. Strukturen, die zur Verknüpfung systemischer Operationen benutzt werden, können deshalb nicht als gegeben vorausgesetzt werden, sondern müssen selbst noch im Netzwerk der Operationen eines Systems erzeugt werden. Struktur*kompatible* Verkettung von Operationen ist dabei *nicht* zu verwechseln mit Struktur*konformität*, d. h. im Hinblick auf Sinnsysteme: mit der *Erfüllung* von Erwartungen. Wird eine Erwartung, die durch eine Äußerung aufgerufen worden ist, enttäuscht, dann kann auch dieses Ereignis strukturkompatibel weiterverarbeitet werden, sofern die Enttäuschung der Erwartung kommunikativ angezeigt und auf der Gültigkeit der Erwartung insistiert wird. (So z. B., wenn auf eine Frage hin keine Reaktion des Adressaten folgt und dieser Umstand vom Fragenden mit der Äußerung, „Warum antwortest du nicht?", als korrektur- bzw. erklärungsbedürftige Abweichung markiert wird.)

6 Die zustimmende Verwendung dieses Zitats durch Habermas und sein ausdrücklicher Hinweis auf „jenen Schatten von Differenz, der auf jedem sprachlich erzielten Einverständnis ruht" (1988, a. a. O.), bedeutet eine implizite Revision früherer Formulierungen, in denen er durch Regeln garantierte *Identität* sprachlichen Sinnes für die Kommunikationsteilnehmer unterstellte und als zentrales Argument gegen die Systemtheorie anführte: „Der Sinn des Sinnes besteht zunächst darin, daß er intersubjektiv geteilt werden, daß er für eine Gemeinschaft von Sprechern *identisch* sein kann. Identität der Bedeutungen *verweist nicht auf Negation*, sondern auf die Bürgschaft intersubjektiver Geltung. Diese Fragestellung bleibt Luhmann ver-

schlossen" (Habermas 1971, S. 188 f., Hervorhebungen von mir, W. L. S.). – Wenn keine Identität sprachlichen Sinnes aus der Perspektive der verschiedenen Teilnehmer vorausgesetzt werden kann, dann folgt daraus gegen Habermasens frühere Position, daß hinreichende Übereinstimmung als Ersatz dafür nur durch Indifferenz gegenüber immer auch bestehenden Differenzen, das aber heißt: *durch (jederzeit reversible) Negation der verbleibenden Unterschiede, hergestellt werden muß.* Vgl. dazu ausführlich Schneider 1994b.

7   Als *Überraschungen* sowie als *Abweichungen* von systemeigenen Erwartungen und insofern als *Störungen* (Irritationen; Perturbationen), die dann vom irritierten System in neue Strukturen umgearbeitet werden können, – auf diese Weise erscheinen Ereignisse, die durch die *internen Strukturen anderer* Systeme determiniert sind, auf dem Monitor des Systems.

8   Zur Unterscheidung von Erleben und Handeln vgl. die folgende Erläuterung Luhmanns (1984, S. 124, Hervorhebung im Original): „Je nach Zurechnungsrichtung unterscheidet ein Sinnsystem dann in Bezug auf sich selbst und in Bezug auf andere Systeme *Erleben* und *Handeln*: Wird die Sinnselektion der Umwelt zugerechnet, gilt die Charakterisierung Erleben, und die Anknüpfung für weitere Maßnahmen wird in der Umwelt des Systems gesucht (obwohl das System als erlebend beteiligt war!). Wird dagegen die Sinnselektion dem System selbst zugerechnet, dann gilt die Charakterisierung Handeln (obwohl solches Handeln ohne Bezug auf die Umwelt gar nicht möglich ist)."

9   Bei Schütz wird diese Verknüpfung aufeinander folgender Mitteilungsereignisse in *psychischer Systemreferenz* als „Intersubjektiver Motivationszusammenhang" thematisiert, bei dem Egos Verstehen von Alters Mitteilungsabsicht für Ego zum „Weil-Motiv" für die Ausführung einer Mitteilungshandlung wird, die wiederum definiert ist durch eine bestimmte Absicht (ein „Um-zu-Motiv") Egos, deren Verstehen bei Alter als „Weil-Motiv" für die Ausführung einer weiteren Mitteilungshandlung wirksam werden kann etc. Vgl. dazu Schütz 1960, S. 177, sowie Grathoff 1977, S. 64, der in dieser „Verkettung der Motivstrukturen des Handelns" den „Kern der Schützschen Handlungstheorie" sieht.

10 *Verstehen* ist dabei in beiden Zeitrichtungen relevant, also sowohl als sichtbar gemachtes *Verstehen vorausgegangener* kommunikativer Ereignisse wie auch als *Verstehenserwartung*, die in einer Äußerung (z. B. durch sprachliche „Indikatoren der illokutionären Rolle" im Sinne Searles; vgl. Searle 1971, S. 49 ff.) angezeigt ist. Oder aus der Perspektive der beteiligten Psychen formuliert: „Man kann erst am Anschlußverhalten kontrollieren, ob man verstanden worden ist; man kann aber auch mit einiger Erfahrung seine Kommunikation vorher so einrichten, daß man erwarten kann, verstanden zu werden. In jedem Falle ist jede Einzelkommunikation, sonst würde sie gar nicht vorkommen, in den Verstehensmöglichkeiten und Verstehenskontrollen eines Anschlußzusammenhanges weiterer Kommunikation rekursiv abgesichert. Sie ist Element nur als Element eines, wie immer minimalen, wie immer ephemeren, Prozesses" (Luhmann 1984, S. 199).

11 „So fungiert die Kommunikation selbst operativ als Einheit der Differenz von Information, Mitteilung und Verstehen, ohne diese Einheit mitkommunizieren zu können. Aber sie benutzt zur nachträglichen Selbstbeobachtung die Unterschei-

dung von Information, Mitteilung und Verstehen, um festlegen zu können, ob die weitere Kommunikation auf Zweifel an der Information, auf vermutete Mitteilungsabsichten (zum Beispiel Täuschungsabsichten) oder auf Verständnisschwierigkeiten zu reagieren hat" (Luhmann 1997, S. 86 f.).

12 Um Mißverständnissen vorzubeugen: Damit ist nicht behauptet, daß Handeln nur als Mitteilungshandeln vorkommt. Daneben spricht die Systemtheorie natürlich auch von nicht-kommunikativem Handeln, über das die Kommunikation dann informieren kann.

13 Etwas beabsichtigen, meinen, wollen, wünschen, hoffen, bedauern, befürchten, von etwas überzeugt sein etc. fallen gleichermaßen unter den Begriff der Intention, insofern es sich dabei um psychische ‚Zustände' (im Ereignisformat) handelt, die auf bestimmte Inhalte bzw. Objekte gerichtet sind.

14 Vgl. dazu die folgende Anmerkung Luhmanns (1984, S. 368 f., Anm. 35, Hervorhebung im Original): Der „Begriff des Sprechaktes (Searle) . . . ist nicht auf psychische, sondern auf die sozialen Systeme bezogen . . . *Deshalb* fallen hier Intention, Sinn und Wiedererkennbarkeit zusammen. Er verdankt seine Ereignisqualität nicht der Reproduktion von individuellem Bewußtsein, sondern der Reproduktion von verständlichem Sprachgebrauch." – Sprechakttheorie und systemtheoretische Kommunikationstheorie sind demnach nicht unvereinbar. Sie folgen nur unterschiedlichen Leitfragen, die sich jedoch komplementär zueinander verhalten (vgl. dazu Schneider 1996).

15 „Seit den bahnbrechenden Analysen von Mead weiß man, daß Kommunikation nicht schon dadurch zustande kommt, daß ein Organismus wahrnimmt, wie ein anderer sich verhält, und sich darauf einstellt . . . Entscheidend ist vielmehr nach Mead, daß Symbole entstehen, die es dem einzelnen Organismus ermöglichen, sich *in sich selbst* mit dem Verhalten anderer abzustimmen und zugleich selbst die entsprechenden ‚vocal gestures' zu benutzen; oder mit Maturana gesprochen: daß es zur Koordination der Koordinationen der Organismen kommt" (Luhmann 1987, S. 84, Hervorhebung im Original).

16 Dieses Muster belegt Peter Fuchs (1993, S. 134 ff.) mit dem Begriff der „nebulosen Kommunikation".

17 Vgl. dazu die Beschreibung des „aufklärerischen Displacements" bei Fuchs (1993, S. 104 ff.).

18 Sie könnte darüber hinaus auch als *Vorwurf* an B verstanden werden, weil B trotz der vorgerückten Zeit keinerlei Bereitschaft zum Aufbruch erkennen läßt. Auch diese mögliche Deutung wird jedoch durch die Anschlüsse von A und B außer acht gelassen und somit auf der Ebene der Kommunikation ausgeschlossen, unabhängig davon, ob dieser Sinn von A vielleicht psychisch (mit)intendiert war und/oder von B (der es dann vorzog, kommunikativ darauf nicht einzugehen) psychisch verstanden worden ist oder nicht.

19 Kommunikatives Verstehen kann aus der Perspektive eines Beobachters, der zwischen verschiedenen Verstehensmöglichkeiten unterscheidet, als Interpretation beobachtet werden. Insofern die Selektivität des Verstehens in der Kommunikation nicht angezeigt wird und damit unsichtbar bleibt (aber gleichwohl vorausgesetzt werden muß), muß man freilich von *impliziter Interpretation* im Gegensatz zu

expliziten Interpretationen (siehe oben) sprechen, die sich ausdrücklich als kontingente Bedeutungsselektionen präsentieren.
20 Im Beispiel wird die erste Äußerung durch die zweite *uno actu* als Aufforderung interpretiert und akzeptiert. *Verstehen* und *Annahme* fallen hier *in einer Operation* zusammen. Wie bereits oben erwähnt zählt die Annahme bzw. Ablehnung eines Interaktionsangebotes im Rahmen des systemtheoretischen Kommunikationsbegriffs als vierte Selektion, die (wie übrigens auch in der Sprechakttheorie) nicht konstitutiv ist für das Zustandekommen eines elementaren kommunikativen Ereignisses. Diese These wird durch unser Beispiel nicht in Frage gestellt, kann doch leicht gezeigt werden, daß das dort zu beobachtende Zusammentreffen von Verstehen und Annahme *kontingent* ist. Statt „O. K., ich komme gleich", hätte B auch antworten können: „Ich habe noch keine Lust zu gehen!"; die Äußerung A's wäre damit ebenfalls als Aufforderung verstanden, die Annahme dieser Interaktionsofferte jedoch abgelehnt worden. Darüber hinaus ist es möglich, daß kommunikatives Verstehen und die Entscheidung über Annahme oder Ablehnung *in verschiedenen Operationen* vollzogen werden. So z. B. hätte B antworten können, „Du meinst, wir sollten gehen" und damit A's Äußerung wiederum als Aufforderung deuten, aber dabei noch offen lassen können, ob er zur Erfüllung der Aufforderung bereit ist.
21 Vgl. dazu unter dem Titel der *kommunikativen Katalyse von Motiven* Schneider 1994a, S. 211 ff.
22 Zur Analyse der Bedingungen für den Vollzug verschiedener Typen von Sprechakten, aus der ich hier den Begriff der *Einleitungsbedingung* entlehne, vgl. Searle 1971, S. 84–113.
23 Und nur so, in der Kommunikation, kann Intersubjektivität erzeugt werden. Oder mit Luhmann formuliert (der dort freilich von einer anderen Überlegung zu dieser Konklusion kommt): „Daher ist Kommunikation denn auch Bedingung für so etwas wie ‚Intersubjektivität' (wenn man den Ausdruck überhaupt beibehalten will) und nicht Intersubjektivität Bedingung für Kommunikation" (Luhmann 1990, S. 19). – Wie u. a. in diesem Zitat deutlich wird, hegt Luhmann große Reserven gegenüber dem Begriff der Intersubjektivität, suggeriert er doch die Existenz eines Zwischenreiches, in dem psychische Systeme gleichsam aus sich heraus und miteinander in Direktkontakt treten könnten. An anderer Stelle (1986, S. 42) bezeichnet er Intersubjektivität deshalb auch als „Verlegenheitsformel", bei der die beiden Komponenten einander aufheben und als „Unbegriff", in dem nur die Aporie der Subjekttheorie zur Sprache kommt und deren Korrekturbedürftigkeit markiert. Im Text versuche ich demgegenüber zu zeigen, wie der Begriff der Intersubjektivität systemtheoriekompatibel reformuliert werden kann.
24 „. . . a turn's talk will be heard as directed to a prior turn's talk, unless special techniques are used to locate some other talk to which it is directed" (Sacks, Schegloff, Jefferson 1974, S. 728, hier zitiert nach Heritage 1984, S. 261). Die Funktion, die der allgemeinen Relevanz des adjacent positioning in der Konversationsanalyse zugeschrieben wird, besteht in der Sicherung der Möglichkeit zweckgerichteten Handelns unter den Bedingungen doppelter Kontingenz; siehe Heritage 1984, S. 263 f.

25 Insofern sie Gedächtnisspuren in den Psychen hinterlassen, bleiben sie freilich für die Kommunikation erinnerbar. Irgendwann können Äußerungen auftauchen, die auf das vergangene Ereignis referieren, es so als Mitteilung einer Information beobachten und ihm damit retrospektiv den Status eines kommunikativen Ereignisses zuweisen.

26 Zur Funktion der Differenz von Themen und Beiträgen vgl. ausführlicher Luhmann 1984, S. 212 ff.

27 Weniger spektakulär und auf der Ebene der Interaktion kann die Autonomisierung des Verstehens auch in universitären Lehrveranstaltungen beobachtet werden, wenn der Seminarleiter einen studentischen Diskussionsbeitrag vor dem Hintergrund von Theorien deutet und beantwortet, die dem Autor des Beitrages mit hoher Wahrscheinlichkeit oder gar nach ausdrücklichem Bekunden unbekannt sind. Dessen verwunderte Entgegnung, daß er bei seinem Einwand nicht an das gedacht habe, was der Seminarleiter daraus entnahm, kann dann u. U. damit abgefunden werden, daß ähnliche Einwände in der Fachdiskussion erhoben worden sind und dort mit bestimmten theoretischen Voraussetzungen verbunden waren und daß der Autor bei genauer Analyse bemerken werde, daß er zumindest ähnlichen Voraussetzungen machen müsse, wenn er seinen Einwand näher begründen wolle.

28 Vgl. in diesem Zusammenhang Bateson (1982, S. 163 ff.), der dem *Prinzip der doppelten Beschreibung* auf unterschiedlichen Ebenen der Evolution grundlegende Bedeutung für die Konstitution emergenter Phänomene zuweist.

29 Vgl. dazu Mulkay 1988, S. 92, mit der dort zitierten Antwort eines Wissenschaftlers auf die Frage, inwieweit er in seiner Arbeit auch bereits publizierte Experimente anderer replizieren würde: „It's boring, uninteresting and unpublishable, just to repeat it. It's really only if you can add something."

Literatur

Bateson, Gregory (1982): Geist und Natur. Eine notwendige Einheit. Frankfurt am Main: Suhrkamp.

Fuchs, Peter (1993): Moderne Kommunikation. Zur Theorie des operativen Displacements. Frankfurt am Main: Suhrkamp.

Grathoff, Richard (1977): Ansätze zu einer Theorie sozialen Handelns bei Alfred Schütz. In: Hans Lenk (Hrsg.): Handlungstheorien – interdisziplinär. Bd. 4. München: Wilhelm Fink, S. 59–78.

Habermas, Jürgen (1971): Theorie der Gesellschaft oder Sozialtechnologie? Eine Auseinandersetzung mit Niklas Luhmann. In: Jürgen Habermas und Niklas Luhmann: Theorie der Gesellschaft oder Sozialtechnologie: Was leistet die Systemforschung. Frankfurt am Main: Suhrkamp, S. 142–290.

Habermas, Jürgen (1988): Nachmetaphysisches Denken. Philosophische Aufsätze. Frankfurt am Main: Suhrkamp.

Heritage, John (1984): Garfinkel and Ethnomethodology. Cambridge, Mass.: Polity Press.

Kuhn, Thomas S. (1969): Postscriptum – 1969. In: ders., Die Struktur wissenschaftlicher Revolutionen. 5. Aufl. Frankfurt am Main: Suhrkamp 1981, S. 186–221.

Luhmann, Niklas (1971): Sinn als Grundbegriff der Soziologie. In: Jürgen Habermas und Niklas Luhmann: Theorie der Gesellschaft oder Sozialtechnologie: Was leistet die Systemforschung. Frankfurt am Main: Suhrkamp, S. 25–100.

Luhmann, Niklas (1981): Erleben und Handeln. In: ders.: Soziologische Aufklärung 3. Soziales System, Gesellschaft, Organisation. Opladen: Westdeutscher Verlag.

Luhmann, Niklas (1984): Soziale Systeme: Grundriß einer allgemeinen Theorie. Frankfurt am Main: Suhrkamp.

Luhmann, Niklas (1986): Intersubjektivität oder Kommunikation: Unterschiedliche Ausgangspunkte soziologischer Theoriebildung. In: Archivio di Filosofia LIV, S. 41–60.

Luhmann, Niklas (1988): Wie ist Bewußtsein an Kommunikation beteiligt? In: Hans Ulrich Gumbrecht und K. Ludwig Pfeiffer (Hrsg.): Materialität der Kommunikation. Frankfurt am Main: Suhrkamp, S. 884–905.

Luhmann, Niklas (1990): Die Wissenschaft der Gesellschaft. Frankfurt am Main: Suhrkamp.

Luhmann, Niklas (1993): Das Recht der Gesellschaft. Frankfurt am Main: Suhrkamp.

Luhmann, Niklas (1997): Die Gesellschaft der Gesellschaft. Frankfurt am Main: Suhrkamp.

Mulkay, Michael (1988): Don Quixote's Double: a Self-exemplifying Text. In: Steve Woolgar (Hrsg.): Knowledge and Reflexivity. New Frontiers in the Sociology of Knowledge. London: Sage, S. 81–100.

Sacks, Harvey, Schegloff, Emanuel A., Jefferson, Gail (1974): A simplest systematics for the organization of turn-taking for conversation. In: Language, 50, S. 686–735.

Schegloff, Emanuel A. (1992): Repair after Next Turn: The Last Structurally Provided Defense of Intersubjectivity in Conversation. In: American Journal of Sociology, Vol. 97, 1992, S. 1295–1345.

Schneider, Wolfgang Ludwig (1994a): Die Beobachtung von Kommunikation. Zur kommunikativen Konstruktion sozialen Handelns, Opladen: Westdeutscher Verlag.

Schneider, Wolfgang Ludwig (1994b): Intersubjektivität als kommunikative Konstruktion. In: Peter Fuchs und Andreas Göbel (Hrsg.): Der Mensch als Medium der Gesellschaft. Frankfurt am Main: Suhrkamp, S. 189–238.

Schneider, Wolfgang Ludwig (1996): Die Komplementarität von Sprechakttheorie und systemtheoretischer Kommunikationstheorie. Ein hermeneutischer Beitrag zur Methodologie von Theorievergleichen. In: Zeitschrift für Soziologie, Jg. 25, Heft 4, S. 263–277.

Schneider, Wolfgang Ludwig (1998): The Sequential Production of Social Acts in Conversation. In: Human Studies, Jg. 21 (im Erscheinen).

Searle, John R. (1971): Sprechakte. Ein sprachphilosophischer Essay. Frankfurt am Main: Suhrkamp.

Searle, John R. (1979): Intentionalität und der Gebrauch der Sprache. In: Günther Grewendorf (Hrsg.): Sprechakttheorie und Semantik. Frankfurt am Main: Suhrkamp, S. 149–171.

Schütz, Alfred (1960): Der sinnhafte Aufbau der sozialen Welt. 2. Aufl. Wien: Springer.

Schütz, Alfred (1971 und 1972): Gesammelte Aufsätze. 3 Bde. Den Haag: Martinus Nijhoff.

Weber, Max (1972): Wirtschaft und Gesellschaft. 5. Aufl. Tübingen: J. C. B. Mohr.

Gerald Mozetič

Wieviel muß die Soziologie über Handlungen wissen?
Eine Auseinandersetzung mit der Rational-Choice-Theorie

1.

Welcher Stellenwert Handlungen in den Wissenschaften vom Menschen zukommt, unterliegt einer merkwürdig heterogenen Beurteilung. Zum einen klingt es überzeugend, deren Bedeutsamkeit schon aus dem kaum bestrittenen Konstitutionscharakter abzuleiten: Wie immer in den Sozialwissenschaften verfahren wird, welche Theorien und Konzepte entworfen, welche Abstraktionsebenen und Methoden gewählt werden, welche Themen und Probleme man zum Gegenstand der Analyse macht, stets gilt, daß Handlungen im Sinne des ontologischen Individualismus die materiale Grundlage bilden. Zum anderen tauchen etwa in Lehrbüchern der soziologischen Theorie Handlungstheorien als eine spezielle Richtung auf, die sich inmitten eines Bündels von anderen Theorien, in denen Strukturen und Systeme, Konflikte und Figurationen und noch einiges mehr im Zentrum stehen, heftiger Konkurrenz ausgesetzt sieht. So selbstverständlich ist es also nicht, daß Soziologie nur als Handlungswissenschaft betrieben werden könnte, und die Frage, wieviel nun dieses Fach über Handlungen wissen muß, erfährt ganz unterschiedliche Antworten.

Eine der Antworten wird hier in den Mittelpunkt der Analyse gestellt, nämlich jene, die im Rahmen der Rational-Choice-Theorie (RC-Theorie) gegeben wird. Ob diese Theorie tatsächlich jene Leistungs- und Überzeugungskraft besitzt, die ihre Vertreter oft enthusiastisch preisen, soll überprüft werden, und dabei geht es auch darum, ob sie in der Lage ist, eine adäquate Handlungstheorie anzubieten. Im Anschluß daran werden einige weiterführende Überlegungen zu finden sein, die gegen einen soziologischen Reduktionismus auf Handlungen sprechen.

Eine weitere Vorbemerkung betrifft die erstaunliche oder erstaunlich gelassen hingenommene Permanenz der nicht-konsensuellen Bedeutung von „Handlung" und „Theorie". Läßt man sich auf eine Erörterung der (ja nicht bloß) semantischen Differenzen samt ihren vermuteten Gründen tatsächlich ein, erscheint die Gefahr unabwendbar, den Ausgangspunkt einer wissenschaftlichen Tour zum festen Wohnsitz zu machen. Dies ist hier nicht beabsichtigt, und schon gar nicht soll eine neue Sprachreinigungsanstalt für eröffnet erklärt werden, die ja doch nur Definitionsohnmacht als Hauptartikel vertreiben könnte. Der Alternative, sich auf ein Vorverständnis zu verlassen, droht stets der Vorwurf des Glaubens an einen vermeintlich unproblematischen Kern und der mangelnden Sensibilität bezüglich der unvermeidlichen Weichenstellungen, die mit allen kategorialen Entscheidungen verbunden sind.

Das Problem verschärft sich zudem durch den Umstand, daß – um nur ein Beispiel zu geben – wissenschaftliche Diskurse disziplinspezifisch verlaufen und es z. B. vorkommt, daß in einem Artikel über Handlung als sozialwissenschaftlichem Grundbegriff nur darüber geredet wird, was in der deutschsprachigen Psychologie diskutiert wird (vgl. Rausch 1998 und meine Kritik daran in Mozetič 1998). Derartige Ignoranz gegenüber dem, was in den sogenannten „Nachbardisziplinen" oder „verwandten Fächern" und im internationalen Kontext vor sich geht, spricht weder dafür, daß die programmatisch wohlbekannte „Einheit der Sozial-, Gesellschafts- oder Menschenwissenschaften" näher gerückt wäre, noch für einen Erfolg der vielbeschworenen Interdisziplinarität, die weiterhin in ihrer rhetorischen Phase zu verharren scheint.

Der hier gewählte Weg (Ausweg?) besteht darin, den Handlungs- und Theoriebegriff in der Darstellung der RC-Theorie zu entwickeln und erst auf dieser Grundlage Stellung zu nehmen. Ist erst einmal gezeigt, in welche Schwierigkeiten sich diese Theorie verwickelt, wird sich daraus hoffentlich auch der eine oder andere Fingerzeig für den Umgang mit dem Handlungsbegriff ergeben.

2.

In den soziologischen Theoriediskussionen der letzten Jahre zeichnet sich eine Fraktion durch besonderen Optimismus aus. Überzeugt, endlich die „Vorgeschichte" der Soziologie beenden und dem Fach zu einer bislang unbekannten Erklärungskraft verhelfen zu können, verkünden Vertreter der Rational-Choice-Theorie den Eintritt der Soziologie in das Reich der Wissenschaft: „Die Rational Choice-Theorie ist zügig dabei, die theoretischen und methodologischen Konsequenzen aus dem Verfall der soziologischen Methode zu ziehen und endlich leistungsfähige soziologische Erklärungen für viele inhaltliche Felder zu entwickeln" (Esser 1997b: 326). Die Rede vom „Verfall" erweckt den Eindruck, als habe die Soziologie ihre Blütezeit bereits hinter sich, ist jedoch irreführend, weil Esser von der Vergangenheit des Faches nicht sehr viel hält und daher auch vorgibt, mit einem „Grundirrtum aller soziologischen Handlungstheorien" (ebd.: 325) aufzuräumen. Worin dieser Grundirrtum bestehen soll, wird noch eingehend erörtert werden; zuvor sei in aller Kürze das Programm dieses angeblich so erfolgversprechenden theoretischen Ansatzes präsentiert.

Ausgangspunkt der RC-Theorie ist bekanntlich das Modell der neoklassischen Ökonomie, demzufolge eine Person mit geordneter, transitiver Präferenzstruktur, vollständiger Information und ausgestattet mit einem „inneren Rechner" alle ihre Handlungen auf Nutzenmaximierung ausrichtet. Als Ergebnis der intensiven Diskussion dieses Modells kann festgehalten werden, daß es mit Empirie kaum etwas zu tun hat: Mit Bezug auf Präferenzordnungen wurde nicht nur geltend gemacht, daß diese so wohlgeordnet praktisch nie vorliegen, sondern auch darauf hingewiesen, daß sich häufig erst im Laufe eines Entscheidungsprozesses jene Präferenzen herausschälen, die eine Alternativenabwägung möglich machen. Daß die Konstanz von Präferenzordnungen zu hoch angesetzt wurde, zeigte sich an deren situativer Variabilität. Der Zusammenhang zwischen Präferenzen, Entscheidungen und den Rückwirkungen von Handlungsresultaten ist ganz offensichtlich nicht so einfach, wie das die Annahme einer gegebenen und transitiv geordneten Präferenzstruktur suggeriert. Vollständige Information wiederum ist nur im Ausnahmefall möglich und kann bestenfalls für Partialbereiche angenommen werden. Insbesondere gibt es kein verläßliches Wissen über Präferenzänderungen im Zeitverlauf und zukünftige Entwicklungen, sodaß die Informationsbasis für Handlungsentscheidungen immer defizitär ist, wenn das Kriterium der Vollständigkeit ernst genommen wird. Daß auch die Behauptung der Nutzenmaximierung erhebliche Schwierigkeiten mit sich führt, ist ebenfalls bekannt und soll hier noch gesondert diskutiert werden.

Das Menschenbild, das der sogenannte Homo oeconomicus verkörpert, ist innerhalb der Wirtschaftswissenschaften also keineswegs unbestritten;

für die Soziologie erscheint es grundsätzlich inakzeptabel. Die soziologischen Anhänger der RC-Theorie lehnen freilich auch die Homo-sociologicus-Konzeption ab, und im sogenannten RREEMM-Modell von Siegwart Lindenberg steht der Mensch in der vollen Breite und Pracht der humanen Existenz vor uns: resourceful, restricted, evaluating, expecting, maximizing man. (Wer sich hier nur oder vor allem am „man" stößt, macht es sich zu leicht.) An der Nutzenmaximierung wird also festgehalten. Den erklärungsstrategischen Stellenwert der Nutzenmaximierung erhellt die Bezugnahme auf das deduktiv-nomologische Modell der Erklärung: Nur ein nomologischer „Kern" verbürgt die Wissenschaftlichkeit soziologischer Theorien, und die RC-Theorie stellt einen solchen bereit. Dies gilt freilich nur, wenn die Nutzenmaximierung tatsächlich als eine Gesetzmäßigkeit formuliert werden kann. Denn das Prinzip der Nutzenmaximierung wird häufig als konstitutives Merkmal von Handlungen überhaupt bezeichnet und kann dann als Teil eines Definiens nicht mehr nomologisch interpretiert werden.

Ein Menschenbild wie das des Homo oeconomicus konnte es wahrscheinlich nur zu solcher Prominenz bringen, weil die Sphäre der Ökonomie als die der ausgeprägtesten Rationalität gilt. Sowohl die Orientierung am eigenen Nutzen als auch die Quantifizierbarkeit der Austauschprozesse in Marktwirtschaften begünstigen diese Auffassung. Zudem konnte so jene Formalisierung eine plausible Basis finden, die an die Exaktheit der Naturwissenschaften denken ließ und zur wissenschaftlichen Reputation der Wirtschaftswissenschaften erheblich beigetragen hat. Daß das „objektivistische" Konzept der Nutzenmaximierung revisionsbedürftig ist, änderte daran nichts mehr; Innovationen wie die „bounded rationality" von Herbert A. Simon (vgl. dazu etwa die imposante Aufsatzsammlung in Simon 1982) oder die bemerkenswerten empirischen Untersuchungen zum Entscheidungsverhalten von Kahnemann/Tversky (1984, als ein Beispiel) stellten vielmehr unter Beweis, welches Potential das ökonomische Paradigma zu entfalten vermochte.

Was die Handlungstheorie betrifft, gibt es in den Wirtschaftswissenschaften eine alte Tradition, die ökonomische Rationalität als Modell rationalen Handelns überhaupt anzusehen. Die in immer mehr Bereiche eindringende Vermarktlichung dehnte den Geltungsbereich der Zweckrationalität aus, und was die Wirtschaftswissenschaft über Handlungen auszusagen wußte, avancierte zu einer allgemeinen Handlungstheorie. Auch wenn nicht alle einschlägigen Beiträge ungeteilte Zustimmung fanden – so konnte sich z. B. die apriorische Praxeologie eines Ludwig von Mises (1940) nicht durchsetzen –, schienen die Ökonomen die Richtung anzugeben, in die eine Handlungstheorie zu gehen hatte, um Anschluß an die Standards der Wissenschaftlichkeit zu finden. Den „Durchbruch" einer allgemeinen Handlungstheorie unter ökonomischen Vorzeichen schaffte schließlich Gary S. Becker, der für wahrscheinlich die meisten Vertreter des Faches Soziologie gleichsam zum roten Tuch wurde, weil er mit seinen Nutzenformalisierungen eine exakte Erklärung für viele Handlungsweisen geben zu können beanspruchte, die bis dahin als genuin soziologisches Revier gegolten hatten. Wenn jede Handlung durch die Orientierung am Nutzenkalkül, genauer: durch den Versuch an der Maximierung des Erwartungsnutzens zu charakterisieren ist, drohte der Soziologie das Schicksal, zumindest einen erheblichen Teil ihres Arbeitsfeldes an die imperialistisch auftrumpfende Ökonomik abtreten zu müssen. Die Durchsetzung und Etablierung des Faches Soziologie war zwar so weit gediehen, daß keine unmittelbaren Einschnitte bevorstanden, aber in den Reaktionen auf Beckers Programm (soweit dieses überhaupt zur Kenntnis genommen wurde) schimmerten immer auch professionsstrategische Überlegungen durch. Die Erinnerung an den Versuch George C. Homans', psychologische Gesetzmäßigkeiten zum nomologischen Kern der Sozialwissenschaften zu machen, war ja noch ganz frisch, und nun galt es schon die nächste, vielleicht sogar schwerwiegendere Attacke abzuwehren.

Gemessen an dem, was in der Soziologie selbst an handlungstheoretischen Beiträgen seit Max Weber und Alfred Schütz publiziert worden war, nahm sich der ökonomische Zugang als durchaus respektabel aus. Weitere Fortschritte waren in der Entscheidungs- und Spieltheorie zu verzeichnen, wo sich ein neues Feld der Analyse eröffnete und Handlungsprobleme entdeckt und diskutiert wurden, die die „traditionelle" Handlungstheorie offensichtlich übersehen hatte (wie z. B. das Gefangenendilemma, um nur das bekannteste Beispiel zu erwähnen). So sehr sich auch die Spieltheorie als Forschungszweig verselbständigte, so wenig war die grundsätzliche sozialwissenschaftliche Relevanz ihrer Modelle zu übersehen. Schließlich war auf diesem Wege nicht weniger gezeigt worden als beispielsweise die Grenzen individueller Rationalkalküle. Solche Ansätze konnten von mehreren wissenschaftlichen Fächern aufgegriffen und fruchtbar gemacht werden (vgl. z. B. für die moral- und rechtsphilosophische Diskussion Koller 1994).

3.

Die Anwendbarkeit von RC-Theorien hängt u. a. davon ab, daß es gelingt, die Nutzenkalküle unabhängig von den Handlungen festzustellen, welche gleichsam die Umsetzung ihrer Resultate sind. Wir können zwar aufgrund unseres kulturellen Vorwissens oft mit Berechtigung auf das Vorliegen von Handlungsmotiven schließen (so werden wir uns wohl selten irren, wenn wir Lottospielern das Motiv zuschreiben, viel Geld gewinnen zu wollen), aber das ändert nichts daran, daß die theoretische Relevanz von Nutzenkalkülen für Handlungserklärungen zunichte gemacht wird, wenn zirkelhaft von vorliegenden Handlungen auf vorgängige Nutzenkalküle geschlossen und umgekehrt deren Existenz mit dem Verweis auf die erfolgte Handlung „bewiesen" werden soll. Um es in Max Webers Terminologie auszudrücken: Von der Klassifikation eines Handelns im Sinne des aktuellen Verstehens – Holz hacken, Buch lesen usw. – ist das erklärende Verstehen zu unterscheiden, welches die Intentionen oder Motive erschließt: Jemand hackt Holz, um im nächsten Winter Brennholz zu haben, liest ein Buch, um für eine Prüfung gut vorbereitet zu sein, usw. In RC-Erklärungen wird nichts anderes gemacht, als die Entscheidung für eine Handlung in einem Nutzenkalkül zu fundieren, sodaß also über das erklärende Verstehen hinaus auch noch nachgewiesen werden muß, warum z. B. das Holzhacken allen anderen Möglichkeiten, zu Brennholz zu gelangen, vorgezogen wird, warum es also das gegebene Mittel zur Nutzenmaximierung ist. Daraus ist ersichtlich, wie anspruchsvoll RC-Erklärungen sind, aber auch, wie informationsreich sie sein müssen, um ihr Ziel zu erreichen.

Die RC-Theorie hat in bezug auf Nutzenkalküle einige Modelle anzubieten; einer empirischen Erfassung stehen jedoch beträchtliche Schwierigkeiten im Wege. Wenn z. B. die Nutzenmessung über die Frage nach Präferenzen versucht wird, ist dies genau genommen die Erhebung von *Resultaten* einer Nutzenabwägung. Die Nutzenkalküle selbst sind kaum oder nur im Ausnahmefall rekonstruierbar, doch es wird modellartig unterstellt, daß eine Präferenzenbildung nur auf diesem Wege erfolgt und daher der Schluß zulässig ist, jeder Präferenz liege ein Nutzenkalkül zugrunde. Man muß sich also darüber im klaren sein, daß eine empirische Feststellung von Präferenzen – wobei hier die Problematik des Konzepts der Präferenzen und die Messungsprobleme noch gar nicht berücksichtigt sind – mitnichten ein Nachweis vorangegangener Nutzenabwägungen ist.

Wenn nun einige aus dem Lager der Soziologie stammende Bemühungen diskutiert werden, mit diesem Problem zu Rande zu kommen, empfiehlt es sich aus systematischen Gründen, den behaupteten Stellenwert der RC-Theorie für die Soziologie in Erinnerung zu rufen. Im soziologischen Kontext wird von Vertretern der RC-Theorie immer betont, der theoretische Ansatzpunkt müsse im Sinne des methodologischen Individualismus auf Handlungen zentriert werden, doch die Erklärungsziele beträfen kollektive Phänomene. So lesen wir bei James Coleman (1995, 1: 2): „Die Hauptaufgabe der Sozialwissenschaft liegt in der Erklärung sozialer Phänomene, nicht in der Erklärung von Verhaltensweisen einzelner Personen." Ebenso postuliert Hartmut Esser (1993: 36): „Immer geht es der Soziologie um die Analyse von *kollektiven* Folgen – ob geplant oder ungeplant. Es geht ihr eben *nicht* um individuelles Handeln oder um die ‚Psychen' der einzelnen Akteure." Eine soziologische Erklärung besteht nach Esser (ebd.: 97) aus folgenden drei Elementen: „Die typisierende *Beschreibung* von Situationen über *Brückenhypothesen*; die *Erklärung* der Selektion von Handlungen durch die Akteure über eine allgemeine *Handlungstheorie*; und die *Aggregation* der individuellen Handlungen zu einem kollektiven Explanandum über *Transformationsregeln*." Wir beschränken hier die Diskussion auf die „Logik der Situation" und die „Logik der Selektion", vernachlässigen also die „Logik der Aggregation".

4.

Mit der Handlungstheorie soll, wie bereits erwähnt, der nomologische Kern soziologischer Erklärungen sichergestellt werden. Nach Esser (1993: 96) erfüllt die sog. Wert-Erwartungstheorie den nomologischen Anspruch, weil sie besagt: „Für alle menschlichen Akteure gilt: Wenn zwei Alternativen i und j zur Wahl anstehen, dann wählt der Akteur die Alternative mit der jeweils höheren Nutzenerwartung." Ein derartiges „allgemeines Handlungsgesetz" (ebd.: 69) enthalte „eine präzise Selektionsregel" (ebd.: 95) für das Entscheidungsverhalten von Menschen und es handle sich also um „eine sehr präzise und daher auch sehr fallible Regel" (ebd.: 96). Abgesehen vom irritierenden Umstand, daß Esser die Termini Gesetz(mäßigkeit) und Regel synonym verwendet, scheint diese „fallible Regel" in der Tat falsifiziert worden zu sein, denn sonst wäre nicht zu begreifen, warum er an anderer Stelle (ebd.: 137) von „der einfachen, aber so wohl tatsächlich falschen Regel der bloßen Nutzenmaximierung" spricht. Damit ist aber jedenfalls gesagt, daß von einer universellen Gültigkeit der Nutzenmaximierung nicht ausgegangen werden kann. Doch das kümmert Esser nun wiederum wenig, weil die einfache, präzise und nur mit dem läßlichen Fehler des Nichtzutreffens behaftete Wert-Erwartungstheorie „*instrumentell* zu guten Resultaten" und insbesondere zu „riskante(n) Prognosen" führe, „die sich empirisch bestätigen" (ebd.: 121). Nicht zuletzt darum sei die „Wahl einer Handlungstheorie der am wenigsten problematische (Schritt)" (ebd.: 120 f.) der soziologischen Arbeit.

Es überrascht, daß Esser die heftige Auseinandersetzung für nicht erwähnenswert hält, die der sog. Instrumentalismus ausgelöst hat. So hätte sich etwa unter Berücksichtigung der ökonomischen Herkunft der RC-Theorie die Friedman-Samuelson-Debatte angeboten, in der es ja um die hier von Milton Friedman vertretene instrumentalistische Grundbehauptung ging, daß als Kriterium für die Güte einer Theorie allein deren prognostische Kraft in Betracht käme und daher Forderungen nach einem empirisch-realistischen Charakter von Theorien fundamental irrelevant seien. Oder wenigstens die alte scholastische Regel des *ex falso quodlibet* hätte Esser erwähnen können, und sei es nur, um zu zeigen, warum dieser Einwand gegen die von ihm explizit als falsch bezeichnete „Regel" der Nutzenmaximierung nicht triftig ist.

Aber selbst wenn man über diese Schwächen und Auslassungen großzügig hinwegsieht, ist für eine konkrete Erklärung noch nicht sehr viel gewonnen. Die Selektionsregel ist ja empirisch insofern leer, als sie nichts darüber aussagen kann, welche Ziele jemand verfolgt und welchen Nutzen sich jemand von bestimmten Gütern verspricht, welche Alternativen überhaupt in Betracht gezogen werden usw. Gemäß dem deduktiv-nomologischen Erklärungsmodell – das Esser als verbindlich vorstellt, ohne auf all die wissenschaftstheoretischen Probleme einzugehen, die damit verbunden sind, ohne etwa zu erörtern, was es bedeutet, wenn keine allgemeinen Gesetzmäßigkeiten, sondern nur probabilistische Aussagen zur Verfügung stehen – geht es hier um die sogenannten „Randbedingungen", die zusammen mit den Gesetzmäßigkeiten das Explanans bilden. Daher ist die Erfassung dieser Randbedingungen von zentraler Bedeutung, und dies geschieht nach Esser (ebd.: 41) durch *„Beschreibungen* [. . .], daß die in der wenn-Komponente des Gesetzes genannten Bedingungen auch *tatsächlich* vorliegen". Die Anwendbarkeit der Theorie hängt davon ab, ob dies möglich ist. Esser (ebd.: 106) fordert: „*Immer* müssen selbstverständlich *alle* relevanten Randbedingungen [...] genau erhoben" werden. Esser legt uns also ein Forschungsprogramm vor, in dem eine unzutreffende Gesetzesaussage mit der Erfassung *aller* relevanten Randbedingungen kombiniert werden soll.

Coleman (1995, 2: 251) sagt ebenso unmißverständlich: „Wenn es nicht gelingt, die Ziele eines Akteurs zu spezifizieren oder festzulegen, welche Güter und Ereignisse ihn nach seiner Meinung befriedigen oder von großem Nutzen für ihn sind, besteht keine Grundlage für eine Maximierung." Sehen wir uns nun ein Beispiel näher an, um eine Vorstellung zu bekommen, wie Coleman diese Forderung einzulösen trachtet. Es geht in diesem Beispiel um die Analyse der Internalisierung von Normen. Als konsensfähig schätze ich ein, wenn er unter dieser Internalisierung versteht, „daß ein Individuum ein inneres Sanktionssystem entwickelt, das mit einer Bestrafung reagiert, wenn das Individuum eine durch die Norm verbotene Handlung ausführt oder eine von der Norm vorgeschriebene Handlung nicht ausführt" (Coleman 1995, 1: 380). Problematisch ist es jedoch, wenn im Folgenden davon ausgegangen wird, jene Person, der an der Kontrolle über das Verhalten einer anderen Person gelegen sei, stehe vor der Entscheidung zwischen einer äußeren Sanktion und dem Hervorrufen eines inneren Sanktionssystems. Dazu heißt es (ebd.: 382):

> „Bei der Entscheidung, ob es rational ist, in einem anderen Akteur eine Internalisierung zu bewirken, müssen die Kosten, die das Hervorrufen der Internalisierung zu einem bestimmten Wirkungsgrad verursacht, gegen die diskontierten zukünftigen Kosten der Überwachung abgewogen werden, die notwendig wäre, um den gleichen Grad der Befolgung zu gewährleisten; dabei wird der Grad der Befolgung festgelegt, indem man die Kosten der Nichtbefolgung gegen die Kosten einer möglichst wirksamen Sanktion (intern oder extern) abwägt."

Coleman ist sich schon im klaren darüber, daß ein inneres Sanktionssystem bei einer Person A nicht direkt durch Handlungen der Normen vermitteln wollenden Person B erzeugt werden kann. Eine „Hauptstrategie bei dem Versuch, bei einem anderen Akteur die Internalisierung von Normen zu bewirken", besteht darin, „das Selbst zu modifizieren, dessen Interessen der Akteur durch seine Handlungen zu maximieren versuchen wird" (ebd.: 383). Doch diese indirekte Strategie bezieht sich auf den Weg, die Internalisierung von Normen zu erreichen, während die grundlegende

Entscheidung, die Variante der äußeren Sanktion zugunsten jener der inneren Sanktion aufzugeben, als Ergebnis einer rationalen Kalkulation dargestellt wird. Beispielsweise wird den rationalen Eltern, die sich Gedanken über den „Ertrag aus ihren Investitionen in die Internalisierung von Normen" machen, die Überlegung zugeschrieben, sie könnten diesen Ertrag erhöhen, „indem sie sich mit dem Kind identifizieren und sich auch in seinem späteren Leben über die Handlungen des Kindes informieren" (ebd.: 386). Nach Coleman muß also „eine Investition in Internalisierung rentabel" sein (ebd.), anderenfalls würden äußere Sanktionen angewandt werden (sofern diese „rentabler" sind).

Spätestens hier ist der Punkt erreicht, wo die Inadäquatheit dieses Modells offenkundig wird. Sollte Coleman ernsthaft meinen, Eltern entschieden sich zwischen den beiden Sanktionsvarianten durch Überlegungen wie die folgenden: „Wir werden bei unseren Kindern auf die Modifikation des Selbst hinwirken, weil wir so die Möglichkeit haben, diese Investition durch eine von uns vorzunehmende Identifikation mit unseren Kindern auf Gewinn bilanzieren zu können." – „Wir identifizieren uns mit unseren Kindern, also können wir es uns kostenmäßig leisten, in ihnen ein inneres Sanktionssystem zu erzeugen." – „Wir greifen bei unseren Kindern zu äußeren Sanktionen, weil wir uns nicht sicher sind, ob wir uns mit ihnen werden identifizieren können." – „Äußere Sanktionen kosten uns weniger, weil wir schon sehr alte Eltern sind und die uns wahrscheinlich noch verbleibende Lebenszeit nicht lang genug sein wird, um von den Kindern das zurückzubekommen, was wir investieren müßten, um in ihnen ein inneres Sanktionssystem zu erzeugen." – „Wenn wir schon durch die Erzeugung eines inneren Sanktionssystems so hohe Kosten auf uns nehmen mußten, bleibt uns aus Rentabilitätsgründen nichts anderes übrig, als uns mit unseren Kindern zu identifizieren."

Ich will diese Liste nicht fortsetzen, sondern den entscheidenden Punkt ansprechen: Natürlich ist es möglich, die Anwendung von Sozialisationsstilen als Resultat solcher Kalkulationen darzustellen. Entscheidend ist jedoch, ob viel dafür spricht, daß Handlungen im konkreten Sozialisationskontext tatsächlich so zustandekommen. Denn wie Coleman (1995, 1: 22) selbst betont, „muß das theoretische Ziel der Sozialwissenschaft darin liegen, die Handlung auf eine Weise zu betrachten, daß sie von der Sichtweise des Akteurs aus gesehen rational erscheint" – und er meint dabei ausdrücklich, daß jede Handlung in diesem Sinne rational ist (konsequenterweise ist bei ihm auch immer von der bloß „scheinbaren Irrationalität oder Inkonsistenz von Individuen" [Coleman 1995, 2: 235] die Rede). Es darf aber wohl mit gutem Grund bezweifelt werden, daß sehr viele Personen bei der Beschreibung der für sie leitenden Gesichtspunkte im Sozialisationsprozeß auf die von Coleman angeführten Kalküle zurückgreifen oder die von ihnen genannten Handlungsgründe ohne Bedeutungsverlust oder -verschiebung in Colemansche Kalküle umformuliert werden können. Entweder nimmt man die These von der subjektiven Rationalität der Handlungsgründe ernst und versucht diese tatsächlich zu eruieren, oder man erhebt durch das Festhalten am Prinzip der Nutzenmaximierung den Anspruch, eine Handlungsrationalität jenseits der subjektiven Bewußtseinslagen nachweisen zu können. (Wir werden sehen, daß Esser genau dies im Sinne hat.) Was Coleman macht, ist mitnichten ein Versuch, die jeweiligen situativen Bedingungen, Situationsdefinitionen und Abwägungen empirisch zu erforschen; vielmehr konstruiert er mit der unverrückbaren Behauptung, daß auch die Herbeiführung internalisierter Normen dem Prinzip der Nutzenmaximierung gehorcht, kompatible Kalküle. Genau das ist aber der kritische Punkt: Es ist ja nicht zu bezweifeln, daß es immer gelingt, derartige Kalküle zu entwerfen – doch sagt das herzlich wenig darüber aus, wie Menschen tatsächlich denken und reagieren. Daß X als ein vernünftiger Grund für eine Handlung A gelten kann, besagt nicht, daß A tatsächlich aus dem Grunde X getan wurde. Und was für Coleman vernünftige Gründe sind, muß nicht allgemeine Akzeptanz finden.

Die Überlegungen, die von Siegwart Lindenberg unter dem Stichwort der „Brückenhypothesen" angestellt wurden, betreffen ebenfalls das Problem der Empirisierung. Die Forderung nach der Berücksichtigung aller relevanten Randbedingungen enthält die Frage, wie denn nun dieser Relevanzbereich ab- oder eingegrenzt werden soll. Lindenbergs Kritik an „theoriearmen" Brückenannahmen stellt einerseits in Rechnung, daß vom nomologischen Kern der RC-Theorie „so gut wie keine theoretische Steuerung für die empirische Erhebung der Nutzenargumente (Güter, Präferenzen) aus(geht)" (Lindenberg 1996: 129), daß jedoch die vermeintlich rein empirische Vorgangsweise – z. B. Präferenzen direkt zu messen – nur durch eine „Selbsttäuschung" (ebd.: 134) Plausibilität gewinnt. Wenn immer schon Vorentscheidungen darüber fallen müssen, was man denn empirisch so genau feststellen will, ist es angebracht, dies nicht ad hoc, sondern auf der Grundlage einer Theorie zu tun. Lindenberg schlägt dafür seine „Theorie sozialer Produktionsfunktionen" vor. Er postuliert zwei oberste Ziele des Menschen, nämlich physisches Wohlbefinden und soziale Wertschätzung (gelegentlich taucht noch ein drittes Ziel, das Vermeiden von Verlust, auf) und ordnet ihnen jeweils drei instrumentale Hauptziele zu: interner und externer Komfort sowie Aktivation in bezug auf das physische Wohlbefinden und Status, Verhaltensbestätigung sowie positiver Affekt in bezug auf soziale Wertschätzung. Für diese sechs instrumentalen Hauptziele behauptet er „hohe Konstruktvalidität" (Lindenberg 1996: 135). Was immer Menschen anstreben, kann als Zwischenziel zu den Hauptzielen interpretiert werden.

In der Kritik an Lindenberg (so in den unlängst erschienenen Artikeln von Kelle/Lüdemann 1995 und 1996 und Opp/Friedrichs 1996) wurde u. a. bezweifelt, ob es Sinn macht, zwei Grundbedürfnisse zu postulieren, und bemängelt wurde auch, es sei nicht zu erkennen, wie eine systematische Beziehung zwischen Grundbedürfnissen und Zwischenzielen hergestellt werden könne. Außerdem bleibe unbestimmt, wann Menschen zu welchen Substituierungen übergingen. Insgesamt mündet diese Kritik in die Einschätzung, Lindenberg habe nicht mehr als eine Orientierungshypothese vorgelegt, also eine Anleitung, bestimmten Sachverhalten besondere Aufmerksamkeit zu schenken.

Hartmut Esser knüpft an die Heuristik sozialer Produktionsfunktionen von Lindenberg an und versucht durch die Integration sozialpsychologischer Einstellungstheorien (Fazio und Fishbein/Ajzen) den Selektionsprozeß, der zur Wahl einer Handlungsalternative führt, genauer zu erfassen. Die sich daraus ergebende Version des Thomas-Theorems beinhaltet kulturell vorgeformte Modelle der Situation („Prototypen") und zwei Modi der Informationsverarbeitung. In der Einstellung auf eine Situation erfolgt also die Aktivierung eines inhaltlich definierten Modells der Situation, sofern diese Merkmale aufweist, die sich im typisierenden Erfahrungsfundus der Person zuordnen lassen. Auf der Ebene des formal definierten Modus der Informationsverarbeitung ist das automatische Prozessieren (ap-Modus) und das rationale Kalkulieren (rc-Modus) zu unterscheiden. Die subjektive Definition der Situation, auch als Framing bezeichnet, erfolgt als Selektion von Modell und Modus.

Sieht es zunächst so aus, als ob dadurch Rationalität oder RC nur eine unter besonderen Bedingungen aktivierte Variante der Handlungsvorbereitung wäre, „rettet" Esser den universellen Geltungsanspruch der RC-Theorie dadurch, daß die Entscheidung zwischen ap-Modus und rc-Modus „natürlich" nur nutzenmaximierend getroffen werden kann. Um das aufrechtzuerhalten, muß Esser (1996: 31) u. a. postulieren: „Es kommt dabei *nicht* darauf an, daß die beschriebenen Prozesse der Modell- und der Modus-Selektion – einschließlich des Handelns im rc-Modus! – irgendwie ‚bewußt' oder ‚abwägend' ablaufen oder unter der willentlichen Kontrolle des Akteurs stehen."

Damit ist nun eine interessante Zwischenstation in der Debatte um die RC-Theorie erreicht. Handlungstheorien stellen – im Unterschied zum Konzept des Verhaltens als organismusgesteuertes Reagieren auf Eigen- und Fremdreize – die Intentionalität als konstitutives Merkmal in den Mittelpunkt. RC-Theorien bestimmen diese Intentionalität als an Nutzenmaximierung orientiert. Esser will den RC-Ansatz beibehalten und durch Bezugnahme auf psychologische Einstellungstheorien und auch Verweise auf die neuere Gehirnforschung damit modifizieren und weiterentwickeln, daß er gleichsam eine RC-Verhaltenstheorie vorschlägt, die die grundlegenden Kalkulationen von der Ebene des intentionalen Bewußtseins abzieht und zurückverlegt in vorbewußte oder unbewußte Selektionsleistungen des Organismus. Damit ließen sich dann freilich sogar die ansonsten wenig einleuchtenden Analysen Colemans über Sozialisationsstile rechtfertigen: Wenn Eltern ohnehin nicht bewußt ist, daß ihre Entscheidung zwischen externen Sanktionen und dem Erzeugen eines inneren Sanktionssystems ihrer Kinder davon beeinflußt fällt, ob sie erwarten, durch Identifikation mit den Kindern einen Nettonutzen erzielen zu können, dann hat alles wieder seine RC-Ordnung.

Erinnern wir uns an dieser Stelle, worin Coleman u. a. die besonderen Vorzüge einer RC-Theorie erblickt: nämlich darin, jenen kardinalen Fehler kausalistischer Theorien zu vermeiden, der in der Vernachlässigung individueller Ziele und Zwecke besteht. Diesen Theorien wirft er (Coleman 1995, 1: 21) vor, sie müßten „ein fatalistisches Zukunftsbild" zeichnen, „in dem die Menschen Spielbälle von Naturgewalten sind". Ich vermag nicht zu sehen, was die RC-Theorie anderes tut, wenn die erwähnten Randbedingungen als Ursachen wirken und ich gar nicht die Möglichkeit habe, mich anders zu entscheiden als gemäß dem Prinzip der Nutzenmaximierung. Was Coleman hier nicht zu bedenken scheint, ist ein bedeutsames non sequitur: Weder schließt der theoretische Ausgangspunkt beim zielgerichteten individuellen Handeln Kausalität aus noch rechtfertigt ein derartiges Handeln ohne weitere Zusatzannahmen schon die apriorische Zusicherung von Handlungsfreiheit. So könnte man auch bei völliger Akzeptanz der Nutzenmaximierung als Handlungsprinzip behaupten, der rationale Zwang zur Nutzenmaximierung lege bei gegebenen Präferenzen, Zielen und Mitteln eindeutig fest, welche Handlung die betreffende Person ausführen wird. Gerade weil die Nutzenmaximierung den unaufgebbaren nomologischen Kern einer derartigen Handlungserklärung bildet, bleibt einer Person gar nicht die Freiheit, sich gegen die Nutzenmaximierung zu entscheiden. Daß die RC-Theorie so genau in jenem Determinismus landet, von dem sie die Soziologie befreien will, ist unlängst von Andreas Balog (1997: 104) mit Recht moniert worden:

> „Die Person wird damit zu einem ‚Durchgangsposten', deren Verhalten kalkuliert und deterministisch prognostiziert werden kann, deren Gründe im Prinzip unerheblich sind. Dabei ist es gleichgültig, ob die Präferenzen der Person durch deren biologische Ausstattung oder kulturelle Zugehörigkeit auferlegt werden. Sie hat keinen Spielraum für die Wahl ihrer Handlungen und wird zu einem Vollzugsorgan von Motiven und Deutungen [...]"

Und Balog (ebd.) fügt hinzu: „Ironischerweise gerät die RC-Theorie, häufig gegen ihre erklärte Programmatik, in die Nähe des von ihr kritisierten Funktionalismus von Talcott Parsons", weil sie die Wert-Norm-Bindung des Menschen gleichsam funktional äquivalent durch die Nutzenmaximierung ersetzt.

Man sollte sich noch einmal zusammenfassend vor Augen führen, in welche Situation sich RC-Theoretiker aus Treue zu ihrem Paradigma manövrieren. Rational sind Handlungen per definitionem, weil die handelnde Person stets jene Handlung wählt, mit der sie ihren Nutzen maximieren zu können meint. Ob dies erreicht wird, ist für die Zuschreibung subjektiver Rationalität irrelevant, denn was immer schiefgehen mag, ändert nichts an der grundsätzlichen Nutzenorientierung. Da die Annahme empirisch einfach nicht aufrechtzuerhalten ist, jede Handlung sei Resultat einer bewußten Nutzenabwägung, wird eine Art Meta-Rationalität eingeführt, die in zwei Ausprägungen auftritt:

(i) Jeder Verzicht auf eine Nutzenkalkulation wird als rational interpretiert, was insofern einleuchtend ist, als es in vielen Situationen einfach nicht die Mühe lohnt, zum aufwendigen rc-Modus überzugehen. Es ist in der Tat rational, keine Nutzenberechnung anzustellen, wenn der vermutete Ertrag derselben in keiner vertretbaren Relation zu dem dadurch zu erzielenden Ertrag steht. Freilich paßt dies nur dann ins RC-Konzept, wenn eine Abwägung zwischen ap- und rc-Modus immer, d. h. vor jeder Handlung stattfindet.

(ii) Einen Schritt weiter geht die Variante, in der handelnden Menschen Rationalität jenseits ihres Bewußtseins attestiert wird. Wenn Bewußtheit und willentliche Kontrolle keine notwendigen, keine konstitutiven Merkmale rationaler Personen mehr sind, hat die RC-Theorie damit Prämissen außer Kraft gesetzt, deren Verteidigung ursprünglich eines ihrer zentralen Anliegen war. Was damit allerdings möglich wird, ist eine Annäherung an handlungstheoretische Konzeptionen, die von vornherein die Bedeutung der intentionalen Rationalität oder rationalen Intentionalität für das menschliche Handeln geringer einschätzen.

Daß Entscheidungen in einem Modell-Modus-Rahmen begrifflich angemessen zu beschreiben sind, besitzt freilich einige Plausibilität. An der zentralen Bedeutung von Typisierungen, die wie automatisch ablaufen, dürfte es wenig Zweifel geben. Erklärbar ist dann auch der geringe Anteil von Entscheidungen, die nach dem rc-Modus ablaufen, denn sofern die Typisierung im Modell-Rahmen gelungen ist und wir eine bekannte Situation wahrnehmen, verfügen wir in der Regel über einen ap-Modus, den wir gleichsam automatisch einsetzen. Wir wären wahrscheinlich gar nicht lebensfähig, müßten wir jede Handlung bzw. Entscheidung nach dem rc-Modus vorbereiten. Wir sind darauf angewiesen, daß unser Organismus sensorisch und kognitiv sozusagen von sich aus das mobilisiert, was als Entscheidungsgrundlage dient. (Was allerdings nicht impliziert, dabei handle es sich zur Gänze um ein „Stück Natur".) Offen bleibt nur, wie das alles in die soziologische Forschung integriert werden kann.

5.

Es spricht wenig dafür, die Art und Weise, wie RC-Theoretiker mit den Brückenhypothesen hantieren, für besonders gelungen zu halten. Neben eine allgemeine und zugegebenermaßen empirisch leere Handlungstheorie treten Brückenannahmen, daß jede Handlung letztlich auf die beiden obersten Ziele physisches Wohlbefinden und soziale Wertschätzung ausgerichtet ist (deren Relation zueinander unbestimmt bleibt). Abgesehen davon, ob diese Reduktion tatsächlich möglich ist, nimmt die „Leere" durch solche Annahmen eher zu als ab. Nomologisch scheint es aufwärts zu gehen, wenn die Gesetzmäßigkeit (?)/Regel (?), daß alle Menschen in allen Situationen so handeln, daß sie ihren Nutzen maximieren, ergänzt wird durch die Annahme (Gesetzmäßigkeit, Regel, Hypothese???), daß jede Handlung darauf abzielt, das physische Wohlbefinden und die soziale Wertschätzung der handelnden Person zu erhöhen. Ob irgendwann, wenn die Alltagsebene tatsächlich so ernst genommen wird, wie gelegentlich behauptet, auch noch dem altbekannten Spruch „Lieber reich, schön und gesund als arm, häßlich und krank" eine RC-Karriere blüht – diese Frage kann nach all dem, was uns RC-Theoretiker schon geboten haben, nicht von vornherein verneint werden.

Daß die RC-Theorie ein allzu enges Korsett ist, scheinen mehrere ihrer soziologischen Anhänger selbst zu spüren. Wenn beispielsweise Raymond Boudon (1996) ein „kognitivistisches Modell" vorschlägt, in dem „beliefs" als Handlungsgründe Platz haben, welche nicht auf Kosten-Nutzen-Kalküle reduziert werden können, will er damit sagen, daß es mehr gute Gründe gibt, als auf Kosten-Nutzen-Rationalität fixierte RC-Theoretiker wahrnehmen können. Die von Boudon vorgenommene Ausweitung des Rationalitätsbegriffes verschiebt die Grenzen zur Irrationalität: Dieser steht eine Rationalität gegenüber, die neben der Kosten-Nutzen-Variante auch eine „axiologische Rationalität" (Boudon verweist auf M. Weber) und eine „kognitive Rationalität" umfaßt. Mit diesem Modell verbindet Boudon ferner den an Weber (und Popper) angelehnten Vorschlag, eine Handlung erst dann als irrational einzustufen, wenn alle Spielarten des Rationalismus ausgeschöpft sind und sich als nicht applikabel erwiesen haben.

Den zu engen Rationalitätsbegriff der RC-Theorie (im wesentlichen: Zweckrationalität) kritisiert auch Martin Hollis (1991, 1995), der – in diesem Punkte ähnlich wie Boudon – die Reduzierung guter Handlungsgründe auf Nutzenmaximierung und zweckrationale Erwägungen überhaupt für völlig verfehlt ansieht. Sein Haupteinwand gegen die RC-Theorie ist, daß Handlungsfolgen aus mindestens zwei Gründen nicht kalkulierbar sein können: Erstens, wenn ich mich in einer Situation befinde, die mir völlig unbekannt ist, und zweitens, weil ich durch meine Handlungen eine Veränderung des Selbst erfahre. (Nebenbei bemerkt, erscheinen mir Colemans Ausführungen über das Selbst – er unterscheidet zwischen Objektselbst und Handlungsselbst – völlig ungenügend.) Dem könnte allerdings im Sinne der RC-Theorie entgegengehalten werden, die Unbekanntheit einer Situation schließe ein Nutzenkalkül nicht aus, sondern führe nur zur Favorisierung bestimmter Handlungsalternativen (und überdies seien gänzlich neue Situationen, in denen wir uns auf nichts in unserer Erfahrung beziehen können, äußerst selten). Auch die Möglichkeit der Veränderung des Selbst lege nur nahe, in der Nutzenkalkulation diese Unsicherheit zu berücksichtigen.

In diesem thematischen Kontext ist die Unterscheidung zwischen Risiko und Unsicherheit von Bedeutung, wie sie seit Frank Knight geläufig ist. In einer Risikosituation kennt man die möglichen Ergebnisse und die Wahrscheinlichkeiten, mit denen sie eintreten, während Unsicherheit dann vorliegt, wenn das Resultat von Handlungen nicht antizipiert werden kann und daher auch keine Wahrscheinlichkeiten bekannt sind. Hollis (1991: 44) bemängelt die häufig vorgenommene „Angleichung von Ungewißheit und Risiko" ebenso wie Jens Beckert (1996: 812) die „conflation of risk and uncertainty in modern economic theory".

Hier wäre natürlich der Einwand möglich, daß Menschen Situationen der Unsicherheit umdefinieren können, bis sie als Risikosituationen Entscheidungen erleichtern. Da es ja auf die subjektive Situationsdefinition ankommt, besagt es wenig, daß Handlungsfolgen „objektiv" nicht berechenbar sind. Beckert (1996: 827 ff.) geht einen anderen, in der Soziologie vertrauteren Weg und listet folgende Strategien der Reduktion von Unsicherheit auf: Traditionen, Habitualisierung, Routinen, Normen, Institutionen, strukturelle Vorgaben, Macht. Aber damit wären wir ja in der „ganz gewöhnlichen" Soziologie gelandet.

6.

Auf eine merkwürdige Diskrepanz zwischen Anspruch und Realisierung soll hier noch aufmerksam gemacht werden, wie sie bei manchen RC-Theoretikern zu beobachten ist. So scheint es um die Präzision der Esserschen Darlegungen nicht zum besten bestellt zu sein. Dies hier besonders hervorzuheben, sollte nicht vorschnell als Ausdruck der Kleinlichkeit oder Pedanterie abqualifiziert werden, wie dies Esser (1997b) in der Replik auf eine im wesentlichen auf die Formalisierung seines theoretischen Gerüsts bezogene Kritik von Egger/de Campo (1997) tat; jemand, der durch die Verwendung von Formalisierungen den Eindruck besonderer Präzision zu erwecken versucht, muß es sich schon gefallen lassen, auch auf dieser Ebene kritisiert zu werden. (Im übrigen erscheint eine Formalisierung vor allem dann gerechtfertigt, wenn sie etwas zu klären und zu demonstrieren vermag, was sich einem anderen, d. h. sprachlich-argumentativem Zugang entzieht. Das ist bei Esser gerade nicht der Fall, und insofern wäre eine ernsthafte Auseinandersetzung mit den Möglichkeiten handlungstheoretischer Formalisierungen in der Soziologie wohl eher mit Bezug auf James S. Coleman (1995, 3. Bd.) zu führen.)

An anderer Stelle führt Esser (1993: 95) aus, daß allgemeine Gesetze, wie sie in jeder echten Erklärung vorkommen müssen, sich als Wenn-dann-Sätze formulieren lassen, wobei die Wenn-Komponente die Ursache benennt, die Dann-Komponente die Wirkung. Demnach wäre in der Wert-Erwartungstheorie, wie sie uns Esser vorstellt, die Wenn-Komponente: Eine Person steht vor zwei Alternativen i und j. Will er ernstlich behaupten, das allein sei die Ursache dafür, daß diese Person die Alternative mit der höheren Nutzenerwartung wählt? Natürlich könnte Esser jetzt ärgerlich werden und einwerfen, das sei doch nur eine vereinfachte, abgekürzte Redewendung gewesen, und natürlich seien die Präferenzen, die situativen constraints usw. immer schon mitgedacht gewesen. Das wird schon der Fall sein. Nur sollte jemand, der so stolz auf seine Formalisierungen und die damit angeblich erzielbare Präzision ist, damit rechnen, an seinem hohen Maßstab gemessen zu werden.

Um noch ein Beispiel zu geben: Esser weiß sich mit Lindenberg in der Ablehnung eines atheoretischen Empirismus einig und greift daher auch dessen Idee der sozialen Produktionsfunktionen auf. Aber er scheint nicht zu bemerken, daß diese doch von einer Kritik mitbetroffen ist, die Andreas Balog (1997: 108) folgendermaßen formuliert: „Soweit der RC-Ansatz voraussetzt, daß man Handlungsziele a priori ableiten und aus diesen Zielen soziale Phänomene erklären kann, ist er einer Tradition der soziologischen Theorie verpflichtet, die meines Erachtens nach grundsätzlich in Frage zu stellen ist." (Balog nennt als Hauptrepräsentanten dieser Tradition den Marxismus und Parsons' Strukturfunktionalismus.)

7.

Worin soll nun aber der eingangs erwähnte „Grundirrtum aller soziologischen Handlungstheorien" (Esser 1997b: 325) bestehen, der angeblich allein durch die RC-Theorie vermieden werden kann? Denn im Hinblick auf diesen Grundirrtum scheinen alle anderen Theorien gleich schlecht zu sein – „von den idealtypischen Konstruktionen bei Max Weber angefangen, über Talcott Parsons mit seinem allgemeinen Handlungssystem, die interaktionistischen Konstitutionstheorien bis hin zur Systemtheorie der letzten Tage" (ebd.). Über sie alle befindet Esser (ebd.): „An der schieren Unmöglichkeit der Forderung, daß eine Theorie immer auch gleichzeitig ihre Randbedingungen erklären können müsse, sind sie alle gescheitert." Um zu demonstrieren, wie absurd es sei, einer Theorie die Vernachlässigung der Randbedingungen vorzuwerfen, bemüht er folgenden Vergleich (ebd.: 322):

> „Eine Erklärung der ‚Definition der Situation' als Spezialfall einer Theorie des *Handelns* hat das ‚Handeln' als Explanandum, aber eben *nicht* die konkreten *Randbedingungen* im Prämissenteil der Theorie. Das wäre etwa so, als würde man der Gravitationstheorie, die die Fallgeschwindigkeit eines Steines erklären soll, den man aus 10 Meter Höhe losläßt, vorwerfen, sie könne nicht erklären, warum der Stein auf just diese Höhe gekommen ist und warum ihn jemand losläßt."

Da Esser solche Vergleiche zu lieben scheint: Nehmen wir an, viele Menschen werden von fallenden Steinen getroffen und schwer verletzt. Und nun kommt ein Theoretiker vom Schlage Essers daher und sagt: Ich habe keine Ahnung, warum diese Steine gefallen sind und kann nicht erklären, warum genau diese Personen getroffen wurden. Aber eine Erklärung kann ich anbieten: die Gravitationstheorie, aus der die Fallgeschwindigkeit der Steine abgeleitet werden kann. – Ins Soziologische übertragen: Sollte die Aufgabe der Theoretiker tatsächlich darin bestehen, permanent zu murmeln: Nutzenmaximierung, physisches Wohlbefinden, soziale Wertschätzung –? Wenn also die Theorie nicht mehr anzubieten hat, kann es nicht verwundern, daß viele sie für überflüssig halten.

Warum übrigens etwa ein Max Weber dem behaupteten „Grundirrtum" erlegen sein soll, wird nirgends nachgewiesen und bleibt unerfindlich. Und daß die RC-Soziologie mit all jenen methodologischen und theoretischen Problemen aufgeräumt haben sollte, die Weber für zentral hielt, ist eine starke Behauptung mit schwacher Begründung. Richtig ist, daß uns Webers Handlungstypologie eine Reihe von Problemen hinterlassen hat. Wie schon einigen Weber-Lesern und -Interpreten aufgefallen ist, verwandelt sich der handlungskonstitutive subjektive Sinn in den „Soziologischen Grundbegriffen" ziemlich rasch in Rationalität. Weber konzipiert seine Handlungstypologie so, daß das „zweckrationale" Handeln gleichsam den Grundtypus abgibt, dem gegenüber das wertrationale, das affektuelle und das traditionale Handeln sich in bestimmter Hinsicht als defizitär erweisen. Denn nur im zweckrationalen Handeln ist die Sinnbestimmung von jener kognitiven Fülle, die die nachfolgende Handlung als ein Resultat der vorangehenden Abwägung möglichst vieler relevanter Faktoren erscheinen läßt. Oder anders formuliert, nur einer als zweckrational zu bestimmenden Handlung liegt eine bewußte Entscheidung zwischen Alternativen, welche tatsächlich frei zur Disposition stehen, zugrunde. Und in historischer Perspektive ist es nach Weber das zweckrationale Handeln, das sich in den letzten Jahrhunderten immer mehr in den Vordergrund schiebt und zum Grundtypus der Moderne wird.

Obwohl Zweckrationalität als ein Idealtypus konstruiert ist, muß Weber die zunehmende empirische Dominanz von Handlungen annehmen, welche als zweckrational am deutlichsten zu charakterisieren sind. Das ändert aber nichts an einem anderen Merkmal des empirisch konstatierbaren Handelns:

> „Das *reale* Handeln verläuft in der großen Masse seiner Fälle in dumpfer Halbbewußtheit oder Unbewußtheit seines ‚gemeinten Sinns'. Der Handelnde ‚fühlt' ihn mehr unbestimmt, als daß er ihn wüßte oder ‚sich klar machte', handelt in der Mehrzahl der Fälle triebhaft oder gewohnheitsmäßig. [. . .] Wirklich effektiv, d. h. voll bewußt und klar, sinnhaftes Handeln ist in der Realität stets nur ein Grenzfall." (Weber 1921: 561 f.)

Das sollte man gewissen RC-Theoretikern ins Stammbuch, nein: natürlich ins Kalkül schreiben, denn genau diese Einsicht scheint ihnen zu fehlen: Sie versuchen krampfhaft, alle empirisch aufweisbaren Handlungen dem zweckrationalen Idealtypus zu subsumieren, sie postulieren als Gesetzmäßigkeit, was doch nur ein Idealtypus ist. Die Resultate sehen dann auch entsprechend aus: Gekünsteltes Zurechtschneidern von Motivstrukturen und Präferenzordnungen muß die Geschlossenheit und Gültigkeit der Theorie retten. Die RC-Theoretiker unterschlagen auch, daß es keine rein zweckrationale Entscheidung für die Zweckrationalität gibt. Wie sehr sich das Nutzenkalkül in meinem Hirn festsetzt und ausbreitet, ist eben nicht Ergebnis einer rationalen Abwägung, nicht bewußte Entscheidung zwischen Alternativen.

Daß grundsätzlich das Zustandekommen von Handlungen nach einem Kalkül interpretiert werden kann, in dem der Wert des Zieles mit der Wahrscheinlichkeit seiner Realisierung in Beziehung gesetzt wird, war übrigens bereits einem Georg Simmel wohlbekannt. Ich mache nur auf eine Stelle in seiner „Philosophie des Geldes" aufmerksam, wo es heißt:

> „Sobald der Wert eines Objektes darauf beruht, daß es uns ein anderes zugängig macht, so ist sein Wert durch die beiden Koeffizienten bestimmt: den inhaltlichen Wert dessen was es uns vermittelt, und die Sicherheit, mit der ihm diese Vermittlung gelingt; die Erniedrigung des einen Koeffizienten kann, bis zu einer gewissen Grenze, den Gesamtwert unverändert lassen, wenn ihr eine Erhöhung des andern entspricht. So ist die Bedeutung einer Erkenntnis für uns gleich dem Produkt aus ihrer Sicherheit und der Wichtigkeit ihres Inhaltes." (Simmel 1900: 172)

Verallgemeinert bedeutet dies, daß „der Wert jedes beliebigen Handelns gleich dem Produkt aus der Wahrscheinlichkeit, daß es seinen Zweck erreicht und der Wichtigkeit dieses Zweckes" ist (ebd.: 173).

Daß der große Fortschritt in der Soziologie darin bestehen sollte, diese 100jährige Erkenntnis (ich rede hier nur von ihrem „soziologischen" Alter) jetzt endlich formalisiert zu haben, will mir jedenfalls nicht so recht einleuchten. Simmel freilich weiß so gut wie Weber, daß die „Erklärung eben notwendig in die Brüche gehen muß, wenn man jeder sichtbaren Handlung klare Gedanken und bewußte Zweckmäßigkeit unterlegen will" (Simmel 1892: 314). Und Simmel hat auch einen klaren Blick für den Zusammenhang von Intellektualität und Affektivität:

> „Alle höhere Kultur unserer Art beruht paradoxerweise darauf, daß wir, in dem Maße ihres Wachstums, zu unsern Zielen immer längere, immer umständlichere, an Stationen und Biegungen reichere Wege begehen müssen. Der Mensch ist, und zwar je höher er kultiviert ist, um so mehr das indirekte Wesen. Worauf der Wille des Tieres und des unkultivierten Menschen geht, das erreichen sie, wenn überhaupt, sozusagen in geradliniger Richtung, durch einfaches Zugreifen oder durch eine geringe Zahl einfacher Mittel: der Aufbau von Mittel und Zweck ist ohne weiteres übersehbar. Die steigende Vielgliedrigkeit und Komplizierung des höheren Lebens gestattet diese bloße Dreiheit der Reihe: Wunsch – Mittel – Zweck nicht, sondern gestaltet das Mittelglied zu einer Vielheit, in der das eigentlich wirksame Mittel wieder durch ein Mittel hergestellt wird und dieses wieder durch ein weiteres, bis jene unübersehbare Verschlingung, jener Kettencharakter unserer praktischen Betätigungen erwächst, innerhalb dessen der Mensch reifer Kulturen lebt." (Simmel 1907: 176)

Aus Kontrastgründen sei diese Idee bei Simmel einen Schritt weiterverfolgt:

> „Durch diese Langsichtigkeit der Zweckreihen, die das Leben zu einem technischen Problem macht, wird es uns tausendfach unmöglich, das End-

> glied jeder Reihe in jedem Augenblick im Bewußtsein zu haben; teils, weil wir sie nicht überblicken können, teils, weil der je nächste, vorläufige Schritt die ganze Konzentration unserer seelischen Energien beansprucht, bleibt das Bewußtsein an den Mitteln hängen, die Endziele, von denen dieser ganzen Entwicklung Sinn und Bedeutung kommt, rücken an unseren inneren Blickhorizont und versinken schließlich hinter ihm." (Ebd.)

Wäre das Bewußtsein zu sehr auf den Endzweck ausgerichtet, litte die Konzentration und Kraft für die Bewältigung der Mittel-Arbeit, und das wäre höchst kontraproduktiv:

> „Das praktisch Zweckmäßigste ist also die volle Konzentrierung unserer Energien auf die nächst zu verwirklichende Stufe der Zweckreihen; d. h., man kann für den Endzweck nichts Besseres tun, als das Mittel zu ihm so zu behandeln, als wäre es er selbst." (Simmel 1900: 233)

Je länger die teleologischen Reihen sind, um so nötiger ist die Zurückdrängung der Affekte zugunsten objektivierender Sachlichkeit, die allein den roten Faden sichtbar machen kann, an dem entlang die einzelnen Schritte zum Ziel führen (sollen). Das Anwachsen der erforderlichen Mittel zur Erreichung der angestrebten Ziele verlangt die Zurückdrängung jener emotionalen Heftigkeit und Bedeutsamkeit, durch welche uns die Ziele als so erstrebenswert erscheinen. Denn die vielen Mittel zu beherrschen und instrumentell richtig einsetzen zu können, setzt eine Objektivierung voraus, die nur möglich ist durch „Schwächung der Affekte, d. h. der unbedingten Hingabe des Ich an seinen momentanen Gefühlsinhalt" (ebd.: 18). Allgemein bedeutet dies, daß Reflexivität über ihren instrumentellen Charakter hinaus Rückwirkungen auf jene Affekte hat, deren Befriedigung sie dienen soll. Reflexivität gewinnt damit ein Eigenleben, eine Ausstrahlung, sie läßt sich nicht als bloßes Mittel zum Zweck dienstbar machen. (Vgl. als einen neueren Beitrag über Simmels Behandlung des Nichtrationalen Arditi 1996.)

Vielleicht haben diese Andeutungen doch verständlich machen können, warum es sich lohnt, handlungstheoretische Ausflüge zu den Klassikern zu unternehmen, und so möchte ich noch ein Simmel-Zitat bringen, das in vielerlei Situationen paßt, weil es eine „allgemeine, apriorische Schwierigkeit alles menschlichen Handelns" zum Ausdruck bringt (z. B. auch für akademische Berufungskommissionen) und sich mit den hochfliegenden RC-Ansprüchen wohl nicht verträgt:

„[...] ob jemand eine bestimmte Machtstellung verdient oder nicht, zeigt sich eben unzählige Male erst dann, wenn er in dieser Stellung ist. Es ist dies mit dem Tiefsten und Wertvollsten des menschlichen Wesens verflochten, daß jede Einsetzung eines Menschen in eine neue Macht oder Funktion, und wenn sie auf die gründlichste Prüfung und die sichersten Antezedentien hin geschieht, immer ein Risiko einschließt, immer ein Versuch bleibt, der gelingen oder mißlingen kann. Es ist überhaupt das Verhältnis des Menschen zu Welt und Leben, daß wir uns im *voraus* entschließen müssen, d. h. durch unseren Entschluß diejenigen Tatsachen herbeiführen, die eigentlich schon herbeigeführt und gekannt sein müßten, um jenen Entschluß vernünftiger- und sichererweise fassen zu können." (Simmel 1908: 120)

8.

Wieviel muß die Soziologie über Handlungen wissen? Mehr jedenfalls, als dies ein reduktionistisches RC-Programm anzubieten hat. Doch dies bedeutet nicht, daß die intensive Beschäftigung mit RC nicht eine ganze Menge von durchaus relevanten, eindrucksvollen Ergebnissen ans Tageslicht befördert hätte. Wenn etwa im Zusammenhang mit Simons Konzept der „bounded rationality" etliche Auswahlverfahren in Entscheidungssituationen klassifiziert werden konnten, bedeutet dies eine reichhaltigere Konzeptualisierung und eine günstigere Voraussetzung für die Durchführung konkreter Untersuchungen. Wenn wir wissen, daß beispielsweise die Möglichkeit eines *satisficing* oder *elimination by aspects* in Betracht gezogen werden muß, erhöht dies die Chance eines adäquaten Verständnisses von Handlungen. Außerdem wird hier auch der enge Konnex zwischen theoretischer und empirischer Analyse in spezifischer Perspektive sichtbar: Welche empirischen Methoden stehen zur Verfügung, welche sind am besten geeignet, um all das zu erfassen, worüber wir aufgrund der theoretischen Konzeptualisierung etwas wissen müssen? Man kann zwar der Meinung sein, eine Theorie sei um so erklärungskräftiger, je schwieriger es ist, sie empirisch zu überprüfen; doch Theorien, an deren Überprüfung man ständig scheitert, stillen kein wissenschaftliches Erklärungsbedürfnis.

RC-Theoretiker versuchen, ein möglichst elaboriertes Modell der Nutzenabwägung zu entwerfen, „ohne in die individuellen Psychen der Menschen eindringen zu müssen" (Esser 1997b: 325). Dies ist einsichtig, weil es das Ende der Soziologie bedeutete, sollte sie die vielen individuellen

Psychen bis in alle idiosynkratischen Winkel hinein erforschen müssen. Doch die „typisierende Beschreibung von Situationen über Brückenhypothesen" (Esser 1993: 97) verfehlt dann die adäquate Abstraktionsebene, wenn es dabei vorrangig um die Bestimmung oberster Handlungsziele geht. Was soll man von einer Soziologie halten, die es als große theoretische Leistung ausgibt, im physischen Wohlbefinden und in der sozialen Anerkennung die beiden obersten Ziele ausfindig gemacht zu haben! Allerdings: „Die Soziologie bildet [. . .] *Typen*-Begriffe und sucht *generelle Regeln des Geschehens.*" (Weber 1921: 559) Aber eine genauere Lektüre soziologischer Klassiker hätte auch ins Bewußtsein gerückt, daß es Idealtypen auf unterschiedlichen Abstraktionsniveaus gibt und daß sich jeweils die Aufgabe stellt, jene Idealtypen zu bilden, die für die anstehende Analyse am zweckdienlichsten sind. So wie sich der blanke Empirizismus den Vorwurf der Naivität gefallen lassen muß, weil er eine an sich bestehende soziale Realität abbilden zu können meint, so entgeht ein abstrakter Theoretizismus nicht der Strafe der Irrelevanz, weil er keine konkrete Untersuchung anzuleiten vermag.

Für die „soziologische Erklärung wichtig" sind „die *institutionellen* Vorgaben, die die Möglichkeiten und die Motive der Akteure *gesellschaftlich* strukturieren", und die „Hauptaufgabe der Soziologie ist die Analyse dieser Strukturierungen" (Esser 1997b: 325). Warum konzentriert sich Esser nicht auf diese Hauptaufgabe? Und glaubt er im Ernst, dafür sei eine RC-Theorie das wesentliche Instrument?

9.

Da im vorliegenden Beitrag die „Logik der Aggregation" ausgeklammert bleibt, kann nun abschließend noch einmal überlegt werden, welche Antwort auf die Frage „Wieviel muß die Soziologie über Handlungen wissen?" zu geben ist. Es sollte einleuchten, daß isolierte einzelne Handlungen soziologisch in den allermeisten Fällen von geringem Interesse sind bzw. deren genaue Analyse nur einen Zwischenschritt im Rahmen von Typusbildungen darstellt. Worüber Typen gebildet werden sollen, läßt sich nicht erschöpfend aufzählen, doch einige Hinweise darauf, was jedenfalls erfaßt werden sollte, können gegeben werden.

(a) Einzelne Handlungen können natürlich für eine Person von höchster Wichtigkeit sein, und eine allgemeinere Relevanz können sie beispielsweise dann erlangen, wenn sie moralische oder rechtliche Bewertungen auf sich ziehen. Das sog. Zurechnungsproblem stellt sich in bezug auf einzelne Handlungen, die z. B. einen juristischen Tatbestand erfüllen; Einheit und Bedeutung einer Handlung wird so nach den Konsequenzen bestimmt, die diese nach sich zieht.

(b) Daß Anfang und Ende einer Handlung keineswegs sich von selbst versteht, macht darauf aufmerksam, daß Gliederungen innerhalb dessen, was man in Anlehnung an den Begriff Bewußtseinsstrom als „Tätigkeitsstrom" bezeichnen könnte, nach unterschiedlichen Gesichtspunkten erfolgen, die im wesentlichen von pragmatischen Bedürfnissen bestimmt werden. Habe ich beispielsweise mit meinem Sohn eine Stunde Tischtennis gespielt, so kann ich das einmal insgesamt als *eine* Handlung zusammenfassen, wenn ich gefragt werde, was ich in dieser einen Stunde getan habe, aber ich kann zum andern einzelne Schläge aus dieser einen Stunde „herauslösen" und als die bemerkenswertesten Handlungen unterstreichen: ein scharfer Schmetterball, ein besonders gelungener Verteidigungsschlag usw. Und wenn die Dunkelheit uns nötigt, das Spiel abzubrechen und morgen fortzusetzen, wird die Handlung gleichsam in zwei Teile zerlegt. Schwierigkeiten, mit denen z. B. die Freizeitsoziologie konfrontiert ist, verweisen darauf, daß es sich hier keineswegs um ein für die soziologische Forschung irrelevantes Problem handelt. Bekanntlich fällt es jenen Menschen leichter, Auskunft darüber zu geben, wieviel Freizeit sie haben und was sie in der Freizeit tun, deren Leben in einem hohen Maße reglementiert und in distinkte Zeitabschnitte zerlegt ist.

(c) Häufig interessieren gar nicht die einzelnen Handlungen in ihrer konkreten Durchführung, sondern bloß die Resultate: Ein noch so großer Lottogewinn wird wahrscheinlich niemanden, den Gewinner eingeschlossen, dazu veranlassen, in allen Einzelheiten auszumalen, ob der Kugelschreiber beim Ausfüllen des Lottoscheins eine blaue oder schwarze Farbe hatte, ob die Unterlage, auf der geschrieben wurde, eine Zeitung oder eine Zeitschrift war u. v. a. m. Wir stellen also, und das gilt natürlich nicht nur für Handlungen, höchst unterschiedliche Ansprüche an die Beschreibungsgenauigkeit.

(d) Oft sind es Handlungssequenzen in einem bestimmten zeitlichen Ablauf, die über etwas Aufschluß geben können, was aus den einzelnen, isolierten Handlungen nie zu eruieren wäre. Daß die unterschiedliche Reihenfolge von Handlungen zu unterschiedlichen Resultaten führen kann, ist hinlänglich bekannt. Hat mich jemand dreimal hintereinander gelobt und dann tief gekränkt, bedeutet das für unsere Beziehung etwas anderes, als wenn diese mit einer Kränkung beginnt und darauf dreimal Lob folgt. Hier ließe sich ein Zusammenhang mit dramaturgischen Konzepten herstellen, in denen besonders auf solche Abfolgen geachtet wird.

(e) Davon zu unterscheiden ist das Konzept der Handlungsketten, das sich auf einen Zusammenhang bezieht, durch den einzelne Handlungen überhaupt erst ihren Sinn gewinnen. Der Besuch von Lehrveranstaltungen und das Erwerben von Seminarscheinen sind einzelne Stationen auf dem Weg zum Abschluß des Studiums, und ich setze mich der Gefahr so manch unangenehmer Situation aus, weil ich weiß, daß es keinen anderen Weg gibt, mein Ziel zu erreichen. Auf die Bedeutung langfristiger Verknüpfungen von Handlungen in diesem Sinne wurde bereits mit einem Simmel-Zitat hingewiesen, und aus der neueren Soziologie wäre hier natürlich in erster Linie Norbert Elias zu nennen, der sich mit diesem Thema ausführlich beschäftigt hat.

(f) Die Verknüpfung von Handlungen oder Handlungselementen zu Interaktionen wird trotz der Versuche, Interaktionen gleichsam rc-theoretisch aufzulösen, ein Arbeitsgebiet der Soziologie bleiben. Immer stellt sich übrigens die Frage, welche Konzeptualisierungen für empirische Studien besonders geeignet sind, und die Stärke der RC-Theorie scheint hier gerade nicht zu liegen.

Verteidiger des RC-Ansatzes werden an dieser Stelle einwenden, diese wenig originelle Auflistung beschreibe thematische Felder, die sehr wohl mit den Mitteln von RC analysiert werden könnten. Ja, aber mit welchen Ergebnissen! Die Frage ist doch vor allem, ob es nicht steril ist, alles rc-konform erklären zu wollen. Es ist einfach in vielen Fällen nicht besonders interessant, was uns RC-Theoretiker anzubieten haben, und die soziologische Hauptaufgabe beginnt in der Regel genau dort, wo die durch ein RC-Erklärungsschema befriedigten Theoretiker sich bequem zurücklehnen. Wäre es nicht z. B. bei der typologischen Beschreibung von „Randbedingungen" zweckmäßig, so nahe wie möglich an die empirische Ebene heranzugehen, sodaß z. B. grundlegende Differenzen in der Handlungsorientierung in synchroner und diachroner Perspektive sichtbar werden können und nicht in der abstrakten Kategorie der Nutzenmaximierung untergehen?

Doch mit diesem kleinen Anhang sollte nicht die Verkündung großer Programme eingeleitet werden. Wenn klar geworden ist, wieso die RC-

Theorie der Soziologie Grenzen zieht, die eine fruchtbare Arbeit eher behindern als fördern, wäre schon viel erreicht. Aber vielleicht sollte man mit solchen Floskeln keinen Artikel mehr beenden; denn wieviele Kontroversen in der Soziologie haben schon dazu geführt, daß die Vertreter eines bestimmten Programms kritischen Einwendungen recht gaben und sich darum von ihm abwandten ...

Literatur

Arditi, Jorge (1996): Simmel's Theory of Alienation and the Decline of the Nonrational. In: Sociological Theory 14, 2, S. 93–108.

Balog, Andreas (1989): Rekonstruktion von Handlungen. Alltagsintuitionen und soziologische Begriffsbildung. Opladen: Westdeutscher Verlag.

Ders. (1997): Handlungsrationalität und Nutzenkalkül. In: T. Meleghy u. a. (Hg.): Soziologie im Konzert der Wissenschaften. Zur Identität einer Disziplin (= Tagungsband 14. Österreichischer Kongreß für Soziologie 28. 9. bis 30. 9. 1995 an der Universität Innsbruck). Opladen: Westdeutscher Verlag, S. 91- 110.

Beckert, Jens (1996): What is sociological about economic sociology? Uncertainty and the embeddedness of economic action. In: Theory and Society 25, S. 803–840.

Boudon, Raymond (1996): The ‚Cognitivist Model'. A Generalized ‚Rational-Choice-Model'. In: Rationality and Society 8, 2, S. 123–150.

Coleman, James S. (1995): Grundlagen der Sozialtheorie. 3 Bde (Studienausgabe). München/Wien: Oldenbourg.

Egger, Marianne/Alberto de Campo (1997): Was Sie schon immer über das Verhalten in sinkenden U-Booten wissen wollten. Eine Replik zu Hartmut Essers Aufsatz „Die Definition der Situation". In: KZSS 49, 2, S. 306–317.

Esser, Hartmut (1993): Soziologie. Allgemeine Grundlagen. Frankfurt/New York: Campus.

Ders. (1996): Die Definition der Situation. In: KZSS 48, 1, S. 1–34.

Ders. (1997a): Die „Definition der Situation" und die Rationalität des Handelns. In: T. Meleghy u. a. (Hg.): Soziologie im Konzert der Wissenschaften. Zur Identität einer Disziplin (= Tagungsband 14. Österreichischer Kongreß für Soziologie 28. 9. bis 30. 9. 1995 an der Universität Innsbruck). Opladen: Westdeutscher Verlag, S. 69–90.

Ders. (1997b): Panik an Bord? Eine Antwort auf die Replik „Was Sie schon immer über das Verhalten in sinkenden U-Booten wissen wollten". In: KZSS 49, 2, S. 318–326.

Hollis, Martin (1991): Rationalität und soziales Verstehen (Wittgenstein-Vorlesungen der Universität Bayreuth). Frankfurt/M.: Suhrkamp (stw. 928)

Ders. (1995): Soziales Handeln. Eine Einführung in die Philosophie der Sozialwissenschaft. Berlin: Akademie Verlag.

Kahnemann, Daniel/Amos Tversky (1984): Choices, Values, and Frames. In: American Psychologist 39, 4, S. 341–350. (Auch in: Peter Abell [ed.]: Rational Choice Theory, Edward Elger 1991, S. 225–234.)

Kelle, Udo/Christian Lüdemann (1995): „Grau, teurer Freund, ist alle Theorie . . ." Rational Choice und das Problem der Brückenannahmen. In: KZSS 47, 2, S. 249–267.

Dies. (1996): Theoriereiche Brückenannahmen? Eine Erwiderung auf Siegwart Lindenberg. In: KZSS 48, 3, S. 542–545.

Koller, Peter (1994): Rationales Entscheiden und moralisches Handeln. In: Julian Nida-Rümelin (Hg.): Praktische Rationalität. Grundlagenprobleme und ethische Anwendungen des *rational choice*-Paradigmas. Berlin/New York: de Gruyter, S. 281–311.

Lindenberg, Siegwart (1996): Die Relevanz theoriereicher Brückenannahmen. In: KZSS 48, 1, S. 126–140.

Mises, Ludwig von (1940): Nationalökonomie. Theorie des Handelns und Wirtschaftens. Genf: Editions Union. (Neudruck: München: Philosophia 1980.)

Mozetič, Gerald (1990): Individualismus und Kollektivismus. Eine methodologische Kontroverse und ihre pragmatische Valenz. In: K. Acham/W. Schulze (Hg.): Teil und Ganzes. Zum Verhältnis von Einzel- und Gesamtanalyse in Geschichts- und Sozialwissenschaften (Beiträge zur Historik. 6.). München: dtv, S. 240–277.

Ders.: (1998): Über eine wissenschaftliche Handlungslähmung oder Wie Adly Rausch einen Teil für das Ganze ausgibt und trotzdem nichts dabei herauskommt. In: Ethik und Sozialwissenschaften 9, S. 52–54.

Opp, Karl-Dieter/Jürgen Friedrichs (1996): Brückenannahmen, Produktionsfunktionen und die Messung von Präferenzen. In: KZSS 48, 3, S. 546–559.

Prisching, Manfred (1983): Über die Karriere einer Handlungstheorie. Der ökonomische Mensch auf dem Weg durch die Sozialwissenschaften. In: Zeitschrift für philosophische Forschung 37, 2 , S. 256–274.

Rausch, Adly (1998): Probleme der Bestimmung und Abgrenzung von ‚Handlung' als sozialwissenschaftlicher Grundbegriff. In: Ethik und Sozialwissenschaften 9, S. 3–13.

Simmel, Georg (1892): Die Probleme der Geschichtsphilosophie. In: Simmel: Gesamtausgabe, Bd. 2. Frankfurt/M.: Suhrkamp 1989, S. 277–421.

Ders. (1900): Philosophie des Geldes. Berlin: Duncker & Humblot 1958 (6. Aufl.).

Ders. (1907): Schopenhauer und Nietzsche. Ein Vortragszyklus. In: Simmel: Gesamtausgabe, Bd. 10. Frankfurt/M.: Suhrkamp 1995, S. 167–408.

Ders. (1908): Soziologie. Untersuchungen über die Formen der Vergesellschaftung. Berlin: Duncker & Humblot 1983 (6. Aufl.).

Simon, Herbert A. (1982): Models of Bounded Rationality. Vol. 2: Behavioral Economics and Business Organization. Cambrigde, MA/London: The MIT Press.

Weber, Max (1921): Soziologische Grundbegriffe. In: Ders.: Gesammelte Aufsätze zur Wissenschaftslehre. Tübingen: Mohr 1973, S. 541–581.

Tamás Meleghy

Verhaltenstheorie und Handlungstheorie. Versuch einer Abgrenzung

Auf dem ersten Blick scheint die Aufgabe, Verhaltenstheorie und Handlungstheorie von einander zu unterscheiden, einfach zu sein. Weiß doch jeder: Verhaltenstheoretiker erklären das menschliche Verhalten mit Hilfe von psychologischen (verhaltenstheoretischen) Hypothesen und Randbedingungen, Handlungstheoretiker erklären dagegen menschliche Handlungen, in dem sie den subjektiv gemeinten Sinn dieser Handlungen rekonstruieren. George Homans ist z. B. ein Verhaltenstheoretiker, Max Weber und Alfred Schütz zählen zu den Handlungstheoretikern. Soweit ist also die Sache ganz einfach. Wie steht es aber z. B. mit dem sogenannten „Rational-Choice"-Ansatz? Ist das eine verhaltenstheoretische oder eine handlungstheoretische Konzeption?

Für Homans ist die „Rational-Choice-Theorie" ein aus der verhaltenstheoretischen Psychologie abgeleiteter Ansatz. Sie ist nach ihm ein Abkömmling der Verhaltenstheorie (vgl. Homans 1987, S. 76 f.). Und Homans Meinung ist in dieser Frage nicht ganz nebensächlich, gilt er doch als einer der Gründungsväter dieser Theorie. Peter Abell zählt Homans' Aufsatz „Soziales Verhalten als Austausch" (vgl. Homans 1967) zu den wichtigsten Texten der „Rational-Choice-Theorie" (vgl. Abell 1991).

Für Hartmut Esser ist wiederum ganz klar, daß die „Rational-Choice-Theorie" eine handlungstheoretische Konzeption ist. Er glaubt durch die von ihm vorgeschlagene Struktur einer soziologischen Erklärung mittels der „Rational-Choice-Theorie" genau Webers und Schütz' Vorstellung von der soziologischen Methode expliziert zu haben (vgl. Esser 1991a, 1991b und 1993, S. 4 ff.).

Wie wir sehen, sind die Ansichten bezüglich des Status der „Rational-Choice-Theorie" kontrovers. In manchen Fällen scheint also die Frage, handelt es sich hier um eine verhaltenstheoretische oder aber um eine handlungstheoretische Konzeption, doch nicht so einfach zu sein. Die Frage nach dem Charakter der „Rational-Choice-Theorie" läßt sich daher als Bewährungsinstanz für ein Unterscheidungskriterium benützen. Das gesuchte Kriterium zur Abgrenzung verhaltenstheoretischer und handlungstheoretischer Entwürfe sollte auch in diesem Fall eine eindeutige Entscheidung ermöglichen.

Es wird hier davon ausgegangen, daß das Problem der Unterscheidung von Verhaltenstheorie und Handlungstheorie und damit zusammenhängend vom Verhalten und Handeln kein ausschließlich semantisches, sondern durchaus auch ein inhaltliches ist. Die Unterscheidung zwischen Verhalten und Handeln weist darauf hin, daß unterschiedliche Mittel der Verhaltenssteuerung existieren. Entsprechend der Ansicht der Verhaltenstheoretiker ist das Verhalten höherer Organismen, so auch des Menschen, das Ergebnis von Lernprozessen, welche von psychologischen (lerntheoretischen) Gesetzen und von Randbedingungen (den Erfahrungen der Organismen) gesteuert werden. Nach Meinung der Handlungstheoretiker ist das menschliche Verhalten – mit einigen Einschränkungen, die hier nicht erörtert werden – das Ergebnis von Überlegungen, welche das Individuum anstellt. Das Ergebnis dieses Prozesses ist eine Entscheidung bzw. ein Vorsatz, dieses oder jenes zu tun. Das Verhalten des Individuums wird vom Inhalt der getroffenen Entscheidung bzw. des getroffenen Vorsatzes gesteuert. Der Inhalt der getroffenen Entscheidung bzw. des getroffenen Vorsatzes wird auch als Sinn bezeichnet. Handeln ist nach den Handlungstheoretikern vom Sinn gesteuertes Verhalten.

Geht man davon aus, daß es sich hier nicht – wie einige extreme Reduktionisten meinen – überhaupt um ein Scheinproblem handelt, so gibt es demnach zumindest zwei verschiedene Arten der Verhaltenssteuerung: 1. die Steuerung des Verhaltens durch psychologische Gesetze und Randbedingungen (Erlebnisse des Individuums) und 2. die Steuerung des Verhaltens durch Sinn (Inhalte von Entscheidungen).

In diesem Zusammenhang drängen sich gleich mehrere Fragen auf: 1. Gibt es darüber hinaus noch andere Arten der Verhaltenssteuerung?, 2. Wie hängen die einzelnen Steuerungsarten zusammen? und 3. Welche methodisch-methodologische Konsequenzen lassen sich aus dem Vorhandensein unterschiedlicher Steuerungsarten ableiten?

Wir benötigen also eine Theorie der Steuerungen, eine Theorie, die uns hilft, diese Fragen zu beantworten. Ein, meiner Meinung nach, geeigneter Ansatz für die Entwicklung der gesuchten Theorie ist Karl Poppers Drei-Welten-Theorie.

Der Aufsatz ist in vier Abschnitte gegliedert. Im ersten Abschnitt werde ich eine Theorie der Steuerung des Verhaltens auf Grundlage der Drei-Welten-Theorie von Popper entwickeln und auf dieser Basis den Unterschied zwischen Verhaltenstheorie und Handlungstheorie charakterisieren. Im zweiten Abschnitt folgt eine Auseinandersetzung mit einer aktuellen Version der Rational-Choice-Theorie, mit James Colemans und Hartmut Essers Konzept der Erklärung eines soziologischen Tatbestandes mittels der sogenannten „drei Logiken" (vgl. Coleman 1991 und Esser 1993). Dieser Entwurf wird im Lichte der im ersten Abschnitt entwickelten Theorie als eine verhaltenstheoretische Konzeption bestimmt. Im dritten Abschnitt werde ich die handlungstheoretische Position charakterisieren. Im vierten Abschnitt werden die Verhaltens- und Handlungstheorie auf Grundlage Poppers Situationslogik noch einmal voneinander abgegrenzt.

1. Theorie der Steuerungen

Nach Popper lassen sich innerhalb des Universums der uns bekannten Phänomene drei verschiedene Bereiche oder drei Welten unterscheiden.

Mit Welt 1 bezeichnet Popper „die Welt der ‚Dinge' – der physikalischen Objekte" (Popper 1979, S. 264). Von dieser Welt 1 im engeren Sinne (hier gekennzeichnet als Welt 1a) unterscheidet Popper eine biologische Welt (Welt 1b). Popper betrachtet die Entstehung des Lebendigen als einen emergenten, auf physikalische Phänomene nicht reduzierbaren Vorgang. Das Lebendige besteht zwar aus physikalisch-chemischen Entitäten und Prozessen, die biologischen Strukturen jedoch, die das Lebendige ausmachen, sind nicht auf diese physikalisch-chemischen Bestandteile reduzierbar.

Die Entstehung des Lebens fällt nach Popper zusammen mit der Entstehung von Problemen. Biologische Organismen sind mehr oder weniger ständig damit beschäftigt, Probleme zu lösen. Die unmittelbaren Probleme sind von der Art: Wie kann ich mir Nahrung beschaffen? Wie kann ich mich fortpflanzen? Wo finde ich einen geeigneten Nistplatz? usw. Biologische Organismen lassen sich als problemlösende Strukturen charakterisieren. Diese Probleme sind nach Popper aber biologische und nicht physikalische oder chemische Phänomene: *„Die Probleme von Organismen sind nicht physikalischer Natur: Sie sind weder physikalische*

Dinge, noch physikalische Gesetze oder physikalische Tatsachen. Sie sind spezifisch biologische Realitäten" (Popper 1979, S. 260).

Mit Welt 2 wird von Popper „die Welt der subjektiven Erfahrungen (wie etwa Denkprozesse)" (Popper 1979, S. 264) bezeichnet. Obwohl diese Welt 2 ein Produkt der materiellen Welt 1 ist, ist sie nicht mit dieser identisch oder auf sie reduzierbar. Vielmehr ist es so, daß Körper und Bewußtsein Zustände sind, die jeweils auf ihre Art real sind und sich gegenseitig beeinflussen: „Das Bewußtsein seinerseits, so kann man vermuten, wird durch physikalische Zustände *hervorgebracht;* doch es beeinflußt sie auch in erheblichem Maße. So wie ein juristisches oder soziales System von uns erzeugt ist, aber uns beeinflußt und in keinem vernünftigen Sinne ‚identisch' oder ‚parallel' mit uns ist, sondern mit uns in *Wechselwirkung* tritt, so beeinflussen Bewußtseinszustände (der Geist) den Körper und treten in *Wechselwirkung* mit ihm" (Popper 1973, S. 278). Nach Popper liegt hier wieder ein Fall echter Emergenz vor.

Das Bewußtsein ist nach ihm an und für sich nichts spezifisch Menschliches, sondern bereits auf viel früheren Stufen der biologischen Evolution anzutreffen Das Bewußtsein entstand nach ihm bereits lange vor der Entstehung des spezifisch menschlichen Bewußtseins. „Man muß annehmen, daß sich das Bewußtsein aus primitiven Anfängen entwickelt hat; seine früheste Form ist vielleicht ein unbestimmtes Gefühl der Erregtheit, wenn der Organismus ein Problem zu lösen hat wie etwa das, von einer störenden Substanz wegzukommen" (Popper 1973, S. 277). Das Bewußtsein ist jedoch beim Menschen von ganz besonderer Qualität. Popper spricht hier von vollem „Ich-Bewußtsein" (Popper 1973, S. 279), das in dieser Form nur beim Menschen anzutreffen ist. Mit Welt 2 wird von Popper die Welt des vollen menschlichen Ich-Bewußtseins bezeichnet, eine Welt die in Auseinandersetzung mit einer neuen, vom Menschen geschaffenen dritten Welt entstanden ist. „So ist die spezifische menschliche Welt 2 – das ‚volle Ich-Bewußtsein' – ein Rückkoppelungsprodukt der Welt 3" (Popper 1979, S. 277). „Was man die zweite Welt nennen könnte – die Welt des Bewußtseins –, wird auf der Ebene des Menschen mehr und mehr zum Bindeglied zwischen der ersten und der dritten Welt: alle unsere Handlungen in der ersten Welt werden von unserer zweitweltlichen Erfassung der dritten Welt beeinflußt. Daher kann man das menschliche Bewußtsein und Ich nicht ohne die dritte Welt (den ‚objektiven Geist') verstehen, und deshalb kann man die dritte Welt nicht einfach als einen Ausdruck der zweiten oder die zweite als bloßen Abglanz der dritten auffassen" (Popper 1973, S. 168).

Poppers Welt 3 ist ein menschliches Produkt, ein Erzeugnis des Menschen. Diese Welt 3 besteht wiederum aus zumindest zwei Abteilungen. Abteilung 3a ist eine Welt normativer Entscheidungen, der Vorschriften und der Institutionen.

Es ist für Popper sehr wichtig, daß man ganz deutlich zwischen den Gesetzen, die die natürliche Welt 1 beherrschen, den sogenannten Naturgesetzen und den Gesetzen oder besser Normen und Vorschriften der sozialen Welt 3a unterscheidet. Diese beiden Gesetzesarten haben nach ihm kaum mehr gemeinsam als ihren Namen. Das wird deutlich, wenn man bedenkt, daß Naturgesetze nicht übertreten werden können – man kann höchstens lernen, mit ihnen umzugehen, sie zu „beherrschen". Normen oder Vorschriften müssen aber übertretbar sein, denn sonst sind sie überflüssig und bedeutungslos. Im Gegensatz zu den Gesetzen der natürlichen Welt 1, die ganz unabhängig von uns existieren, sind Normen und Vorschriften, wenn auch nicht immer ganz bewußt gestaltete, so doch von Menschen geschaffene Phänomene. Sie werden von Menschen gemacht und können auch von Menschen verändert werden.

Obwohl nun diese normative Welt 3a ein menschliches Produkt ist, ist sie weder mit dem menschlichen Bewußtsein identisch, noch auf dieses reduzierbar. Vielmehr ist es so, daß das menschliche Bewußtsein und die Phänomene der normativen Welt Erscheinungen sind, die jeweils auf ihre Art real sind und sich gegenseitig beeinflussen. Ganz deutlich wird diese Wechselwirkung, wenn man an die Sprache denkt, da man doch von einem menschlichen Bewußtsein, zumindest im heutigen Sinne, ohne die Existenz einer menschlichen Sprache nicht sprechen kann. Das bedeutet, daß es bereits vor der Entstehung des spezifisch menschlichen Bewußtseins Institutionen gab, und das dieses spezifisch menschliche Bewußtsein das Ergebnis eines wechselseitigen Beeinflussungsprozesses war.

Die zweite Abteilung von Welt 3, also Welt 3b, ist eine Welt der *„objektiven Gedankeninhalte"* (Popper 1973, S. 123). Sie ist „die Welt der logischen *Gehalte* von Büchern, Bibliotheken, Informationsspeichern, von Datenverarbeitungsanlagen und ähnlichem" (Popper 1973, S. 88). „Wir können die Welt der Probleme, der Theorien und der kritischen Argumente als einen Sonderfall betrachten, als eine Welt 3 im engeren Sinne, als die sprachliche oder logische oder intellektuelle Provinz der Welt 3" (Popper 1979, S. 272). Um Mißverständnisse zu vermeiden, muß gesagt werden, daß zu dieser Welt 3b nicht nur richtige oder wahre Beschreibungen und Theorien gehören, sondern auch intellektuelle Produkte wie unzutreffende

Beschreibungen und falsche oder falsifizierte Theorien (vgl. Popper 1974, S. 1009 und 1066). Eine wichtige Eigenschaft aller drittweltlichen Phänomene ist ihre Objektivität im Sinne von Kritisierbarkeit. Eine Aussage ist nach Popper dann kritisierbar, wenn sie sprachlich formuliert ist. Es wird aber keine intersubjektive Kritisierbarkeit verlangt, d. h., es wird nicht verlangt, daß z. B. eine sprachlich formulierte Theorie anderen Personen mitgeteilt bzw. veröffentlicht wird. Es genügt, daß ich einen subjektiven Eindruck, eine Meinung und Ähnliches für mich sprachlich formuliere; dadurch wird die Aussage für mich kritisierbar. Auf Grund der Eigenschaft der Kritisierbarkeit ist die Aussage dann Bestandteil der Welt 3.

Die Entstehung der Welt 3b, der Welt der objektiven Gedankeninhalte, beruht nach Popper auf der Evolution der menschlichen Sprache. Die revolutionäre Errungenschaft, die hier angesprochen wird, die der menschlichen Sprache ihre charakteristische Qualität verleiht und die sie über alle Tiersprachen erhebt, ist die Möglichkeit, mittels dieser Sprache Phänomene, Umstände, Ereignisse usw. zu beschreiben und mittels dieser Sprache zu argumentieren. Es handelt sich hier um die zwei höheren Sprachfunktionen, um die beschreibende und um die argumentative Funktion der menschlichen Sprache. Sieht man von den Sprachen bestimmter „sozialer Insekten" ab, die eine der menschlichen Sprache analoge beschreibende Funktion besitzen, so sind diese beiden höheren Funktionen nur der menschlichen Sprache eigen. Die beiden niedrigeren Sprachfunktionen, die „symptomatische oder Ausdrucksfunktion" und die „auslösende oder Signalfunktion", sind dagegen sowohl bei den Tiersprachen als auch bei der menschlichen Sprache anzutreffen.

Was wir über die Eigenständigkeit und Nichtreduzierbarkeit der Welt 3a auf die subjektive Welt des Bewußtseins gesagt haben, gilt hier sinngemäß, nur wird die Angelegenheit etwas komplizierter, da wir hier drei Ebenen unterscheiden müssen. Die Welt der objektiven Gedankeninhalte (Welt 3b) ist ein menschliches Produkt. Der Mensch produziert die Welt 3b mit Hilfe eines anderen menschlichen Produktes (mit Hilfe der Institution Sprache), das der Welt 3a angehört. Diese Welt 3b ist aber trotzdem nicht mit dem menschlichen Bewußtsein identisch oder auf dieses reduzierbar. Sie ist aber auch nicht mit der menschlichen Sprache (als Normsystem oder Institution), mittels der sie vom Menschen produziert wird, identisch oder auf diese reduzierbar. Vielmehr ist es so, daß alle drei Ebenen, Bewußtsein, Institutionen und objektive Gedankeninhalte, auf ihre Art real sind, miteinander in Wechselwirkung stehen und sich gegenseitig beeinflussen.

Es soll an dieser Stelle auf einen bedeutsamen Unterschied zwischen diesen zwei Ebenen der Welt 3 hingewiesen werden. Vergegenwärtigen wir uns zu diesem Zweck noch einmal die Inhalte dieser zwei Welten. Welt 3a besteht aus normativen Entscheidungen, Vorschriften und Institutionen, Welt 3b dagegen aus Beschreibungen und Theorien, Argumenten usw., u. a. aus den Beschreibungen und Theorien von Objekten der normativen Welt 3a. Diese Beschreibungen und Theorien können wahr oder falsch bzw. zutreffend oder nicht zutreffend sein, in dem Sinne, daß sie entweder mit den Tatsachen übereinstimmen oder nicht. Diese Eigenschaft ist prinzipiell unabhängig von der Frage, ob wir es wissen oder beweisen können, daß eine Beschreibung oder eine Theorie wahr ist. Normen, Vorschriften oder Institutionen können dagegen in diesem Sinne nicht wahr oder falsch sein. Sie können zweckmäßig sein, vorteilhaft sein, gerecht oder ungerecht sein aber nicht wahr oder falsch.

Nach Popper handelt es sich bei den drei Welten oder Ebenen um eine hierarchische Struktur. Bei Berücksichtigung der Differenzierungen zwischen Welt 1a und 1b sowie Welt 3a und 3b erhalten wir insgesamt folgende Hierarchie:

Welt der „objektiven" Gedankeninhalte (Welt 3b)
Welt der Normen und Institutionen (Welt 3a)
Welt der subjektiven Erfahrungen (Welt 2)
Biologische Welt (Welt 1b)
Materielle Welt (Welt 1a).

Die materielle Welt 1a ist die Basis (Trägerin) aller übrigen Welten. Die biologische Welt 1b ist die Basis (Trägerin) für die subjektive Welt 2 sowie auch für die Welt 3. Die subjektive Welt 2 ist die Basis (Trägerin) für die Welt 3. Die normative Welt 3a ist wiederum die Basis (Trägerin) für die Welt der objektiven Gedankeninhalte (Welt 3b).

Betrachten wir Poppers Drei-Welten-Theorie noch einmal unter dem Aspekt der Steuerung, beginnend mit der untersten Ebene der Struktur, mit der Welt 1a. Diese Ebene wird von allen möglichen unbelebten materiellen physikalisch-chemischen Phänomenen gebildet. Diese materielle Welt 1a reicht von den kleinsten heute bekannten Teilchen bis zu den größten heute bekannten Einheiten des Universums. Diese materielle Welt 1a bildet eine besondere Einheit oder besondere Ebene, weil die in ihr ablaufenden Prozesse durch Naturgesetze gesteuert werden. Es ist diese besondere Art der Steuerung, durch die die Phänomene der natürlichen Welt 1a eine Einheit bilden.

Betrachtet aus dem Blickwinkel der Hierarchie der Steuerungen erscheint auf einer bestimmten Ebene etwas vollkommen Neues: eine neue Art der Steuerung, die Steuerung durch ein Programm. Die Rätsel des Programms (des genetischen Codes) haben sich seit der ersten Vermutung um die Existenz eines solchen Codes, bereits gelichtet. Die materiell-chemische Grundlage des Codes (Desoxyribonukleinsäure) sowie die Art der Organisation dieser Trägersubstanz (Doppelhelix) sind bereits bekannt. Heute konzentriert sich die Molekularbiologie auf die Erforschung der Bedeutung der Gene, d. h. sozusagen auf die Entschlüsselung der Semantik des genetischen Programms (vgl. Fischer 1989).

Woraus besteht nun (weiterhin betrachtet aus dem Blickwinkel der Steuerungen) dieses genetische Programm? Die Antwort: aus einer Doppelhelix aus DNS wäre etwa genauso richtig wie die Aussage, Goethes Faust bestünde aus Druckerschwärze oder aus den Buchstaben des deutschen Alphabets. Erst Peter Fischer schreibt in der Einleitung zu Erwin Schrödingers Buch „Was ist Leben?" (Schrödinger 1989): „Der Stoff, aus dem die Gene sind, besteht aus einer Doppelhelix aus DNS" (Fischer 1989, S. 18). Wohlgemerkt besteht nicht das genetische Programm aus einer Doppelhelix aus DNS, sondern der *Stoff*, aus dem die Gene sind, besteht aus einer Doppelhelix aus DNS. Woraus besteht nun das genetische Programm? Die richtige Antwort lautet: aus in einer bestimmten Sprache auf eine bestimmten Weise materialisierten Anweisungen.

Die Anweisungen des Programms sind gegenüber der Art und Weise der Verschlüsselung des Programms sowie gegenüber der Art und Weise der Materialisierung der Verschlüsselung einigermaßen resistent, auf ähnliche Weise wie z. B. auch juridische Normen oder Gesetze gegenüber der Art und Weise ihrer Verschlüsselung (z. B. in verschiedenen Sprachen) sowie gegenüber der Art und Weise der Materialisierung der Verschlüsselung (z. B. niedergeschrieben in einem Buch oder aufgezeichnet auf Tonband) einigermaßen resistent sind. Die Entschlüsselung der Anweisung eines Gens bedeutet u. a. daß die Anweisung des Gens aus der „Sprache der Gene" in eine lebende menschliche Sprache übertragen wird. Der Inhalt der Anweisung bleibt, soweit die Anweisung des Gens zutreffend gedeutet wurde, aber auch in dieser neuen Form erhalten.

Das genetische Programm eines Organismus, im Sinne eines Bündels von Anweisungen, könnte allerdings ohne eine materielle Basis (Welt 1-a) nicht existieren. Das genetische Programm ist aber nicht mit der materiellen Basis des Programms identisch oder auf diese reduzierbar.

Das genetische Programm hat mit anderen Worten emergenten Charakter.

In manchen Bereichen des Lebendigen reicht die Hierarchie der Steuerungen noch weiter: Die Steuerung der Phänomene durch Naturgesetze wird hier neben der Steuerung durch genetische Programme noch durch die Steuerung durch Bewußtseinsprozesse, durch normative Entscheidungen und durch drittweltliche objektive Gedankeninhalte überlagert. Wichtig in unserem Zusammenhang ist: Es handelt sich bei den oben angegebenen verschiedenen Ebenen der Steuerungshierarchie um auf die Phänomene der darunterliegenden Ebene in keinem Fall reduzierbare, emergente Phänomene.

Weiters kann noch auf die Frage nach dem Zusammenhang dieser fünf Welten oder Ebenen untereinander folgendes gesagt werden: Die Hierarchie, die oben dargestellt wurde, ist nach Popper ein System plastischer Steuerungen. Unter plastischer Steuerung versteht Popper eine „Steuerung mit Rückmeldung" (Popper 1973, S. 265). Ein Beispiel für eine solche plastische Steuerung wird von Popper im Verhältnis des Bewußtseins zum biologischen Organismus gesehen. Das individuelle Bewußtsein wird vom biologischen Organismus getragen. Das Verhalten bzw. die Bewegungen des Organismus werden im wachen Zustand normalerweise vom Bewußtsein gelenkt. Die Steuerung oder Lenkung ist plastischer Natur. Mit Plastizität der Beziehung wird hier folgendes angesprochen: 1. Das Bewußtsein greift nur ein, wenn es „notwendig ist", d. h. z. B. dann, wenn größere Abweichungen von einem wie auch immer gearteten „Sollwert" vorkommen. So wird etwa beim aufrechten Stehen die Körperstellung durch unzählige Muskelbewegungen aufrechterhalten. Die Kontrolle erfolgt normalerweise auf der biologischen Ebene ohne Beteiligung des Bewußtseins. Das Bewußtsein greift nur dann lenkend ein, wenn es auf Grund von einer größeren Abweichung von dem Sollwert (von der aufrechten Stellung) alarmiert wird (vgl. Popper 1973, S. 271). 2. Das Bewußtsein wird von der biologischen Basis entlastet: Probleme oder Aufgaben, an deren Lösung das Bewußtsein anfangs mit voller Hinwendung arbeitete, so etwa beim Erlernen von bestimmten Fertigkeiten wie das Autofahren oder das Entziffern von Zeichenfolgen usw., werden später ohne Beteiligung des vollen Bewußtseins ausgeführt. Das Bewußtsein wird für die Wahrnehmung von anderen, neuen Aufgaben freigehalten. Die Koordinierung der einmal erlernten Tätigkeiten wird von der physiologischen (oder biologischen) Basis übernommen (vgl. Popper 1979, S. 280). 3. Der Körper macht nicht immer (genau) das, was das Bewußtsein will. Er ist sozusagen ein widerspenstiges Instrument. Man denke hier nur an die vielen erfolglosen Bemühungen, bis man eine Sportart wie z. B. Tennis oder Schifahren einigermaßen beherrscht, oder an die Bemühungen die notwendig sind, bis man ein Musikinstrument wie z. B. die Geige anständig spielen kann (vgl. Popper 1973, S. 279). 4. Die Beziehung zwischen Bewußtsein und Körper ist eine Interaktionsbeziehung, d. h., die Steuerung ist eine Steuerung mit Rückmeldung oder Rückkoppelung (vgl. Popper 1973, S. 265): Wir (d. h. unser Bewußtsein) können auf Grund unserer erfolglosen Bemühungen lernen, daß wir uns mehr anstrengen müssen, wenn wir unsere Ziele tatsächlich erreichen wollen (z. B. ein erstklassiger Klavierspieler oder Schifahrer zu werden), oder daß wir auf Grund unserer Beschränkungen und Grenzen (des körperlichen Vermögens) unsere Ziele abändern oder aufgeben müssen (vgl. Popper 1973, S. 278 f.).

Das Bewußtsein kann jedoch nach Popper nicht als das in der Hierarchie an der höchsten Stelle stehende Steuerungssystem angesehen werden. Das menschliche Bewußtsein wird vielmehr von der dritten Welt, Sprache und andere Normensysteme sowie Theorien organisiert und gesteuert: „wenn man z. B. an die in Büchern enthaltenen Steuerungssysteme denkt – Theorien, juristische Systeme und alles, was zum ‚Reich der Bedeutungen' gehört –, dann kann man das Bewußtsein kaum als das höchste Steuerungssystem in der Hierarchie ansehen. Denn es wird in erheblichem Maße von diesem exosomatischen sprachlichen Systemen gesteuert – obwohl man sagen kann, die seien von Bewußtsein *erzeugt* worden" (Popper 1973, S. 278).

Die solcherart entwickelte Theorie der Steuerungen ist geeignet, einiges Licht auf das menschliche Verhalten zu werfen. Das menschliche Verhalten unterliegt 1. der Steuerung durch Naturgesetze und durch empirische Randbedingungen. Diese (1a-weltliche) Steuerungsart dominiert das Geschehen in manchen Situationen – z. B. bei einem Verkehrsunfall – beinahe vollständig. Alle anderen Steuerungsarten des menschlichen Verhaltens werden während einiger Sekunden zu Epiphänomenen degradiert. 2. unterliegt das menschliche Verhalten der biologischen (1b-weltlichen) Steuerung. In einzelnen Bereichen, so z. B. bei Wachstums- und Degenerationsprozessen, beim Verhalten innerer organischer Abläufe, ist diese Steuerungsart beherrschend. Höhere Steuerungsarten spielen bei diesen Vorgängen nur eine untergeordnete Rolle. 3. unterliegt das menschliche Verhalten der psychologischen (2.-weltlichen) Steuerung. Gemeint ist damit eine Steuerung durch psychologische Gesetze und durch Randbedingungen (Bewußtseinsempfindungen). Als ein Resultat dieser Steuerungsart meiden z. B. Tiere wie Menschen Situationen, bei deren Vorliegen sie früher Schmerzen empfunden haben. 4. wird das menschliche Verhalten durch normative Entscheidungen der Person bzw. des sozialen Kollektivs und 5. durch kognitive Bewußtseinsinhalte (Wissen) gesteuert.

Im Augenblick interessieren wir uns für die beiden Steuerungsarten 1. psychologische (2.-weltliche) und 2. normative (3b-weltliche) Steuerung. Entscheidend in diesem Zusammenhang ist, daß nach Popper Denkprozesse und Denkinhalte zwei völlig verschiedenen Welten zugehören, wobei von ihm nur die Denkprozesse, nicht aber die Denkinhalte zu der subjektiven Welt gezählt werden. „Bolzanos Unterscheidung zwischen Sätzen an sich und subjektiven Denkprozessen erschien mir immer von der größten Wichtigkeit. Sätze an sich können in logischen Beziehungen zueinander stehen: Ein Satz kann aus einem anderen logisch folgen; und Sätze können logisch vereinbar sein oder unvereinbar. Subjektive Denkprozesse dagegen können zueinander nur in psychologischen Beziehungen stehen. Ein Denkprozeß kann uns beunruhigen und der nächste beruhigen. Denkprozesse können uns an Erfahrungen erinnern oder uns Erwartungen nahelegen; sie können uns zu einer Handlung veranlassen oder dazu, eine geplante Handlung zu unterlassen. Die beiden Arten von Beziehungen – logische und psychologische Beziehungen – sind weitgehend verschieden. Die Denk*prozesse* eines Menschen können weder denen eines anderen widersprechen noch seinen eigenen Denkprozessen zu einem anderen Zeitpunkt. Aber die Denk*inhalte* – das heißt, die Sätze an sich – können natürlich den Denkinhalten eines anderen Menschen widersprechen und auch den Inhalten seiner eigenen Gedanken. Dagegen können Inhalte – oder Sätze an sich – nicht in psychologischen Beziehungen zueinander stehen: *Gedanken im Sinne von Inhalten oder Sätze an sich und Gedanken im Sinne von Denkprozessen gehören zu zwei völlig verschiedenen Bereichen oder ‚Welten'*. Wir können die Welt der ‚Dinge' – der physikalischen Objekte – die Welt 1 und die Welt der subjektiven Erfahrungen (wie etwa Denkprozesse) die Welt 2 nennen, und die Welt der Sätze an sich die Welt 3" (Popper 1979, S. 263 f.). Popper sieht allerdings, „daß man innerhalb des Denkprozesses Teile unterscheiden kann, die man vielleicht seinen Inhalt (oder den Gedanken, also das drittweltliche Objekt) nennen kann, nämlich des *erfaßten Gedanken*" (Popper 1979, S. 265).

Entscheidend für die Unterscheidung zwischen Denkprozessen, die der subjektiven Welt angehören, und Denkinhalten im drittweltlichen Sinne ist das Kriterium, ob sich ein Denkinhalt, z. B. eine Theorie, von dem individuellen Bewußtsein seines Schöpfers gelöst hat oder nicht. Ob also ein Denkinhalt nur im Bewußtsein seines Schöpfers oder unabhängig von diesem existiert. Bewohner Poppers dritter Welt sind nur objektive Gedankeninhalte. Und als objektiv werden von Popper Gedankeninhalte dann bezeichnet, wenn sie unabhängig vom individuellen Bewußtsein ihres Schöpfers existieren. „Die entscheidende Überlegung scheint mir hier zu sein, daß wir objektive Gedanken – also vor allem Theorien – konfrontieren können, daß wir sie kritisieren und über sie argumentieren können. Um das tun zu können, müssen wir sie in eine mehr oder weniger dauerhafte Form (vorzugsweise in eine sprachliche Form) bringen. Geschriebenes ist dem Gesprochenen vorzuziehen, und Gedrucktes ist noch besser" (Popper 1979, S. 265 f.).

Um den Unterschied zwischen Denkprozessen und objektiven Denkinhalten noch einmal herauszustellen: Objektive Denkinhalte stehen untereinander in logischen Beziehungen. Diese Beziehungen zwischen sprachlich formulierten Gedankeninhalten sind zeitlos. „Wenn ein eindeutig formulierter Satz jetzt wahr ist, dann ist er für alle Zeit wahr und immer schon wahr gewesen: Die Wahrheit ist zeitlos (und die Falschheit auch). Logische Beziehungen wie Vereinbarkeit oder Unvereinbarkeit sind gleichfalls – und sogar noch offensichtlicher – zeitlos" (Popper 1979, S. 270). Ein Kennzeichen empirisch psychologischer Denkprozesse ist dagegen ihre Zeitlichkeit. Die Entdeckung der logischen Unvereinbarkeit zwischen Inhalten des eigenen Denkprozesses durch eine Person ist Teil eines empirisch psychologischen Vorganges. Der Vorgang (die Entdeckung) findet in einem bestimmten Zeitpunkt oder Zeitabschnitt statt. Die logische Unvereinbarkeit zwischen zwei Denkinhalten ist dagegen zeitlos.

Wir müssen, wenn wir den wahren Charakter der normativen (3a-weltlichen) Steuerungen bestimmen wollen, diese noch von der kognitiven (3b-weltlichen) Steuerung abgrenzen. Wir haben an früherer Stelle gesagt, daß die Phänomene der normativen Welt objektiven Charakter haben. Es wurde bereits darauf hingewiesen, daß wir sehr genau zwischen Aussagen oder Sätzen, die eine Vorschrift oder Norm aussprechen, und Aussagen und Sätzen, in denen eine Behauptung über Tatsachen ausgesprochen wird, unterscheiden müssen. Während Aussagen, in denen eine Behauptung über Tatsachen ausgesprochen wird, wahr oder falsch sein können, können Normen oder Vorschriften mit Hilfe dieses Kriteriums nicht qualifiziert werden. Normen oder Vorschriften können zweckmäßig oder unzweckmäßig, gerecht oder ungerecht sein, aber niemals wahr oder falsch. Betrachtet aus der Ebene der objektiven Gedankeninhalte gehören Normen und Vorschriften gleich physikalischen Zuständen, biologischen Strukturen und Bewußtseinsprozessen der Ebene der Phänomene (Objektebene) selbst an. Während Tatsachenaussagen der Welt der objektiven Gedankeninhalte angehören, gehören Normen oder Vorschriften zu den Phänomenen der normativen Welt, die als solche der Welt der objektiven Gedankeninhalte genausowenig angehören wie die Phänomene der natürlichen Welt oder die Phänomene der Bewußtseinswelt. Obwohl also Normen und Vorschriften keine Aussagen über Tatsachen sind und damit nicht der Welt der objektiven Gedankeninhalte (Welt 3b) angehören und obwohl sie betrachtet aus dem Blickwinkel der Welt der objektiven Gedankeninhalte Phänomene der Objektebene sind, sind sie als solche auch keine Tatsachen. Sie haben nach Popper den Charakter von Vorschlägen oder von Entscheidungen, wobei unter einem Vorschlag hier nicht der Akt des Vorschlagens oder der Akt der Annahme eines Vorschlages und unter Entscheidung hier nicht der Akt des Entscheidens oder der Akt des Fällens einer Entscheidung oder der Akt der Annahme einer Entscheidung gemeint ist, sondern die Inhalte von Vorschlägen oder die Inhalte von Entscheidungen: „Wir sprechen von einer Anregung oder von einem Vorschlag, den wir im Sinn haben, und andererseits vom Akt des Anregens oder Vorschlagens" (Popper 1975, S. 98 f.). Nur Anregungen oder Vorschläge dieser zweiten Art sind Tatsachen. Anregungen oder Vorschläge der ersten Art sind dagegen keine Tatsachen. Das Fällen einer Entscheidung, die Annahme einer Norm oder einer Richtlinie ist eine Tatsache. Die angenommene Norm oder Richtlinie ist jedoch keine Tatsache. „Es ist eine soziologische Tatsache, daß die meisten Menschen der Norm ‚du sollst nicht stehlen' zustimmen. Aber die Norm ‚du sollst nicht stehlen' ist keine Tatsache ..." (Popper 1975, S. 99).

Durch die Charakterisierung von Normen und Vorschriften als Inhalte von Entscheidungen über zukünftige Reaktionen, Verhaltensweisen, Vorgangsweisen, Ziele oder Zwecke oder noch besser als Vorschläge „zur Annahme einer bestimmten Verhaltensweise (einer bestimmten Verfahrensweise, gewisser Normen, gewisser Ziele und Zwecke" (Popper 1975a, S. 316) soll eine deutliche Abgrenzung von Tatsachen und Normen erreicht werden.

Als objektiv haben wir jene Phänomene bezeichnet, welche eine von ihrer organismischen Grundlage unabhängige drittweltliche Existenz besitzen und durch Kritik und kritische Diskussion verändert werden können. Wir müssen also zeigen, daß die hier genannten Voraussetzungen von sprachlich formulierten Normen oder Vorschriften, d. h. von sprachlich formulierten Vorschlägen zur Annahme bestimmter Verhaltensweisen, Verfahrensweisen, bestimmter Prinzipien, bestimmter Ziele und Zwecke, erfüllt werden.

Die erste Voraussetzung, die Ablösung von der organischen Grundlage und Begründung einer eigenständigen drittweltlichen Existenz wird von sprachlich formulierten Normen und Vorschriften erfüllt: Formuliert jemand einen Vorschlag zur Annahme einer bestimmten Verhaltensweise, so hat sich dieser Vorschlag vom individuellen Bewußtsein seines Proponenten gelöst. Der Vorschlag besitzt eine vom individuellen Bewußtsein seines Proponenten unabhängige drittweltliche Existenz. Es ist für die Erfüllung dieser Voraussetzung nicht notwendig, daß der Vorschlag mitgeteilt oder gar veröffentlicht wurde. Für die Begründung einer eigenständigen drittweltlichen Existenz ist es nach Popper hinreichend, daß jemand den Vorschlag sprachlich formuliert. Auch die zweite Voraussetzung, die Veränderbarkeit durch Kritik und kritische Diskussion wird von sprachlich formulierten Normen und Vorschriften erfüllt: Wurde ein Vorschlag zur Annahme einer bestimmten Verhaltensweise sprachlich formuliert, so kann dieser Vorschlag zum Objekt eines individuellen Bewußtseins und natürlich auch zum Objekt der Kritik eines individuellen Bewußtseins werden. Der Vorschlag kann mit anderen Vorschlägen verglichen werden, die Verträglichkeit des Vorschlages mit bereits angenommenen Vorschlägen kann abgewogen werden, der Vorschlag kann in Gedanken ausprobiert werden, die Folgen der Annahme des Vorschlages können mit den Folgen der Annahme alternativer Vorschläge verglichen werden. Der Vorschlag kann also kritisiert und auf Grundlage einer kritischen Diskussion auch verändert, d. h. mit verändertem Inhalt neu formuliert werden. Der Vorschlag kann aber auf Grundlage dieser Kritik auch angenommen oder abgelehnt werden. Es ist auch für die Erfüllung dieser zweiten Voraussetzung nicht notwendig, daß der Vorschlag mitgeteilt oder gar veröffentlicht wurde. Ein sprachlich formulierter Vorschlag kann auch dann kritisiert und auf Grundlage einer kritischen Diskussion verändert werden, wenn der Vorschlag noch nicht mitgeteilt oder veröffentlicht wurde.

Wenden wir uns jetzt wieder der Unterscheidung zwischen Verhalten und Handeln und damit zusammenhängend zwischen Verhaltens- und

Handlungstheorie zu. Verhalten (auch das menschliche Verhalten), so können wir auf Grundlage der bisherigen Erörterungen sagen, ist ein empirischer erst- oder zweitweltlicher Vorgang. Dieser Vorgang wird zum Teil von psychologischen (2.-weltlichen), zum Teil von drittweltlichen Inhalten von normativen Entscheidungen gesteuert. Vom Verhalten reden wir gewöhnlich dann, wenn wir davon ausgehen, daß ein empirischer erst- oder zweitweltlicher Vorgang durch natürliche (1.-weltliche) oder psychologische (2.-weltliche) Steuerungen verursacht wurde bzw. wenn wir die Bedeutung dieser Steuerungsarten herausstellen wollen, weil wir z. B. das Vorhandensein oder die Existenz höherer Steuerungsarten leugnen. Vom Handeln reden wir dagegen dann, wenn wir davon ausgehen, daß das Verhalten einer Person von einer drittweltlichen normativen Entscheidung, von einem Vorsatz, gesteuert wurde. Auf diesem Umstand beruht der Unterschied zwischen Verhaltens- und Handlungstheorie. In verhaltenstheoretischen Erklärungen geht es um die Steuerung des Verhaltens durch empirische Randbedingungen (Bewußtseinsempfindungen) und psychologische Gesetze, in handlungstheoretischen Erklärungen um drittweltliche Verhaltenssteuerung, um die Steuerung des Verhaltens durch die Inhalte von normativen Entscheidungen. In handlungstheoretischen Erklärungen wird nicht das empirische Verhalten, sondern der Inhalt der normativen Entscheidung, der das Verhalten des Handelnden steuert, erklärt. Und erklärt werden die Inhalte von normativen Entscheidungen (bei Handlungserklärungen), indem sie aus anderen drittweltlichen normativen Entscheidungen der Person sowie aus kognitiven (3b-weltlichen) drittweltlichen Elementen, welche der Person bekannt waren, logisch abgeleitet werden. Drittweltliche Phänomene (Inhalte von normativen Entscheidungen und Inhalte von Tatsachenbehauptungen) stehen, wie wir gesehen haben, untereinander in logischen und nicht in empirischen Beziehungen. Daher benötigt man bei handlungstheoretischen Erklärungen auch keine empirischen Gesetze.

2. Rational-Choice-Theorie als Verhaltenstheorie

In letzter Zeit bemüht sich Esser, die Differenz zwischen Verhaltens- und Handlungstheorie zu verwischen (vgl. Esser 1991a, 1991b und 1993). Er verfolgt dabei eine doppelte Strategie: Er bezeichnet 1. das von ihm bei soziologischen Erklärungen herangezogene empirische Gesetz, die sogenannte Werterwartungstheorie oder Rationalitätshypothese, konsequent

(d. h. durchgängig) als eine Handlungstheorie, und er versucht 2. nachzuweisen, daß zwischen dem von ihm vertretenen „Rational-Choice"-Ansatz und der Erklärungsstrategie der Handlungstheorie eigentlich gar kein ernstzunehmender Unterschied besteht. Die Differenzen liegen nach ihm sozusagen weniger in der Sache selber als in der Rhetorik.

Die Aufgabe der Soziologie, wie die aller Wissenschaften, ist nach Esser das Lösen von Rätseln oder das Lösen von Problemen. Die Rätsel oder Probleme, mit denen sich die Soziologie beschäftigen sollte, liegen nach Esser auf der gesellschaftlichen Makroebene.

Eine adäquate soziologische Erklärung eines solchen Makrophänomens setzt sich nach Esser aus drei Bestandteilen, oder wie er sich ausdrückt, aus „drei Logiken" (Esser 1993, S. 120), zusammen. Die drei Bestandteile oder Schritte einer soziologischen Erklärung nach Esser sind 1. die Logik der Situation, 2. die Logik der Selektion und 3. die Logik der Aggregation.

> „Mit der Logik der Situation wird eine Verbindung zwischen der Makro-Ebene der jeweiligen speziellen sozialen Situation und der Mikro-Ebene der Akteure hergestellt. Es ist die ‚vertiefende' Makro-Mikro-Verbindung der gesamten Erklärung. In der Logik der Situation ist festgelegt, welche Bedingungen in der Situation gegeben sind und welche Alternativen die Akteure haben. Die Logik der Situation verknüpft die Erwartungen und die Bewertungen des Akteurs mit den Alternativen und den Bedingungen in der Situation. Diese Verbindung zwischen sozialer Situation und Akteur erfolgt bei der jeweiligen Erklärung über Beschreibungen, über die sog. Brückenhypothesen" (Esser 1993, S. 94).

In dem ersten Schritt (Logik der Situation) soll der Soziologe nach Esser ein Modell des betreffenden sozialen Systems erarbeiten. Das soziale System kann, je nach der vorliegenden Fragestellung, aus relativ wenigen Personen bestehen, es kann aber auch ein umfassendes System, so z. B. auch die Gesamtgesellschaft sein. Das Modell des sozialen Systems kann sehr genau, aber auch recht allgemein formuliert sein. Insbesondere kann ein eng umrissenes kleines System genau beschrieben werden, während das System der Gesamtgesellschaft nur mit Hilfe von sehr idealisierten allgemeinen Annahmen beschrieben werden kann.

Das zu erarbeitende Modell setzt sich nach Esser einerseits aus objektiven, andererseits aus subjektiven Elementen zusammen. Zu den objektiven Elementen des Modells zählen der Umfang des sozialen Systems, die

Wahlmöglichkeiten der Akteure und je nach Fragestellung unterschiedliche weitere objektive Kennzeichen des Systems.

Zu den subjektiven Elementen des Modells zählen nach Esser die Konstruktionen 1. Ordnung der handelnden Individuen, welche in dem Modell durch sogenannte „Brückenhypothesen" (Esser 1993, S. 120) beschrieben werden. Zentrale Bestandteile der Brückenhypothesen sind die subjektiven Nutzenerwartungen der einzelnen von den Akteuren wahrgenommenen Handlungsalternativen. Die subjektive Nutzenerwartung wird von Esser folgendermaßen definiert: „Die Nutzenerwartung ist das Produkt des Wertes U bestimmter Folgen des Handelns mit der Erwartung p, daß diese Konsequenz mit dem Handeln auch eintritt; also p $\cdot$ U" (Esser 1993, S. 95). Durch die Brückenhypothesen werden die objektiven Elemente des Modells mit den subjektiven Elementen des Modells, also mit den subjektiven Nutzenerwartungen (p $\cdot$ U) der Akteure verknüpft.

> „Die Logik der Selektion verbindet zwei Elemente auf der Mikro-Ebene: die Akteure und das soziale Handeln. Es ist die Mikro-Mikro-Verbindung zwischen den Eigenschaften der Akteure in der Situation und der Selektion einer bestimmten Alternative. Hierzu wird eine allgemeine Handlungstheorie benötigt, die es zuläßt, die wichtigen Merkmale der Situation aufzunehmen. Naheliegend ist daher eine Handlungstheorie, die in ihrem Ursachenteil die durch die Situation geprägten Erwartungen und Bewertungen der Akteure und in dem Folgenteil die verschiedenen, ihnen zur Wahl stehenden, Alternativen enthält. In der Logik der Selektion wird somit die methodisch erforderliche allgemeine und kausale funktionale Beziehung zwischen den situational geprägten Erwartungen und Bewertungen beim Akteur und dem Handeln hergestellt. Sie ist der analytisch-nomologische Kern des gesamten Modells. Nur mit diesem Kern wird das Ganze eine richtige ‚Erklärung'"(Esser 1993, S. 95).

Verglichen mit dem 1. Schritt, der Modellierung der Situation aus der Sicht der Handelnden, d. h. der Modellierung der Konstruktionen 1. Ordnung der Handelnden, ist der zweite Schritt, die „Logik der Selektion", nach Esser „eine simple Sache" (Esser 1993, S. 122). Die Logik der Selektion besteht nach Esser aus einer empirischen „Handlungstheorie" (Esser 1993, S. 95). Mit Handlungstheorie meint Esser hier ein empirisches (psychologisches) Gesetz: „Es geht hier um die *allgemeinen* nomologischen Gesetze, nach denen die *Akteure* eine der *Alternativen* unter den gegebenen *Bedingungen* selegieren" (Esser 1993, S. 94). Die Logik der Selektion ist nach Esser, wie wir bereits gesehen haben, „der *analytisch-nomologische*

Kern des Modells. Nur mit diesem Kern", betont Esser, „wird das Ganze eine richtige ‚Erklärung'" (Esser 1993, S. 95). Wenn auch der zweite Schritt recht simpel ist, so ist er nach Esser „dennoch unerläßlich und im Einzelfall auch alles andere als trivial – nicht zuletzt weil es ein allgemeines empirisches Gesetz immer geben *muß*, damit das Ganze überhaupt eine Erklärung sein kann" (Esser 1993, S. 122).

Die von Esser bevorzugte empirische Handlungstheorie ist die sogenannte „Wert-Erwartungstheorie". „Sie geht – etwas vereinfacht gesagt – davon aus, daß ein Akteur genau die Alternative wählt, bei der die sog. Nutzenerwartung maximiert wird. Die Nutzenerwartung ist das Produkt des Wertes U bestimmter Folgen des Handelns mit der Erwartung p, daß diese Konsequenz mit dem Handeln auch eintritt; also: $p \cdot U$. Gewählt wird danach immer die Handlung mit der im Vergleich höchsten Nutzenerwartung" (Esser 1993, S. 95). „Die Erwartungen und die Bewertungen bzw. das Produkt $p \cdot U$ bilden den Ursachenteil des Gesetzes für die Selektion des Handelns, das selegierte Handeln ist der Folgenteil des Gesetzes und die Maximierung der Nutzenerwartung stellt die Selektionsregel dar: die funktionale bzw. kausale Verbindung zwischen Ursache und Folge. Dies ist" wie Esser betont „eine sehr präzise und daher auch sehr fallible Regel" (Esser 1993, S. 96).

Die Frage ist nach Esser also nicht, ob man bei einer soziologischen Erklärung ein empirisches (psychologisches) Gesetz als Handlungstheorie einsetzt oder nicht einsetzt, sondern lediglich welches empirische Gesetz man bei einer soziologischen Erklärung als Handlungstheorie einsetzt. Das Gesetz soll nach Esser allerdings möglichst einfach sein und genaue Aussagen darüber ermöglichen, welche Handlungsalternative beim Vorliegen welcher Randbedingungen gewählt wird.

Das Problem mit der Annahme der Nutzenmaximierung oder Wertewartungstheorie ist, wie auch Esser bemerkt, daß die Theorie recht unrealistisch ist: „Jedem Soziologen werden unmittelbar Argumente dafür einfallen, daß die nutzenmaximierende Selektion des Handelns eine heroische Simplifikation und Verfälschung der wirklichen Gesetze des Handelns wäre" (Esser 1993, S. 135). Trotzdem beschwört Esser seine Leser eindringlich, die Annahme der nutzenmaximierenden Selektion nicht aufzugeben: „Es empfiehlt sich" nach ihm „hier *besonders* dringend, diese Annahme erst dann zu lockern, wenn es gar nicht mehr anders geht" (Esser 1993, S. 135). Er empfiehlt seinen Lesern, „es sich *sehr* gut zu überlegen, ob man davon abweichen möchte und dann eventuell ohne irgendeine

Selektionsregel und ohne eine Möglichkeit zur Modellierung der Situation über Brückenhypothesen da steht" (Esser 1993, S. 136). Er betont allerdings, daß es ihm nicht darum geht, „die Theorie der Nutzenmaximierung für sakrosankt zu erklären" (Esser 1993, S. 136).

„Mit der Logik der Aggregation wird die Mikro-Makro-Verbindung des Modells zurück auf die Ebene der kollektiven Phänomene hergestellt. Erst über die Aggregation bzw. über die Transformation kommt es zur Verknüpfung zwischen den individuellen Handlungen und den kollektiven Folgen – dem eigentlich interessierenden soziologischen Explanandum" (Esser 1993, S. 97). Es geht also bei der Logik der Aggregation um die Berechnung der kollektiven Folgen der individuellen Entscheidungen der handelnden Akteure. Als ein Beispiel für die Verknüpfung der Mikro- und Makroebene mittels Transformationsregeln wird von Esser die Berechnung der Verteilung der Sitze in einem Parlament aus den individuellen Entscheidungen der Wähler nach den Regeln des geltenden Wahlrechts angeführt (vgl. Esser 1993, S. 97).

In den meisten Fällen ist die Logik der Aggregation nach Esser eine recht komplexe Angelegenheit, geht es bei der Logik der Aggregation doch darum, die Folgen der individuellen Entscheidungen, und zwar einschließlich der von den Akteuren unbeabsichtigten Folgen ihres Handelns auf der kollektiven Ebene, aufzuzeigen. „Das Problem der Aggregation ist" nach Esser daher „meist der komplizierteste der drei Schritte" (Esser 1993, S. 97).

Soweit eine kurze Darstellung der Struktur einer soziologischen Erklärung nach Esser.

In verhaltenstheoretischen Erklärungen wird das Explanandum (das menschliche Verhalten) aus allgemeinen psychologischen Gesetzen gemeinsam mit den relevanten Randbedingungen abgeleitet. Esser verfolgt in seiner Version der „Rational-Choice-Theorie" genau dieses Anliegen. Kern seines Modells einer soziologischen Erklärung mittels dreier „Logiken" ist, wie wir gesehen haben, ein empirisches Gesetz. Dieses Gesetz – die Rationalitätshypothese – ist zwar nach Esser falsch, aber wir haben ihm zufolge eben nichts Besseres. Und da man seiner Meinung nach ohne empirische Gesetze nichts erklären kann, sollten wir dieses Gesetz nicht leichtfertig – bloß weil es falsch ist – aufgeben. Essers Modell der Erklärung eines soziologischen Tatbestandes mittels der sogenannten „drei Logiken" ist eine typische verhaltenstheoretische Konzeption.

3. Handlungstheorie

Die Sozialwissenschaften und die Naturwissenschaften weisen Popper zufolge neben prinzipiellen Gemeinsamkeiten auch einige grundlegende Differenzen auf. Prinzipiell gleich ist die Vorgehensweise. In beiden Wissenschaftsbereichen geht es um die Lösung von Problemen.

Die Wissenschaft beginnt also nach Popper weder mit Beobachtungen noch mit Theorien, sondern mit Problemen. Probleme setzen allerdings immer Wissen voraus. Ein Problem erkennen heißt, daß wir entdecken, daß an unserem (vermeintlichen) Wissen etwas nicht stimmt. Gleichzeitig ist aber das Wissen immer die (vorläufige) Lösung eines Problems. So können wir mit Popper sagen: „Kein Wissen ohne Probleme – aber auch kein Problem ohne Wissen" (Popper 1989, S. 80). Der nächste Schritt besteht darin, daß wir eine Lösung des Problems formulieren. Die Lösung ist in der Wissenschaft immer eine sprachlich formulierte erklärende Theorie. Diese Theorie kann dann kritisiert und durch Kritik auch verändert werden. Die vorläufige Problemlösung und die anschließende Kritik führt dann zu einer neuen Problemsituation.

Das Wissen schreitet so von alten zu neuen Problemen fort. „Man kann also sagen, *der Erkenntnisfortschritt bewege sich von alten Problemen hin zu neuen, und zwar mittels Vermutungen und Widerlegungen*" (Popper 1973, S. 285). Symbolisiert man das Problem (genauer Problemsituation) mit „P", die vorläufige Lösung mit „VL" und die Fehlerausmerzung oder Fehlerbeseitigung mit „FB", so läßt sich der Ablauf des Erkenntnisfortschrittes vereinfacht wie folgt darstellen: $P_1 \rightarrow VL \rightarrow FB \rightarrow P_2 \rightarrow VL \rightarrow FB \rightarrow P_3 \ldots$ (vgl. Popper 1973, S. 315).

Es geht sowohl in den Natur- als auch in den Sozialwissenschaften um das Verstehen. Es ist das Ziel sowohl der Naturwissenschaften als auch der Sozialwissenschaften, ihre Probleme (die Probleme, von denen sie ausgehen) zu verstehen. Aber es gibt trotz all dieser Gemeinsamkeiten zwischen diesen beiden Gruppen von Wissenschaften einen in methodologischer Hinsicht recht bedeutsamen Unterschied. Die Probleme der Naturwissenschaften (der Wissenschaften, die die Phänomene und Vorgänge der unbelebten Natur zu ihrem Gegenstand haben) und die Probleme der Sozialwissenschaften unterscheiden sich voneinander auf eine ganz und gar nicht triviale Weise.

Das hängt damit zusammen, daß es in der natürlichen Welt (Welt 1a) keine Probleme existieren. Probleme tauchen auf der Welt erst mit der

Entstehung des Lebens auf. Das bedeutet, daß innerhalb des Gegenstandsbereiches der Naturwissenschaften, d. h. innerhalb der Welt 1a, weder Probleme noch Problemlösungen existieren. Es sind daher nicht irgendwelche Probleme und Problemlösungen innerhalb der Welt 1a, mit denen sich diese Wissenschaften beschäftigen und die sie verstehen wollen, sondern drittweltliche Probleme ihrer Wissenschaften. Die Probleme, mit denen sich diese Wissenschaften beschäftigen, sind also keine Probleme innerhalb ihres Gegenstandsbereiches, sondern Probleme dieser Wissenschaften selbst.

Die Situation ist in den Sozialwissenschaften eine andere. Zwar sind auch die Probleme, von denen die Sozialwissenschaften ausgehen und die sie lösen und damit verstehen wollen, drittweltliche Probleme ihrer Wissenschaften, wollen aber Sozialwissenschaftler ihre Probleme lösen, so müssen sie sich mit Problemen und Problemlösungen ihres Gegenstandsbereiches beschäftigen. Das ist insbesondere bei Handlungserklärungen der Fall.

Das drittweltliche wissenschaftliche Problem des Sozialwissenschaftlers läßt sich in diesem Fall so formulieren: Wie kann ich diese oder jene Handlung verstehen? Bezeichnen wir das Problem (das Verstehensproblem) unseres Sozialwissenschaftlers mit PV, und fragen wir jetzt, wie kann unser Sozialwissenschaftler sein Problem, also PV, verstehen? Die Antwort auf diese Frage lautet, indem er versucht, PV zu lösen. Will der Sozialwissenschaftler sein Problem (also PV) lösen, so muß er sich zunächst mit der zu erklärenden Handlung (die Handlung, die er verstehen will) beschäftigen. Diese Handlung ist aber ihrerseits die Lösung (also VL) eines Problems. Bezeichnen wir das Problem, welches der Handelnde durch seine Handlung (VL) lösen wollte mit P1, so können wir jetzt sagen, daß der Sozialwissenschaftler, wenn er sein Problem, also PV, lösen will, sich mit der Folge P1 → VL (Problemsituation des Handelnden und daraufhin erfolgte Problemlösung) beschäftigen muß. Er muß versuchen, die Problemsituation des Handelnden, also P1, zu rekonstruieren, und zwar so, wie es vom Handelnden wahrgenommen wurde, und aufzeigen, daß die darauf erfolgte Handlung eine verstehbare Lösung (VL) des Problems P1, wie es vom Handelnden gesehen wurde, darstellt. Das Ergebnis der Bemühungen des Sozialwissenschaftlers, also die Rekonstruktion der Problemsituation (also von P1) und die Deutung der Handlung als verstehbare Problemlösung (VL von P1) ist eine drittweltliche hypothetische erklärende Theorie. Diese erklärende Theorie ist die vorläufige Lösung des Verstehensproblems des Sozialwissenschaftlers also VL von PV.

Was wir auf Grund dieser Überlegungen erkennen können ist, daß das Problem des Sozialwissenschaftlers ein Metaproblem ist. Sein Problem, also PV, liegt eine Ebene höher als das Problem des Handelnden (also P1). Das Problem eines Naturwissenschaftlers, der sich mit den Phänomenen und Prozessen der unbelebten Natur beschäftigt, ist dagegen kein Metaproblem. Das Problem, welches er verstehen will, ist sein drittweltliches wissenschaftliches Problem P1.

Wir können nach Popper zwei verschiedene Bedeutungen des Wortes „Lernen" unterscheiden, nämlich 1. Entdecken und 2. Einüben oder zur Gewohnheit machen. Es handelt sich dabei nach Popper um zwei grundlegend verschiedene Phänomene oder um „zwei absolut verschiedene Stadien des Lernens" (Popper und Lorenz 1988, S. 23). Die Kreativität, d. h. auch Zufall oder Unvorhersehbarkeit, steckt im Entdecken, das dem Einüben oder zur Gewohnheit machen immer vorangeht. Das Zur-Gewohnheit-Machen oder das Einüben durch Wiederholung wird dagegen durch Gesetz und Notwendigkeit beherrscht: „Die Lernpsychologie", schreibt Popper, „betrachtet leider diese zweite und unwichtige Art des Lernens als die einzige: das Lernen durch Wiederholung" (Popper und Lorenz 1988, S. 24).

Da die sogenannte Verhaltens- oder Lerntheorie sich nur für die eine Seite dieses Prozesses, also nur für Gesetz und Notwendigkeit interessiert, hat sie für die andere Seite des Prozesses, für Unvorhersehbarkeit oder Kreativität keine Augen. Was die sogenannte psychologische Lern- oder Verhaltenstheorie vernachlässigt, ist das Entdecken, die kreative Seite des Lernens. Das Entdecken ist ein kreativer, d. h. ein prinzipiell unvorhersehbarer und unprognostizierbarer Vorgang.

Wir gelangen durch die Unterscheidung, hier Steuerung durch Gesetz und Notwendigkeit, dort Steuerung durch kreative Unvorhersehbarkeit zu einer weiteren Unterscheidung zwischen den Natur- und den Sozialwissenschaften. Das Verhalten der Phänomene des Gegenstandsbereiches der Naturwissenschaften (Welt-1a-Bereich) ist durch Gesetz und Notwendigkeit gesteuert. In diesem Bereich, d. h. unterhalb der Stufe des Lebendigen, gibt es keine Probleme und entsprechend auch keine kreativen Lernprozesse. Das Verhalten der Phänomene des Gegenstandsbereiches der Sozialwissenschaften wird dagegen durch Lernprozesse gesteuert, in denen sowohl das Entdecken, also kreative Unvorhersehbarkeit, als auch das Einüben, also Gesetz und Notwendigkeit, eine Rolle spielen. Daraus folgt nun ein grundlegender Unterschied zwischen dem objektiven Verstehen in der Natur-(Objektbereich Welt-1a-Phänomene) und in den Sozialwissenschaften. Vorgänge in der natürlichen Welt 1a können wir in dem Sinne objektiv verstehen, daß wir sie aus allgemeinen Gesetzen und den relevanten Randbedingungen logisch ableiten, d. h. in dem wir sie erklären und prognostizieren. Zwischen Erklärung und Prognose gibt es hier keinen logisch-strukturellen Unterschied. Anders in den Sozialwissenschaften. Wir können Vorgänge in der sozialen Welt (objektiv) verstehen, indem wir sie erklären, und zwar in dem Sinne, daß wir die Kette der kreativen Problemlösungsschritte $P_1 \rightarrow VL \rightarrow FB \rightarrow P_2$ usw., die vor dem zu erklärenden Sachverhalt lagen, Schritt für Schritt rekonstruieren. Wir werden aber die Vorgänge in der sozialen Welt nie verläßlich prognostizieren können. Und zwar deswegen nicht, weil die Ereignisse in der sozialen Welt, wie wir gesehen haben, u. a. durch kreative Lernprozesse gesteuert werden. Es gibt zwischen Erklärung und Prognose bei allen evolutionären Vorgängen, also bei allen Lernprozessen (außer in ganz besonderen Situationen) einen grundlegenden Unterschied. Es gibt hier immer nur die Möglichkeit für das Erklären oder Verstehen, aber nicht für eine verläßliche Vorhersage. Und daß das so ist, liegt nicht etwa daran, daß unser Wissen unvollständig ist, sondern daran, daß evolutionäre Prozesse grundsätzlich etwas Unvorhersehbares oder Kreatives an sich haben.

Esser glaubt, mit Hilfe seiner aus drei Logiken bestehenden Struktur einer soziologischen Erklärung Max Webers Vorstellung von der soziologischen Methode expliziert zu haben. 1. ging es, so Esser, Weber um das deutende Verstehen, um das Verstehen des subjektiv gemeinten Sinnes von sozialen Handlungen. Und um die Rekonstruktion eines sinnhaften sozialen Handlungszusammenhanges, und zwar betrachtet aus dem subjektiven Blickwinkel der interagierenden Akteure, geht es auch in der Logik der Situation. Es geht hier also um das deutende Verstehen von sozialen Handlungen auf Grundlage der Rekonstruktion der Ziele, Entscheidungen, Wissen, Situationseinschätzungen usw. der handelnden Individuen. Auf das deutende Verstehen folgt nach Esser bei Weber 2. das kausale oder ursächliche Erklären. Und das ist nach Esser die Aufgabe der Logik der Selektion. Für das kausale Erklären braucht der Soziologe nach Esser allerdings eine „empirische" Handlungstheorie (Esser 1993, S. 5), mit deren Hilfe aus den gegebenen Randbedingungen (der Konstruktionen 1. Ordnung der Handelnden) die Wahl einer besonderen Handlungsalternative vorhergesagt werden kann. Weber ging es nach Esser aber nicht nur um das deutende Verstehen und um das ursächliche Erklären sozialer

Handlungen, sondern darüber hinaus 3. auch um die Erklärung der Folgen oder Wirkungen sozialer Handlungen. Und genau um die Erklärung der Folgen oder Wirkungen der sozialen Handlungen, „um die *externen Effekte* des Handelns" (Esser 1993, S. 5) geht es nach Esser bei der Logik der Aggregation. Esser faßt seine Ausführungen zu Webers methodologischer Konzeption folgendermaßen zusammen:

> „Die drei Schritte der Weberschen Konzeption einer verstehend-erklärenden Soziologie verbinden offenkundig vier Elemente: Situation, Akteur, das soziale Handeln und dessen Wirkungen, die externen Effekte. Der erste Schritt ist das deutende Verstehen, das den subjektiven Sinn des Handelns in einer typischen Situation rekonstruiert. Ursächlich erklärt werden im zweiten Schritt der dadurch zu erwartende Ablauf des Handelns mit Hilfe einer Handlungstheorie; und darüber dann im dritten Schritt dessen Wirkungen durch die Ableitung der externen Effekte des Handelns" (Esser 1993, S. 5).

Esser glaubt darüber hinaus, daß er sich mit seiner Konzeption der soziologischen Erklärung auch mit den Vorstellungen von Schütz von der Methodologie der Sozialwissenschaften in Einklang befindet. Er begründet seine diesbezügliche Ansicht folgendermaßen: Für Schütz ist Handeln ein Verhalten, dessen Ablauf vom Handelnden zuvor entworfen wurde. Handeln ist nach Schütz zudem das Ergebnis eines Wahlaktes, in dem verschiedene Alternativen miteinander verglichen und bewertet werden. Dies geschieht, indem die verschiedenen möglichen Handlungsalternativen gedanklich ausprobiert werden, um zu sehen, zu welchen Resultaten die einzelnen Handlungsalternativen führen. Bei diesem Vergleich spielen nach der Rekonstruktion des Ansatzes durch Esser zwei verschiedene Komponenten eine entscheidende Rolle: „Das Wissen (bzw. Erwartungen) des Akteurs und seine Motive (bzw. Bewertungen)" (Esser 1991b, S. 433).

Mit Wissen werden die Kenntnisse des Akteurs über die ihm offenstehenden Möglichkeiten sowie seine Kenntnisse oder Annahmen darüber, welche Folgen mit welchen Mitteln erzielt werden können, angesprochen. Mit Motiven ist wiederum die Zielstruktur – die Struktur der Um-zu-Motive – des Akteurs angesprochen. Die Bewertung der einzelnen Handlungsalternativen erfolgt durch die gedankliche In-Beziehung-Setzung der einzelnen Alternativen mit dieser Zielstruktur. Mit der Rekonstruktion des Wissens oder der Erwartungen und der Motive und Bewertungen des Akteurs (der Akteure) ist nach Esser der erste Schritt der soziologischen Analyse, die Rekonstruktion der „Logik der Situation", abgeschlossen.

Zwischen dem Ansatz von Alfred Schütz und seinem eigenen gibt es nach Esser keinen Unterschied. Rekonstruiert wird hier wie dort zunächst die Logik der Situation, wie sie von den Handelnden gesehen wird. Rekonstruiert werden, mit anderen Worten ausgedrückt, hier wie dort die (subjektiven) Konstruktionen erster Ordnung der beteiligten Handelnden.

Nach Esser ist, wie wir gesehen haben, die Logik der Situation eine Sache, die Logik der Selektion, d. h. die Frage, nach welcher Regel die Wahl einer Alternative erfolgt, eine andere: „Mit dem Wissen über die (...) Möglichkeiten und mit den Um-zu-Motiven sind die beiden Grundvariablen der Handlungswahl abgegrenzt. Nach welcher ‚Logik' erfolgt dann aber die Selektion einer bestimmten Handlung" (Esser 1991b, S. 434)?

An einer Stelle, auf die sich Esser beruft, stützt sich Schütz bei der Beschreibung der Wahlentscheidung auf die Theorie des Wollens von Gottfried Leibniz. Die Wahl einer Handlung entspringt entsprechend dieser Vorstellung „dem Konflikt aller vorangehender Begehrungen und ihrer Kombinationen, und zwar sowohl der den positiven wie den negativen Gewichten entsprechenden Kombinationen. Durch das Zusammenströmen all dieser einzelnen Begehrungen entspringt das gesamte Wollen, wie in der Mechanik die zusammengesetzte Bewegung aus allen Tendenzen resultiert, die in ein und demselben beweglichen Körper auftreten, aber auch jeder einzelnen Tendenz genügt, indem sie alle gleichzeitig verwirklicht. Dieses nachfolgende, endgültige Wollen bestimmt die Richtung der Handlung, und von diesem Wollen sagt man, daß jeder das ausführt, was er ausführen will, wenn er es nur ausführen kann" (Schütz 1971, S. 103 f.).

Esser behauptet nun, daß zwischen der Entscheidung der „Rational-Choice-Theorie", der SEU-Regel (Subjective Expected Utility) und Schütz' Theorie des Wollens kein inhaltlicher Unterschied besteht. „Das Ergebnis der Gewichtung der Alternativen ist beide Male die Grundlage der schließlichen Entscheidung. Und hierfür wird in beiden Fällen eine inhaltlich gleiche (wenngleich formal unterschiedlich präzisierte) Regel angenommen: Gewählt wird nach Schütz (in der Sprache von Leibniz) die Handlung, in der ‚jeder das ausführt, was er ausführen will'. Und gemäß der SEU-Theorie ist es die Handlung mit der vergleichsweise höchsten ‚Handlungstendenz' (als subjektiv erwarteten Nutzen der betreffenden Handlung)" (Esser 1991b, S. 435).

Durch diese Ausführungen von Esser zu der Frage nach den Gemeinsamkeiten von „Rational-Choice-Theorie" und soziologischer Handlungstheorie werden die, wie ich glaube, grundlegenden Differenzen zwischen den beiden Ansätzen verwischt.

Der von mir vertretene Standpunkt in dieser Frage lautet: Gegenstand der soziologischen Handlungstheorie sind die drittweltlichen objektiven (sprachlich formulierten) Inhalte von individuellen normativen Entscheidungen. Der objektive drittweltliche Inhalt einer individuellen normativen (Handlungs-)Entscheidung ist die vorläufige Lösung (VL) einer drittweltlichen Problemsituation (P1). Elemente der drittweltlichen Problemsituation (P1) sind *nur* drittweltliche objektive (sprachlich formulierte) Phänomene. Die Aufgabe der soziologischen Handlungstheorie ist die drittweltliche Rekonstruktion drittweltlicher Problemlösungen angesichts drittweltlicher Problemsituationen. In handlungstheoretischen Erklärungen kommen keine empirischen Hypothesen vor. Gegenstand der psychologischen Verhaltenstheorie sind dagegen die zweitweltlichen normativen Entscheidungen (im Sinne eines zweitweltlichen empirisch-psychologischen Ereignisses) von Individuen. Sie erklärt die zweitweltlichen normativen Entscheidungen von Individuen mittels einer objektiven drittweltlichen erklärenden Theorie zweitweltlicher (psychologischer) empirischer Prozesse. Elemente einer solchen erklärenden Theorie sind die Beschreibungen von empirischen Randbedingungen und zweitweltliche psychologische Gesetze.

Für die beiden Aufgaben, hier Erklärung der drittweltlichen Inhalte einer normativen Entscheidung, dort Erklärung des Zustandekommens (des zweitweltlichen psychologischen Ereignisses) einer normativen Entscheidung benötigt man unterschiedliche Ansätze, für erstere eine Handlungstheorie, für zweitere eine Verhaltenstheorie. Durch die Verwendung des Begriffes Handlungstheorie für verhaltenstheoretische Entwürfe, wie das von Esser praktiziert wird, ist nichts gewonnen.

Die Differenz zwischen drittweltlichen objektiven Bewußtseinsinhalten und zweitweltlichen subjektiven Bewußtseinsprozessen wird von Esser nicht gesehen. Die objektiven Inhalte von individuellen normativen Entscheidungen werden von ihm als subjektive Tatbestände qualifiziert. Was aber Esser übersieht ist, daß für Weber der subjektiv gemeinte Sinn einer Handlung kein psychologisches, psychisches (2. weltliches) Phänomen ist. Der nach Weber bei Handlungserklärungen zu rekonstruierende subjektiv gemeinte Sinn einer Handlung ist vielmehr der drittweltliche Inhalt, der das Verhalten der Person steuernden normativen Entscheidung.

Webers subjektiv gemeinter Sinn ist also im Sinne der Drei-(Fünf-)Welten-Theorie von Popper ein objektives drittweltliches Phänomen. Subjektive Phänomene sind nach dieser Theorie psychische (2. weltliche) Bewußtseinsprozesse. Besonders bedeutsam ist in diesem Zusammenhang, daß der subjektive Sinn der Handlung in der verstehenden Soziologie nach Weber ausschließlich aus sinnhaften (d. h. drittweltlichen) Momenten der (drittweltlichen) Situation des Handelnden (aus der Sicht des Handelnden) und nie unmittelbar aus irgendwelchen psychischen oder biologischen Gegebenheiten erschlossen wird.

Der subjektiv gemeinte Sinn einer Handlung (bzw. der die Handlung steuernden individuellen normativen Entscheidung) ist nach Weber kein psychisches (2.-weltliches) Phänomen: „Der Irrtum", schreibt Weber, „liegt im Begriff des ‚Psychischen': Was nicht ‚physisch' sei, sei ‚psychisch'. Aber der *Sinn* eines Rechenexempels, den jemand meint, ist doch nicht ‚psychisch'. Die rationale Überlegung eines Menschen: ob ein bestimmtes Handeln bestimmt gegebenen Interessen nach den zu erwartenden Folgen förderlich sei oder nicht und der entsprechend dem Resultat gefaßte Entschluß werden uns nicht um ein Haar verständlicher durch ‚psychologische' Erwägungen" (Weber 1972, S. 9). Und das zeigt nach Weber zugleich „wie irrig es ist, als die letzte ‚Grundlage' der verstehenden Soziologie irgendeine ‚Psychologie' anzusehen" (Weber 1972, S. 9). Psychische Faktoren spielen in Handlungserklärungen nach Weber lediglich die Rolle von externen Faktoren, welche als solche unmittelbar, prinzipiell nicht handlungsrelevant sein können. Unmittelbar handlungsrelevant können nur die (sinnhaften) Repräsentationen dieser Phänomene auf der Ebene der sinnhaften Strukturen sein.

Wir gelangen bezüglich des Ansatzes von Schütz zu dem gleichen Ergebnis. Die Aufgabe der verstehenden Soziologie, wie sie von Schütz gesehen wird, läßt sich ebenfalls als drittweltliche Rekonstruktion drittweltlicher normativer Entscheidungen angesichts drittweltlicher Problemsituationen charakterisieren.

Soziologie ist nach Schütz eine Handlungswissenschaft. Handeln bedeutet nach Schütz „ein Sich-Verhalten auf Grund eines vorangegangenen Entwurfes" (Schütz 1960, S. 273). Liegt ein solcher Entwurf nicht vor, wird also das Verhalten nicht von einer normativen Entscheidung (im Sinne des drittweltlichen Inhaltes der normativen Entscheidung) gesteuert, so liegt nach Schütz eben kein Handeln vor. Wir sollten in diesem Fall nach Schütz vom Verhalten und nicht vom Handeln sprechen: „Liegt ein solcher Entwurf nicht vor, dann wird eben nicht ‚gehandelt', dann ‚verhält' sich der

Betreffende nur in irgendeiner Weise oder er lebt, wenn er nicht einmal einen Akt spontaner Aktivität vollzieht, in seinen Erlebnissen schlicht dahin" (Schütz 1960, S. 273). Handeln bedeutet also nach Schütz ein Verhalten, welches vom objektiven drittweltlichen Inhalt einer (individuellen) normativen Entscheidung gesteuert wird. Die Aufgabe der Soziologie als Handlungswissenschaft ist demnach auch hier die objektive oder drittweltliche Rekonstruktion des objektiven drittweltlichen Inhaltes von individuellen normativen Entscheidungen in sozialen Zusammenhängen oder Kontexten. Allerdings ist die ganze Angelegenheit bei Schütz viel komplizierter als bei Weber.

Um noch einmal zu wiederholen: Objektive (drittweltliche) Bewußtseinsinhalte stehen untereinander in einem drittweltlichen (logischen) Zusammenhang. Die Elemente eines psychologischen (zweitweltlichen) Bewußtseinsprozesses stehen untereinander dagegen in einem empirischen (zweitweltlichen) Zusammenhang. Man muß sich also entscheiden, was man rekonstruieren will, die drittweltliche Logik der Situation oder einen psychologischen (zweitweltlichen) Bewußtseinsprozeß. Will man eine Handlung (genauer den drittweltlichen Inhalt einer normativen Entscheidung) als versuchte Problemlösung (VL) angesichts einer drittweltlichen Problemsituation – aus der Sicht des Handelnden – (P1) rekonstruieren, dann benötigt man, wie bereits mehrfach betont wurde, keine empirische Handlungstheorie. Ist die (drittweltliche) Logik der Situation des Handelnden hinreichend rekonstruiert, dann folgt die Handlung aus der Problemsituation, in dem Sinne, daß wir sagen können, angesichts der Situation des Handelnden ist die Handlung ein verstehbarer Versuch (VL), sein Problem (P1) zu lösen.

Verstehbarer Versuch bedeutet, daß wir sagen können, wäre ich in seiner, von mir rekonstruierten, Situation (P1) gewesen, dann hätte ich *vielleicht* oder *möglicherweise* genauso wie er gehandelt. Wir müssen *vielleicht* oder *möglicherweise* hinzufügen, weil eine Problemsituation selten nur eine einzige mögliche Lösung hat. Eine Handlung läßt sich häufig als ein Schuß ins Dunkle, allerdings in einen mehr oder weniger deutlich umrissenen, durch Verbotsschilder abgegrenzten Bereich rekonstruieren.

Meine Behauptung ist nun, daß die Rekonstruktion der Logik der Situation bei Esser unvollständig ist. Bestandteile der Logik der Situation sind nicht nur, wie Esser meint, die Nutzenerwartungen $p \cdot U$ der einzelnen von den Akteuren wahrgenommenen Handlungsalternativen, sondern im Falle des rationalen Handelns darüber hinaus (oder vor allem auch) die normative Entscheidung (im Sinne des drittweltlichen Inhaltes der normativen Entscheidung), sich rational verhalten zu wollen. Mit anderen Worten: Die Idee (im Sinne des drittweltlichen Inhaltes einer normativen Entscheidung) sich rational verhalten zu wollen, das Beste aus seiner Situation machen zu wollen oder wie nach der SEU-Theorie, die Handlung mit der höchsten subjektiven Nutzenerwartung wählen zu wollen, ist im Falle des rationalen Handelns ein wichtiges Element der drittweltlichen Problemsituation des Handelnden. Diese normative Entscheidung (im Sinne des drittweltlichen Inhaltes der normativen Entscheidung) ist ein wesentlicher Bestandteil der Logik der Situation. Nur dann, wenn man dieses Element der Logik der Situation übersieht, kann es einem so erscheinen, daß man nach der Rekonstruktion der Logik der Situation noch ein empirisches Gesetz benötigt, das angibt, was nun, d. h. welche Handlung oder welche Wahl, aus der Logik der Situation überhaupt folgt.

Ob allerdings die Idee der rationalen Wahl (im Sinne des drittweltlichen Inhaltes einer normativen Entscheidung) tatsächlich Bestandteil der drittweltlichen Situation des Akteurs ist, ist eine empirische Frage. Die drittweltliche Rekonstruktion der drittweltlichen Problemsituation des Handelnden ist eine hypothetische erklärende Theorie, welche sich prinzipiell als falsch erweisen kann. Was sich hier aber als falsch erweisen kann, ist keine gesetzesartige hypothetische Wenn-Dann- oder Je-Desto-Aussage, als falsch erweisen können sich hier die einzelnen Elemente (Randbedingungen) der drittweltlichen Rekonstruktion einer drittweltlichen Problemsituation.

Der Vorschlag von Esser, der letztlich darauf ausläuft, die Logik der Situation durch eine empirische Hypothese zu ergänzen, wobei erst diese empirische Hypothese (die Logik der Selektion) überhaupt angibt, was aus der Logik der Situation folgt, läßt sich meines Erachtens als ein Versuch interpretieren, sozialwissenschaftliche Erklärungen in das Korsett des naturwissenschaftlichen Erklärungsschemas zu zwängen. Die wahre Aufgabe der Methodologie der Sozialwissenschaften wäre dagegen die Logik der Sozialwissenschaften unter Bedachtnahme auf die spezifischen Besonderheiten des Gegenstandsbereiches der Sozialwissenschaften herauszuarbeiten.

Zusammenfassend kann also festgestellt werden, daß Essers Behauptung, er hätte mit seinem aus den drei „Logiken" bestehenden Modell der soziologischen Erklärung zugleich auch die Methodologie von Weber und

Schütz expliziert, falsch ist. Esser kann sich bei seinem methodologischen Programm weder auf Weber noch auf Schütz berufen.

Schließlich möchte ich in diesem Zusammenhang auf den grundlegenden Unterschied zwischen dem psychologischen Reduktionismus einerseits und dem methodologischen Individualismus andererseits hinweisen. Kennzeichnend für den psychologischen Reduktionismus ist die Behauptung, daß das Verhalten des Menschen mit Hilfe von allgemeinen psychologischen Gesetzmäßigkeiten erklärt werden kann. So behauptet Esser, daß wir das Verhalten von Menschen mit Hilfe der SEU-Theorie (Subjective Expected Utility-Theory) erklären können. Methodologische Individualisten meinen dagegen, daß wir die Handlungen der Menschen verstehen und auch erklären können, indem wir die Logik ihrer Situation (aus der Sicht der Akteure) rekonstruieren. Darüber hinaus kann ein methodologischer Individualist davon ausgehen, daß die Akteure in einer von ihm konstruierten Modellsituation sich rational verhalten. Diese Annahme kann eine wissenschaftlich durchaus fruchtbare Annahme sein. Der Wissenschaftler darf allerdings, worauf Raymond Boudon mit Nachdruck hinweist, niemals vergessen, daß es sich bei dieser Annahme lediglich um ein Analyseinstrument und nicht um eine realistische empirische Hypothese handelt: „Als Bentham vorschlug, menschliches Verhalten in – wie wir in unserer modernen Sprache sagen würden – Kosten-Nutzen-Begriffen zu analysieren, brachte er einen wichtigen Gedanken vor. Aber sobald die Idee nicht als Prinzip, sondern als wahres und realistisches Bild des menschlichen Wesens betrachtet wird, kann sie fragwürdige Überzeugungen und Weltanschauungen hervorrufen und hat dies in der Tat auch getan. Adam Smith wußte sehr genau, daß moralische Empfindungen nicht in Kosten-Nutzen-Begriffen verstanden werden können. Heute hat man manchmal das Gefühl, daß dieser wichtige Gedanke in Vergessenheit geraten ist" (Boudon 1990, S. 410).

4. Situationslogik

Die Sozialwissenschaften besitzen Popper zufolge eine besondere, nur ihnen eigene Methode. Popper bezeichnet diese Methode als „Situationslogik" (Popper 1970, S. 120). Die Situationslogik ist nach Popper eine verstehende und zugleich objektive Methode. „Eine *objektiv*-verstehende Sozialwissenschaft kann" nach Popper „unabhängig von allen subjektiven oder psychologischen Ideen entwickelt werden. Sie besteht darin, daß sie die *Situation* des handelnden Menschen hinreichend analysiert, um die Handlung aus der Situation heraus ohne weitere psychologische Hilfe zu erklären. Das objektive ‚Verstehen' besteht darin, daß wir sehen, daß die Handlung objektiv *situationsgerecht* war. Mit anderen Worten, die Situation ist so weitgehend analysiert, daß die zunächst anscheinend psychologischen Momente, zum Beispiel Wünsche, Motive, Erinnerungen und Assoziationen, in Situationsmomente verwandelt wurden. Aus dem Mann mit diesen oder jenen Wünschen wird dann ein Mann, zu dessen Situation es gehört, daß er diese oder jene objektiven *Ziele* verfolgt. Und aus einem Mann mit diesen oder jenen Erinnerungen oder Assoziationen wird dann ein Mann, zu dessen Situation es gehört, daß er objektiv mit diesen oder jenen Theorien oder mit dieser oder jener Information ausgestattet ist. Das ermöglicht es uns dann, seine Handlungen in dem objektiven Sinn zu verstehen, daß wir sagen können: Zwar habe ich andere Ziele und andere Theorien (als zum Beispiel Karl der Große); aber wär ich in seiner soundso analysierten Situation gewesen – wobei die Situation Ziele und Wissen einschließt –, dann hätte ich, und wohl auch Du, ebenso gehandelt. Die Methode der Situationsanalyse ist also zwar eine individualistische Methode, aber keine psychologische, da sie die psychologischen Momente prinzipiell ausschaltet und durch objektive Situationselemente ersetzt. Ich nenne sie gewöhnlich ‚Situationslogik' (‚situational logic' oder ‚logic of the situation')" (Popper 1970, S. 120).

Bestandteile einer objektiven sozialwissenschaftlichen erklärenden Theorie sind nach dem obigen Zitat nur drittweltliche Elemente: Die Theorien, mit denen der Handelnde „ausgestattet" ist, sind Elemente der Welt der objektiven Gedankeninhalte, die „objektiven Ziele", die der Handelnde verfolgt, sind Inhalte von normativen Entscheidungen und die Handlung selbst, die wir verstehen wollen, ist eine drittweltliche (normative) Entscheidung. Das Ziel der Popperschen Situationslogik oder der (sozialwissenschaftlichen) objektiv verstehenden Methode ist eine drittweltliche Rekonstruktion drittweltlicher (normativer) Entscheidungen.

Das Ergebnis einer solchen „Situationsanalyse" (Popper 1970, S. 121) ist eine objektive drittweltliche erklärende Theorie. Es ist eine kritisierbare Theorie. Zeigt die Kritik, daß der Handelnde andere Ziele verfolgte, als wir in unserer Situationsrekonstruktion angenommen haben, oder daß das Wissen der Handelnden über die Welt eine andere war, als wir in unserer Situationsanalyse angenommen haben, so ist unsere erklärende Theorie falsifiziert, woraus folgt, daß wir unser Verstehensproblem PV noch nicht gelöst haben.

Aber ist das überhaupt eine Erklärung? Benötigt man, wenn man etwas erklären will, nicht ein Gesetz? Heißt erklären nicht, ein gegebenes Explanandum aus einem Gesetz gemeinsam mit den relevanten Randbedingungen abzuleiten?

Wir haben die Situationslogik als eine Methode der Erklärung singulärer Handlungen vorgestellt. Das Interesse des Sozialwissenschaftlers gilt in diesem Fall den relevanten Randbedingungen oder Ursachen der Handlungen, die er erklären will. Es handelt sich also um charakteristische historische Erklärungen.

Es ist ganz allgemein so, daß die historischen Wissenschaften (einschließlich der historischen Sozialwissenschaften) sich mehr für die Randbedingungen oder Ursachen als für die allgemeinen Gesetze oder allgemeinen Hypothesen interessieren. Sie haben sich nicht die allgemeinen Gesetze, sondern die singulären Randbedingungen oder Ursachen der von ihnen zu erklärenden Phänomene zu ihrem Problem gemacht. Sie führen die allgemeinen Gesetze, aus denen sie gemeinsam mit den von ihnen analysierten Randbedingungen das gegebene Explanandum ableiten, häufig gar nicht an.

Ein Gesetz, aus dem gemeinsam mit der relevanten Situationsbeschreibung das gegebene Explanandum (die zu erklärende Handlung) in der Situationslogik abgeleitet wird, wurde von uns auch nicht genannt. Akzeptiert man die Aussage, daß man ohne irgendwelche allgemeinen Gesetze oder Hypothesen letztlich nichts erklären kann, so wirft die Beschäftigung mit der Methode der Situationslogik das folgende Problem auf: Was für eine Art Gesetz oder Hypothese wird bei Handlungserklärungen mit Hilfe der Situationslogik stillschweigend als selbstverständlich vorausgesetzt?

Es gibt auf die damit aufgeworfene Frage zumindest zwei mögliche Antworten. Diese werden im Folgenden angedeutet. Die erste dieser beiden Antworten ist falsch, die zweite dagegen ist richtig.

1. Antwort: Das, was wir bei der (sozialwissenschaftlichen) objektiv verstehenden Methode oder Situationslogik stillschweigend voraussetzen, ist letztlich die Universalität der menschlichen Vernunft. Denn wenn wir eine Handlung „aus der Situation heraus ohne weitere psychologische Hilfe [zu] erklären" (Popper 1970, S. 120), indem wir sagen, „zwar habe ich andere Ziele und andere Theorien (als zum Beispiel Karl der Große), aber

wäre ich in seiner soundso analysierten Situation gewesen – wobei die Situation Ziele und Wissen einschließt –, dann hätte ich, und wohl auch Du, ebenso gehandelt" (Popper 1970, S. 121), dann setzen wir doch als selbstverständlich voraus (weil nur dann der Schluß auf die Handlung gültig ist), daß die Vernunft des Handelnden immer dieselbe ist. Setzen wir die Universalität der menschlichen Vernunft voraus, so können wir dann tatsächlich sagen: Meine und Deine Handlungen unterscheiden sich, weil Du andere Ziele verfolgst als ich und weil Du etwas anderes weißt als ich. Würde ich aber dieselben Ziele verfolgen wie Du und würde ich über dasselbe Wissen verfügen wie Du, so würde ich genauso handeln wie Du. Bezeichnen wir die hier vorausgesetzte Annahme der Universalität der menschlichen Vernunft als Rationalitätshypothese, so ist diese Rationalitätshypothese das Gesetz, welches in der (sozialwissenschaftlichen) objektiv verstehenden Methode oder Situationslogik als selbstverständlich vorausgesetzt wird.

Die Rationalitätshypothese wird innerhalb dieser Antwort als ein empirisches, psychologisches Gesetz eingeführt. Es handelt sich nach dieser Auffassung bei Handlungserklärungen mit Hilfe der Situationslogik um die Rekonstruktion drittweltlicher (normativer) Entscheidungen aus drittweltlichen (kognitiven wie normativen) Ursachen (Randbedingungen) mittels zweitweltlicher psychologischer Gesetze. Diese zweitweltlichen psychologischen Gesetze, die universellen Gesetze der menschlichen Vernunft, werden nach dieser Auffassung bei Handlungserklärungen als selbstverständlich vorausgesetzt und häufig auch übersehen. Das führt dann zu der Ansicht, daß wir Handlungen einfach „aus der Situation heraus ohne weitere psychologische Hilfe" (Popper 1970, S. 120) erklären könnten. Aber auch hier ist es, wie das auch ganz allgemein der Fall ist, so, daß aus irgendwelchen, noch so genau analysierten Randbedingungen alleine, d. h. ohne Angabe eines allgemeinen Gesetzes (hier die Rationalitätshypothese) überhaupt nichts folgt.

2. Antwort: Das, was wir bei der (sozialwissenschaftlichen) objektiv verstehenden Methode oder Situationslogik stillschweigend voraussetzen, ist kein psychologisches und auch kein empirisches Gesetz. Es handelt sich bei der Erklärung von Handlungen um die drittweltliche Rekonstruktion drittweltlicher Beziehungen drittweltlicher Phänomene (die Probleme von Sozialwissenschaften sind Metaprobleme) – und drittweltliche Phänomene stehen untereinander in logischen, nicht in empirischen Bezie-

hungen. Daher benötigen wir für Handlungserklärungen (d. h. für drittweltliche Rekonstruktionen drittweltlicher Phänomene) keine empirischen, sondern nur logische Gesetze, d. h. Gesetze, mit deren Hilfe wir drittweltliche Beziehungen drittweltlicher Phänomene beschreiben können. Um auf den nichtempirischen und auch nicht-psychologischen Charakter dieser Beziehungen hinzuweisen, bezeichnet Karl Popper das Verfahren der sozialwissenschaftlichen Situationsanalyse oder Situations*logik* auch als die „Nullmethode": „Ich verweise in diesem Zusammenhang auf die Möglichkeit, in den Sozialwissenschaften ein Verfahren zu verwenden, das man die Methode der logischen oder rationalen Konstruktion oder vielleicht die ‚Nullmethode' nennen kann" (Popper 1969, S. 110).

Es ging hier nicht darum, die normative (3a-weltliche) und die psychologische (2.-weltliche) Steuerung und damit die Handlungstheorie und die Verhaltenstheorie gegeneinander auszuspielen. Beide Steuerungsarten gibt es. Es handelt sich um benachbarte Elemente eines Systems von Steuerungen. Innerhalb dieses hierarchischen Systems von Steuerungen nimmt die normative Steuerungsebene – die Steuerung des Verhaltens durch individuelle normative Entscheidungen – einen Platz oberhalb der psychologischen Steuerungsebene ein. Die Beziehung der beiden Ebenen ist aber nicht einseitig. Es handelt sich hier um eine Steuerung mit Rückmeldung oder Rückkoppelung.

Menschen versuchen in neuen, noch unbekannten Situationen die für ihr Verhalten relevanten Elemente der Situation zu rekonstruieren und die Logik der Situation zu erfassen. Das gelingt ihnen immer nur unvollständig. Sei es, daß die Informationen unvollständig sind, sei es, daß sie die (logischen) Zusammenhänge zwischen den Elementen nicht richtig erfassen. Wie dem auch sei, auf dieser Grundlage treffen Menschen ihre Entscheidungen. Ihre Entscheidungen sind vorläufige Problemlösungen (VL) angesichts mehr oder weniger gut rekonstruierter und durchschauter Problemsituationen (P1). In diesem Sinne sagen wir, ihre Entscheidungen werden von der Logik der Situation gesteuert.

Wenn Menschen ihre, auf diese Weise getroffenen Entscheidungen ausführen, machen sie Erfahrungen. Ihr zukünftiges Verhalten wird von diesen Erfahrungen (Erlebnisse als Randbedingungen) gemeinsam mit psychologischen Gesetzen (mit-)bestimmt. Machen sie positive Erfahrungen, werden sie das Verhalten wiederholen, machen sie negative Erfahrungen, werden sie nach neuen Handlungsalternativen Ausschau halten.

Auf diese Weise (d. h. durch Versuch und Irrtum) sammeln sich erprobte Routinen an, die das Handeln im Alltag beherrschen. Die höhere Steuerung setzt nur ein, wenn Gewohnheiten versagen oder wenn sich das Individuum vor neuen Problemen stehen sieht. So befinden sich die normativen (3b-weltlichen) und die psychologischen (2.-weltlichen) Steuerungen des Verhaltens untereinander in einer komplexen Wechselbeziehung. Handlungstheorie und Verhaltenstheorie sind daher keine einander ausschließenden, sondern einander ergänzende Konzeptionen.

Literatur

Abell, Peter (Hg.): Rational Choice Theory. Edward Elgar, Aldershot 1991.

Boudon, Raymond: Subjektive Rationalität und die Theorie der Ideologie. In: Haferkamp, Hans (Hg.): Sozialstruktur und Kultur. Suhrkamp, Frankfurt am Main 1990.

Coleman, James S.: Grundlagen der Sozialtheorie. Bd. 1: Handlungen und Handlungssysteme. Oldenbourg, München 1991.

Esser, Hartmut: Alltagshandlungen und Verstehen. Zum Verhältnis von erklärender und verstehender Soziologie am Beispiel von Alfred Schütz und Rational Choice. Mohr, Tübingen 1991a.

Esser, Hartmut: Die Rationalität des Alltagshandelns. Eine Rekonstruktion der Handlungstheorie von Alfred Schütz. Zeitschrift für Soziologie (1991b), 430–445.

Esser, Hartmut: Soziologie. Allgemeine Grundlagen. Campus, Frankfurt am Main 1993.

Fischer, Ernst Peter: „Was ist Leben?" – mehr als vierzig Jahre später. In: Schrödinger, Erwin: Was ist Leben? Piper, München 1989, 9–25.

Homans, George C.: Soziales Verhalten als Austausch. In: Hartmann, Heinz (Hg.): Moderne amerikanische Soziologie. Enke, Stuttgart 1967, 173–185.

Homans, George C.: Behaviourism and After. In: Giddens, Anthony (Hg.): Social Theory Today. Polity Press, Cambridge 1987, 58–81.

Popper, Karl R.: Das Elend des Historizismus. Mohr, Tübingen 1969.

Popper, Karl R.: Die Logik der Sozialwissenschaften. In: Adorno, Theodor W., u. a.: Der Positivismusstreit in der deutschen Soziologie. Berlin, Neuwied 1970, 103–123.

Popper, Karl R.: Objektive Erkenntnis. Ein evolutionärer Entwurf. Hoffman und Campe, Hamburg 1973.

Popper, Karl R.: Die offene Gesellschaft und ihre Feinde. Bd. I. Der Zauber Platons. Franke, München 1975.

Popper, Karl R.: Ausgangspunkte. Meine intellektuelle Entwicklung. Hoffman und Campe, Hamburg 1979.

Popper, Karl R.: Replies to my Critics. In: Schilpp, P. A. (Hg.): The Philosophy of Karl Popper, Bd. II. Open Court, La Salle Illinois 1974, 961–1197.

Popper, Karl R./Lorenz, Konrad: Die Zukunft ist offen. Piper, München 1988.

Schütz, Alfred: Der sinnhafte Aufbau der sozialen Welt. Springer, Wien 1960.

Schütz, Alfred: Gesammelte Aufsätze. Bd. I. Das Problem der sozialen Wirklichkeit. Nijhoff, den Haag 1971.

Weber, Max: Wirtschaft und Gesellschaft. Grundriß der verstehenden Soziologie. Mohr, Tübingen 1972.

Evelyn Gröbl-Steinbach

Handlung oder Kommunikation?

I

Im Jahr 1981 hat Jürgen Habermas den gängigen soziologischen Modellen sozialen Handelns ein neues hinzugefügt: das Modell des kommunikativen Handelns.[1] Kommunikatives Handeln ist als soziales Handeln konzipiert und meint die Interaktion von mindestens zwei sprach- und handlungsfähigen Subjekten, die eine interpersonale Beziehung eingehen (1981/I, 128, 141, 148, 151, 385).
Das Modell des kommunikativen Handelns ist einer umfangreichen Kritik unterzogen worden. Man hat gesagt, daß es soziales Handeln idealistisch in Kommunikation auflöse; daß in ihm ein Handlungstypus mit einer Typologie der Handlungskoordination vermengt werde (Joas 1986, 149), daß konkrete Handlungen im Sinne einer Dichotomie erfolgsorientiert (strategisch) versus verständigungsorientiert klassifiziert werden (Berger 1986, 266 f.), wo doch empirisch stets beide Perspektiven vermengt seien; daß die Unterstellung, das kommunikative Handeln verdanke seine Integrationsleistungen der Anerkennung bestimmter Formen argumentativer Rechtfertigung, idealisierend sei (Weiss 1983, 115) etc.
Ich möchte das Modell des kommunikativen Handelns daraufhin untersuchen, ob es für die Arbeit von SoziologInnen ein brauchbares Modell darstellt bzw. auf welcher Ebene der Theoriekonstruktion es brauchbar ist. Ich verstehe Modelle als repräsentationale Interpretationsschemata der empirisch vorfindlichen Phänomene, die unter bestimmten Aspekten idealisierend bzw. abstrahierend dargestellt werden. Modelle finden normalerweise zu explanatorischen Zwecken Anwendung. Bevor es allerdings um die Lösung von Erklärungsproblemen gehen kann, müssen soziale Phänomene als solche identifiziert werden. Soziale Phänomene gehören dem Bereich der sozialen Realität an, jenem Bereich der objektiven Realität, der nicht nur unmittelbar sinnlich, sondern primär sinnverstehend er-

fahren und durch soziales Handeln fortwährend symbolisch reproduziert und verändert wird. Insofern die intersubjektive Hervorbringung von Sinn kommunikativer Akte bedarf, ist der Begriff des kommunikativen Handelns bereits erforderlich, um die elementaren Strukturen von sozialer Realität zu erfassen. Kommunikatives Handeln wäre damit nicht bloß ein Begriff der soziologischen Handlungstheorie, sondern auch gleichzeitig ein *metatheoretischer* Grundbegriff, mit dessen Hilfe es allererst möglich ist, soziale Phänomene zu konzeptualisieren.

II

Nun hat Habermas kommunikatives Handeln zunächst als soziales Handeln konzipiert, also als Begriff der soziologischen Handlungstheorie eingeführt (1981/I, 126 ff.). Kommunikatives Handeln bezeichnet den originären Modus der Interaktion, deren Charakteristikum darin besteht, daß sich die Aktoren mittels Sprechakten oder sprachlich interpretierten Handlungen auf einen oder mehrere andere als Ko-Aktoren oder Teilnehmer an einer gemeinsamen Handlungssituation beziehen.

Ich meine allerdings, daß es einen guten Sinn macht, den Begriff der *Handlung*, auch der sozialen, und *soziales Handeln* oder *Interaktion* analytisch zu trennen, weil ohne den Begriff des sozialen Handelns als Modus der intersubjektiven Reproduktion sozialer Realität weder auf der Ebene der Metatheorie ein grundbegrifflicher Rahmen für die Soziologie als Theorie über Gesellschaft im weitesten Sinn zur Verfügung steht, der den Besonderheiten von sozialer Realität gerecht wird, noch bestimmte methodologische Probleme einer sinnverstehenden Soziologie ausreichend präzisiert werden können.

Für eine *Handlung* sind Zwecksetzung und Intentionalität charakteristisch, auch im Fall einer spezifisch sozialen Handlung wie etwa einer Demonstration von Studenten, einer Gratulation zum Geburtstag, dem Schreiben eines Briefes. Eine *soziale Handlung* ist eine absichtsvolle teleologische, an ein tatsächlich vorhandenes oder auch virtuelles Ko-Subjekt (oder ein Publikum) gerichtete Handlung. Sie hat einen Anfang und ein Ende.

Unter *Interaktionen* verstehe ich ein Muster oder eine Vernetzung *wechselseitig aufeinander bezogener* und miteinander koordinierter sozialer Handlungen von mindestens zwei Aktoren, von denen vorausgesetzt wird, daß sie jeweils individuelle Handlungspläne (eventuell gegen den Ko-Aktor) verfolgen, sich in einer von objektiven Restriktionen und normativen Gruppenerwartungen bestimmten Handlungssituation befinden und sich, indem sie sich über das Medium der Sprache auf Alter bzw. ein Publikum beziehen, selbst darstellen bzw. interpretieren können. Solche wechselseitig aufeinander bezogenen Handlungen von mindestens zwei Aktoren stellen gleichzeitig eine soziale Beziehung zwischen ihnen her. Anders formuliert: Interaktion meint eine spezifische Weise wechselseitiger Bezugnahme von mindestens zwei Aktoren aufeinander in einer gemeinsamen objektiven, normativ strukturierten Handlungssituation. Interaktion verstehe ich also nicht als Abfolge sozialer Handlungen in der Zeit, sondern als durch eine bestimmte Koordinationsform vernetztes *Handlungsmuster*, das sowohl der Realisierung subjektiver Zielsetzungen wie der Herstellung intersubjektiver Beziehungen dient. Intersubjektive Beziehungen können nur direkt über kommunikative Akte oder auf dem Wege der Interpretation symbolischer Ausdrücke (Gesten, leibgebundene Expressionen) hergestellt werden. Diese Beziehungsstruktur ist gleichzeitig performativ und reflexiv, d. h., sie ist sowohl auf der unmittelbaren Handlungsebene zwischen Subjekt und Ko-Subjekt als auch auf der Ebene der Kognition anzusiedeln.

Während der Begriff der Interaktion die Strukturform des sozialen Handelns betont, also ein theoretischer Begriff ist, meint der Begriff des sozialen Handelns eher die empirisch vorfindlichen, interaktiv strukturierten wechselseitigen Bezugnahmen von Ego auf Alter. *Soziales Handeln* wäre demnach die in eine interaktive Beziehungsstruktur eingelassene, kommunikativ koordinierte Verknüpfung von individuellen, personenbezogenen Handlungen.

Kommunikation verstehe ich als den wechselseitig aufeinander bezogenen Austausch von Sprechakten durch mindestens einen Sprecher und einen Hörer. Sprechakte können, müssen aber keine sozialen Handlungen sein, z. B.: etwas betonen, etwas unterstreichen, etwas ausführen, (einen Satz) wiederholen, etwas zur Geltung bringen, einen Text memorieren etc. Sprechhandlungen sind an einen Hörer gerichtet, der aber nicht notwendig gleichzeitig sozialer Interaktionspartner ist.

Habermas hat das Modell des kommunikativen Handelns eingeführt, um gängigen soziologischen Handlungsmodellen, die in verschiedenen Ansätzen verwendet werden, nachzuweisen, daß sie im Hinblick auf die Frage, wie eine regelhafte und stabile Vernetzung von Interaktionen mög-

lich ist, jeweils zu eng angelegt sind. Die Modelle 1) des strategischen Handelns, 2) des normenregulierten Handelns sowie 3) des dramaturgischen Handeln (1981/I, 132 ff., 385 ff.) heben jeweils ganz bestimmte Aspekte sozialer Interaktion heraus und blenden andere notgedrungen aus, da mit jedem handlungstheoretischen Grundbegriff ein ganz bestimmtes Aktor-Welt-Verhältnis als dessen ontologische Voraussetzung mitgeliefert wird.[2] Als einziges Modell, das alle relevanten Einzelaspekte miteinander verbinden kann, nämlich
● den teleologischen Aspekt: daß individuelle Handlungspläne verfolgt werden, die der Aktor zu realisieren trachtet,
● den Aspekt der Normenkonformität: daß sich die Aktoren in einer normativ strukturierten Handlungssituation befinden und wechselseitig voneinander die Befolgung dieser Normen erwarten, sowie
● den expressiven Aspekt: daß die Aktoren im Zuge ihrer sozial adressierten und normativ eingebundenen Zielverfolgung auch sich selbst, ihre eigenen Gefühle, Wünsche und Absichten zum Ausdruck bringen,
stellt er das Modell des *kommunikativen Handelns* vor, weil es mit der Sprache jenes Medium einführt, mit dem den Aktoren ermöglicht wird, sich gleichzeitig auf alle Teilaspekte ihrer Interaktion zu beziehen: die objektive, die soziale und die subjektive Welt (Habermas 1981/I, 141 f.). In diesem Modell funktioniert die sprachliche Verständigung der Aktoren miteinander als jener „Mechanismus" (148), der nicht nur die einzelnen Handlungen der Beteiligten miteinander koordiniert, sondern auch die verschiedenen Weltbezüge der einzelnen Aktoren sprachlich darstellbar und kommunizierbar macht. In einer *soziologischen* Handlungstheorie ist nur der erste Punkt: die Frage, aufgrund welcher Mechanismen soziale Handlungen von Aktoren regelhaft miteinander vernetzt werden, von zentraler Bedeutung. Um für die Soziologie in ihrem Basisbereich Relevanz zu gewinnen, müßte das Modell des kommunikativen Handelns diese stabile Vernetzung von Einzelhandlungen zu regelmäßigen Handlungsmustern besser und vollständiger zu rekonstruieren imstande sein als andere Handlungsmodelle.

Ich gehe im folgenden von einer Definition des Modells des kommunikativen Handelns aus, die nach einer sorgfältigen Durchsicht der einschlägigen Arbeiten von Habermas bis 1996 alle wesentlichen Strukturmerkmale dieses Handlungsmodells berücksichtigt:

Kommunikatives Handeln besteht aus sprachlich (auch: symbolisch) vermittelten Interaktionen, bei denen die illokutionären Bindungskräfte der

Sprechakte der Beteiligten die Handlungspläne der Aktoren koordinieren und die Aktoren das illokutionäre Ziel verfolgen, ein Einverständnis zu erzielen (1981/I, 142, 151, 385, 395, 397, 408; 1984, 21, 541; 1986, 363; 1996, 80). Der Vollzug sprachlicher Kommunikation ist damit in dreifacher Hinsicht bestimmend für das Modell kommunikativen Handelns:
1) Kommunikatives Handeln ist sprachlich bzw. symbolisch vermittelt.
2) Im Fall kommunikativen Handelns werden die individuellen Handlungspläne der Aktoren über Akte sprachlicher Verständigung (= illokutionäre Akte) miteinander koordiniert.
3) Kommunikativ handelnde Aktoren versuchen über Akte sprachlicher Verständigung ein Einverständnis zu erzielen, um ihre Handlungspläne auf dieser Basis einvernehmlich zu koordinieren.

Ich werde im folgenden auf alle Merkmale, durch die kommunikatives Handeln definiert ist, einzeln eingehen, um festzustellen, in welcher Hinsicht sie auch als Merkmale sozialen Handelns rekonstruiert werden können. Es geht also darum, herauszufinden, welche spezifischen Merkmale sprachliche Kommunikation zu einem Prozeß sozialer Interaktion machen bzw. umgekehrt darum, soziales Handeln unter dem Aspekt von sprachlicher Kommunikation zu betrachten, um festzustellen, ob und wann es die Merkmale sprachlicher Kommunikation aufweist.

1) Das Kriterium der sprachlichen Vermittlung

Das Kriterium der sprachlichen bzw. symbolischen Vermittlung sozialen Handelns ist doppeldeutig. Vermittlung kann nämlich beides heißen: daß Sprache das Medium ist, das soziales Handeln ermöglicht, oder auch, daß Sprache bzw. Sprechakte das Medium bilden, mittels welchem soziale Handlungen verknüpft bzw. koordiniert werden. Da Habermas das Kriterium der Handlungskoordinierung durch Kommunikation aber zusätzlich einführt, beschränke ich mich hier auf die erste Möglichkeit, nämlich soziales Handeln als sprachlich ermöglichtes Handeln zu untersuchen.

Die Behauptung, daß die Verwendung von Sprache bzw. von sprachlichen Symbolen soziales Handeln erst möglich macht, ist keine soziologische, sondern eine philosophische Behauptung. Mit ihr versucht Habermas nicht nur eine Grundlegung einer soziologischen Handlungstheorie, sondern auch die Grundlegung einer Theorie der Gesellschaft. Eine solche formuliert Habermas im Rahmen einer pragmatisch gewendeten Sprachphilosophie, dem sogenannten kommunikationstheoretischen Paradigma (Habermas 1985, 344 ff.). Das Paradigma der Kommunikation ist ein philosophischer Ansatz, der auch als linguistisch-pragmatische Wende der Philosophie bezeichnet wird. Diese setzt Habermas im Anschluß an den späten Wittgenstein, die Sprechakttheorie von Austin und den frühen Searle an die Stelle der (transzendental-idealistischen) Bewußtseinsphilosophie.

In seinen Arbeiten über die sprachtheoretische Grundlegung der Soziologie (Habermas 1984, 11 ff.) argumentiert Habermas überzeugend dafür, daß eine Theorie über die Konstituentien der Gesellschaft keine Konstitutionstheorie i. S. der Bewußtseinsphilosophie sein kann, sondern nur eine Kommunikationstheorie. Bei Kant wird die unbezweifelbare Tatsache, daß überhaupt Erfahrungen möglich sind, den apriorischen Leistungen eines transzendentalen Bewußtseins zugeschrieben, das die Wirklichkeit unter invarianten Gesichtspunkten objektiviert. Gesellschaft hingegen baut sich auf auf der Ebene der Intersubjektivität, auf der sich die die erkennenden Subjekte als kommunizierende in der performativen Einstellung von Kommunikationsteilnehmern reziprok anerkennen. Gesellschaft ist folglich kein Gegenstand, der durch die monologischen Leistungen eines einsamen Bewußtseins konstituiert wird, sondern ein symbolisch strukturierter Zusammenhang von Interaktionen, Institutionen, normativen Orientierungen, gemeinsamen Traditionen, der von den interagierenden Individuen ständig reproduziert und verändert wird und dessen Sinn verstanden werden muß. Soziale Phänomene werden *als soziale* über ihre symbolische Struktur erfahren, die der einzelne ihnen nicht verleiht, sondern die er als objektive wahrnimmt.

Dieser Aspekt des Sinnverstehens und gemeinsamen Hervorbringens aber ist im Rahmen der Bewußtseinsphilosophie nicht widerspruchsfrei zu explizieren. Die Bewußtseinsphilosophie würde einem einsamen, monologisch verfaßten Bewußtsein zumuten, den Sinn von Äußerungen, Handlungen, sozial anerkannten Bedeutungen in Bräuchen, Ritualen, institutionellen Regelungen etc., jedenfalls von Phänomenen, die das Subjekt bereits als symbolisch strukturierte *erfährt*, wenn es in die Lage kommt, Meinungen über sie zu bilden, sie zu verstehen. Wie aber sollte ein solus ipse in ein völlig fremdes Universum von schon vorhandenen Bedeutungen eintreten können, wenn nicht schon immer etwas Gemeinsames da wäre, das die Basis bildet für individuelle Hypothesen über die soziale Welt? An dieser Stelle zieht Habermas die linguistisch-pragmatische Philosophie im Anschluß an den späten Wittgenstein heran. Individuelle Urteile über objektiv vorhandene Bedeutungen, die soziale Phänomene als solche konstituieren, setzen voraus, daß bereits mindestens zwei Subjekte existieren, die einen Ausdruck auf identische Weise verwenden. Dies wiederum setzt voraus, daß sie bestimmte Regeln für die Verwendung dieses sprachlichen Ausdrucks bereits *gemeinsam praktizieren*: also einen zumindest impliziten Konsens über die intersubjektive Anerkennung der Regeln ihres Sprachgebrauchs praktisch realisieren.

Wittgenstein hat die Unmöglichkeit, daß ein einzelner Mensch allein für sich einer Regel folgen kann, am Beispiel der Verwendung des Wortes „gleich" erläutert (Wittgenstein 1971, § 225). Einer Regel folgen kann man nur, wenn man das, was sie vorschreibt, immer auf die gleiche Weise befolgt. Habermas ergänzt, daß dies notwendig ein zweites Subjekt voraussetzt, das mein Regelbefolgen als Regelbefolgen und ein Abweichen davon als systematischen Fehler kritisieren kann (Habermas 1984, 75 ff.). Ohne diese Möglichkeit wechselseitiger Kritik und ohne einen Konsens über die richtige Regelanwendung könnte von „Regel" gar nicht die Rede sein: „Denn einer Regel zu folgen ist eine Praxis. Und der Regel zu folgen *glauben* ist nicht: der Regel folgen. Darum kann man einer Regel nicht ‚privatim' folgen, weil sonst der Regel zu folgen glauben dasselbe wäre wie der Regel folgen." (Wittgenstein 1971, § 202).

Die Bedeutung der pragmatischen Sprachphilosophie liegt in ihrem intersubjektivitätstheoretischen Ansatz, der nicht mehr von einem einsamen erkennenden Bewußtsein, sondern von zwei sprach- und handlungsfähigen Subjekten ausgeht. In diesem Ansatz sind die Bedingungen möglichen Sinnverstehens die Bedingungen des praktischen Handelnkönnens und umgekehrt. Denn nur eine schon eingespielte intersubjektive Praxis von (Sprach-)Regelungen sichert die Identität beliebiger Symbole, die der einzelne verstehen (oder mißverstehen) kann. Er muß sich folglich beim Versuch zu verstehen auf eine intersubjektiv geteilte soziale Lebensform beziehen, an der er praktisch beteiligt ist und die ihn mit einem Reservoir an gemeinsamen Bedeutungen ausstattet, die ihm als Interpretationsrahmen dienen, wenn es darum geht, den Sinn einer Äußerung, einer Handlung, auch eines Textes, zu entschlüsseln.

Wenn aber die Bedingungen der Möglichkeit des Sprachverstehens die Bedingungen der Möglichkeit des Handelnkönnens sind, folgt daraus, daß Probleme der Konstitution von Gesellschaft: Probleme der Konstitution ihrer elementaren Strukturen, sinnvoller sozialer Interaktionen, nur im Rahmen einer Theorie umgangssprachlicher Kommunikation einer Lösung zugeführt werden können (Habermas 1984, 59 ff.), nämlich der universalen bzw. formalen Pragmatik. Diese soll die universellen und unvermeidlichen Bedingungen möglicher Verständigung rekonstruieren.[3]

Weil die Bedingungen möglicher Verständigung auch die Bedingungen des Verstehens von Handlungen, Äußerungen und gesellschaftlich festgelegten Bedeutungen etc. sind, hat man, wenn man die Bedingungen möglicher Verständigung überhaupt rekonstruiert, damit natürlich auch die Bedingungen des Sinnverstehens von konkreten Handlungen gefunden und – da in diesem Fall das Verstehen von Regeln und das Sich-Verstehen auf ein Befolgen dieser Regeln identisch sind – die Bedingungen möglichen Handelns.

Mit diesem Ansatz wird also ein Begriff des Handelns entwickelt, der am Konzept der sprachlichen Kommunikation als dem Paradigma gemeinsamen Regelbefolgens orientiert ist.[4] Dies trifft nicht nur auf den Begriff sozialen Handelns, sondern auf den Begriff des Handelns überhaupt zu. Handeln ist im Rahmen einer linguistisch-pragmatischen Sprachphilosophie prinzipiell als kommunikatives, nämlich sprachlich vermitteltes Handeln konzeptualisiert. Sprachliche Vermittlung ist somit kein spezifisches Kennzeichen für soziales Handeln, es ist vielmehr die konstitutive Bestimmung für den Begriff des Handelns. Folglich ist aber das Kriterium der sprachlichen Vermittlung nicht hinreichend, um einen Begriff *sozialen Handelns* zu gewinnen, der damit eindeutig gegen andere Arten des Handelns abgegrenzt wäre. Auch monologisches, instrumentelles Handeln und strategisches Handeln sind sprachlich vermitteltes Handeln. Sprachliche Vermittlung ist somit zwar eine notwendige Bedingung, um einen Begriff sozialen Handelns zu *entwickeln*, jedoch nicht hinreichend, um soziales Handeln (Interaktion) von anderen Handlungstypen zu *unterscheiden*. Habermas hat vielmehr gar keinen anderen Handlungsbegriff zur Verfügung als einen, der intersubjektiv gültige Sprachverwendung voraussetzt.

2) Das Kriterium der Handlungskoordinierung

Nach diesem Kriterium ist kommunikatives Handeln jener Typus sozialer Interaktion, bei dem die individuellen Handlungspläne der Aktoren aufgrund der illokutionären Bindungskräfte von Sprechhandlungen koordiniert werden.

Es geht hier also um Sprechakte und deren illokutionäre Bindungskräfte. Nach der Sprechakttheorie von Austin und Searle werden mit dem Sprechen Handlungen vollzogen. Austin hat hier lokutionäre, illokutionäre und perlokutionäre Akte unterschieden (Austin 1972). Mit lokutionären Akten drückt der Sprecher das aus, was er sagt; mit illokutionären Akten vollzieht er die Sprechhandlung; mit perlokutionären Akten erzielt er nach Austin beim Hörer einen bestimmten Effekt. So wird also etwa der Satz „Es regnet draußen" illokutionär als Behauptung *verwendet*, die etwas *darstellt*, der Satz „Bring mir ein Glas Wasser" wird illokutionär als Bitte (oder Befehl) verwendet, die eine interpersonale Beziehung zum Hörer *herstellt*, der Satz „Ich habe Lampenfieber" wird als Geständnis verwendet, das eine Befindlichkeit des Sprechers *ausdrückt*. Ein elementarer Sprechakt besteht aus einem performativen Satzteil, der den illokutionären Akt dem Kommunikationspartner gegenüber sprachlich zum Ausdruck bringt („Ich behaupte hiermit . . .") und einem davon abhängigen Satzteil propositionalen Gehalts („. . . daß es draußen regnet"). Die illokutionären Akte erlangen nun bei Habermas eine prominente Bedeutung, da sie die Träger der sprachlichen Handlung sind und den Modus der Geltung pragmatisch situieren; d. h. gegenüber dem Hörer eine jeweils bestimmte Art von Geltung beanspruchen. Dies sind Wahrheit für den propositionalen Sprechaktbestandteil; für die Äußerung selber Richtigkeit; für das, was der Sprecher darin über sich äußert, Wahrhaftigkeit; für den sprachlichen Ausdruck Verständlichkeit.

Auf den ersten Blick scheint es plausibel, die Sprechakte als soziale Handlungen zu betrachten, weil sie teleologisch angelegt und an einen Hörer gerichtet sind: Ihr Ziel besteht in der Verständigung mit dem Hörer über das Handlungsziel des Aktors, etwa: „Ich gratuliere dir zum Geburtstag". Gleichzeitig aber wird mit dem Vollzug des Sprechaktes noch mehr bewirkt: Der Hörer wird zu einer reziproken eigenen Sprechhandlung veranlaßt, d. h., das Verstehen des initialen Sprechaktes bewirkt eine entsprechende Anschlußhandlung. Als eine an einen Hörer gerichtete *Handlung* gelingt ein Sprechakt nämlich nur dann, wenn dieser nicht nur die Bedeutung des geäußerten Satzes versteht, sondern die vom Sprecher beabsichtigte intersubjektive Beziehung auch tatsächlich eingeht, d. h. mit einer reziproken (Sprech-)Handlung anschließt, also z. B. eine Bitte oder einen Befehl befolgt. Habermas fühlt sich folglich veranlaßt festzustellen, daß die illokutionären Bindungskräfte die soziale Interaktion von zwei Interaktionspartnern koordinieren. Damit würden ausschließlich die von A erhobenen und von B anerkannten *Geltungsansprüche* die Fortsetzung des gemeinsamen Handelns bestimmen. Die rationalen Bindungskräfte der Kommunikation würden damit das soziale Handeln der beiden Aktoren koordinieren.

Es stellt sich nun die Frage, ob tatsächlich das wechselseitige Erheben und Anerkennen von Geltungsansprüchen den Anschlußmechanismus darstellt für wechselseitig aufeinander bezogene soziale Handlungen. Habermas hat ein Schema entwickelt, das verschiedenen Klassen von Sprechakten einen entsprechenden Typus sozialen Handelns zuordnet: den konstativen Sprechhandlungen die Konversation, den regulativen Sprechhandlungen das normenregulierte Handeln, Imperativen bzw. Perlokutionen das strategische Handeln und expressiven Sprechhandlungen das dramaturgische Handeln (1981/I, 439).

Ich will im folgenden die Wirkung der illokutionären Bindungskräfte für die Vernetzung von Interaktion analysieren:

Situation 1:

A und B haben einen gemeinsamen Restaurantbesuch verabredet. Weil A ein Auto besitzt und es unhöflich wäre, B mit der Straßenbahn hinfahren zu lassen, gehen beide davon aus, daß B von A mit dem Auto mitgenommen wird. Dies wäre die von realen Randbedingungen und wechselseitigen normativen Erwartungen strukturierte Hintergrundsituation.

Konstative Sprechhandlung: „Ich stelle hiermit fest, daß dort drüben mein Auto steht, es ist das rote."

Reziproke Sprechhandlung: „Ja, das ist wahr, ich sehe es auch."

Soziale Interaktion (aufgrund der Anerkennung des Wahrheitsanspruchs der behaupteten Aussage): Die Feststellung „Dort drüben . . ." hat den individuell verfolgten Zweck, B (und zwar aufgrund der gemeinsamen Meinung darüber, was drüben steht) zum gemeinsamen Überqueren der Straße zu veranlassen, um ins Auto zu steigen und zusammen zum Restaurant zu fahren. Die Möglichkeit zu einer *adäquaten* sozialen Anschlußhandlung an die Feststellung „Dort drüben . . .", also etwa, daß B dem A für sein Entgegenkommen dankt und ins Auto steigt, besteht nur unter Berücksichtigung des gemeinsamen Handlungsplanes und des Situationskontextes. Diese definieren bereits implizit, was als adäquate, also situationsangemessene Anschlußhandlung gelten kann und was nicht. Das gemeinsame Straßenüberqueren ist nur im Hinblick auf den vorausgesetzten gemeinsamen Handlungsplan des Restaurantbesuchs als kommunikativ ausgehandelter Bestandteil der gemeinsamen Interaktion zu sehen. Und die Feststellung: „Da drüben steht mein Auto" ist überhaupt nur im Hinblick auf alle diese Kontextbedingungen interaktionsfolgenrelevant, d. h. wird z. B. nicht bloß mit der Bemerkung: „Ja, ich sehe es, wirklich eine schöne Farbe!" quittiert.

Situation 2:

B macht einen Krankenbesuch bei A, der mit Grippe im Bett liegt.
Regulative Sprechhandlung: „Bitte bring mir ein Glas Wasser!"
Reziproke Sprechhandlung: „Ja, (deine Bitte ist hier und jetzt berechtigt,) hier hast du es."
Soziale Interaktion: B bringt A ein Glas Wasser, befolgt also A's Bitte. Die Anschlußhandlung kann allein aufgrund der Beurteilung der Bitte durch B als situationsangemessen unter Anerkennung des von A erhobenen Geltungsanspruch der Richtigkeit der Norm der Hilfsbereitschaft erfolgen.

Situation 3:

A und B sitzen im Kaffeehaus und unterhalten sich über dies und jenes.
Expressive Sprechhandlung: „Ich muß dir gestehen, ich hasse Opern."
Reziproke Sprechhandlung: „Ja, ich glaube dir, sofern ich nicht draufkomme, daß du dir heimlich welche ansiehst."
Soziale Interaktion (aufgrund der Anerkennung der Aufrichtigkeit des Geständnisses): ??
Zum Beispiel: B zieht Opernkarten heraus und sagt: „Du bist doch wirklich ein Spielverderber, ich hatte schon Karten!" (Zerreißt sie) (Streit, Konflikt).
B sagt: „Aber ich habe doch schon Karten gekauft, geh doch mir zuliebe mit!". (Überredung, Kompromiß).

B sagt gar nichts, denkt sich: Du bist eine Kulturbanause und beschließt, A nicht mehr zu treffen. (Beziehungsabbruch).

Alle diese Möglichkeiten erfüllen jedoch nicht die Bedingung einer unmittelbar aus der Anerkennung des Geltungsanspruch der Wahrhaftigkeit des Sprechers resultierenden Anschlußhandlung. Das Verstehen der Äußerung (die Anerkennung des Anspruchs auf Wahrhaftigkeit) läßt kommunikativ zwar nur die Möglichkeiten zu, daß B dem A glaubt oder nicht, für die Fortsetzung der sozialen Interaktion steht aber eine Vielzahl möglicher Anschlußhandlungen zur Verfügung. Auch die Handlungssituation legt in der Regel nicht fest, daß B auf ganz bestimmte Weise *interaktiv* an Geständnisse von A anschließen müßte.

Was folgt aus der Analyse der verschiedenen Sprechakttypen hinsichtlich ihrer Interaktionsfolgenrelevanz? Es zeigt sich, daß bis auf den Fall der regulativen Sprechhandlungen die Anschluß-*Sprechhandlung* keineswegs auch schon die *soziale* Anschlußhandlung repräsentiert. So hat die Anerkennung des Wahrheitsanspruchs der konstativen Sprechhandlung überhaupt keine Interaktionsfolgenrelevanz. Dies hat damit zu tun, daß Behauptungen nicht notwendig soziale Handlungen repräsentieren, sondern als Sprechakte für sich selbst stehen können. Die Anerkennung des Wahrheitsanspruchs, der für die Behauptung erhoben wird, erfordert also prinzipiell keine *soziale* Anschlußhandlung. Die illokutionäre Bindungskraft erzwingt nur die Zustimmung oder Ablehnung der *Behauptung* sozusagen intern, bleibt jedoch interaktiv absolut neutral. Abgesehen davon läßt sich natürlich die Klasse konstativer Sprechakte nicht einem Typus sozialen Handelns, Konversation genannt, zuordnen (Habermas 1981/I, 439). Eine Konversation selbst stellt erstens keinen eigenen *Typus sozialen Handelns* dar, sondern begleitet, interpretiert und steuert soziales Handeln in bestimmte Richtungen, wenn wir an das Beispiel der Unterhaltung von A und B im Kaffeehaus denken. Im Lauf ihrer Konversation kann A den B zur bestandenen Prüfung beglückwünschen, ihm ein Geschenk als Anerkennung überreichen, ihn für sein Zuspätkommen tadeln, ihn wegen seines blassen Aussehens bedauern, ihm einen angemessenen Job versprechen etc. Dies führt zum zweiten Punkt: Konversation besteht natürlich nicht bloß aus einem wechselseitigen Austausch von konstativen Sprechakten (Behauptungen, Feststellungen, Berichten, Erklärungen, Beschreibungen etc.), sondern alle Klassen von Sprechakten sind an Konversationen gleichermaßen beteiligt: Fragen, Bitten, Selbstdarstellungen, Empfehlungen,

Wünsche, Imperative etc. Eine Parallelisierung von Sprechakttypus und einem Typus sozialer Interaktion ist im Fall der Konversation also gar nicht möglich.

Etwas Ähnliches gilt vom Geständnis bezüglich der Abneigung gegen Opern. Hier verhält es sich so, daß Geständnisse zwar in der Regel irgendwelche sozialen Anschlußhandlungen bewirken. Die Zustimmung oder die Verwerfung des Anspruchs auf Wahrhaftigkeit der expressiven Sprechhandlung legt jedoch die Fortsetzung der sozialen Interaktion keineswegs auf bestimmte Möglichkeiten fest. Vielmehr sind für diese eine Menge verschiedener Anschlußvariationen gegeben.

Die einzige Ausnahme bilden regulative Sprechhandlungen, also z. B. bitten, auffordern, verlangen, befehlen, erlauben, warnen, empfehlen, vorschreiben etc.

Die Bitte um ein Glas Wasser vermag *allein* aufgrund ihrer illokutionären Kraft, d. h. ausschließlich aufgrund der Anerkennung des Anspruchs der Richtigkeit bzw. Angemessenheit eine reziproke Anschlußhandlung zu bewirken, nämlich das Bringen des Wassers. Das illokutionäre Verständnis des Sprechaktes von A besteht diesmal nicht nur in einem reziproken *Sprechakt*, sondern in einer *sozialen* Anschlußhandlung durch B, mit der er sich auf A bzw. dessen Bitte bezieht. Wir können damit sagen, daß der *Sinn* von regulativen Sprechakten – und keineswegs nur der subjektive Zweck der mit ihrer Hilfe ausgedrückten sozialen Handlung „Bitten" – in ihrer Interaktionsfolgenrelevanz besteht.

Folgen wir Habermas, dann sind diese und nur diese Handlungen im eigentlichen Sinn kommunikative Handlungen, nämlich *reine Interaktionen*, und es ist auch klar, warum: Nur in diesem Fall *stellt der Sprechakt selbst die soziale Beziehung dar*, nur hier interagiert der Sprecher *als Sprecher* auch sozial als Aktor mit dem Hörer. Es ist aber offensichtlich, daß dieses eben analysierte Modell reiner Interaktion für eine empirisch orientierte Soziologie nicht das Paradigma für systematische Handlungsvernetzungen bildet.

Man kann jedoch davon ausgehen, daß soziale Interaktionen empirisch durch sprachliche Äußerungen, also Behauptungen, Selbstinterpretationen, Warnungen, Ermunterungen, Geständnisse etc., auf vielfältige Weise koordiniert werden. Unter *Koordination von Interaktion* verstehe ich, daß die Anschlußhandlung von B auf die Handlung von A nur erfolgen kann, wenn diese symbolisch entschlüsselt, d. h. in ihrem sprachlich artikulierten oder indirekt durch Gesten oder leibgebundene Expressionen ausgedrückten Sinn verstanden worden ist. Ich verstehe Handlungskoordination durch Kommunikation nicht in dem starken Sinn, daß der Geltungsanspruch zwingend auf die Art der Fortsetzung der Interaktion durchschlägt, sondern daß die verstandene Äußerung auf verschiedene Weisen für die Fortsetzung der Interaktion verwendet werden kann und auch verwendet wird. Die Möglichkeit, sprachliche Kommunikation von der Ebene des Handelns, auch des sozialen Handelns, abzukoppeln, muß als die dem performativ-propositional ausdifferenzierten Sprachgebrauch angemessene Weise menschlichen Verhaltens in Betracht gezogen werden. Der Piagetsche Begriff der Dezentrierung, den Habermas verwendet (1981/I, 104 ff.), um die Zusammenhänge zwischen den Strukturen von Weltbilden und den Strukturen der Lebenswelt als dem Kontext von Verständigungsprozessen zu klären, müßte also auch auf die Ausdifferenzierung von sprachlicher Kommunikation und (sozialem) Handeln angewendet werden. (Diesen Gedanken kann ich in diesem Zusammenhang nicht weiter verfolgen.)

Aus dem eben Gesagten ergibt sich, daß die Unterscheidung Erfolgsversus Verständigungsorientierung, die Habermas vornimmt, nicht konstitutiv ist für die Rekonstruktion von *kommunikativen Handlungen*, sondern nur unterschiedliche Typen sozialer Interaktionen bezeichnet. Habermas unterscheidet mit dem Begriffspaar nicht nur zwei analytische Aspekte an ein und derselben Handlung, sondern zwei verschiedene Einstellungen sozialer Aktoren: bei der verständigungsorientierten Einstellung werden von den sozialen Aktoren rein illokutionäre Ziele verfolgt, bei der erfolgsorientierten Einstellung subjektive Zielsetzungen (Habermas 1981/I, 385 ff., 1986, 363 ff.). Während Habermas darauf besteht, daß im Fall strategischen Handelns, das ein echter Fall von Interaktion ist, weil der Aktor sich ja auf ein Ko-Subjekt als Gegenspieler bezieht, Verständigung (also die illokutionäre Bindungskraft des Sprechaktes) nicht als Mechanismus der Handlungskoordinierung in Anspruch genommen, sondern konsequenzenorientiert mißbraucht wird, ist m. E. schwer zu bestreiten, daß auch hier *kommunikative Verständigung* in ihrem originären Verwendungssinn die soziale Interaktion koordiniert (z. B. in einer Situation, in der A sich absichtlich falsch, nämlich als völlig naiv darstellt, um B eine wichtige Information zu entlocken, die er nicht bekäme, wenn B wüßte, daß A an dieser Information aus Eigeninteresse brennend interessiert ist). Sowohl im Fall, daß B dem A glaubt, wie auch im Fall, daß B dem A die Naivität nicht abnimmt, ist für die Fortsetzung der sozialen Interaktion eine adäquate Interpretation der jeweiligen Sprechhandlungen erforderlich. Adäquate Interpretation heißt: die Äußerung muß primär in ihrem pragmatischen Sinn (als Behauptung, Bitte, Empfehlung, Offenbarung etc.) wie in ihrem semantischen Gehalt entschlüsselt werden können. Notwendige Bedingung für die Koordination der Interaktion durch sprachliche Kommunikation ist einzig, daß sie aufgrund des Verstehens der illokutionären wie semantischen Bedeutung der Äußerung durch den Hörer (nun in der Rolle des sozialen Aktors) fortgesetzt wird. Es ist eine unbestreitbare Tatsache, daß der illokutionäre Sinn in empirischen Handlungszusammenhängen vom Hörer normalerweise sowohl als kommunikative Äußerung verstanden als auch seinem möglichen vom Sprecher intendierten pragmatischen Interaktionssinn nach entschlüsselt wird.

Jede Vernetzung von Interaktion ist also prinzipiell auf Verständigungsorientierung angewiesen, egal ob die *soziale* Anschlußhandlung nun aufgrund der Anerkennung des Geltungsanspruchs oder nur aufgrund der pragmatischen Situierung der Äußerung durch den Sprecher im Handlungskontext gesetzt wird. Eine Äußerung *pragmatisch zu situieren* heißt nichts weiter als sie zum Zweck der Fortsetzung der Interaktion an einen Hörer zu adressieren, der als Interaktionspartner angesprochen ist. Die *soziale Interaktion* kann dabei vom Sprecher (übrigens zusätzlich auch vom Hörer) strategisch angelegt werden.[5] Dennoch ist es in jedem Fall erforderlich, daß die zu strategischen Zwecken gemachte Äußerung zunächst einmal vom Hörer nach intersubjektiv gültigen Regeln sprachlicher Kommunikation *verstanden* und d. h. in der verständigungsorientierten Einstellung der ersten Person als Handlung einer zweiten Person, die deren Realitätsbezüge symbolisch repräsentiert, erfahren wird. Ohne diese Voraussetzung ist nämlich weder ein strategisch noch ein verständigungsorientiert angelegtes *soziales Handeln* möglich. Das heißt, auch im Fall strategischer Handlungen verhält es sich nicht so, daß die Aktoren sich wechselseitig nur *beobachten*, d. h. ihre *Sprecher- und Hörerrollen* aus der Perspektive der 3. Person vollziehen (Habermas 1996, 88). Diese üben sie durchaus verständigungsorientiert, in performativer Einstellung aus, *nur als soziale Aktoren* verhalten sie sich strategisch. Auch in Sequenzen strategischen Handelns wird kommunikative Verständigung als conditio sine qua non der Handlungskoordinierung eingesetzt, da in Alltagsinteraktionen schlechthin kein anderer Koordinationsmechanismus zur Verfügung steht. Kommunikative Verständigung wird in diesem Fall aber zusätzlich zu einem Medium der Steuerung von Handlungssequenzen, um Alter zu einem für Ego erwünschten Verhalten zu veranlassen. Die Rollen der sozialen Akteure sind hier nicht identisch mit den Sprecher- und Hörerrollen. Ich habe aber dargelegt, daß eine strukturelle Korrespondenz von Sprecherrolle und sozialer Rolle nur im Fall regulativer Sprechhandlungen besteht, dem einzigen Fall, in dem die Mechanismen der kommunikativen Koordinierung für den Sprechakt und die soziale Handlung identisch sind. Hier bezieht A sich *nicht nur mit seiner Äußerung* auf B – das ist in allen Sprechhandlungen der Fall –, sondern das Ziel, das er mit seiner sozialen Handlung erreichen will, geht in diesem Fall nicht über den Sinn der Äußerung hinaus. Dies ist aber keineswegs bei jeder sozialen Handlung der Fall, und es ist auch nicht notwendig der Fall. Die soziale Handlungssituation ist stets sehr viel reicher als die Sprechsituation. Sie enthält einen gemeinsamen Kontext an Hintergrundwissen, zwei unterschiedliche Motivlagen und zwei individuelle Handlungspläne.

Der *illokutionäre Sinn* einer kommunikativen Handlung, d. h. ihre intersubjektive Verständlichkeit als Behauptung, Bericht, Bitte, Enthüllung etc., darf nicht mit dem *Zweck einer sozialen Handlung* identifiziert werden. Der kann in einer Erpressung oder Drohung, einer Verhöhnung, der Entmachtung eines politischen Gegners etc. liegen, also in Zwecken, die performativ gar nicht ausgedrückt werden können. Wir beschimpfen nicht in der Form von: „Ich beschimpfe dich hiermit . . .", wir brüskieren jemanden nicht in der Form von: „Ich mißachte dich hiermit", wir verspotten nicht einen anderen in der Form von: „Ich verspotte dich hiermit." Es gibt offenbar zahlreiche soziale Handlungen, die nicht in Form elementarer Sprechakte vollziehbar sind. Vielmehr ist für sie die Abkoppelung der Ebene sprachlicher Kommunikation von der Ebene der interaktiven Bezugnahme von Ego auf Alter konstitutiv. *Die Pragmatik der Rede und die Pragmatik der sozialen Handlungssituation sind nicht identisch.*

Der Normalfall im Verlauf von Handlungssequenzen im Rahmen einer Interaktion dürfte vielmehr der sein, daß der pragmatische Verwendungssinn der Äußerung und der Zweck, zu dem die Äußerung für die Koordination der einzelnen Handlungssequenzen von den einzelnen Akteuren verwendet wird, divergieren. Im Verlauf sozialen Handelns mehrerer Personen miteinander werden gewöhnlich monologische, strategische, normenkonforme oder -abweichende, selbstdarstellende, kooperative etc. Handlungen kommunikativ vernetzt. Menschen beziehen sich zu verschiedenen Zwecken aufeinander und die Zielsetzung der Kooperation ist nur eine von vielen.

3) Das Kriterium des Einverständnisses

Kommunikativ handelnde Aktoren versuchen nach Habermas über Akte sprachlicher Verständigung ein Einverständnis zu erzielen, um ihre Handlungspläne aufgrund dieses Einverständnisses einvernehmlich zu koordinieren (Habermas 1986, 363).

Diese Bestimmung ist ebenfalls nicht geeignet für ein soziologisches Handlungsmodell, da es einen seltenen Spezialfall heraushebt: Verständigungsorientierung in einer sozialen Handlungssituation. Tatsächlich dürfte Einverständnisorientierung nur ein Sonderfall des sozialen Handelns darstellen, etwa wenn zwei Scheidungsanwälte bzw. ihre Klienten sich treffen mit dem erklärten gemeinsamen Ziel, ihre Interaktion möge eine einvernehmliche Scheidung möglich machen.

Was Habermas mit seiner Einverständnisorientierung hervorheben will, ist im Grunde dieser eine Punkt: daß Anschlußhandlungen prinzipiell nicht gesetzt werden können, ohne daß die Äußerung des Sprechers verstanden worden ist, und das heißt: nicht ohne die intersubjektive Anerkennung bestreitbarer Geltungsansprüche. (1986, 365). Die Notwendigkeit dieser Voraussetzung aber reicht nicht bis ins soziale Handeln hinein; sie betrifft nur die oben diskutierte Notwendigkeit intersubjektiv gültiger sprachlicher Verständigung für die Handlungskoordination. Geltungsansprüche anzuerkennen hat nur im Fall der regulativen Sprechhandlungen per se die Konsequenz, eine erfolgreiche soziale Handlung zu vollziehen. In den anderen Fällen aber ist die Anerkennung von Geltungsansprüchen handlungsneutral im Hinblick auf unmittelbare Interaktionsfolgen; sie hat keine *Konsequenzen* für empirisches Anschlußhandeln, sie hat nur die *Funktion*, eine intersubjektive Beziehung her- und Realitätsbezüge darzustellen.

Im übrigen ist Einverständnisorientierung in der Regel kein Ziel sozialen Handelns, sondern das Ziel eines rationalen Umgangs mit zustimmungsfähigen propositionalen Gehalten. Ich glaube, daß Habermas Verständigungsorientierung (die unvermeidliche performative Einstellung von Sprechern und Hörern) und die Zielsetzung der Einverständnisorientierung: die gemeinsame Absicht zweier Aktoren, Konsens zu erzielen, miteinander konfundiert. Ein Einverständnis *durch sprachliche Kommunikation* ist nur via Diskurs zu erzielen. Dieses gemeinsame Einverständnis, das zwei sich als Ziel setzen, ist kein Ergebnis sozialen Handeln, sondern einer argumentativen Prozedur. Eine solche ist streng geregelt. In diesem

Verfahren bezieht man sich nicht primär als Interaktionspartner aufeinander, sondern man bezieht Argumente aufeinander. Der interaktive Aspekt wird hier ausgeblendet und ist dort, wo er nicht vermeidbar ist (etwa: B's kommunikatives Verhalten drückt aus, daß er die Argumente von A nicht nur anerkennt, sondern dabei A auch schmeicheln will), sogar störend. Diskursives Einverständnis ist ein Ziel, das nicht ausschließlich eine performative Einstellung, sondern zusätzlich eine distanzierte theoretische Einstellung erfordert: nämlich im Hinblick auf die behaupteten propositionalen Gehalte als Tatsachen und Sachverhalte. Diese Einstellung aber fehlt im unmittelbaren sozialen Handeln; denn da geht man nicht mit Argumenten, sondern mit Erfahrungen mit der Welt und mit anderen Menschen um.[6]

Natürlich kann das diskursiv erzielte Produkt einer gemeinsamen vernünftigen Meinung über einen Sachverhalt handlungsorientierend wirken. In diesem Fall aber wäre das durch rationale Argumentation erzielte Einverständnis wiederum nicht selbst das *Ziel*, sondern nur die *Grundlage* für die Handlungskoordinierung. Im übrigen erhält der Begriff der Handlungskoordinierung jetzt einen anderen Sinn. Ursprünglich bezeichnet Habermas damit einen sprachinternen Regelungsmechanismus, der interaktionsfolgenrelevant ist. Nun ist Handlungskoordinierung so zu verstehen, daß beide Parteien ein inhaltliches Einverständnis über einen Sachverhalt erzielt haben und aus diesem Grund der Handlungsplan von A auch der Handlungsplan von B ist. Auch in diesem Fall wird aber nicht ein Strukturmerkmal sozialen Handelns genannt, sondern vielmehr ein Strukturmerkmal von rationaler Kooperation: ein gemeinsames Handeln, das auf der Grundlage konsentierten Wissens erfolgt. Nur wenn intersubjektives Einverständnis herrscht über die Wahrheit von Aussagen, die Richtigkeit der in Anspruch genommenen Normen und die Wahrhaftigkeit der Expressionen, können die betreffenden Aussagen, Normen und Selbstdarstellungen menschliches Handeln rational motivieren.

Es ist aber ein Unterschied, darzulegen, daß rationales kooperatives Handeln die Grundlage eines diskursiv erzielten Einverständnisses benötigt, und zu behaupten, daß es den originären Modus sozialer Interaktion darstellt. Der/die SoziologIn, der/die das Modell rationalen Einverständnishandelns dem Handeln empirischer Aktoren in durchschnittlichen Handlungssituationen zugrunde legen würde, müßte wohl verzweifeln, weil die tatsächlichen Interaktionen diesem Modell so selten entsprechen. Rationales kooperatives Handeln auf der Basis eines diskursiv erzielten

Einverständnisses ist eher geeignet, den Idealtypus praktischer Rationalität zu repräsentieren als die Grundstruktur sozialen Handelns.

Der Begriff des kommunikativen Handelns ist somit von vornherein doppeldeutig: Er wird von Habermas *sowohl* für den Koordinationsmechanismus sozialen Handelns verwendet *als auch* für spezifisch strukturierte Interaktionen, nämlich solche, bei denen das Handlungsziel von Ego nur durch die wechselseitige Kooperation von Ego und Alter realisierbar ist. Ich möchte diesen Fall als *Typus der sozialen Kooperation* bezeichnen: als Interaktionstypus, der nur *aufgrund* wechselseitiger Verständnisorientierung erfolgreich als soziale Handlung vollzogen werden kann. Kommunikatives Handeln sollte somit nicht als Prototypus sozialen Handelns mißverstanden werden. Für die explanatorischen Zwecke der Soziologie ist das Modell des kommunikativen Handelns in jenen relativ seltenen Fällen anwendbar, in denen ein sozialer Aktor mit seinem Sprechakt sich an Alter nicht nur als Hörer, sondern als Interaktionspartner richtet. Die Verständigungsorientierung bestimmt hier nicht nur das für die Anschlußhandlung Alters erforderliche *Verstehen des Sprechaktes* von Ego, sondern die *Anschlußhandlung* von Alter direkt.

Nicht verwechselt werden darf dieser Typus sozialen Handelns mit einer Koordinierung von zwei Handlungsplänen aufgrund eines diskursiv erzielten Einverständnisses. Hier handelt es sich um einen exemplarischen Fall *rationaler Kooperation,* aber weder um einen originären soziologischen Handlungstypus noch um einen Mechanismus der Vernetzung sozialer Interaktion.

Grundsätzlich ist festzuhalten:

Kommunikatives Handeln ist sowohl das Strukturmodell sozialer Interaktion als auch ein marginaler Typus sozialer Handlungen (Typus soziale Kooperation).

Legt man die oben vorgeschlagene Definition zugrunde, nach der *soziales Handeln* die empirisch vorfindliche, in eine interaktive Beziehungsstruktur eingelassene, kommunikativ koordinierte Verknüpfung von individuellen, personenbezogenen Handlungen ist, dann repräsentiert das *Modell* des kommunikativen Handelns die intersubjektiv angelegte, performativ-propositionale Grundstruktur, in die menschliches Handeln eingebettet ist. Da soziales Handeln also in der Form kommunikativer Vollzüge (direkt performativ oder in Form stillschweigender Interpretationen der Handlungen von Alter) intersubjektiv organisiert ist, stellt das Modell des kommunikativen Handelns den unerläßlichen konzeptuellen Rahmen zur Verfügung für die Rekonstruktion und Analyse der Struktur empirisch vorfindlicher Interaktionsmodi.

Das Modell des kommunikativen Handelns ist somit als Grundbegriff der Soziologie zu betrachten und für eine Grundlagentheorie der Gesellschaft zu reservieren, die Simmels transzendental gemeinte Frage: Wie ist Gesellschaft möglich? wiederholt und die Konstituentien von Gesellschaft zu rekonstruieren trachtet. Sie leistet dies, indem sie m. E. überzeugende Argumente dafür anführt, daß sprachliche Kommunikation konstitutiv ist für soziale Interaktion, und zwar sowohl in einem starken (nämlich quasi-transzendentalen) Sinn wie im Sinne einer unerläßlichen Randbedingung für die Koordination empirisch vorfindlicher sozialer Handlungen. Ich halte darüber hinaus die These für plausibel, daß kommunikative Erfahrung, also das Verstehen von intersubjektiv gültigem Sinn, grundlegend ist für die Arbeit des Soziologen, weil objektive gesellschaftliche Bedeutungen soziale Phänomene als solche konstituieren. Insofern kommt dem Modell des kommunikativen Handelns als des Vollzugsmodells kommunikativer Erfahrung auch die Funktion eines zentralen Elements im Rahmen einer Methodologie einer sinnverstehenden Soziologie zu, die damit sowohl mit einem spezifischen Erfahrungsmodus als auch einem eigenständigen Begriff sozialer Realität ausgestattet wird. Für deskriptive und explanatorische Zwecke allerdings halte ich das Modell des kommunikativen Handelns für vernachlässigenswert, da hier primär soziale Handlungen verschiedener Art zu verschiedenen Zwecken problematisiert werden. Empirische Hypothesen über tatsächlich ablaufende soziale Handlungen werden daher je nach Problemlage weiterhin wahlweise mit Modellen der rationalen Wahl, der symbolischen Interaktion, normativen Handlungsmodellen oder auch dem Modell der sozialen Kooperation arbeiten.

Anmerkungen

1 Genauer gesagt bereits 1968 in „Arbeit und Interaktion". Habermas unternimmt hier eine analytische Trennung von Arbeit oder zweckrationalem Handeln einerseits und kommunikativem Handeln andererseits, worunter er „symbolisch vermittelte Interaktion" versteht (Habermas 1968, 62).

2 Mißverständlich ist auf jeden Fall, daß Habermas das philosophische Modell des teleologischen Handelns in einem Zug mit verschiedenen soziologischen Handlungsmodellen diskutiert (1981/I, 126 ff.). Habermas will damit einerseits für die Zwecke der Erarbeitung einer *philosophischen* Rationalitätstheorie den pragmatischen Subjekt-Welt-Bezug (instrumentelles Handeln) gegenüber einem pragmatischen Subjekt-Subjekt-Bezug (kommunikatives Handeln) akzentuieren, andererseits aber auch das strategische Handeln als einen eigenen, teleologisch angelegten Typus sozialen Handelns (erfolgsorientiert) gegenüber dem kommunikativen Handeln (verständigungsorientiert) etablieren. Diese nicht systematisch geklärte Abgrenzung der Begriffe einer pragmatisch gewendeten Sprachphilosophie von der Begrifflichkeit einer soziologischen Handlungstheorie hat leider die „Theorie des kommunikativen Handelns" für eine ganze Generation von Interpreten zu einem schwer verständlichen Werk gemacht.

3 Insofern kommt der Formalpragmatik in bezug auf sprachliche Kommunikation eine fundamentale, nämlich quasi transzendentalphilosophische Funktion zu.

4 „Für die Analyse des Handlungsbegriffs ist das Konzept des Regelbefolgens fundamental . . ." (Habermas 1984, 273).

5 Insofern meint der Begriff der Perlokution nur den empirisch häufig anzutreffenden Fall, daß die soziale Interaktion durch kommunikative Akte vom Sprecher in der Rolle des Interaktionspartners gesteuert wird. Die Tatsache der Abkoppelung der sprachlichen Kommunikation von der sozialen Interaktion mag für den Sprechakttheoretiker erstaunlich sein; für den Soziologen ist sie es gewiß nicht.

6 In seinen erkenntnistheoretischen Arbeiten hat Habermas diesen Unterschied zwischen Handeln und Diskurs noch ausdrücklich hervorgehoben (1973, 385 ff.).

Literatur

Austin, J. L.: Zur Theorie der Sprechakte, Stuttgart 1972.

Berger, J.: Die Versprachlichung des Sakralen und die Entsprachlichung der Ökonomie, in: A. Honneth, H. Joas (Hg.), Kommunikatives Handeln, Frankfurt 1986, 255–277.

Habermas, J.: Arbeit und Interaktion, in: Technik und Wissenschaft als „Ideologie", Frankfurt 1968, 9–47.

Habermas, J: Erkenntnis und Interesse. Mit einem neuen Nachwort, Frankfurt 1973.

Habermas, J.: Was heißt Universalpragmatik? in: K. O. Apel (Hg.), Sprachpragmatik und Philosophie. Frankfurt 1976, 174–272.

Habermas, J.: Theorie des kommunikativen Handelns, 2 Bde. Frankfurt 1981.

Habermas, J.: Vorstudien und Ergänzungen zur Theorie des kommunikativen Handelns, Frankfurt 1984.

Habermas, J.: Der philosophische Diskurs der Moderne, Frankfurt 1985.

Habermas, J.: Entgegnung, in: A. Honneth, H. Joas (Hg.), Kommunikatives Handeln, Frankfurt 1986, 327–405.

Habermas, J.: Sprechakttheoretische Erläuterungen zum Begriff der kommunikativen Rationalität, in: Zeitschrift für philosophische Forschung, Bd. 50, Heft 1/2, 1996, 65–91.

Joas, H.: Die unglückliche Ehe von Hermeneutik und Funktionalismus, in: A. Honneth, H. Joas (Hg.), Kommuniktives Handeln, Frankfurt 1986, 144–176.

Weiss J.: Verständigungsorientierung und Kritik, in: KZSS, Heft 1/1983, 108–119.

Wittgenstein, L.: Philosophische Untersuchungen, Frankfurt 1971.

Johann August Schülein

Handlungstheorie und Psychoanalyse

1. Zum Verhältnis von Soziologie und Psychoanalyse

Die Analyse des Verhältnisses von Soziologie und Psychoanalyse ist ein Kapitel für sich (und kann hier nicht ausführlich diskutiert werden). Fest steht, daß es auf beiden Seiten viele Stimmen gibt, die einen Kontakt prinzipiell ablehnen. Und fest steht auch, daß die bisherigen Versuche, beide in Verbindung zu bringen, problematisch sind und/oder als gescheitert gelten. Auch die propagandistisch aufgeladenen Projekte der Jahre 1968 ff. haben wenig bewegt – im Gegenteil: Nach einer Phase heißer Diskussion ist der Diskurs fast völlig zum Erliegen gekommen und weitgehend marginalisiert.

Dies belastet jeden weiteren Schritt in diese Richtung. Wer Karriere machen will, läßt die Finger von Projekten, die in beiden Zünften mit Mißtrauen und Unverständnis betrachtet werden. Wer es trotzdem versucht, ist mit einer Reihe von Problemen konfrontiert. Das Scheitern oder Steckenbleiben vieler Ansätze (die immerhin von einem breiten Spektrum renommierter Autoren von Adorno bis Parsons stammen) sowie das Fehlen von bewährten Methoden und Modalitäten muß auch als Ausdruck objektiver Vermittlungsschwierigkeiten verstanden werden. Generell ist „Interdisziplinarität" nicht gerade konfliktarm; hier ergeben sich jedoch systematische Kontaktprobleme, die nicht voluntaristisch behebbar sind, sondern als Dauerproblem erhalten bleiben.[1] Umso schwerer wiegt das Defizit an bewährter und sanktionierter Erfahrung und Tradition. Es bedeutet, daß jeder Versuch praktisch wieder bei Null beginnt und die volle Begründungslast (er)tragen muß. Besonders fatal sind jedoch die indirekten Folgen der Kontaktarmut: Es fehlt schlicht an hinreichender Kenntnis der jeweils anderen Seite. So wie Soziologen meist nur eine vage Vorstellung von Freuds Werk haben (und die moderne Psychoanalyse überhaupt nicht kennen), ist innerhalb der Psychoanalyse weitgehend unbekannt, was

Soziologie ist und kann. Mangelnde Kenntnis verstärkt jedoch Kontaktprobleme und damit konservative Tendenzen, so daß sich daraus ein tendenziell undurchlässiges System von Abgrenzungen entwickelt.

Ein Vorteil hat ein kaum bearbeitetes Gebiet allerdings: Es bietet die Möglichkeit, ja, zwingt geradezu, arbitär und eklektisch vorzugehen. Dies ist vor allem deshalb ein Vorteil, weil es „die" Psychoanalyse und „die" Soziologie nicht gibt. Aus Gründen, die hier nicht diskutiert werden können, stellen sich beide nicht als geschlossene Theoriesysteme, sondern als extrem verzweigtes Feld von sehr unterschiedlichen, sich teilweise heftig bekämpfenden Konzepten und Perspektiven dar.[2] Von daher ist jeder Kontakt zwangsläufig selektiv (und man kann in der Pionierphase mangels verbindlicher Richtlinien relativ ungeniert zusammenbringen, was man für kontaktfähig hält). Ich werde im Folgenden mich auch nicht auf „die" Handlungstheorie beziehen, sondern mich (ohne ausführliche Begründung) vor allem an phänomenologischen und interaktionistischen Vorstellungen orientieren. Genauso wähle ich aus den psychoanalytischen Theorieangeboten die aus, die nach meiner Einschätzung eine Nähe zu handlungstheoretischen Fragestellungen besitzen.

2. Das Subjektivitäts-Dilemma der Soziologie

Der Umgang mit dem Thema „Subjektivität" ist für soziologische Theorie ein Problem. Ihr dezidiertes Thema ist die Erklärung gesellschaftlicher Realität. Gesellschaftliche Realität ist ohne handelnde Menschen nicht denkbar. Daher muß das Verhältnis von „Akteuren" und „Gesellschaft" behandelt werden. Allerdings ist und bleibt der primäre Zugang zur Subjektivität in der Soziologie abstraktiv, d. h., es wird von der (konkreten) Subjektrealität abstrahiert, um eine subjektunabhängige Perspektive zu gewinnen. – Strukturtheoretische Ansätze tendieren dabei dazu, mit dem Vorrang von sozialen Strukturen zu unterstellen, daß Akteure sich in ihrem Handeln (mehr oder weniger) nach sozialen Vorgaben richten, so daß es sich weitgehend erübrigt, zur Erklärung subjektbezogene Argumente zu verwenden. – Es liegt auf der Hand, daß unter diesen Vorzeichen Subjekttheorie entweder kaum gedeiht oder sich auf die Perspektive der Anpassung an externe Vorgaben zentriert. Handlungstheoretische Ansätze gehen umgekehrt davon aus, daß gesellschaftliche Realität letztlich immer auf

Handeln basiert und daher handlungstheoretisch begründet werden kann/muß. Hier steht entsprechend der Akteur im Zentrum der Theorie. Allerdings ergeben sich dabei zwei Probleme:
- Da Thema der Soziologie die Gesellschaft ist, behandelt sie auch subjektives Handeln in Perspektiven, die sich aus soziologischem Erklärungsbedarf ergeben und daran orientieren, d. h., Subjektivität wird in dezentrierten, sozio-logischen Kategorien behandelt.
- Die Beschäftigung mit subjektivem Handeln verlangt zugleich, sich auf Themen einzulassen, die genuin subjektiver Art sind und deshalb auch nicht ohne weiteres in soziologischen Kategorien formuliert werden können: Empfindungen, Phantasien, psychische Mechanismen.

Beides stellt sich als erhebliches Problem dar. Dies kann hier nicht ausführlich behandelt werden. Aber die Schwierigkeiten sind evident. Auch wo Subjektivität nicht als Resultat von Imitation und externer Determination gesehen wird, tendieren soziologische Subjekttheorien in hohem Maß zum Reduktionismus. Generell tun sich soziologische Perspektiven schwer mit idiosynkratischer Subjektivität, mit Emotionen, mit allem, was – unter bestimmten normativen Prämissen – als „irrational" erscheint. Viele theoretische Ansätze grenzen „irrationales" Handeln einfach ganz aus oder definieren es so um, daß es als „rationales" behandelbar ist. Dies ist nach wie vor die zentrale Strategie der utilitaristischen Vorstellungen.[3] Andere Theorien anerkennen zwar deren Bedeutung, lassen sie aber als schlichte Residualkategorie und externe Vorgabe stehen.[4] Die „sociology of emotions" und ähnliche Konzepte interessieren sich weniger für die Eigendynamik als für Regulationen des sozialen Ausdrucks.[5] Die neuere Systemtheorie (Luhmann 1984, 369 ff.) zentriert sich auf die Funktion von Gefühlen für das psychische System. Am ehesten hat Parsons in seiner voluntaristischen Handlungstheorie (1968) (die unterschiedliche Motivstrukturen unterscheidet) und in der strukturell-funktionalen Theorie mit dem Konzept des Persönlichkeitssystems und den „pattern variables" das Thema einbezogen, aber, wie schon von Skidmore (1976) kritisiert, zu statisch behandelt. Obwohl Parsons explizit sich auf Freud beruft, filtert es gerade die Dynamik der psychoanalytischen Perspektive heraus – es fehlt an Thematisierungskapazität für die Eigenlogik von Emotionen bzw. „Irrationalität".

Insgesamt bleiben die subjekttheoretischen Vorstellungen der Soziologie blaß, unscharf und/oder monologisch verkürzt. Mit erstaunlicher

Hartnäckigkeit werden primitive Kalküle behauptet und theoretisch aufwendig verteidigt, statt sich dort Hilfe zu holen, wo differenzierte theoretische Vorstellungen über das Was und Wie subjektiver Realität zu finden sind.

3. Psychoanalyse als Theorie psychodynamischer Handlungslogik

Hier kann die Psychoanalyse weiterhelfen. Allerdings nicht in dem Sinn, daß sie problemlos(e) definitive Erkenntnisse und Theoreme zur Verfügung stellt, die in soziologische Perspektiven eingebaut werden können. Schon auf den ersten Blick zeigt sich, daß sie – genau wie die Handlungstheorie – selbst ein heterogenes Theoriefeld darstellt, in dem (wenn überhaupt) nur über weniges definitiver Konsens herrscht. Seit Freud haben sich dabei einige bedeutsame Akzentverschiebungen ergeben. Ich nenne hier nur einige Stichworte:

Psychoanalyse ist eine holistische Subjekttheorie, die sich vor allem mit unbewußten Prozessen beschäftigt. Dabei verwendet sie eine *dynamische* Betrachtungsweise. Die von ihr verwendeten Modelle der Entwicklung und des Aufbaus der Psyche zentrieren sich auf die Dynamik, die aus dem (konfliktträchtigen) Zusammenspiel heterogener (Teil-)Prozesse resultiert. Der Konflikt ist das Normale. Es gehört zu den wichtigsten Erkenntnissen Freuds, daß zwischen dem Funktionieren der „Normalpsyche" und psychopathologischen Prozessen lediglich graduelle Unterschiede bestehen. Freud selbst sah dabei die Konfliktlinie vor allem zwischen Triebimpulsen (vor allem denen, die durch biografische Einflüsse deformiert und in ihrer Reifung gehindert wurden) und den Anforderungen der Außenwelt. Anfangs unterteilte er Triebe in Sexual- und Ich-Triebe; seine letzte theoretische Konzeption geht von Sexualität und Aggression (dem „Todestrieb") aus. Die Triebdynamik ist eine wichtige Konfliktquelle. Dabei sah er vor allem im Ödipus-Komplex – dem Drama von Liebe und Haß in der Beziehung zu den primären Bezugspersonen – eine unvermeidliche, auch unter günstigen Umständen kaum restlos bewältigbare Konfliktkonfiguration.

Freuds konflikttheoretische Vorstellung der psychischen Entwicklung führte zur strukturtheoretischen Persönlichkeitstheorie. Zwischen dem

„Es" – den Trieben – und der Außenwelt bildet sich zunächst das „Ich" als Vermittlungsinstanz, später das „Über-Ich" als intrapsychische Steuerungs- und Kontrollinstanz. Beide umfassen bewußte, aber auch funktionell unbewußte Leistungen. Zu den funktionell unbewußten Leistungen des Ich gehören vor allem die Abwehrmechanismen. Der wichtigste Abwehrmechanismus ist die Verdrängung. Sie sorgt dafür, daß unverarbeitbare Konflikte (bzw. Konfliktanteile) unbewußt, also aus dem bewußten Erleben abgespalten werden. Sie bleiben jedoch als dynamisch Unbewußtes erhalten und mischen sich bei passender (und auch unpassender) Gelegenheit in Handeln ein, was sich als asyntones – nicht begreifbares, nicht kontrollierbares – Handeln bemerkbar macht. Zu den funktionellen Leistungen des Ichs gehört jedoch auch die Normalisierung dieser asyntonen Handlungsanteile, so daß zum Konflikt nicht unbedingt auch Konfliktbewußtsein gehört. Analoges gilt für das Über-Ich: Hinter der bewußten Moral steht ein unbewußtes normatives Beziehungs- und Handlungsmuster.

Die heutige Psychoanalyse hat diese Perspektive in viele Richtungen weiterentwickelt.[6] Die Weiterentwicklung zur Beziehungstheorie hat dazu geführt, daß Triebe nicht mehr als definitives biopsychisches Antriebspotential, sondern selbst bereits als Resultat der Aggregation von primären Gefühlsqualitäten gesehen werden (so daß dem „Triebschicksal" bereits ein formativer Konstitutionsprozeß vorausgeht). Zudem hat sich die Konfliktperspektive der Psychoanalyse in den letzten Jahrzehnten erweitert und systematisiert. Nach heutigem Verständnis kann man von drei systematischen Konfliktkonfigurationen ausgehen:
- der Herauslösung aus der Symbiose, d. h. zur subjektiven Autonomie und Individuierung;
- der Kontaktaufnahme mit anderen Subjekten und die damit verbundenen Regulationen/Steuerungen;
- der Triangulierung, d. h. die Ebene der Beziehung zwischen Beziehungen.

Dadurch hat sich der Blick vor allem für sogenannte „frühe" Störungen, für Probleme der Objektbeziehung und der Selbstbalance erheblich erweitert. Dabei hat die theoretische (und praktische) Bedeutung der Genese und Struktur von intrapsychischen Selbst- und Objektbildern und der daraus resultierenden Interaktionsstrategien zugenommen. Zur Thematisierung des „Triebschicksals" – bzw. der subjektiven Erlebnis- und Gefühlsqualitäten, die mit Themen konnotiert sind – tritt hier der Blick auf Genese und Schicksal der Objektbeziehungen und des Selbstbildes.

Schon diese äußerst abbreviative Skizze läßt erkennen, daß es eine Reihe von naheliegenden Kontaktpunkten zwischen soziologischen und psychoanalytischen Perspektiven gibt. Zunächst und vor allem öffnet die Psychoanalyse einen systematischen Blick auf die Dimensionen des Handelns, die in der Soziologie zwar immer wieder angesprochen, aber aus verständlichen Gründen nicht konsequent behandelt werden können: auf die Inhalte, die untrennbar Teil subjektiver Realität sind, und auf die Prozeßlogik, die Subjektivität ausmacht. – Ich konzentriere mich in diesem Zusammenhang auf den zweiten Gesichtspunkt. Sie ist ab ovo eine Theorie, die den Prozeß des Handelns analysiert, d. h. sowohl die Dynamik als auch die Logik von Handlungen untersucht. Dabei bietet sie in vieler Hinsicht Interpretationen an, die die handlungstheoretischen Vorstellungen der Soziologie differenzieren und erweitern. – Ich möchte dies verdeutlichen, indem ich von einem Phasenmodell des Handlungsablaufs ausgehe, in das ich jeweils psychoanalytische Vorstellungen und Argumente einfüge.

4. Handeln

4.1. Phasen des Handelns

Es gibt eine Reihe von Ansätzen, in denen Handeln als eine Abfolge von spezifischen Phasen konzeptualisiert wird. Vor kurzen hat beispielsweise H. Esser auf der Basis des „Rational-Choice"-Ansatzes ein Konzept von Handlungsphasen vorgelegt. Dabei unterscheidet er drei Stufen der Handlungswahl: „Die Kognition der Situation, die Evaluation der Konsequenzen bestimmter Handlungen und schließlich die Selektion einer bestimmten Handlung nach einer bestimmten Regel". (1990, 232) Die Kognition erfaßt – im Rahmen kognitiver Prozesse – die Situationsumstände, die Evaluation bewertet die sich daraus ergebenden Handlungsalternativen, wobei „Subjektive-expected-utility-(SEU-)Werte" kalkuliert werden, die dann verglichen und nach dem Prinzip der Maximierung von Nutzen selegiert werden. – Esser preist dieses Konzept als ebenso einfach wie anschlußfähig. Genau dies ist daran problematisch: Es ist so einfach und grob, daß es handlungstheoretisch völlig blaß und indifferent bleibt, alles umfaßt und dabei nicht viel mehr als umformulierte Selbstverständlichkeiten bietet.

Produktiver angelegt sind Überlegungen, die G. H. Mead und A. Schütz angestellt haben. Mead (1969, 102 ff.) unterscheidet vier Phasen:
- Handlungsimpuls;
- Wahrnehmung;
- Manipulation;
- Handlungsvollendung.

Damit legt er ein Konzept vor, in dem es um die intrasubjektive Verarbeitung von Handlungsimpulsen geht. Dabei ist „Wahrnehmung" auch ein aktiver Prozeß, in dem bereits die Handlungsmöglichkeiten mitpräsentiert sind. Im Zusammenhang mit der „Manipulations"-Phase spricht Mead von „innerer Konversation" und dem Zusammenspiel von subjektiver Aktivität und sozialem Selbst (118 f.).

Schütz (1971) hat in seiner Skizze der Relevanz-Problematik einen ähnlichen Ansatz vorgeschlagen. Er beschreibt, wie in einem unstrukturierten Feld ungebrochener Vertrautheit thematische Relevanz (die auferlegt, aber auch subjektiv – „freiwillig" – generiert sein kann) für eine Gliederung in Thema und Horizont sorgt und einen rekursiven Prozeß in Gang setzt, in dem thematische Relevanz Auslegungsrelevanz verlangt (was auf den habituellen Wissensbesitz verweist), die wiederum an Motivationsrelevanz gebunden ist, wobei „echte Weil-Motive" den entscheidenden biografischen Hintergrund für die Auswahl von Handlungen darstellen (84).

Beide Konzepte entwerfen eine „intrapsychischen Interaktion". Dieses Exposé ist für den Versuch einer handlungstheoretischen Integration von soziologischen und psychoanalytischen Perspektiven besonders geeignet, weil es auf die Vermittlung verschiedener Teilprozesse ausgerichtet ist. – Folgt man den Anregungen von Mead und Schütz, so läßt sich der Prozeß der Handlung wie folgt unterteilen:
- Handlungsgleichgewicht und Handlungsaufforderung,
- Intrapsychische Konstitution und intrapsychische Verarbeitung,
- Entwicklung eines Handlungsentwurfs,
- Umsetzung des Handlungsentwurfs in Aktion.

Es bedarf keiner ausdrücklichen Betonung, daß diese Unterteilung nicht empirisch zu verstehen ist, sondern nur zu analytischen Zwecken vorgenommen wird und entsprechend idealisiert ist. Es wird vereinfacht und auseinandergerissen, was empirisch wesentlich komplexer und kohärenter ist und mit einer Geschwindigkeit abläuft, die jedem Darstellungsversuch spottet.

4.2. Handlungsgleichgewicht und Handlungsaufforderung

Die Annahme eines Handlungsgleichgewichts als Ausgangspunkt von Handlungen ist fiktiv und hat hier nur Kontrastfunktion. Empirisch wäre die Vorstellung eines Fließgleichgewichts angemessen, also eines Gleichgewichts, welches keinen Nullpunkt hat, sondern ständig in Bewegung ist. Da es hier jedoch vorrangig um die Markierung des Übergangs zu einem (höheren) Niveau der Aktivität geht, genügt der Hinweis darauf, daß, wie Schütz es formuliert, ohne „thematische Relevanz" auch keine Handlung initiiert wird. Solange es keine relevanten – als relevant erlebbaren – Themen gibt, gibt es keinen Grund zum Handeln.

Suspendiert wird dieses (fiktive) Handlungsgleichgewicht durch Ereignisse. Ob dies „äußere" oder „innere" sind, spielt dabei keine Rolle.[7] Entscheidend ist, ob sie Handlungsrelevanz gewinnen (können), ob sie also die objektive Qualität einer Handlungsaufforderung bekommen. Bereits an dieser Stelle ergeben sich erhebliche theoretische Probleme: Ist diese Qualität, eine „Handlungsaufforderung" zu sein, Eigenschaft des Ereignisses selbst oder wird sie erst durch die subjektive Zuwendung generiert? Folgt man hier Schütz, so laßt sich sagen: Beides ist der Fall und möglich. Ein regressus ad infinitum läßt sich vermeiden, wenn man die kausale Abfolge durch wechselseitige Bedingtheit ersetzt, also davon ausgeht, daß Objektqualität subjektiv rezipiert werden muß, während subjektive Konstitution einen Realitätsbezug (inklusive objektiver Relevanzstrukturen) voraussetzt.

Dabei kann man von einem komplementären Verhältnis ausgehen. Sicher impliziert soziale Realität auch eine soziale Relevanzordnung, die, folgt man Meads Überlegungen, im „Me" (wie gebrochen auch immer) psychisch präsent ist. Mit der Relevanzordnung ist auch eine Verteilung von subjektunabhängigen Aufmerksamkeitswerten verbunden, die das handelnde Subjekt zumindest zur Auseinandersetzung zwingen – was bereits einen Handlungsablauf impliziert. Andererseits ist die subjektive Relevanzordnung in keiner Weise mit der sozialen identisch. Ganz abgesehen davon, daß kein Sozialisationsprozeß bloße Kopien erzeugt, ist die subjektive Reproduktion objektiver Gegebenheiten immer ein prinzipiell davon geschiedener Prozeß. Er gliedert sich zudem in generelle Tendenzen, in deren konkreter Realisierung sich neben der Eigendynamik der Subjektstrukturen die akzidentellen Umstände der Situation einschreiben.

Die Destabilisierung des Gleichgewichts durch Ereignisse, die Handlungsrelevanz besitzen und/oder zugeschrieben bekommen, zieht daher unvermeidlich einen Prozeß der Aufbereitung nach sich. Dies ist, sieht man diesen Übergang aus der Sicht eines Subjekts, welches von Ereignissen betroffen wird, ein rezeptiver Vorgang. Sieht man ihn aus der Sicht des aktiven Subjekts, so handelt es sich um einen konstruktiven Prozeß. Unter welcher Perspektive auch immer: Jede Handlungsaufforderung ist identisch mit dem Zwang zur (Re-)Aktion. (Re-)Aktionen liegen jedoch nicht als Fertigprodukte bereit, sondern werden generiert. Insofern proviziert sie einen Prozeß der Verarbeitung – wobei dieser Prozeß bereits mit der Identifizierung der Handlungsaufforderung begonnen hat.

Aus diesem Grund ist die Realitätsverarbeitung nicht eine „Abfolge" – erst „Wahrnehmung", dann „Verarbeitung". Beide sind zwei Seiten derselben Medaille; Wahrnehmung bedeutet zugleich intrapsychische Konstitution der Realität. Deshalb sind Wahrnehmung einer Handlungsaufforderung und der intrapsychische Prozeß der Verarbeitung dieser Handlungsaufforderung nicht zu trennen. Darauf weist Mead hin, wenn er betont, daß bereits in der Wahrnehmung das gesamte Spektrum an Handlungsalternativen mitaktualisiert ist. Auch Schütz hebt hervor, daß zwischen den verschiedenen Relevanztypen ein wechselseitiges Konstitutionsverhältnis besteht. In der Tat ist unwahrscheinlich, daß die Kontaktaufnahme mit und die Verarbeitung der Realität verschiedenen Prinzipien folgt. Schon daher ist eine teilweise Identität bzw. eine funktionelle Kommunikation zwischen beiden Teilprozessen gegeben, so daß lediglich darstellungstechnische Gründe eine sukzessive Diskussion legitimieren.

4.3. Intrapsychische Konstitution und intrapsychischer Prozeß

4.3.1. Intrapsychische Konstitution

„Wahrnehmung" steht für die Phase des Handlungsprozesses, in dem eine Veränderung der Situation vom Subjekt registriert und identifiziert wird. Registrierung bedeutet, daß durch passives Erleben und/oder aktive Zuwendung die Veränderung in der situativen subjektiven Identität zum Thema wird; Identifizierung heißt, daß die registrierte Veränderung eine sinnhafte Struktur gewinnt.

In weiten Bereichen der Soziologie ist inzwischen Konsens, daß zumindest die Identifizierung nur als aktive subjektive Leistung verstanden werden kann. Die meisten theoretischen Ansätze gehen – in verschiedener Form – davon aus, daß Wirklichkeit subjektiv (und sozial) nicht (nur) durch die Objektlogik bestimmt wird, sondern (vorrangig) als Konstruktion zu verstehen ist. Allerdings sind die damit erforderlich werdenden Überlegungen, wer oder was konstruiert, noch nicht weit gediehen:
● Der Hinweis auf (qua Sozialisation übernommene) soziale Muster der Wahrnehmung tendiert dazu, das Subjekt in dieser Hinsicht zu „entmündigen", weil die Konstruktion bereits als Fertigprodukt vom sozialen Milieu übernommen wurde und nur aktualisiert wird. Daher enthalten Variationen dieses Modells auch keine Vorstellung, wie subjektive Konstruktionen generiert werden.
● Rationalitätszentrierte Ansätze gehen meist davon aus, daß die Realität „objektiv" wahrgenommen wird, unterstellen also eine (rational) funktionierende Kognition, die problemlos evaluierbare Ergebnisse liefert. Dadurch verschiebt sich das Problem auf die Reichweite der Kognition und reduziert sich beispielsweise auf die Frage der Vollständigkeit der Information bzw. der Informationsbeschaffungskosten.

Beide Modelle kranken vor allem daran, daß sie nur das erklären (oder genauer: reformulieren), was nicht weiter erklärungsbedürftig ist. Soweit Wahrnehmung strikt gesellschaftlichen Vorgaben oder einem Kalkül folgt, ist Wahrnehmung als Transformation von Realität kein relevantes Thema. Im ersteren Fall ist im Grunde keine Realitätskonstruktion erforderlich – sie wird nur reproduziert –, im zweiten beschränkt sie sich auf eine identifizierbare Kosten-Nutzen-Rechnung. Beide Ansätze beschränken sich daher auf die Handlungsabläufe, die ohnehin evident sind. Daß Subjekte Regeln befolgen und daß sie gegebene Handlungschancen erkennen und vergleichen können, ist eine Überlebensvoraussetzung und läßt sich ohne weiteres mit Hilfe der grundlegenden Untersuchungen von Piaget erläutern.

Nicht erfaßt wird dagegen jene Logik des Handelns, die nicht auf Nachahmung und Berechnung reduzierbar ist und die Max Weber als die Normalität charakterisierte: „Das reale Handeln verläuft in der großen Masse seiner Fälle in dumpfer Halbbewußtheit seines ‚gemeinten Sinns'.

Der Handelnde ‚fühlt' ihn mehr unbestimmt, als daß er ihn wüßte oder ‚sich klar machte', handelt in der Mehrzahl der Fälle triebhaft oder gewohnheitsmäßig. Nur gelegentlich, und bei massenhaft gleichartigem Handeln oft nur von Einzelnen, wird ein (sei es rationaler, sei es irrationaler) Sinn des Handelns in das Bewußtsein gehoben. Wirklich effektiv, d. h. voll bewußt und klar, sinnhaftes Handeln ist in der Realität stets nur ein Grenzfall." (Weber 1967, 15) Auch Simmel wählt einen ähnlichen Ausgangspunkt, indem er das gesamte Spektrum humaner Lebensäußerungen – Bedürfnis nach Anerkennung, nach Idealisierung, Neid, Haß usw. – als Inhalt des gesellschaftlichen Prozesses betrachtet (der dann sozial formiert wird). – Folgt man diesen Bestimmungen, so wird gerade dieser Normalprozeß eines Mit- und Nebeneinander verschiedener – keineswegs nur voll bewußter und rationaler – Handlungsprinzipien und einer Vielfalt von Handlungsmotiven zum Hauptproblem. Hier passen sowohl funktionalistische als auch rationalistische Modelle nur begrenzt.

Das interaktionistische Paradigma geht an diesem Punkt weiter, weil und wo es a priori davon ausgeht, daß Wahrnehmung Teil einer Handlungssequenz ist, in der Wirklichkeit in die Erfahrungswelt eines Subjekts eingeordnet wird (wobei diese ihrerseits mit der anderer Subjekte ko-ordiniert ist). Damit ist Wahrnehmung ausgerichtet an komplexen Handlungsabläufen und an der situativen subjektiven Identität – mit ihren zwei Seiten: die der persönlichen Idiosynkrasie (I) und der sozialen Erfahrung/Programmierung (Me). Das heißt: In der Wahrnehmung drückt sich dezidiert eine identitätsgebundene Leistung des Subjekts aus, die mit dem Status Quo verbunden ist. – Auch Schütz bietet eine ähnliche Perspektive an. Bei ihm wird die thematische Relevanz auf doppelte Weise und in wechselseitiger Steuerung zweier Faktoren konstituiert: Auf der einen Seite steht der Wissensvorrat (stock of knowledge at hand), auf der anderen sind es die echten Weil-Motive, die Handlungen in Gang setzen und halten. Echte Weil-Motive sind für ihn lebensgeschichtlich erworbene Orientierungen, die auf Erfahrungen, die mit Gefühlsqualitäten verbunden sind, basieren (1971, 89 ff.). Dieser Ansatz hat eine Weiterentwicklung gefunden in verschiedenen Konzepten des „Alltagsbewußtseins", die noch schärfer hervorheben, daß Wahrnehmung vor allem von der Funktion der Aufrechterhaltung der Handlungsfähigkeit gesteuert wird. Das „Alltagsbewußtsein" ist „egozentrisch", geht also von der Hic-et-nunc-Welt des Subjekts aus, und nimmt Wirklichkeit in dieser Selektivität und so wahr, wie sie sich aus dieser Perspektive darstellt. Die egozentrische Perspektive des Alltagsbewußtseins ist jedoch vorrangig eine der emotionalen Befindlichkeit: der Situation, Bedürfnisse, Stimmung etc.

Auch bei Mead und Schütz sowie ihren Nachfolger bleibt jedoch nicht nur unklar, wie die subjektiven Aktivitäten konstituiert werden, sondern auch, über welche Modalitäten sie realisiert werden. Hier kann die Psychoanalyse weiterhelfen. Dies hatte Schütz bereits gesehen, als er bei der Analyse von echten Weil-Motiven auf das psychoanalytische Modell der biografischen Verursachung von Idiosynkrasien verwies.[8] Allerdings sah er darin den Sonderfall pathologischer Entwicklungen (und konnte zudem nur auf die – begrenzten – Möglichkeiten der frühen Psychoanalyse zugreifen).

Bei Freud findet sich jedoch bereits das Konzept, welches für eine Erweiterung des soziologischen Verständnisses von Wahrnehmung besonders geeignet ist: die Theorie der Übertragung (z. B. GW VIII, 363 ff.). Dieses Konzept beschäftigt sich mit der Art und Weise, wie überhaupt Kontakt mit der Realität aufgenommen wird. Es besagt im Kern, daß in der Wahrnehmung reales Geschehen mit Hilfe intrapsychischen Geschehens erschlossen und codiert (bzw. verschlüsselt) wird. Reale Ereignisse werden mit intrapsychischem Erleben in Verbindung gebracht, an ihnen kristallisieren sich innere Objekt- und Beziehungsmuster, die neben kognitiven immer auch psychische Anteile enthalten, in denen sich deren biografisches Schicksal (inklusive aller Konflikte) spiegelt. Daß sowohl Kognitionen als auch Emotionen an Wahrnehmung beteiligt sind, ist beispielsweise auch von Skidmore (1976) betont worden. Man könnte sogar Luhmanns Ausführungen über die Funktion von Gefühlen als „Immunsystem" psychischer Systeme gegen die externe Erosionsgefahr (1984, 370) so verstehen, daß Emotionen das Vorrangige sind. – Auch die Psychoanalyse geht davon aus, daß es konfliktfreie Ich-Zonen gibt, in denen sich reine Objektlogik entwickeln kann (so z. B. Hartmann 1972). Ihre Erkenntnisse laufen jedoch darauf hinaus, daß in vielen Situationen und bezogen auf relevante Kontexte die bewußte und unbewußte psychische Dynamik – nicht nur Emotionen – das Handeln bestimmen. – Freud erkannte, daß in der Sondersituation der analytischen Therapie, in jede soziale Struktur (und damit auch die alltäglichen Bewältigungsstrategien) suspendiert ist, typische Konflikte in Reinkultur zum Ausdruck kommen. Wo kein externer Halt ist, wird (ähnlich wie in einem projektiven Test) das interaktive Geschehen von intrapsychischer Dynamik bestimmt: Bereitliegende Syndrome werden auf die therapeutische Situation übertragen.

Freud war sich darüber im Klaren, daß die Psychoanalyse die Übertragung nicht erfunden hat, sondern nur die Art des Realitätskontaktes nutzt, die das Handeln im Alltag permanent begleitet und steuert. Das therapeutische Arrangement verstärkt und kanalisiert, was ohnehin stattfindet. Diese Normal-Übertragung unterscheidet sich quantitativ wie qualitativ von der neurotischen Zuspitzung, ist jedoch strukturell identisch. So gesehen kommt es also durch Ereignisse, die den Status quo ändern, zu einer *intrapsychischen Resonanz*, bei der Realitätsprüfung mit Realitätsformatierung durch die aktive Psychodynamik erfolgt. Da die Psychoanalyse dabei prinzipiell von der Heterogenität und multiplen Struktur psychodynamischer Prozesse ausgeht, besteht in dieser Interpretation keine Notwendigkeit, von einem in sich logisch geschlossenen und/oder eindeutigen Wahrnehmungsvorgang auszugehen. Im Gegenteil: Es ist wahrscheinlicher, daß Ereignisse *unterschiedliche* Resonanz auslösen. Übertragung realisiert die gesamte (widersprüchliche) psychische Reaktionsbereitschaft, konnotiert entsprechend komplex und operiert zugleich auf verschiedenen Niveaus und mit unterschiedlichen Konnotationen. Die Wahrnehmung erstellt also kein eindeutiges, sondern ein *multiples Bild der Realität*, das vielfältige Implikationen für den weiteren Handlungsprozeß mit sich bringt: Subjekte regen sich auf verschiedenen Ebenen in verschiedenen Dimensionen an, wenn sie Ereignisse wahrnehmen. Damit ist auch gesagt, daß Handlungsaufforderungen, selbst wenn sie eindeutig und monologisch sein sollten (was, wie noch diskutiert wird, nicht der Fall sein muß), dennoch multiple – und widersprüchliche – Resonanzen auslösen können. Entsprechend sind Situationen, Personen und Sachen im Erleben auf andere Weise vielfältig und komplex, weil sich an ihnen Hoffnungen, Befürchtungen, Erfahrungen verschiedener Art fokussieren. – Eine monologische Wahrnehmungstheorie ist daher zu vereinfachend.[9]

Die Psychoanalyse kann mit Hilfe des Übertragungs-Konzepts den Gedanken, Wahrnehmung werde durch die – komplexe – situative Befindlichkeit der Identität beeinflußt, wesentlich deutlicher und differenzierter formulieren. Dabei bietet sich nicht nur ein Modell des „wie", sondern auch Vorstellungen über das „was" dieses Realitätskontakts an. Zunächst indem sie auf die biografischen Bedürfniskonfigurationen und die dahinter stehenden „Triebschicksale" verweist. Aus dieser Sicht erscheinen Bedürfniskonfigurationen als Ausdruck einer Entwicklung, die Konflikte und zugleich die Modi der Konfliktbewältigung zum Ausdruck bringt. Aus psychoanalytischer Perspektive sind Bedürfnisse und die mit ihnen verbundenen Konflikte Organisatoren der Wahrnehmung, die stets mitlaufen. Das heißt: Wahrnehmung ist mehr oder weniger Ausdruck aktualisierter psychodynamischer Themen und der Art, wie sie subjektiv bearbeitet werden. Diese subjektive Bearbeitung schließt neben den (bewußten und unbewußten) Bedürfnissen sowohl intentionale als auch funktionale Ich- und Über-Ich-Leistungen ein, wobei die funktionalen im Vordergrund stehen. Unter funktionalen Leistungen versteht die Psychoanalyse vor allem die psychischen Mechanismen, die für Konfliktverarbeitung und Identitätsbalance sorgen. Dabei sieht sie diese Leistungen selbst als problematisch, weil sie pathologisch arbeiten, also Probleme auf destruktive Weise behandeln.

Das wichtigste (theoretisch allerdings noch nicht ausreichend bearbeitete) Konzept in diesem Zusammenhang ist das der *Abwehrmechanismen* (vgl. A. Freud 1982). „Abwehr" bedeutet, daß inkompatible/überfordernde Themen/Probleme intrapsychisch entschärft werden. Dabei werden durch psychisches Prozessieren die Themen/Probleme in fixierte/automatisierte Formen gebunden und dadurch neutralisiert. Sie verlieren ihre primäre Brisanz, bleiben jedoch als rigides psychisches Klischee (Lorenzer), in dem sowohl das Problem als auch die Abwehr wirksam ist, erhalten: Das Klischee dominiert Wahrnehmung und Handlung, wo es aus inneren und äußeren Gründen aktualisiert wird.

Die psychoanalytische Theorie bietet ein Modell der Entwicklungsstufen dieser Leistungen an, die sie entlang des biografischen Niveaus der Genese unterscheidet. Projektion und Spaltung gehören nach diesem Modell zu den *primitiven* Abwehrmechanismen. Wo sie dominieren, wird Wirklichkeit systematisch verzerrt wahrgenommen, weil reales Geschehen von primärprozeßhaften Mustern – also intrapsychischem Geschehen – überlagert wird. Ihre Dominanz führt daher zu einer tatsächlichen Konstruktion einer idiosynkratischen Welt, die auf Realität keine Rücksicht nimmt: Wahrgenommen wird immer nur die eigene Psychodynamik. Das schließt den Wahrnehmenden aus der „Wahrnehmungsgemeinschaft" aus. – *Differenziertere* Abwehrmechanismen (wie etwa Affektneutralisierung, Affektumkehrung, Rationalisierung) lassen Realität zu, manipulieren sie aber nach Maßgabe der Konfliktdynamik, indem sie hinzufügen, weglassen, auf besondere Weise konnotieren. Realität wird also aufgegriffen, aber nach idiosynkratischen Regeln geordnet. – Eine „reife" Konfliktbewältigung basiert dagegen auf der Trennung zwischen Objekt und Erleben: Das schließt nicht aus, daß verzerrende Einflüsse auf Auswahl und Konnotation sich bemerkbar machen, aber sie können als solche identifiziert und intrapsychisch kontrolliert werden. Freud spricht in diesem Zusammenhang von der Dominanz des „Realitätsprinzips".

Die Theorie der Abwehrmechanismen enthält noch eine Fülle von ungeklärten Problemen. Zudem umfaßt sie inzwischen ein so breites Spektrum von psychischen Leistungen, daß ich lieber von *Bewältigungsmechanismen* sprechen möchte. – Auf jeden Fall kann diese Perspektive über die bloße Konstatierung hinaus erläutern, warum welche Form der Wahrnehmungsbeeinflussung bzw. -verzerrung stattfindet. Dabei ist der nicht-pathologische Normalfall von Wahrnehmung eine Mischung der verschiedenen Niveaus, d. h., primitive und differenzierte Formen der Abwehr sind mit realitätsgerechter Wahrnehmung amalgamiert. Das erklärt, warum situativ und systematisch korrekte Wahrnehmung und paranoide Vorstellungen amalgamiert sein können, warum ein hohes Entwicklungsniveau in einem Bereich mit einer primitiven Organisation der Wahrnehmung in einem anderen kompatibel ist. Reformuliert man die Theorie des Alltagsbewußtseins mit Hilfe dieser Vorstellung, so läßt sich verdeutlichen, daß die egozentrisch-idiosynkratische Verarbeitung von Realität sich im einzelnen nach Maßgabe des psychodynamischen Konfliktprofils gestaltet, also die Aufrechterhaltung der Identität auch immer heißt: permanente Konfliktbewältigung – was massiv auf die Wahrnehmung abfärbt.

Die moderne Psychoanalyse hat neben die klassische Konzeption von Triebkonflikt/schicksal und dessen Bewältigung eine beziehungstheoretische Perspektive gestellt. Damit wird hervorgehoben, daß der Kontakt zur Welt vor allem mit den *inneren Objekt- und Selbstrepräsentanzen* zusammenhängt: Die Beziehung zur Objektwelt ist vorrangig das Ergebnis der inneren Bilder von dieser Welt und dem damit verbundenen Selbstbild. Neben dem (Trieb-)Konflikt und dessen psychischer Bewältigung wird hier hervorgehoben, daß das psychische Geschehen nicht nur der Niederschlag einer (konfliktträchtigen) Beziehungsgeschichte ist, sondern der psychische Prozeß durch (bewußte wie unbewußte) Konzepte der eigenen Identität und der Objektwelt integriert wird. Auch diese Perspektive geht davon aus, daß Objekt- und Selbstrepräsentanzen einer biografischen Entwicklung unterliegen und entsprechend auf unterschiedlichen Niveaus aggregiert sein können. *Primitive* Objekt- und Selbstrepräsentanzen sind (als Resultat früher Beziehungsstörungen) geprägt von Inkonsistenz und Fragmentierung, von undeutlichen Grenzen (bzw. Grenzüberschreitungen nach innen wie außen) und ebenso extremen wie kippenden Qualifizierungen (vom Größenwahn bis zur Selbstvernichtung). Entwickeltere Objekt- und Selbstbilder sind autonomer, konsistenter und differenzierter; können also Objekte komplexer verarbeiten, erlauben entsprechend passendere Konnotationen von Realität und Vorstellungen. Allerdings ist die Aufladung mit unbewußten Phantasien zumindest teilweise so ausgeprägt, daß ihre Logik dominiert, so daß reales und psychisches Objekt verschwimmen. *Reife* Objekt- und Selbstbilder sind nicht notwendig konfliktfrei, setzen aber ein bestimmtes Maß an Konfliktkontrolle und Anerkennung der Differenz zwischen Objektbild und Objekt voraus. – Auch hier ist der empirische Normalfall eine Mischung aus den verschiedenen Niveaus, so daß in der Wahrnehmung neben primitiven entwickeltere Objekt- und Selbstbildern stehen (können). Die beziehungstheoretische Konzeption stellt insofern eine Ergänzung und Erweiterung des klassischen Exposés dar, als sie die Dynamik komplexer Konfigurationen sowie die interaktive Dimension mit ihren unbewußten Objekt- und Selbstkonzepten stärker einbezieht.

Die psychoanalytische Theorie der Wahrnehmung macht außerdem auf einen wichtigen Aspekt des Wahrnehmungs-Spektrums aufmerksam. Th. Reik hat die spezifische Form „gleichschwebender Aufmerksamkeit", mit der der Analytiker den Äußerungen des Patienten folgt, als „Hören mit dem dritten Ohr" bezeichnet. Das bedeutet u. a. eine besonders intensive Konzentration auf unterschwellige bzw. indirekte Signale. – Auch dies ist eine Fähigkeit, die auch der Normal-Wahrnehmung eigen ist: Psychische Resonanz beschränkt sich nicht auf manifestes Geschehen, sondern schließt Reaktionen auf das gesamte Spektrum latenter und unterschwelliger Elemente von Ereignissen ein. Auch ein nicht geäußerter Hilfeschrei bringt daher Interaktionspartner dazu, Hilfe anzubieten (oder sich aggressiv abzugrenzen). Aus psychoanalytischer Sicht ist diese *subliminale* Wahrnehmung von besonderer Bedeutung, weil sie ein zentrales Medium unbewußter psychodynamischer Kommunikation darstellt. Mit Hilfe dieses Konzepts ist es möglich, die auch in anderen Theorien diskutierten Formen der Beeinflussung und indirekter Kommunikation (etwa in Watzlawicks Unterscheidung von Inhalts- und Beziehungsaspekt der Kommunikation, wobei letzterer den ersteren qualifiziert) in Funktion und Steuerung besser zu analysieren, weil es ermöglicht, beispielsweise die unterschwellige Resonanzbereitschaft/fähigkeit aus den psychodynamischen Konstellationen zu erklären.

4.3.2. Intrapsychischer Prozeß

Die Psychoanalyse bietet also ein Modell, mit dessen Hilfe Wahrnehmung als aktive Leistung des Subjekts erläutert wird, als Modus der Kontaktaufnahme auf der Basis intrapsychischer Resonanz, wobei diese Resonanz eine multiple Struktur besitzt und auf verschiedenen Niveaus operiert. Damit wird der Konstruktionsvorgang der Realität verständlicher, weil Modi und Motive angebbar werden. Gleichzeitig wird der „Vorgriff" vom Handeln auf die Wahrnehmung, den Mead und Schütz thematisieren, differenzierter darstellbar.[10]

Mit der Wahrnehmung eines Ereignisses gewinnt es den Status einer *Handlungsaufforderung*. Es besteht also nun der Zwang zur Reaktion, wobei diese Reaktion intrapsychische Repräsentanz und Kriterien impliziert. Auch dies wird in den meisten Ansätzen mehr oder weniger deutlich vorausgesetzt. Vor allem im interaktionistischen Paradigma wird eine Fülle von Kategorien verwendet, die neben der Differenz Innen/Außen auch die innere Aktivität voraussetzen: role making, role distance, Definition der Situation usw. Aber auch in dieser Hinsicht sind die meisten soziologischen Vorstellungen vage bzw. so abstrakt, daß sie alles und damit nichts erklären. Der bloße Verweis auf eine spontane und eigenwillige psychische Aktivität mit dem Hinweis auf das Problem der „Identitätsbalance" und der „Situationsbalance" verschiebt die Frage nur. Vorstellungen über Anreize und/oder Sanktionen sind zwar nicht falsch, aber letztlich indifferent und undifferenziert, weil sie stets ex post festlegen, ob Anreize oder Sanktionen so stark waren, um zu wirken. Außerdem externalisieren auch sie die Problematik wieder. Essers „Evaluations"konzept geht in die richtige Richtung, bietet jedoch – außer dem reduktionistischen Hinweis auf das SEU-Modell – keinen Anhaltspunkt dafür, nach welchen Prinzipien evaluiert wird.

Mead und Schütz bieten mit den Vorstellungen einer „Manipulationsphase" bzw. mit der Ergänzung der thematischen durch die Auslegungs- und Motivationsrelevanz weiterreichende Vorstellungen. Bemerkenswert ist, daß beide den *dialogischen* Charakter des intrapsychischen Prozesses hervorheben. – Auch hier bietet die Psychoanalyse ein wesentlich komplexeres Modell an. Geht man vom Konzept einer multiplen und heterogenen Resonanz aus, so folgt daraus, daß Handlungsaufforderungen nicht einfach durch die Entscheidung für eine (bereitliegende) Handlung verarbeitet werden können, sondern einen *intrapsychischen Prozeß der Verarbeitung* auslösen.

Man kann ihn mit Hilfe der psychoanalytischen Konzepte deutlicher werden lassen. Danach aktualisieren Ereignisse den Status quo der Psychodynamik, indem sie Anschlußpunkte bieten bzw. darstellen. Sowohl die manifesten als auch die latenten Gehalte provozieren subjektive Konnotationen. Diese Übersetzung in intrapsychische Dynamik bedeutet eine Aktivierung von primär- und sekundärprozeßhaftem, von bewußtem und unbewußtem Geschehen. Eine Möglichkeit der Darstellung bietet Freuds Strukturtheorie der Psyche. Danach löst ein Ereignis – das Klingeln des Weckers, der Anblick eines sündhaft teuren Objekts der Begierde – im Es, im Ich und im Über-Ich jeweils verschiedene, sich widersprechende Reaktionen aus. Für unterschiedliche Triebimpulse, die sich auf dasselbe Objekt richten, verwendet sie den Begriff der Ambivalenz. Vielleicht sollte man hier von prinzipieller *„Multivalenz"* sprechen. – Auf alle Fälle müssen die sich widersprechenden Impulse synthetisiert werden, damit eine Handlung zustande kommen kann. Die Dynamik des Primärprozesses spiegelt sich im Bewußtsein in dessen bewußten Äußerungen: Empfindungen, Gedanken, Beurteilungen, also formatiert durch den Sekundärprozeß. Sie sind daher vermittelt und überformt von dessen Funktionslogik. Damit ergibt sich eine erweiterte Sicht auf das Thema „Bewußtsein". Aus psychoanalytischer Perspektive ist Bewußtsein mehr als nur Kognition, es ist bewußtes Erleben und – begrenzt – Steuern von psychischen Qualitäten, die mit Themen konnotiert sind. Daher ist Bewußtsein ein *„multipler Prozessor"*, der zugleich der Ort der praktischen Realisierung unterschiedlicher Modi von *Repräsentierung* (so daß das Objektbild stets psychisch konnotiert wird, d. h. als ein Feld von Empfindungen, Assoziationen, Erinnerungen, also Objekt-Phantasien erscheint) und der *Bearbeitung* dieser Repräsentationen mit den gleichen Modi ist.

An dem Verarbeitungsprozeß sind daher mindestens drei Funktionsprinzipien beteiligt:
- der *Primärprozeß* (die Dynamik von Triebimpulsen und Objekt/Selbst-Bildern);
- der *Sekundärprozeß* (der die funktionellen Ich- und Über-Ich-Leistungen einschließt);
- das *Bewußtsein*, welches zu diesen Prozessen ein Doppelverhältnis von gleichzeitigem Erleben und reflexiver Distanzierung hat und zudem die Umweltkonditionen ins Spiel bringt und hält.

Es gestaltet sich also ein komplexer Prozeß, der nicht nur in unterschiedlichen Instanzen (und auf verschiedenen Niveaus), sondern auch noch im

Mit- und Gegeneinander verschiedener Funktionsprinzipien verläuft. Dieser multiple psychische Prozeß der Verarbeitung von Handlungsaufforderungen sprengt in seiner Komplexität, seiner Vielfalt und seinem Tempo jede Darstellungsmöglichkeit. Allein schon die vielen (verschiedenen) Gedanken und Empfindungen, die das Bewußtsein zugleich verarbeitet, entziehen sich einer linearen Darstellung. Daher ist der intrapsychische Verhandlungsprozeß auch nur schematisch andeutbar. Geht man etwa davon aus, daß das Klingeln des Weckers beim Es Unwillen auslöst, während das Über-Ich mit Pflichtgefühl reagiert (bzw. ein teures Konsumobjekt Aneignungswillen, aber auch moralische oder finanzielle Gegenargumente auslöst), so kann nicht beides zugleich realisiert werden. Es kommt also zu intrapsychischem *„bargaining"*, einem „Kampf" zwischen den widersprüchlichen Impulsen, dessen Ausgang von der Machtverteilung (z. B. der Triebstärke), vom „Verhandlungsgeschick" und der Koalitionsfähigkeit der Impulse, aber auch von weiteren Interventionen und Impulsen des Prozesses abhängt. Wenn sich also moralische Verbote und finanzielle Kalkulationen gegen den Erwerb des teuren Gegenstands verbünden, hat der Wunsch schlechte Chancen. Und Verhältnis von Es- und Über-Ich-Impulsen beim Wecken kann kippen, wenn das Bewußtsein beisteuert, daß die Zeit knapp wird und ein wichtiger Termin nicht versäumt werden darf (oder ein unwichtiger versäumt werden kann).

Die beziehungstheoretische Fassung des intrapsychischen Prozesses hebt stärker die inneren Objekt- und Selbstbilder hervor, die daran beteiligt sind – deren Niveau, die damit verbundenen Konnotationen, deren Dynamik. Auch hier gelten die skizzierten Prozeßcharakteristika. Das beziehungstheoretische Konzept bildet jedoch stärker die Aggregationen und Konfigurationen ab, die sich aus persönlichen Kontakten ergeben. Insofern ist es besonders geeignet, die Breite und die spezifische Qualität der intrapsychischen Reaktionen auf andere Subjekte, von denen eine Handlungsaufforderung ausgeht, darzustellen. Ein Rolleninhaber ist sowohl als Person als auch als Funktionsträger eine Herausforderung, bei der nicht nur Bedürfnisse, sondern auch Beziehungserfahrungen und -muster aktualisiert werden, wobei unvermeidlich auch die beziehungsspezifische Identität des Akteurs mitthematisiert wird. Insofern ist der beziehungstheoretische Zugang besonders geeignet, die Anschlüsse an gesellschaftliche Interaktionsformen und Beziehungsmodelle zu entwickeln. Es handelt sich dabei jedoch nicht um ein konkurrierendes, sondern ein perspektivisch anders zugeschnittenes Modell, welches ein anderes Aggregationsniveau des psychischen Geschehens in den Vordergrund stellt. Es ergeben sich also mehr oder weniger dynamische und/oder aporetische intrapsychische Konfliktkonfigurationen, wenn die Resonanz mehrdeutig ausfällt. Entsprechend erschwert ist dadurch das „intrapsychische bargaining". – In eindeutigen Konstellationen – etwa, wenn die psychischen Ebenen konsonant reagieren – verläuft dieser Prozeß naturgemäß „reibungslos" und braucht weniger Zeit. Das bedeutet jedoch nicht: problemlos, denn die Übereinstimmung kann Ausdruck einer gut funktionierenden, aber (auch deshalb) heiklen Bewältigungsstrategie sein. Dieser Punkt wird im nächsten Abschnitt noch näher erläutert.

4.3.3. Die Einigung auf einen Handlungsentwurf

Wie auch immer die intrapsychische Verarbeitung von Handlungsaufforderungen verläuft: Sie mündet in ein Resultat, das man in Anlehnung an Lorenzer als *„intrapsychische Einigung"* bezeichnen kann. Lorenzer (1972) benutzt diesen Ausdruck, um die praktische Integration von kindlichen Bedürfnissen und mütterlicher Aktivität im Sozialisationsprozeß zu beschreiben; man kann in gut auch in diesem Zusammenhang verwenden, weil auch hier ein wie auch immer problematisches Resultat zustande kommt, welches sicher nicht nur von den Intentionen der Beteiligten gesteuert wird. – Eine solche intrapsychische Einigung wird nicht nur deshalb erforderlich, weil eine endlose Verhandlung zu viel psychische Ressourcen bindet und unlustvoll wird, sondern auch, weil die extern zur Verfügung stehende Zeit knapp ist. Nach einer (kultur- und themenspezifisch differierenden) Zeitspanne wird eine Handlung erwartet (und Nicht-Handeln als Reaktion zugerechnet).

Zustande kommt die Einigung also unter dem gemeinsamen Effekt von Prozeßbelastung und externer Realität. Sie enthält dann das Ergebnis der intrapsychischen Verhandlung, in das sich u. U. alle beteiligten Impulse, Ebenen und Funktionsprinzipien einschreiben. Der einfachste Fall ist eine eindeutige Dominanz eines bestimmten Impulses bzw. die vektorielle Gleichrichtung aller Impulse oder die Unterordnung unter ein dominantes Prinzip. Das Ergebnis ist ein eindeutiger *Handlungsentwurf*. Eine solche Konfiguration ist jedoch eher ein Sonderfall. Wahrscheinlicher sind komplizierte Modi der Einigung und als Resultat widersprüchliche bzw. heterogene Handlungsentwürfe. Der Sekundärprozeß impliziert nicht nur eine

Domestizierung der triebhaften Impulse, sondern kann auch umgekehrt die Fortsetzung der Triebimpulse in getarnter Form bewirken. Rationalisierung heißt immer auch: das reale Bedürfnis wird vor der Selbstwahrnehmung verhüllt. Umso eher ist es möglich, daß solche Triebimpulse unter kognitiv falscher Flagge segeln und vom Bewußtsein akzeptiert und in den Handlungsentwurf aufgenommen werden, weil sie die bewußte Kritik auf diese Weise unterlaufen. „Wer sein Kind schlägt, der züchtigt es" ist die ideale Legitimation, Aggressionen gegen Kinder (genauer: das was an ihnen als provozierend erlebt wird) ausleben zu können – sie erscheinen nicht als solche, sondern als Form der Verantwortung und Zuneigung und können so ungehindert ins Handeln durchdringen.

Kurz: Der Handlungsentwurf muß nicht mit dem identisch sein, was die Einigung real enthält. Dazu kommt, daß die Einigung nicht in einen monologischen und eindeutigen Handlungsentwurf münden muß. Die Psychoanalyse betont die komplizierten Modalitäten der intrapsychischen Koalitions- und Kompromißbildung, zu denen auch – aber nicht nur – die bewußten Modulationen des Handelns gehören. Ein differenziertes Verständnis von Handlungsentwürfen muß in dieser Perspektive davon ausgehen, daß in ihnen verschiedene Impulse und Prozeßanteile gleichzeitig zum Ausdruck kommen. Freud hat in diesem Zusammenhang den Begriff der *Überdetermination* geprägt, der vor allem eine Absage an monokausales Denken darstellt. Überdetermination bedeutet, daß der Handlungsentwurf eine spezifische Konstellation von heterogenen Zielen verbindet. Die Bestrafung eines Kindes basiert möglicherweise auf einer Koalition von Es- und Über-Ich-Impulsen, die im Sekundärprozeß zu einer legitimierenden, gefühlsmäßig sicheren Überzeugung verarbeitet und so dem Bewußtsein als objektive Notwendigkeit erscheint; der Kauf des teuren Konsumobjekts wird beschlossen, weil es dem Es gelingt, bestimmte Über-Ich-Tendenzen (so – oder besser – sein zu müssen als andere in der peer-group) für sich zu aktivieren. Selbst die sachlich richtige Kritik an einem Konkurrenten kann dadurch motiviert sein, daß sie die Möglichkeit bietet, ihm eins auszuwischen.

Überdetermination sorgt also dafür, daß Handlungsentwürfe psychodynamisch in verschiedenen Sinnzusammenhängen gleichzeitig stehen (können). Insofern ist das, was schließlich im Bewußtsein als Handlungsentwurf kognitiv präsent ist, nicht unbedingt die psychodynamische Wahrheit und sicher nicht die ganze Wahrheit.

Da das Bewußtsein zugleich die Funktion der Aufrechterhaltung des

Realitätsbezugs trägt, provoziert die Einigung auf einen bestimmten (widersprüchlichen) Handlungsentwurf zugleich eine soziale Kompatibilitätsprüfung und eine Strategie der praktischen Realisierung. Dies ist vorrangig eine intentionale Leistung: Das Bewußtsein fragt (sich), ob der Handlungsentwurf sozial legitim und/oder angemessen ist und wie man ihn in die Tat umsetzt. Eine negative Antwort auf die erste Frage führt u. U. zur Revision oder Korrektur des Handlungsentwurfs – oder aber zu Überlegungen, wie Handlungsziele so ausgedrückt werden können, daß sie nicht auffallen oder anecken. Die zweite führt zur Auswahl von Formen praktischen Handelns.

In der Terminologie der Psychoanalyse: Es kommt zu einem zweiten „Sekundärprozeß" – diesmal intentional, mit dem Ziel der Angleichung von Handlungsentwurf und Außenwelt. Dieses Thema ist in der Mikrosoziologie inzwischen ausführlich behandelt worden. Vor allem Goffman hat sich (in seinen frühen Arbeiten; vgl. 1969, 1972) ausführlich mit den Bedingungen und Formen der Inszenierung von Handlungen beschäftigt. Seine Studien zeigen deutlich, daß dieser Prozeß ein (implizites und explizites) Objekt- und Selbstbild impliziert: Jede Inszenierung braucht Vor-Bilder, auf die sie zentriert ist. Die psychoanalytische Theorie kann hier einen differenzierten Zugang zum Problem der Genese, der Struktur und Funktion dieser Objekt- und Selbstbilder leisten, weil sie deren Verankerung in den psychischen Prozeß und damit auch deren Dynamik erfassen kann. Dadurch erweitert sich der Blick auf latente Sinnzusammenhänge, in denen Erwartungen stehen, auf latente Funktionen, die Selbstbilder haben etc.

4.4. Die Aktion

Aus dem bisher Diskutierten geht hervor, daß es eine Eins-zu-eins-Umsetzung von intrapsychischem Geschehen in Handlung nicht gibt und nicht geben kann. Bereits in der Einigung ist nicht mehr alles, was sich psychisch abgespielt hat, präsent: Im Ergebnis wird der Prozeß gefiltert; bestimmte Anteile wurden unterdrückt, andere hervorgehoben. Aber selbst dieses Ergebnis ist nicht realisierbar, weil die darin präsenten Wünsche, Bedürfnisse, Ziele nicht vollständig realisierungsfähig sind. Der Primärprozeß ist eine von der empirischen Realität getrennte Welt. Schon deshalb sind die dort vorherrschenden Impulse nicht empirisch realisierbar. Aber auch das, was qua Sekundärprozeß daraus wird, enthält noch ein konnotatives Feld von un-realistischen (und daher unrealisierbaren) Assoziationen. Schließlich sorgt der Prozeß der Anpassung an die Außenwelt dafür, daß wichtige Anteile des Handlungsentwurfs weggefiltert und/oder stilisiert werden.

Dazu kommen die unvermeidlichen *Übersetzungseffekte*. Der Übergang zur Handlung bedeutet, daß der Handlungsentwurf von den expressiven Medien exekutiert wird. Zur Verfügung stehen drei Medien:
- Motorik,
- Gestik/Mimik,
- Sprache.

Die Leistungen und Grenzen dieser Medien sind seit Mead oft und systematisch untersucht worden. Unabhängig von anderen Eigenheiten und Schwierigkeiten läßt sich feststellen, daß jedes Medium seine Möglichkeiten und Grenzen hat, d. h., keines ist imstande, das gesamte Spektrum zu nutzen. Handlungen sind daher ein Mixtum compositum aus jeweils unterschiedlich selektiven und konstitutiven Aktivitäten. Der Übersetzungsprozeß von Entwürfen in Handlungen ist damit eine erneute Transformation, die durch die Körpergebundenheit der expressiven Medien begrenzt und gesteuert (und dabei „fehleranfällig") ist.

Das, was als Handlung der Außenwelt präsentiert wird, ist deshalb immer etwas *anderes* als das, was sich intrapsychisch abgespielt hat. Es ist *weniger*, weil in einem mehrstufigen Selektionsprozeß bedeutende Elemente weggefiltert werden. Es kann jedoch aus Sicht der Psychoanalyse zugleich *mehr* sein als das, was Einigung und Handlungsentwurf enthalten. Dies folgt aus der Überlegung, daß der Einigungsprozeß einerseits aporetisch sein kann (also bestimmte Impulse abspaltet), andererseits Impulse enthält, die nicht als solche deklariert sind, so ergeben sich daraus drei Möglichkeiten:
- Uminterpretierte psychische Impulse unterlaufen (bzw. unterminieren) den bewußten Handlungsentwurf, weil sie als etwas anderes erscheinen, als sie sind. Sie können daher auch soziale Kontroll- und Stilisierungsprozesse unbeschadet überstehen und setzen sich ins Handeln durch, ohne daß diese Realisierung dem Akteur bewußt ist.
- Relevante Handlungsimpulse sind im Handlungsentwurf nicht präsent, weil der psychische Prozeß an dieser Stelle „klischeehaft" rigide (Lorenzer) wird oder aber es zu Symptombildungen – als Kompromiß zwischen Abwehr und Abgewehrten – kommt.

- Die in der Einigung nicht präsenten psychischen Impulse sind deshalb noch nicht wirkungslos. Sie bleiben psychodynamisch virulent und behalten daher die Fähigkeit, sich entweder gegen den bewußten Handlungsentwurf durchzusetzen oder aber, als unbewußter Impuls, am Prozeß der Handlungskontrolle und -steuerung vorbei, in die Handlung durchsetzen.

Kurz: Aus der psychoanalytischen Perspektive wird deutlich, daß es sowohl zu Widersprüchen zwischen Handlungsintention und realer Handlung – etwa in Form von „Triebdurchbrüchen" – als auch zu unbewußten Handlungen bzw. Handlungsanteilen kommen kann. Der dafür verwendete Begriff ist *„Agieren"*, d. h. das Ausleben von dem bewußten Ich unbekannten oder unbegreiflichen Impulsen (z. B. Freud GW X, 130 ff.). Es steht außer Frage, daß diese beiden Möglichkeiten für eine systematische Handlungstheorie von besonderer Bedeutung sind. Um nur eine der sich damit eröffnenden Perspektiven anzudeuten: Weiter oben wurde erwähnt, daß Wahrnehmung auch subliminar stattfindet: Subjekte begreifen ohne bewußtes Registrieren latente Sinnzusammenhänge. Man könnte, bildlich gesprochen, sagen, daß das Unbewußte unbewußt unbewußte Handlungsaufforderungen begreift und auf sie reagiert – mit unbewußten Äußerungen, die ihrerseits zu einer unbewußten Handlungsaufforderung werden und so die unbewußte Interaktion fortsetzen. Auf diese Weise wird also eine eigene Ebene der Interaktion konstituiert und erhalten, die unabhängig von deren sozialen und intentionalen Strukturen funktioniert – und sich massiv auf diese auswirken kann.[11]

Damit ergibt sich ein Bild der Handlung, auf das die Eigenschaften *Überdetermination* und *Spaltung* zutreffen.

Mindestens drei (sich ergänzende oder überlappende) Modi sind dabei handlungstheoretisch zu unterscheiden:
- intentionales Handeln, das sich in Handlungsentwurf und -realisierung äußert (*„kongruentes"* Handeln);
- intentionales Handeln, in dem das Resultat der intrapsychischen Einigung stilisiert und verdeckt ist (*strategisches* Handeln);
- nichtintentionales Handeln, in dem sich der psychische Prozeß gegen das Bewußtsein oder an ihm vorbei durchsetzt (*„Agieren"*).

Empirische Handlungen sind (von Sonderfällen abgesehen) Mischungen aus diesen drei Modalitäten (wobei sich ein breites Spektrum von Mischungsverhältnissen ergibt). Handlungen stehen daher zugleich in verschiedenen Sinnzusammenhängen und folgen einer *multiplen Logik*, sind also heterogen (und u. U. widersprüchlich). Dabei ergibt sich aus der Gleichzeitigkeit der Verwendung verschiedener Medien der Expression die Möglichkeit, daß die verschiedenen Handlungsimpulse in verschiedenen Medien ausgedrückt werden (also die ablehnende Gestik die zustimmende sprachliche Äußerung kommentiert). Eine zweite Möglichkeit ist die nicht intentionale Realisierung psychischer Impulse (etwa in Form der sogenannten „Fehlleistungen"). Von besonderer Bedeutung ist die Möglichkeit unterschwelliger/latenter Expression. Vor allem die sprachliche Kommunikation ist durch ihre Komplexität geeignet, verschiedene Sinnzusammenhänge zugleich zu realisieren, d. h., die sprachliche Äußerung enthält (in codierter Form) einen latenten Sinn, der mitgeteilt wird, ohne intentional ausgesprochen zu werden.

Mit der Aktion ist der unmittelbare Handlungszyklus abgeschlossen. Durch die Reaktion auf die Handlungsaufforderung ist das Subjekt vom Reaktionsdruck befreit, ist das Handlungsgleichgewicht wieder hergestellt. Gleichzeitig ist damit auch die soziale Situation weiterentwickelt. Damit wird auf doppelte Weise weiteres Handeln angebahnt:

- Zum einen ist das (gesamte Spektrum von) Handeln von Ego wiederum für Alter eine Handlungsaufforderung und/oder eine Veränderung der Situation, die Restrukturierung provoziert;
- zum anderen ist das erfolgte Handeln für Ego selbst ein relevantes Ereignis, das eine Fortschreibung/Veränderung des intrapsychischen Prozesses impliziert: Bedürfniskonfigurationen, funktionelle Prozesse, Selbst- und Objektbilder werden aktualisiert und neu konfiguriert.[12] Dies wiederum kann der Ausgangspunkt der nächsten, intrinsisch motivierten Handlung sein.

Die Psychoanalyse kann zu beiden Punkten relevante Erkenntnisse bieten. Die Verschränkung von Handlungen kann sie als unbewußte Interaktionsdynamik bzw. als unbewußten Gruppenprozeß behandeln und dadurch zugänglich werden lassen (vgl. dazu z. B. Bauriedl 1980, Lorenzer 1972, Argelander 1972, Bion 1969). Die Selbststimulierung des psychischen Prozesses kann mit einem Konzept psychodynamischer Vorgänge – also etwa dem (bewußten oder unbewußten) Kippen von Aggression in Schuldgefühle – reflektiert werden (wobei wiederum die Verschränkung mit sozialen Rahmenbedingungen die Chance bietet, externe Steuerungen mitzuthematisieren).

5. Handlungstheoretische Perspektiven

Zu den Schwierigkeiten der Handlungstheorie gehört daher, daß sie einen Prozeß behandeln muß, der mit verschiedenen Modalitäten arbeitet und auf verschiedenen Ebenen gleichzeitig stattfindet, wobei die verschiedenen Sinnzusammenhänge nicht alle mit den gleichen Methoden erfaßt und begriffen werden können. Hier bietet die Psychoanalyse Theorien und methodische Anregungen (auf die hier nicht weiter eingegangen werden kann), die den Horizont erweitern und Probleme behandeln, die die soziologischen Perspektiven nicht gut erfassen.

Die soziologische Handlungstheorie kann, so ist deutlich geworden, von der Psychoanalyse in doppelter Hinsicht profitieren:
- Sie ist eine *dynamische Motivationspsychologie,* die für Themen und die Art und Weise ihres Ausdrucks differenzierte Modelle bietet, und
- sie enthält eine ganze Reihe von produktiven Vorstellungen über die *Struktur und Logik* – vor allem *unbewußter* – *psychischer Prozesse.*

Die Kooperation mit der Psychoanalyse hilft der Handlungstheorie also zunächst dadurch, daß sie die Leerstelle der Motive, etwa das theoretisch nicht weiter analysierbare „I" des Symbolischen Interaktionismus, füllen kann. Statt die Psyche als bloße Natural- oder Residual-Kategorie zu behandeln, bietet sich die Möglichkeit, sowohl ihre Formierung als auch ihre komplexen Äußerungsformen zu erfassen und soziologisch einzubinden. Eine triebtheoretische Erweiterung des Handlungstheorie könnte daher mit Sicherheit eine ganze Reihe der soziologischen Konzepte anregen. Mindestens ebenso bedeutsam sind jedoch die Beiträge zur Handlungslogik, die sie leistet. Mit Begriffen wie Übertragung, Abwehr, Subjekt- und Objektbilder, Primär- und Sekundärprozeß, Einigung, Überdetermination erlaubt sie ein wesentlich komplexeres Modell, das subjektives Prozessieren und dessen generelle Strukturen zugänglich werden läßt. Das ließe nicht nur Differenzierungen nach sozial bedingten Subjektstrukturen zu, sondern eröffnete auch die Differenzierung etwa nach Funktionsniveaus. So wird mit Hilfe psychoanalytischer Erkenntnisse nicht nur beschreibbar, aus welchen psychodynamischen Gründen „Normalhandeln" unter Streß gerät, es ist auch möglich, die Veränderungen in der Funktionslogik – etwa die systematischen Effekte von Regression unter Druck – zu erklären.

Es ist deshalb auch problemlos vorstellbar, daß und wie mikrosoziologische Studien gewinnen, wenn sie entsprechende Anschlüsse nutzen. Nur einige Andeutungen:
- Mit Hilfe der Psychoanalyse lassen sich konstruktivistische, interaktionistische und phänomenologische Ansätze produktiv erweitern. So wäre beispielsweise das interaktionistische Konzept des „role taking" besser zu fassen, wenn der Transformationsprozeß von Realität deutlicher erkennbar und differenzierter analysierbar wird.
- Auch Goffmans Arbeit wäre erweiterbar. Er hat seine wichtigen Arbeiten ausdrücklich un-psychologisch angelegt. Die Vermeidung des Risikos der Reduktion sozialer Prozesse auf (kontingente) Persönlichkeitsmerkmale ist eine wichtige Prämisse seiner Sozialphänomenologie. Dennoch (oder gerade deshalb) kann etwa sein Modell der Inszenierung des Selbst im Alltag durch die Einbeziehung der Dynamik von Selbst- und Objektbildern noch erheblich gewinnen: Statt Inszenierung als Rollenattribut und Inszenierungsbedürfnis als eine Art anthropologische Konstante vorauszusetzen, wäre es möglich, genauer zu bestimmen, welche Selbstbilder und Objektvorstellungen daran beteiligt sind, wie ihre Struktur und Dynamik aussieht und wie sie wirken. Mit dem Konzept unbewußter Inszenierung weitet sich der Blick auf situative Arrangements erheblich aus. Es würde auch möglich, „Fehler" nicht als statistisches, sondern systematisches Ereignis zu interpretieren.
- Ebenso kann die konstruktivistische Vorstellung der kognitiven Erzeugung von Welt, die bisher letztlich dabei stehen bleibt, daß dies der Fall ist, aber wenig über den „Konstrukteur", der da tätig ist, sagt und sagen kann, weiterentwickelt werden, wenn Vorstellungen über psychische Themen und psychisches Prozessieren angeschlossen werden.
- Wenn schon darauf beharrt wird, „psychische Systeme" radikal von sozialen zu trennen (eine Ex-cathedra-Vorstellung, an deren praktischen Sinn man zweifeln kann), wäre der Zugriff auf eine dynamische Subjekttheorie immerhin noch eine Möglichkeit, die theoretische Leerstelle des „psychischen Systems" zu füllen.

Daß eine Handlungstheorie, die sich nicht darauf versteift, daß alles Handeln einer Logik folgt, sondern von multipler Logik und multiplem Prozessieren ausgeht, als Ausgangspunkt besser geeignet ist als eine, die Handeln begrifflich ohne Not von vornherein monologisch verkürzt, ist evident.

Eine mikrosoziologische Theorie des Handelns wäre daher gut beraten, sich auf psychoanalytische Methoden und Erkenntnisse einzulassen. Das würde allerdings voraussetzen, daß die Psychoanalyse sich ihrerseits auf mikrosoziologische Perspektiven einstellt, d. h. vor allem: sie müßte als Allgemeine Psychologie ausgebaut werden. Das würde vor allem bedeuten, daß sich der Blick psychoanalytischer Erkenntnis stärker auf das „Normalhandeln" richten müßte. Dazu wäre eine stärkere externe „Nachfrage" seitens soziologischer Handlungstheorien sicher hilfreich. Auch wäre es zu begrüßen, wenn die zur Verfügung stehenden Kategorien weiter ausgearbeitet würden.

Anmerkungen

1 Die Differenzen der basalen Strategien und Perspektiven, die Unterschiede in der Art der Institutionalisierung und die sich daraus ergebenden Kontaktprobleme werden diskutiert in Schülein 1998 i. V.
2 Dies haben Soziologie und Psychoanalyse gemeinsam, weil sie einen strukturell ähnlichen Theorietyp verwenden (müssen). Zur Problematik „konnotativer Theoriesysteme" vgl. Schülein 1998 i. V.
3 Vgl. dazu als Beispiel die Strategie von Becker (1982), der durch die Unterstellung fixierbarer Schattenpreise und stabiler Präferenzen *jede* Entscheidung als ökonomisches Kalkül erscheinen läßt. Damit wird (ex post) *alles* als rational beschreibbar dargestellt; der Erklärungswert der Theorie sinkt jedoch entsprechend.
4 Von Hobbes bis Simmel, von Strauß bis Hirschmann kommen die meisten Theoretiker auf Emotionen, Bedürfnisse o. ä. zu sprechen, entwickeln aber keine differenzierten Konzepte zur inhaltlichen Behandlung.
5 Vgl. dazu z. B. Hochschild (1979), Kemper (1978), Kahle (1981).
6 Ebenso wie die Soziologie hat sich die Psychoanalyse zu einem komplexen Theoriefeld entwickelt, das kaum mehr (und schon gar nicht in diesem Kontext) systematisch darstellbar ist. – Die „beziehungstheoretische" Richtung stellt dabei ein prominentes und vielversprechendes Projekt dar. Vgl. dazu z. B. Kernberg 1986, 1988, aber auch Lorenzer 1972, Bauriedl 1980 u. a. m.
7 Es wird im Folgenden jedoch das äußere Ereignis als Leitfaden benutzt, weil das innere Ereignis in verschiedener Hinsicht anders konfiguriert ist und daher der Ablauf von Handlungen nicht unmittelbar am soziologischen Bedarf orientiert werden kann.
8 Vgl. Schütz 1971, 89 f.
9 Freud schrieb, daß an der Beziehung zwischen Eltern und Kindern immer drei Personen beteiligt sind: das Kind, der Erwachsene und das Kind, was der Erwachsene einmal war. Man kann ergänzen: und psychodynamisch noch ist. Entsprechend können kindliche Lebensäußerungen nicht nur bei verschiedenen Personen

(je nachdem, wo sie Resonanzen verursachen), sondern auch bei derselben Person zugleich verschiedene Reaktionen auslösen.
10 Sowohl Mead als auch Schütz gehen davon aus, daß im Erkennen das Handeln bereits präsent ist, obwohl es dem Handeln voraus geht. Diese Dialektik von Perspektive und Aktion als zwei Seiten einer Medaille vertritt auch die Psychoanalyse: Der psychische Prozeß äußert sich – als wirksames Produkt – in der Wahrnehmung, um dann auf Grund einer Wahrnehmung in Bewegung – mit potentiell neuem Ausgang – zu geraten. Auch in diesem Modell ist daher Wahrnehmung (Ergebnis von) Handlung und (Basis von) Wahrnehmung.
11 Vgl. dazu etwas ausführlicher die Skizze von Handlungsverläufen und Institutionslogik in: Schülein 1983, 1987.
12 Das Meadsche Konzept der „Selbstanzeige" von Handeln gewinnt in diesem Konzept eine weitere Dimension: Es geht nicht nur um Signalisierung, sondern um die Verarbeitung auch von Eigenaktivitäten.

Literatur

Hermann Argelander, Gruppenprozesse, Reinbek 1972.

Thea Bauriedl, Beziehungsanalyse, München 1980.

Gary S. Becker, Der Ökonomische Ansatz zur Erklärung menschlichen Verhaltens, Tübingen 1982.

Wilfred Bion, Erfahrungen in Gruppen, Stuttgart 1974.

Hartmut Esser, „Habits", „Frames" und „Rational Choice", in: Zeitschrift für Soziologie 4/1990.

Anna Freud, Das Ich und die Abwehrmechanismen, Frankfurt 1984.

Sigmund Freud, Gesammelte Werke, Frankfurt 1949 ff.

Erving Goffman, Wir alle spielen Theater, München 1969.

Erving Goffman, Interaktionsrituale, Frankfurt 1972.

Arlie Hochschild, Emotion Work, Feeling Rules, and Social Structure, in: AJS 3/1979.

Gerd Kahle (Hg.), Logik des Herzens. Die soziale Dimension der Gefühle, Frankfurt 1982.

Otto F. Kernberg, Objektbeziehungen und Praxis der Psychoanalyse, Stuttgart 1985.

Otto F. Kernberg, Innere Welt und äußere Realität, Stuttgart 1988.

Alfred Lorenzer, Sprachzerstörung und Rekonstruktion, Frankfurt 1970.

Alfred Lorenzer, Zur Begründung einer materialistischen Sozialisationstheorie, Frankfurt 1972.

George Herbert Mead, Philosophie der Sozialität, Frankfurt 1969.

Johann August Schülein

George Herbert Mead, Geist, Identität und Gesellschaft, Frankfurt 1968.
Talcott Parsons, The Structure of Social Action, New York 1968.
Johann August Schülein, Mikrosoziologie, Opladen 1983.
Johann August Schülein, Theorie der Institution, Opladen 1987.
Johann August Schülein, Autopoietische Realität und konnotative Theorie, 1998 i. V.
Alfred Schütz, Das Problem der Relevanz, Frankfurt 1971.
Georg Simmel, Soziologie, Frankfurt 1992.
Max Weber, Wirtschaft und Gesellschaft, Köln 1967.

Autoren

Andreas Balog, Univ.-Doz. Dr.
Verwaltungsakademie des Bundes, Mauerbachstraße 43, 1140 Wien

Manfred Gabriel, Dr.
Universität Salzburg, Institut für Kultursoziologie, Rudolfskai 42,
5020 Salzburg

Rainer Greshoff, Dr.
Ethik und Sozialwissenschaften, Univ.-GH Paderborn, FB 1,
Warburger Straße 100, D-33098 Paderborn

Evelyn Gröbl-Steinbach, Prof. Dr.
Inst. f. Gesellschaftspolitik, Johannes-Kepler-Universität,
Freistädter Straße 315, 4040 Linz

Tamás Meleghy, Dr.
Institut für Soziologie, Universität Innsbruck, Innrain 52, 6020 Innsbruck

Gerald Mozetič, a. Univ.-Prof. Dr.
Institut für Soziologie, Karl-Franzens-Universität Graz,
Universitätsstr. 15/G4, 8010 Graz

Josef Quitterer, Dr.
Inst. f. Christliche Philosophie, Universität Innsbruck,
Universitätsstraße 4/II, 6020 Innsbruck

Michael Schmid, Prof. DDr.
Institut für Soziologie und Gesellschaftspolitik, Fakultät für Pädagogik,
Universität der Bundeswehr München, Werner-Heisenberg-Weg 39,
D-85579 Neubiberg

Wolfgang Ludwig Schneider, Dr.
Institut für Soziologie, FB 03 Gesellschaftswissenschaften,
Universität Gießen, Karl-Glöckner-Straße 21E, D-35394 Gießen

Johann August Schülein, Univ-Prof. Dr.
Institut für Soziologie, Wirtschaftsuniversität Wien,
Augasse 2-6, 1090 Wien

Aus dem Programm Sozialwissenschaften

Bernhard Miebach
Soziologische Handlungstheorie
Eine Einführung
1991. 349 S. (wv studium, Bd. 142)
Br. DM 34,00
ISBN 3-531-22142-6
Dieses Buch führt in die soziologischen Theorien zur Erklärung des sozialen Handelns ein. Thematische Schwerpunkte bilden die Rollen-, Identitäts- und Interaktionstheorien im Sinne von Mead und Goffman, die phänomenologischen Ansätze von Schütz und Garfinkel, die Parsons'sche System- und Handlungstheorie, die Wissenssoziologie von Berger und Luckmann und die von Luhmann entwickelte Theorie selbstreferentieller Systeme. Neben der Definition der Grundbegriffe wird zu jedem Ansatz das theoretische Modell ausführlich dargestellt.

Michael Schmid
Soziales Handeln und strukturelle Selektion
Beiträge zur Theorie sozialer Systeme
1998. 345 S. Br. DM 58,00
ISBN 3-531-13120-6
Der Band behandelt die zentrale Themen- und Fragestellung der Sozialtheorie: Wie soziale Systeme infolge des kollektiven Handelns vieler Akteure entstehen und ständig Veränderungen unterworfen sind, weil die Akteure keine dauerhaften Lösungen ihrer Koordinations- und Abstimmungsprobleme finden können. In einem ersten Teil weist der Autor darauf hin, daß bereits eine Reihe von soziologischen Klassikern diese Frage aufgegriffen und mit Antworten versehen hatten, die noch heute Beachtung verdienen; ein zweiter Abschnitt widmet sich der Frage, welche Rolle Regeln bei der Evolution sozialer Systeme spielen und ein dritter Teil enthält theoriegeschichtliche Beiträge zur Bedeutsamkeit der soziologischen System- und Evolutionstheorie für die Erklärung sozial-strukturellen Wandels.

Johann August Schülein
Mikrosoziologie
Ein interaktionsanalytischer Zugang
1983. 272 S. Br. DM 38,00
ISBN 3-531-11627-4

Änderungen vorbehalten. Stand: August 1998.

WESTDEUTSCHER VERLAG
Abraham-Lincoln-Str. 46 · D - 65189 Wiesbaden
Fax (06 11) 78 78 - 400 · www.westdeutschervlg.de

GPSR Compliance

The European Union's (EU) General Product Safety Regulation (GPSR) is a set of rules that requires consumer products to be safe and our obligations to ensure this.

If you have any concerns about our products, you can contact us on

ProductSafety@springernature.com

In case Publisher is established outside the EU, the EU authorized representative is:

Springer Nature Customer Service Center GmbH
Europaplatz 3
69115 Heidelberg, Germany

www.ingramcontent.com/pod-product-compliance
Lightning Source LLC
La Vergne TN
LVHW010337260326
834688LV00036B/750